Rhododendron
und immergrüne Laubgehölze

Rhododendron
und immergrüne Laubgehölze

Johann Berg
und Lothar Heft

Dritte, überarbeitete und
neugestaltete Auflage

104 Farbfotos
19 Zeichnungen

Stadtbücherei Frankfurt am Main
Zentrale Erwachsenenbibliothek

VERLAG
EUGEN
ULMER

Johann Berg (1902–1967)
Lothar Heft, Leiter des Botanischen Gartens und des
Rhododendron-Parks Bremen

Die Deutsche Bibliothek – CIP-Einheitsaufnahme

Berg, Johann:
Rhododendron und immergrüne Laubgehölze /
Johann Berg und Lothar Heft. –
3., überarb. und neugestaltete Aufl. –
Stuttgart: Ulmer, 1991.
  ISBN 3-8001-6366-7
NE: Heft, Lothar:

Das Werk einschließlich aller seiner Teile ist urheberrechtlich geschützt.
Jede Verwertung außerhalb der engen Grenzen des Urheberrechtsgesetzes ist
ohne Zustimmung des Verlages unzulässig und strafbar.
Das gilt insbesondere für Vervielfältigungen, Übersetzungen, Mikroverfilmungen
und die Einspeicherung und Verarbeitung in elektronischen Systemen.

© 1969, 1991 Eugen Ulmer GmbH & Co.
Wollgrasweg 41, 7000 Stuttgart 70 (Hohenheim)
Printed in Germany
Lektorat: Nadja Kneissler
Herstellung: Karl-Heinz Eitle
Umschlaggestaltung: A. Krugmann, Freiberg am Neckar
Mit einem Farbfoto von Eberhard Morell
Satz: Gulde-Druck GmbH, Tübingen
Druck und Bindung: Appl, Wemding

Vorwort

In Dankbarkeit meiner Frau Gerda

Im Jahr 1951 – vor 40 Jahren – erschien im Verlag Eugen Ulmer mit „Freilandrhododendron" das erste Buch in der deutschen Literatur, das sich speziell mit Rhododendron befaßte.

Johann Berg, mein Vorgänger im Amt als Leiter des Botanischen Gartens und Rhododendron-Parkes in Bremen, war damals, wie auch 1969 bei der 1. Auflage dieses Buches, Mitautor. Seine und meine Erfahrungen mit Rhododendron sind in der vorliegenden 3. Auflage zusammengefaßt.

Es ist keine Monographie der Gattung Rhododendron, ihrer Arten und Sorten – dafür wäre ein mehrere Bände umfassendes Werk erforderlich. Das Buch soll aber eingehend über Eigenarten, Ansprüche, Anzucht, Kultur und für den Garten geeignete Arten und Sorten informieren.

Gartenfreunde finden Anregungen, wie sie mit Rhododendron und Azaleen ihre Gärten noch schöner gestalten und bepflanzen können. Dem Gartenbaufachmann werden Informationen vermittelt die seine Arbeit erleichtern.

In den vergangenen vier Jahrzehnten hat sich in der „Rhododendronwelt" viel verändert. Rhododendron, früher als exklusiv und schwierig angesehen, haben heute in alle Gärten Eingang gefunden.

Viel ist auch im Bereich der Züchtung in Bewegung geraten. Seit gut einem Jahrzehnt kommt als Ergebnis von Fleiß und Können der Rhododendron-Züchter ein ständig anwachsender Strom neuer Sorten in den Handel. Die besten Neuzüchtungen sind in den Hauptteil des Buches aufgenommen und beschrieben worden; weitere Sorten mit vielversprechender Zukunft sind in Tabellen genannt – mehr als auch der leidenschaftlichste Rhododendronliebhaber in einem Garten unterbringen kann.

Die Systematik der Gattung wurde auf den neuesten Stand gebracht aber auch die Serien der alten Ordnung werden noch genannt. Auf diesem Gebiet wird es auch in Zukunft immer wieder Veränderungen und Umbenennungen geben.

Danken möchte ich allen, die mir bei der 3. Auflage mit gutem Rat, Anregungen und Kritik geholfen haben. Dabei denke ich zuerst an Frau Dr. A. Seithe, aber auch Professor Dr. W. Spethmann sei hier genannt.

Bei der Auswahl der neuen (und älteren) Sorten halfen mit kritischem Rat Herr H. Hachmann, der auch viele gute Bilder aus seinem Archiv zur Verfügung stellte, und Herr W. Schmalscheidt. Dafür herzlichen Dank!

Dank und Anerkennung gilt auch dem Verlag Eugen Ulmer, Stuttgart, und besonders Herrn Dr. Volk für die gute Zusammenarbeit über nunmehr zwei Jahrzehnte.

Der Deutschen Rhododendron-Gesellschaft danke ich für die Unterstützung meiner Arbeit im Rhododendron-Park und ganz besonderer Dank gilt der Freien Hansestadt Bremen und ihrem Gartenbauamt, die mit dem Rhododendron-Park eine auf unserer Erde einzigartige Anlage zur Freude an und zur Information über Rhododendron geschaffen haben. Hier bezaubern die Rhododedron als exklusive Pflanzenschönheiten – im Buch ist die Theorie ...

Bremen, im Herbst 1991   Dr. Lothar Heft

Inhaltsverzeichnis

Vorwort 5

Zur Geschichte und Systematik ... 9

Standort, Pflanzung und Pflege ... 17
Standortbedingungen 17
Boden und Wasser 18
Klima und Umwelt 23
Pflanzung 27
Einkauf der Pflanzen 28
Wahl und Vorbereitung der Pflanzstelle ... 30
Einpflanzen 36
Umpflanzen 37
Pflanzabstände 37
Pflege 38
Winterschutz 38
Bodenpflege und Mulch 41
Düngung 43
Bewässerung 45
Ausbrechen verblühter Blütenstände 46
Rückschnitt und Ausbrechen von
Knospen 47

Vermehrung 50
Vermehrung durch Samen 52
Gewinnung von eigenem Saatgut 52
Aussaattermine 53
Aussaattechnik 53
Aussaatdichte 54
Keimtemperatur 54
Wässern, Gießen 54
Lüften, Schattieren 54
Zusätzliche Belichtung 55
Anzucht- und Vermehrungskasten 55
Düngung der Sämlinge 55
Pflanzenschutz bei Sämlingen 56
Pikieren und Weiterkultur der Sämlinge .. 56

Auspflanzen der Sämlinge 56
Weiterkultur der Sämlinge unter
Kunstlicht 57
Vermehrung durch Absenken 57
Vermehrung durch Stecklinge 57
Vermehrungseinrichtungen 58
Auswahl der Stecklinge 60
Vermehrungstermine 61
Zuschnitt der Stecklinge 61
Wuchsstoffe 62
Vermehrungssubstrat 63
Feuchtigkeit, Temperatur und Licht 63
Stecken und Weiterbehandlung der
Stecklinge nach der Wurzelbildung 63
Veredlung 64
Unterlagen 65
Veredlungstermine 65
Vorbereitung der Unterlagen und Reiser
zur Veredlung 66
Veredlungsarten 67
Nach- und Weiterbehandlung 69

Krankheiten und Schädlinge 70
Ungünstige Umwelt- und Standort-
verhältnisse 70
Krankheitserscheinungen an Knospen
und Blüten 71
Krankheitserscheinungen an den
Blättern 71
Krankheitserscheinungen an Trieben
und Wurzeln 74
Schäden an Sämlingen und Jungpflanzen
(Vermehrungspilze) 75

Züchtung 77
Zuchtziele 77

Genetische Eigenarten und zytologische
Verhältnisse 79
Blütenbiologische Verhältnisse und
Sterilität 79
Technik des Kreuzens 81
Der Weg zur Sorte 83

Rhododendron: Hybridengruppen ... 86
Arboreum-Hybriden 86
Campylocarpum-Hybriden 87
Catawbiense-Hybriden 87
Caucasicum-Hybriden 88
Fortunei-Discolor-Hybriden 88
Griffithianum-Hybriden 88
Impeditum-Hybriden 89
Insigne-Hybriden 89
Maximum-Hybriden 89
Metternichii- und Yakushimanum-
Hybriden 89
Oreodoxa-Hybriden 89
Ponticum-Hybriden 89
Repens-Hybriden 89
Smirnowii-Hybriden 90
Wardii-Hybriden 90
Williamsianum-Hybriden 90
Yakushimanum-Hybriden 91

**Japanische Azaleen: Hybriden-
gruppen** 92
Kurume-Hybriden 92
Kaempferi (Malvatica)-Hybriden 92
Vuykiana-Hybriden 92
Mucronatum-Hybriden 93
Arendsii-Hybriden 93
Aronense-Hybriden 93
Bewertung von Sorten, Wertzeugnisse ... 94

**Heimatgebiete der Rhododendron
und Immergrünen** 96
Himalaja, West- und Zentralchina 96
Chinesisches Küstengebiet 101
Nordostasien 102
Japan 102
Malaiischer Archipel 104
Europa 104
Amerika 106

Rhododendron-Arten
(alphabetisch) 108

Rhododendron-Hybriden 146
**Stärker wachsende, hohe Rhododen-
dron-Hybriden (meist großblumig)** ... 148
Weiß und helle Farbtöne 148
Gelb 149
Rosa 151
Rot 156
Purpur 159
Violett 160
Lila 160
Blüten mit dunklem Fleck oder
kräftiger Zeichnung 162
Neue Sorten 162

**Schwächer wachsende, niedrige
Rhododendron-Hybriden** 168
Weiß und helle Farbtöne 168
Gelb 169
Rosa und lilarosa Farbtöne 170
Rot 175
Purpur 177
Lila, Violett und Blau 177
Neue Sorten 180

Azaleen-Hybriden 183
Genter-Hybriden 183
Mollis-Hybriden 184
Rustica-Hybriden 186
Occidentale-Hybriden 186
Knap-Hill-Hybriden 187
Viscosa-Hybriden 191
Japanische Azaleen 191
Neue Sorten 197
Indische Azaleen 199

Immergrüne Laubgehölze
(alphabetisch) 202

**Verwendung der Rhododendron
und immergrünen Laubgehölze** ... 234

Formen der Anpflanzung 234
Gruppenpflanzung 234
Einzelpflanzung 235
Grenzpflanzungen und Hecken 235
Schmale Rabatte 236
Rhododendron im Steingarten 236

Harmonie der Blütenfarben 237

**Begleitpflanzen zu Rhododendron
und Azaleen** 237
   Große Bäume 238
   Kleine Bäume und größere Sträucher 239
   Sträucher 240
   Blumenzwiebeln, Knollen und Rhizome . . . 240
   Farne 240
   Gräser 241
   Stauden 241

Bodendecker 241
   Gehölze 242
   Stauden 242
   Farne 243

Bepflanzungspläne 243

**Rhododendron und immergrüne
Laubgehölze in Pflanzkübeln** 254

Rhododendron im Gewächshaus 255

**Treiben von Rhododendron
und Azaleen** 259

**Rhododendron, Azaleen und immer-
grüne Gehölze für den Schnitt** 260

Literaturverzeichnis 261
Verzeichnis der Rhododendron-
Gesellschaften 264
Sachregister 265
Bildquellen 272

Zur Geschichte und Systematik

Rhododendron und Azaleen blühen heute in den Gärten aller Kontinente. Dank der Sorgfalt und Pflege der Gärtner und Rhododendronliebhaber gedeihen die Pflanzen selbst noch in Gebieten, wo die natürlichen Wachstumsbedingungen nicht mehr voll gegeben sind, so zum Beispiel in Australien, Afrika und Südamerika.

Schon bald nach Einführung der Arten begann die züchterische Weiterentwicklung, zuerst in England und Belgien, aber bald auch in Holland, Deutschland und Amerika. Lange bevor Rhododendron Einzug in europäische Gärten hielten, waren in Japan und China die sogenannten Japanischen Azaleen zu Gartenpflanzen mit vielen Sorten geworden.

Gärtner und Pflanzenliebhaber unterscheiden im Gegensatz zur botanischen Systematik zwischen Rhododendron und Azaleen (vgl. auch Seite 183). Es ist daher wohl gerechtfertigt, in diesem in erster Linie für den Rhododendronliebhaber bestimmten Buch ebenfalls von diesen beiden Gruppen zu sprechen. Obwohl es bis in die neueste Zeit hinein auch bei den Systematikern nicht an Bemühungen gefehlt hat, in der Botanik den Namen *Azalea* wenigstens als Untergattung beibehalten bzw. wieder einführen zu können, ließen sich diese Bestrebungen nicht verwirklichen. Seit Ende des 19. Jahrhunderts wird in botanischen Veröffentlichungen nur noch von *Rhododendron* gesprochen, aber bei den Gärtnern und Pflanzenliebhabern hat sich die Trennung in Rhododendron und Azaleen nunmehr über 300 Jahre aus praktischen Gründen hartnäckig gehalten, und dies wird wohl auch noch lange so bleiben.

Der Name *Rhododendron* stammt aus dem Griechischen und setzt sich zusammen aus *rhodon* = Rose und *dendron* = Baum. Nach PLINIUS wurde in Griechenland mit Rosenbaum = Rhododendron der Oleander bezeichnet, und erst 1583 brachte CAESALPINUS in „De Plantis Libri XVI" den Namen, in Anspielung auf die Blütenfarbe und den Wuchs, mit *Rhododendron ferrugineum* in Verbindung.

R. ferrugineum und *R. hirsutum*, die beiden in den Alpen heimischen und am längsten bekannten Arten, wurden von den Botanikern des 17. Jahrhunderts unter den Namen *Chamaecistus, Cistus* und *Ledum* beschrieben, bis sie dann von LINNÉ ihre noch heute gültigen Namen erhielten.

Bei *Azalea* – der Name *azalea* = dürr, trocken soll auf den Standort hindeuten – hatte LINNÉ fälschlich angenommen, daß die ihm damals bekannten Arten, *Azalea pontica* = *R. luteum, A. lutea* = *R. calendulaceum* und *A. viscosa* = *R. viscosum*, auf trockenen Standorten vorkommen würden, obwohl die beiden amerikanischen Arten *R. calendulaceum* und *R. viscosum* ausgesprochen feuchte Standorte bevorzugen.

Im 18. Jahrhundert kamen nur verhältnismäßig wenige Arten nach Europa. Von Amerika wurde 1736 *R. carolinianum* und *R. maximum* nach England eingeführt. 1763 folgte *R. ponticum*. Der französische Botaniker TOURNEFORT hatte die Art bereits 1702 an der Südküste des Schwarzen Meeres in Kleinasien gefunden. 1750 wurde eine Varietät *R. ponticum* var. *baeticum*, die in Spanien, Portugal vorkommt, in der Nähe Gibraltars aufgefunden, aber erst 1763 nach England eingeführt. *R. ponticum* hat in England und insbesondere in Wales und Irland so gute Wachstumsbedingungen vorgefunden, daß es verwildert ist, undurchdringliche Dickichte von Unterholz gebildet hat und stellenweise zu einem „Forstunkraut" in den Wäldern geworden ist. Auch in Nordwestdeutschland ist *R. ponticum* heute vereinzelt in den Wäldern zu finden, wenn auch nicht so üppig wie in England.

Anfang des 19. Jahrhunderts wurden zwei für die spätere Züchtung wichtige Arten eingeführt. Es waren 1803 *R. caucasicum* und 1809 *R. catawbiense*, die 1808 bzw. 1813 erstmalig in England blühten. Erste Hybriden zwischen den Arten *R. maximum, R. ponticum, R. caucasicum* und *R. catawbiense* hatten keine guten Farben und entsprachen nicht den Erwartungen.

Etwa 1800 wurden die ersten Rhododendron in den Schloßgarten von Rastede in Oldenburg gepflanzt. Diese Pflanzen haben bei 20 cm Stammdurchmesser heute 5 bis 8 m Höhe erreicht. Der Hofgärtner des Erbgroßherzogs von Oldenburg, C. L. BOSSE, hatte in der Firma T. J. R. SEIDEL, Dresden-Striesen, die Rhododendronkultur und -züchtung kennen und schätzen gelernt. In Dresden wurden damals bereits viele Rhododendron herangezogen; ob aber aus diesen frühen Kulturen noch Pflanzen vorhanden sind, ist nicht bekannt.

Erst nachdem 1815 DR. F. B. HAMILTON Saatgut von *R. arboreum* vom Himalaja nach England brachte und 1825 davon die ersten Sämlinge blühten, konnte das leuchtende Rot der Blüten dieser Art in die ersten Hybriden eingekreuzt werden.

SIR JOSEPH DALTON HOOKER führte 1849 unter anderen die Arten *R. campylocarpum, R. ciliatum, R. cinnabarinum, R. falconeri, R. griffithianum* und *R. thomsonii* in die englischen Parks und Gärten ein. Wie SCHULZ (1904) berichtet, kaufte die Königliche Porzellan-Manufaktur in Berlin 1890 für Studienzwecke ein Exemplar von *R. griffithianum (R. aucklandii)* von T. J. SEIDEL, Dresden, zum Preis von 175 Goldmark! Leider gibt er die Größe nicht an.

Aus China brachte 1895 ROBERT FORTUNE das nach ihm benannte *R. fortunei* nach England.

Nach 1900 floß ein stetiger Strom von neuen, bisher unbekannten Rhododendron-Arten und -Formen aus China, Tibet, dem Himalaja und Japan nach Amerika und Europa, hier vor allem nach England. Auch Azaleen fanden bei den Sammlern gleiches Interesse. Bereits 1734 wurden *R. viscosum* und *R. periclymenoides* (= *R. nudiflorum* aus Amerika eingeführt. 1774 folgte *R. calendulaceum*. PETER SIMON PALLAS sandte 1793 Saatgut, und 1798 gelangten Pflanzen von *R. luteum (A. pontica)* nach England. 1815 begann P. MORTIER, Gent, mit der Züchtung, und 1850 waren von den Genter-Hybriden (Pontica-Hybriden) über 500 Sorten vorhanden.

1830 wurde *R. japonicum* eingeführt, und bereits 1844 kamen die ersten Japanischen Azaleen *(R. kiusianum)* aus chinesischen Gärten nach England.

Die Gattung *Rododendron* gehört zu der großen Familie der *Ericaceae*. Von dieser Pflanzenfamilie mit über 2200 Arten in etwa 60 Gattungen ist noch keine vollständige Monographie vorhanden. Zu den *Ericaceae* gehören viele Gattungen von immergrünen Laubgehölzen. Allein von den im Kapitel „Immergrüne Laubgehölze" genannten über 60 Gattungen sind 20 den *Ericaceae* zuzuordnen. Nach HUTCHINSON (1946) darf aufgrund von einigen verbindenden Merkmalen angenommen werden, daß Rhododendron sich aus den *Magnoliaceae* über die Familie der *Theaceae* und *Dilleniaceae* entwickelt haben.

Die Gattung *Rhododendron* ist in jeder Hinsicht bemerkenswert und interessant, so unter anderem auch durch ihre zwei systematischen Gliederungen. Eines dieser Systeme folgt mehr praktischen Gesichtspunkten und faßt Arten aufgrund von gemeinsamen Merkmalen in 44 Serien (Series) zusammen. Diese Gliederung in Series und Subseries wurde von SIR ISAAK BAYLEY BALFOUR angeregt und unter Mitarbeit von H. TAGG, J. HUTCHINSON und A. RHEDER am Botanischen Garten in Edinburgh, Kew und Arnold Arboretum in den Jahren 1920 bis 1930 erstellt. STEVENSON (1947) folgt seit der ersten Auflage (1930) in seinem Buch „The Species of Rhododendron" diesem System, das sowohl in der englischen als auch amerikanischen Spezialliteratur über Rhododendron bis 1980 gebräuchlich war. Das gilt auch für BOWERS (1960), LEACH (1962), Veröffentlichung der Royal Horticultural Society, London, Rhododendron Handbook (1980) und DAVIDIAN (1982, 1989), der in seinem Standardwerk „Rhododendron Species" beim BALFOURSCHEN System geblieben ist, es nochmals modifiziert hat und die Gattung in 50 Series gliedert.

Dieses System wird von den Systematikern nicht anerkannt, weil jegliche hierarchische Wichtung der Series fehlt. Diese hierarchische Gliederung ist das Grundprinzip für jede botanische oder auch zoologische Systematik.

Für den Gärtner und Liebhaber ist das Series-System jedoch sehr praktisch. Deshalb wurde jeder Versuch der Systematiker vehement bekämpft, ein echtes „botanisches" System einzuführen.

Das Balfoursche System
(Davidian 1982, 1989)

Lepidote Rhododendron

Anthopogon Series
Boothii Series
    Boothii Subseries
    Megeratum Subseries
Camelliiflorum Series
Campylogynum Series
Carolinianum Series
Ciliatum Series
Cinnabarinum Series
Dauricum Series
Edgeworthii Series
Ferrugineum Series
Glaucophyllum Series
    Genestierianum Subseries
    Glaucophyllum Subseries
Heliolepis Series
Lapponicum Series
    Cuneatum Subseries
    Lapponicum Subseries
Lepidotum Series
    Baileyi Subseries
    Lepidotum Subseries
Maddenii Series
    Ciliicalyx Subseries
    Maddenii Subseries
    Megacalyx Subseries
Micranthum Series
Moupinense Series
Saluenense Series
Scabrifolium Series
Tephropeplum Series
Trichocladum Series
Triflorum Series
    Augustinii Subseries
    Hanceanum Subseries
    Triflorum Subseries
    Yunnanense Subseries
Uniflorum Series
Vaccinoides Series
Virgatum Series

Elepidote Rhododendron

Arboreum Series
Argyrophyllum Series
Auriculatum Series
Barbatum Series
    Barbatum Subseries
    Crinigerum Subseries
    Glischrum Subseries
    Maculiferum Subseries
Campanulatum Series
    Campanulatum Subseries
    Lanatum Subseries
Falconeri Series
Fortunei Series
    Calophytum Subseries
    Davidii Subseries
    Fortunei Subseries
    Griffithianum Subseries
    Orbiculare Subseries
    Oreodoxa Subseries
Fulgens Series
Fulvum Series
Grande Series
Griersonianum Series
Irroratum Series
Lacteum Series
Neriiflorum Series
    Forrestii Subseries
    Haematodes Subseries
    Neriiflorum Subseries
    Sanguineum Subseries
Parishii Series
Ponticum Series
Sherriffii Series
Taliense Series
    Adenogynum Subseries
    Roxieanum Subseries
    Taliense Subseries
    Wasonii Subseries
Thomsonii Series
    Campylocarpum Subseries
    Cerasinum Subseries
    Selense Subseries
    Souliei Subseries
    Thomsonii Subseries
    Williamsianum Subseries

Azaleastrum

Albiflorum Series
Ovatum Series
Semibarbatum Series
Stamineum Series

Camtschaticum

Camtschaticum Series

Nomazalea („Azaleen")

Azalea Series
    Canadense Subseries
    Luteum Subseries
    Nipponicum Subseries
    Obtusum Subseries
    Schlippenbachii Subseries

REHDER (1927) stellte ein System auf, das von SLEUMER (1949) überarbeitet und erweitert wurde. Dieses System wird den botanisch-systematischen Ansprüchen besser gerecht und gliedert die Gattung weiter in Untergattungen (Subgenus), Sektionen (Sectio), Untersektionen (Subsectio) und Serien (Series) auf, wobei die Untersektionen bzw. Serien dieses Systems weitgehend mit den Series von BALFOUR übereinstimmen.

Seit der International Rhododendron Conference 1978 in New York wurden die BALFOURschen Series einvernehmlich durch das SLEUMERsche System ersetzt, dessen Entwurf über 30 Jahre nicht beachtet oder abgelehnt worden war.

SLEUMER gliederte nach makro-morphologischen Merkmalen, SEITHE-VON HOFF untersuchte die in der Gattung vorkommenden Haararten, denn neben Habitus, Blatt und Blüte ist für eine genaue und systematische Einordnung die Behaarung der Pflanze bedeutsam. Nach SEITHE-VON HOFF (1952ff.) kommen 43 Haartypen vor, die zum Teil untereinander durch Übergangsformen verbunden sind. Sie gehören zwei Haararten an, von denen sich jede in zwei Varianten unterteilen läßt: Die drüsige Haarart tritt als „Schuppe" oder „Drüse" auf, die Deckhaarart als „Zotte" oder „Flocke". Nach den drei vorkommenden Kombinationen der vier Haarart-Varianten können drei Untergattungsgruppen („chori subgenerum") unterschieden werden: Die „Schülferschuppigen" (Rhododendron) mit Schuppe und Zotte, die „Azaleen" (Nomazalea) mit Drüse und Zotte und die „Flockenhaarigen" (Hymenanthes) mit Drüse und Flocke.

Weitere Untersuchungen galten unter anderem den Keimblättern, Samen und Inhaltsstoffen.

Dabei zeigte sich, daß die gefundenen Inhaltsstoffe in vielen Fällen die SLEUMER/SEITHE-Systematik betätigten. In anderen Fällen waren jedoch auch erhebliche Veränderungen erforderlich. SPETHMANN (1980 bis 87) hat, aufbauend auf diesen Untersuchungen und der Revision der Gattung durch CULLEN und CHAMBERLAIN (1978 bis 82) sowie PHILIPSON und PHILIPSON (1986) eine infragenerische Gliederung der Gattung vorgenommen.

System nach SPETHMANN

(frühere Series und Subseries)

Chorus Subgenerum Rhododendron

Subgenus Maddenodendron
Sectio Keysia (= Series Cinnabarinum)
Sectio Moupinensorhodion
(= Series Moupinense)
Sectio Pseudorhodorastrum
(= Ser. Virgatum ohne *R. racemosum*)
Sectio Trachyrhodion
(= Series Scabrifolium einschl. *R. racemosum*)
Sectio Bullatorhodion (= Series Edgeworthii)
Sectio Maddenodendron
    Subsectio Camelliaeflora
    (= Series Camelliaeflorum)
    Subsectio Maddenia
    (= Ser. Maddenii: Subser. Maddenii)
    Subsectio Ciliicalyces
    (= Ser. Maddenii: Subser. Ciliicalyx)
    Subsectio Megacalyces
    (= Ser. Maddenii: Subser. Megacalyx)
    Subsectio Tephropepla
    (= aus Ser. Triflorum: *R. hanceanum*,
      R. longistylum, Ser. Boothii: Subser.
      Tephropeplum)

Subsectio Boothia
(= Ser. Boothii: Subser. Boothii, Ser. Boothii:
   Subser. Megeratum)
Subsectio Monantha
(= aus Ser. Uniflorum: *R. monanthum*, aus
   Ser. Triflorum: *R. flavantherum, R. kaso-
   ense, R. concinnoides*)
Sectio Pseudorhodion
   Subsectio Uniflora
   (= Series Uniflorum ohne *R. monanthum*)
   Subsectio Glauca (= Ser. Glaucum: Subser.
     Glaucum)
   Subsectio Genestieriana
   (= Ser. Glaucum: Subser. Genestierianum)
   Subsectio Afghanica
   (= aus Ser. Triflorum: *R. afghanicum*)
   Subsectio Triflora
   (= aus Ser. Triflorum: *R. triflorum*)
     R. ambiguum, R. keiskei, R. lutescens)
   Subsectio Trichoclada
   (= Series Trichocladum)

Subgenus Rhododendron
Sectio Rhododendron
   Subsectio Heliolepida (= Series Heliolepis)
   Subsectio Yunnanensia
   (= Ser. Triflorum: Subser. Yunnanense ohne
     R. longistylum
     Ser. Triflorum: Subser. Augustinii)
   Subsectio Ferruginea
   (= Series Ferrugineum)
   Subsectio Saluenensia
   (= Series Saluenense ohne *R. fragariflorum*)
   Subsectio Fragariflora
   (= Series Saluenense: *R. fragariflorum*)
   Subsectio Baileya
   (= Ser. Lepidotum: Subser. Baileyi)
   Subsectio Caroliniana
   (= Series Carolinianum)
   Subsectio Rhodorastra
   (= Series Dauricum)
   Subsectio Setosa
   (= aus Ser. Lapponicum: *R. setosum*)
   Subsectio Campylogyna
   (= Series Campylogynum)
Sectio Destaminorhodion
   Subsectio Lapponica
   (= Series Lapponicum ohne *R. setosum*)
   Subsectio Pogonantha
   (= Series Anthopogon, Series Cephalantum)

Subsectio Lepidota
(= Ser. Lepidotum: Subser. Lepidotum)
Sectio Microrhodion (= Series Micranthum)

Subgenus Vireya
Sectio Vireya
   Subsectio Pseudovireya
   Subsectio Siphonovireya
   Subsectio Phaeovireya
   Subsectio Malayovireya
   Subsectio Albovireya
   Subsectio Solenovireya
   Subsectio Euvireya
     Series Linnaeoidea
     Series Saxifragoidea
     Series Taxifolia
     Series Stenophylla
     Series Citrina
     Series Javanica
   Series Buxifolia (= hier: *R. vidalii*)

= Series Vaccinoides (ohne *R. vidalii*)

Chorus Subgenerum Nomazalea

Subgenus Pentanthera
Sectio Pentanthera
   Subsectio Lutea
   (= Ser. Azalea: Subseries Luteum)
   Subsectio Canadensis
   (= Ser. Azalea: Subseries Canadense ohne
     R. albrechtii u. *R. pentaphyllum*)
Sectio Sciadorhodion
(= aus Ser. Azalea Subser. Canadense: *R. al-
   brechtii, R. pentaphyllum*, aus Ser. Azalea
   Subser. Schlippenbachii: *R. schlippenbachii,
   R. quinquefolium*).
Sectio Tsutsutsi
   Subsectio Obtusa
   (= Ser. Azalea: Subseries Obtusum)
   Subsectio Brachycalyces
   (= Ser. Azalea: Subseries Schlippenbachii
     ohne *R. schlippenbachii* u. *R. quinque-
     folium*)
   Subsectio Tashiroia
   (= Ser. Azalea: Subseries Tashiroi)

Subgenus Azaleastrum (= Series Ovatum)

Subgenus Choniastrum (= Series Stamineum)

Subgenus Mumeazalea
(= Series Semibarbatum)

Subgenus Candidastrum
Sectio Candidastrum
(= Series Albiflorum)
Sectio Viscidula
(= Ser. Azalea: Subser. Nipponicum)

Subgenus Therorhodion
(= Series Camtschaticum)

Chorus Subgenerum Hymenanthes

Subgenus Hymenanthes
Sectio Ponticum
  Subsectio Williamsiana
    (= Ser. Thomsonii: Subser. Williamsianum)
  Subsectio Selensia
    (= Ser. Thomsonii: Subser. Selense)
  Subsectio Campylocarpa
    (= Ser. Thomsonii: Subser. Campylocarpum, Ser. Thomsonii: Subser. Souliei)
  Subsectio Oreodoxa
    Series Oreodoxa
      (= Ser. Fortunei: Subser. Oreodoxa)
    Series Orbicularia
      (= Ser. Fortunei: Subser. Orbiculare)
  Subsectio Fortunea
    Series Fortunea
      (= Ser. Fortunei: Subser. Fortunei)
    Series Calophyta
      (= Ser. Fortunei: Subser. Calophytum)
  Subsectio Davidia
    Series Davidia
      (= Ser. Fortunei: Subser. Davidii)
    Series Griffithiana
      (= Ser. Fortunei: Subser. Griffithianum)
  Subsectio Irrorata
    (= Ser. Irroratum: Subser. Irroratum)
  Subsectio Caucasica
    (= Ser. Ponticum: Subser. Caucasicum ohne *R. brachycarpum*)
  Subsectio Pontica
    (= Ser. Ponticum: Subser. Ponticum)
  Subsectio Argyrophylla
    (= Ser. Arboreum: Subs. Argyrophyllum ohne die Arten d. Subsect. Floribunda)
  Subsectio Auriculata
    (= Series Auriculatum ohne *R. griersonianum*)
  Subsectio Glischra
    (= Ser. Barbatum: Subser. Glischrum)
  Subsectio Arborea
    (= Ser. Arboreum: Subser. Arboreum)
  Subsectio Barbata
    (= Ser. Barbatum: Subser. Barbatum, Ser. Barbatum: Subser. Crinigerum)
  Subsectio Maculifera
    (= Ser. Barbatum: Subser. Maculiferum)
  Subsectio Floribunda
    (= Ser. Arboreum Subseries Argyrophyllum: *R. floribundum, R. denudatum, R. hunnewellianum, R. hunnewellianum* ssp. *rockii, R. farinosum*)
  Subsectio Fulva (= Series Fulvum)
  Subsectio Campanulata
    (= Series Campanulatum)
  Subsectio Parishia
    (= Ser. Irroratum: Subser. Parishii)
  Subsectio Griersoniana
    (= Series Griersonianum)
  Subsectio Sanguinea
    (= Ser. Neriiflorum: Subser. Sanguineum)
  Subsectio Neriiflora
    Series Haematodia
      (= Ser. Neriiflorum: Subser. Haematodes)
    Series Forrestia
      (= Ser. Neriiflorum: Subser. Forrestii)
    Series Neriiflora
      (= Ser. Neriiflorum: Subser. Neriiflorum)
  Subsectio Thomsonia
    (= Ser. Thomsonii: Subser. Thomsonii)
Sectio Lactanthes
  Subsectio Taliensia
    Series Adenogyna
      (= Ser. Taliense: Subser. Adenogynum)
    Series Taliensia
      (= Ser. Taliense: Subser. Taliense)
    Series Roxieana
      (= Ser. Taliense: Subser. Roxieanum)
    Series Lactea
      (= Series Lacteum, aus Ser. Ponticum: *R. brachycarpum*)
    Series Wasonia
      (= Ser. Taliense: Subser. Wasonii)
  Subsectio Falconera
    Series Falconera (= Series Falconeri)
    Series Grandia (= Series Grande)

Die Systematik der Gattung *Rhododendron* wird somit auch heute noch ständig überarbeitet und den neuesten Erkenntnissen angepaßt, Auf die Dauer wird ein Rhododendronliebhaber, der sich für die Arten interessiert, nicht darum herumkommen, sich mit der Systematik der Gattung auseinanderzusetzen. Weitere Forschungsergebnisse werden notwendig sein, um die noch ansteigende Zahl der Arten exakt einordnen zu können. Es würde den Rahmen dieses Buches überschreiten, die Unterschiede in der Systematik bis ins einzelne aufzuzeigen und hier näher zu erläutern.

Die Gattung *Rhododendron* umfaßt etwa 1000 Arten, Varietäten und Formen, von denen nicht mehr alle in Gartenkultur sind bzw. einige Arten noch nicht eingeführt wurden und nur als Herbarpflanzen bekannt sind. Es gibt keine andere Pflanzengattung, die auf relativ kleinem Gebiet so viele Arten zählt und doch wieder auf der nördlichen Hälfte der Erdkugel so weit verstreut ist. Baumartigen Rhododendron, zum Beispiel *R. giganteum* mit fast 30 m Höhe, stehen Arten gegenüber, die nur wenige Zentimeter hoch sind und im Gebirge über der Baumgrenze bzw. wie das in Gärten nicht gedeihende *R. lapponicum* in arktischen Gebieten wachsen. *R. nivale*, eine schwierig zu kultivierende Art, ist noch in fast 5500 m Höhe zu finden und 8 Monate des Jahres unter Schnee verborgen!

Rhododendron sind immergrüne oder auch laubabwerfende Gehölze, Sträucher und Bäume. Die Blätter stehen meistens an den Zweigenden gehäuft und bilden einen Scheinwirtel. Die Blüten stehen einzeln oder zu mehreren in lockeren oder festen, meist aufrechten Dolden oder Doldentrauben zusammen. Bei den meisten Hybriden, deren Blüten in aufrechten Doldentrauben dicht beisammenstehen, hat sich bei Gärtnern und Pflanzenliebhabern dafür der Name „Blütenstutz" eingebürgert. Die Blumenkrone, deren Blütenblätter zusammengewachsen sind, ist von unregelmäßigem Bau oder zygomorph und fünf- bis zehnzählig, röhren-, trichter-, glocken- oder radförmig. Die Anzahl der Staubblätter beträgt 5 bis 20. Die Staubbeutel sind nach dem oberen Ende hin geöffnet, der Pollen ist meist klebrig. Der Fruchtknoten besteht aus 5 bis 20 Fächern. Die Frucht ist eine Kapsel, die bei Reife von oben her aufspringt. Die Samen sind meistens sehr fein, mit und ohne Flügel, auch mit schwanzartigen Anhängseln bei tropischen Arten. Viele Rhododendron leben in „Symbiose" mit Pilzen (Mykorrhiza). Wahrscheinlich sind diese Mykorrhizapilze bei Rhododendron in der Lage, auf mageren Böden Nährsalze für die Pflanze zu beschaffen. Aber auch ohne direktes Zusammenleben sollen die Pilze mit dazu beitragen, die Wachstumsmöglichkeiten zu verbessern. Dagegen sind nach BOWERS (1960) Wurzelpilze der Mykorrhiza im Grunde genommen parasitisch, jedenfalls ohne nennenswerten Nutzen für Rhododendron.

Rhododendron können sehr alt werden. In England, aber auch bei uns stehen in alten Parks Exemplare von *R. catawbiense*, die über 150 Jahre alt sind. Auch *R. arboreum* hat dieses Alter in europäischen Gärten erreicht und ist zu Bäumen herangewachsen. Die etwa 18 bis 20 m hohen Bäume dieser Art im Himalaja sind sicher mehrere hundert Jahre alt. In Südkorea wurde vor einigen Jahren in einem Waldgebiet nahe dem Mount Pallyun ein Exemplar von *R. schlippenbachii* mit 95 cm Stammumfang und 6 m Höhe gefunden: sie soll etwa 1000 Jahre alt und damit die größte und älteste „Azalee" der Erde sein.

Bei geeigneten Standortbedingungen können damit Rhododendron mit Sicherheit den Gartenbesitzer, der sie gepflanzt hat, überleben.

Lange bevor Rhododendron das Interesse der Botaniker erregten, war *R. luteum* bereits Ursache eines bis in unsere Zeit unerklärlichen Vorfalls. Wie XENOPHON in seiner Anabasis beschreibt, erkrankten auf dem Rückzug von Babylon seine Soldaten im Jahr 401 v. Chr. in der Nähe von Trapezunt am Schwarzen Meer nach dem Genuß von Honig, den die Bienen von Blüten der Pontischen Azalee *(R. luteum)* gesammelt hatten. Ein Angriff der Verfolger hätte die wie betrunken und schwerkrank niederliegenden Soldaten mit Leichtigkeit vernichten können. Die Begebenheit wiederholte sich mit anderem Ausgang 67 v. Chr., und die solcherart geschwächten Truppen des Pompeius wurden niedergemacht.

G. LEACH (1967) berichtet, daß Tee aus Blättern von *R. chrysanthum (R. aureum)* in der Heilkunde jahrhundertelang gegen Rheuma und Arthritis angewandt wurde und den Blutdruck senkt.

In Straßburg wurde 1899 der in der Pflanze, vor allem in den Blättern befindliche Stoff Andromedotoxin entdeckt. Etwa 50 Jahre später gelang in den USA der Nachweis, daß es gegen hohen Blutdruck wirksam ist. Immer wieder finden sich Hinweise auf Vergiftungserscheinungen nach dem Genuß von Honig in Gebieten, wo auch *R. luteum* vorkommt; in der Türkei wurde diese Substanz 1949 im Honig aus dem Gebiet des Schwarzen Meeres gefunden. Kein Grund, Honig von oder alle Rhododendron als giftig zu erklären. Erst 1961 konnten die Japaner die Strukturformel bestimmen; sie nannten den Wirkstoff Acetylandromedol.

Standort, Pflanzung und Pflege

Standortbedingungen

Die leider zum Teil noch weitverbreitete Meinung, daß Rhododendron besonders schwierig zu kultivieren und im Hausgarten zu wenig ausdauernd seien, kann bei etwas Aufmerksamkeit und Kenntnis der Eigenarten der Pflanzen meist leicht widerlegt werden.

Rhododendron sind dort, wo sie die ihrem Wachstum zusagenden Bedingungen finden, nicht schwierig zu kultivieren, ja man kann in vielen Fällen fast davon sprechen, daß sie sozusagen „narrensicher" sind und ohne besonderen Pflegeaufwand zu gesunden, kräftigen Pflanzen heranwachsen. Leider sind die idealen Bedingungen in Deutschland nur im Nordwesten in größerem Maße zu finden, wo man teilweise sogar in den Wäldern Rhododendron verwildert als Unterholz finden kann.

Dieses Gebiet wird vom Meeresklima beeinflußt und ist gekennzeichnet durch hohe relative Luftfeuchtigkeit, meist kühle, feuchte Sommer und nicht zu lange Kälteperioden ohne sehr niedrige Frosttemperaturen im Winter. Die Regenfälle sind gleichmäßig über das Jahr verteilt. Kurz gesagt: Ein Klima ohne besondere Extreme.

Zum Glück sind aber auch viele Rhododendron erstaunlich anpassungsfähig in bezug auf den Standort, natürlich immer unter der Voraussetzung, daß man ihren ganz bestimmten Eigenheiten und Anforderungen genügt. Die Ansprüche für die Kultur lassen sich weitgehend schon von den Standorten in den Heimatgebieten ableiten. Rhododendron wachsen dort an Berghängen in kühlen und vor allem luftfeuchten Lagen. Überschüssiges Wasser wird an den Hanglagen schnell abgeleitet, und die Wurzeln sind überwiegend in der obersten Bodenschicht im Humus zu finden. Es sind feine Faserwurzeln, die einen lockeren, aber gut durchlüfteten Boden verlangen und doch die Pflanzen gut verankern. Stauende Nässe und Luftmangel an den Wurzeln bringen Rhododendron in ganz kurzer Zeit zum Absterben. Extrem hohe Luftfeuchtigkeit – in den Tälern als Wasserdampf und in den höheren und kühleren Gebirgslagen als Nebel – bieten ideale Wachstumsbedingungen und lassen undurchdringliche Rhododendron-Dschungel entstehen. Schon aus der Größe der Blätter bei den einzelnen Arten kann man auf ihre Standortansprüche schließen: Je größer das Blatt, desto mehr Luftfeuchtigkeit und Windschutz verlangt die betreffende Art.

Niederschläge in den Heimatgebieten der Rhododendron

	mm/Jahr	davon mm/ Sommer	mm/ Winter
Darjeeling/Indien (Himalaja)	3120	2800	216
Hongkong (Chinesisches Küstengebiet)	2030	1720	314
Hokkaido/Japan	1360	545	590

Zur Zeit des Monsuns erreichen die Niederschläge in den Rhododendron-Wäldern Asiens bis 5000 mm und mehr – Wassermengen, die in unseren Breiten, wo im ganzen Jahr nur etwa 600 bis 1000 mm fallen, unvorstellbar sind. Im Rhododendron-Paradies Europas, im Nordwesten Schottlands, werden etwa 2000 mm Niederschlag im Jahr gemessen. Diese großen Regenmengen bewirken, daß aus der Humus- und obersten Bodenschicht der kohlensaure Kalk, der für Rhododendron nur in ganz geringen Mengen verträglich ist, ausgewaschen wird und der Boden in der obersten Schicht zunehmend saure Reaktion zeigt.

Kalk liegt in den Böden meist als Kalkspat, Kalkstein, Kreide, Marmor = Kalziumkarbonat ($CaCO_3$) vor und ist an sich schwer löslich. Unter Einwirkung der im Wasser gelösten Kohlensäure ($H_2O + CO_2$) bildet sich Kalziumbikarbonat, $Ca(HCO_3)_2$, das leicht löslich ist und ausgewaschen wird. Es ist daher möglich, daß Rhododendron, wie die Sammler immer wieder aus China berichteten, auf Kalkgebirgen und -böden mit Humusauflage vorkommen.

Pflanzensammler beobachteten im Himalaja, daß an den Nordhängen der Berge, wo die Sonne nur verhältnismäßig kurze Zeit hinkommt, Rhododendron in dichten Beständen im Schatten von Bäumen als Unterholz und in oberen Regionen allein waldbildend vorkommen, während sie an Südhängen fast völlig fehlen. Auch dies sind deutliche Hinweise, im Garten die Standorte entsprechend zu wählen.

Gedeihen Rhododendron in den Nachbargärten gut und sind in der näheren Umgebung in Parkanlagen und auf Friedhöfen gesunde, alte Rhododendron zu finden, dann werden die Pflanzen auch meistens ohne besondere Vorbereitung und Pflege im eigenen Garten wachsen. Haben allerdings Rhododendron in der Nachbarschaft hellgrüne, zum Teil gelbe und nur kleine Blätter, vielleicht sogar mit braunen Flecken und Rändern, so sind dies Anzeichen dafür, daß den Pflanzen Standort und Bodenverhältnisse nicht zusagen.

Rhododendron verlangen einen sauren, fast kalkfreien, lockeren, möglichst humusreichen Boden, ausreichend feuchten Standort, lichten Schatten (Halbschatten) und ganz besonders Schutz gegen scharfe Winde.

Boden und Wasser
Bedeutung des pH-Wertes

Gedeihen im Garten und in der näheren Umgebung die Besenheide *(Calluna vulgaris)*, die Moor- und die Schneeheide *(Erica tetralix, E. carnea)*, die Heidel- und Preiselbeere *(Vaccinium myrtillus, V. vitis-idaea)*, so hat man in der Regel das Glück, den Boden für die Pflanzung von Rhododendron nicht mehr viel verändern zu müssen, denn diese Pflanzenarten zeigen sauren Boden an. Trotzdem sollte man sich vor dem Pflanzen von Rhododendron stets genau über die Reaktion, d. h. den pH-Wert seines Gartenbodens informieren. Eine pH-Wert-Bestimmung gibt darüber Aufschluß, in welchem Maße der Boden saurer oder alkalisch reagiert und für Rhododendron geeignet ist oder nicht. Der Neutralpunkt liegt bei pH 7,0. Unter diesem Wert liegt der saure, darüber der alkalische Bereich. Bei einem Wert von pH 6,0 ist der Boden leicht sauer, bei pH 8,0 leicht, für Rhododendron allerdings zu alkalisch.

Auskunft, wo Bodenuntersuchungen vorgenommen werden, erteilen die örtlich zuständigen Landwirtschaftskammern, Landwirtschaftsschulen und Versuchsanstalten für Gartenbau.

Mit Hilfe der in guten Samengeschäften käuflichen pH-Meßgeräte, sogenannten Pehametern, oder auch mittels Indikatorpapier kann der Säuregrad einer Bodenlösung für unsere Zwecke meist ausreichend genau selbst bestimmt werden. Man nimmt davon von mehreren Stellen der Pflanzfläche, aus bis 20 cm Tiefe, mit dem Spaten mehrere Bodenproben, mischt gut durch und übergießt etwa 1 Eßlöffel voll einer „Mischprobe" mit der drei- bis vierfachen Menge destillierten Wassers, läßt etwa zwei Stunden stehen und rührt in diesem Zeitraum wiederholt um. Am Farbumschlag des Indikatorpapiers oder der Indikatorlösung kann man mit Hilfe einer zum Vergleich beigegebenen Farbskala den pH-Wert ablesen. Die den Geräten beiliegende Gebrauchsanweisung ist genau zu beachten.

Bei einer Pflanzung von Rhododendron muß der Boden im sauren Bereich liegen bzw. so verändert werden, daß er saure Reaktion zeigt. Werden Rhododendron in alkalische Böden eingepflanzt, ohne daß zumindest in der Pflanzgrube die Erde durch sauren Boden oder Torf ausgetauscht wird, bleiben sie nur noch kurze Zeiten am Leben. Bald schon verfärben sich die Blätter hellgrün und der Austrieb wird schließlich ganz gelb. Es sind dies die Anzeichen einer schweren Chlorose. Rhododendron sind im alkalischen Boden nicht in der Lage, Eisen aufzunehmen bzw. in alkalischer Lösung ist Eisen in den Pflanzenzellen unserer Rhododendron nicht verfügbar. Meist tritt auch noch Magnesiummangel auf, und das Ende unserer mit vielen Hoffnungen gepflanzten Rhododendron ist nahe.

Rettung ist nur möglich, wenn die Pflanzen umgehend in einen Boden mit saurem pH-Wert gebracht werden. Als Optimalbereich hat sich für Rhododendron ein pH-Wert zwischen 4,5 und 5,0, also ein relativ stark saurer Bereich erwiesen.

Böden ab pH 3,0 bis 4,5 und zwischen 5,0 und 5,8 sind noch brauchbar. Bei pH 6,0 läßt das Wachstum aber schon deutlich nach, und man muß versuchen, den pH-Wert abzusenken. Hinsichtlich ihrer Eignung bestehen bei den einzelnen Bodenarten erhebliche Unterschiede, die im folgenden charakterisiert werden sollen.

Humus- und Waldböden

Böden mit Rohhumusauflage sind bei nicht zu hohem Grundwasserstand natürliche Standorte für Rhododendron. In regenreichen feuchtkühlen (humiden) Gebieten und auf Urgestein, wo der Kalkgehalt sowieso niedrig ist, bildet sich Rohhumus, unter dem die Böden zur Verdichtung und Ortsteinbildung neigen. Nach tiefer Bodenlockerung, wobei der Boden mit dem Rohhumus vermischt und mit Torfmull und Dünger verbessert wird, werden Rhododendron gut gedeihen. Die zum Teil verwitterten steinigen Böden mit Waldbestand an den Westseiten der Mittelgebirge sind noch ein viel zu wenig für Rhododendron erschlossenes Gebiet.

Alle Hochmoorböden sind nach Entwässerung ideale Standorte, wie die Rhododendronkulturen der Baumschulen in Nordwestdeutschland zeigen.

Leichte, sandige Böden

Sandböden sind stark wasserdurchlässig, gut durchlüftet und für Rhododendron von der Bodenstruktur her recht günstig. Leider trocknen diese Böden aber auch schnell aus. Nachteilig ist ferner der geringe natürliche Nährstoffgehalt von Sandböden. Nach einer Düngung besteht zudem immer die Gefahr, daß bei starkem Regen die Nährstoffe ausgewaschen werden. Wenn es aber möglich ist, Sandböden bei Trockenheit zusätzlich mit für Rhododendron geeignetem Wasser (s. Seite 22) zu bewässern, so sind Sandböden ohne große Mühen zu verbessern und in jedem Fall schweren Lehm- und Tonböden vorzuziehen.

Organisches Material wie zum Beispiel Torf, Rinde, Laub, Koniferennadeln, Heu und Stroh in jeder Form, ob unverrottet oder nicht, dazu alter Kuhdung und eventuell milder, saurer, sandiger Lehm verbessern Sandböden sehr schnell und nachhaltig. Mit Hilfe einer zweckmäßigen Bewässerung läßt sich auf Sandböden ein Gartenparadies schaffen.

Lehm- und Tonböden

Mittlere Lehmböden mit Sandgehalt, pH-Werten unter 6,0 und durchlässigem Untergrund sind für Rhododendron sehr gut geeignet. Unsere Rhododendron werden sich in sandigem Lehm bei richtiger Pflanzvorbereitung zu großen Exemplaren entwickeln. Diese Böden sind meistens nährstoffreich und für Rhododendronwurzeln locker genug zum Durchwurzeln. Viele alte Rhododendron in Südengland stehen auf sandigen Lehmböden.

Alle schweren Lehmböden und vor allem Tonböden sind auch auf die Dauer nur schwer mit Humus zu verbessern. Rhododendron sind mit ihren feinen Faserwurzeln, die nur in bereits vorhandene Hohlräume im Boden eindringen können, nicht in der Lage, in derartigen Böden gut zu gedeihen. Hinzu kommt, daß diese Böden häufig noch alkalisch reagieren (über pH 7,0). Rhododendron wurzeln in Ton nur in den Resten des Ballensubstrates, wachsen nur kümmerlich und sterben allmählich ab, da Wasserführung und Durchlüftung im Ton sehr schlecht sind. Bei Humusauflage wurzeln die Rhododendron aber sehr bald nur noch in dieser Schicht und wachsen dann befriedigend. Auf schweren Lehm- und Tonböden muß man vor einer Pflanzung zuerst für gute Wasserführung (Dränung) der für Rhododendron vorgesehenen Pflanzfläche sorgen und darauf organisches Material in großen Mengen aufbringen. Direkte Pflanzung auch in vorbereitete Pflanzlöcher ist problematisch.

Kalkböden und „kalktolerante" Rhododendron

Böden mit hohem Kalkgehalt bzw. Kalkstein als Untergrund sind für Rhododendron völlig ungeeignet. In jedem Buch über Rhododendron findet man diese Feststellung, und sie ist auch mit zwei Ausnahmen gültig.

In Gebieten mit über 1000 mm Niederschlag im Jahresmittel darf man es wagen, in der Humusauflage auf diesen Böden Rhododendron zu pflanzen. Allerdings muß die Humusauflage auf derartigen Standorten Jahr für Jahr ergänzt werden.

Die zweite Ausnahme gilt nur für jenen Rhododendronfreund, der bereit ist, erhebliche Mühen und Kosten aufzuwenden, um auf Kalkböden eine Substratschicht aufzubringen und darin seine Rhododendron zu kultivieren. Eine solche Pflanzung zu erstellen, ist – von den Kosten für Torfmull und andere Humusstoffe abgesehen – noch relativ einfach. Schwieriger wird es mit der Pflege: Zweimal im Jahr Kontrolle des pH-Wertes, saure Düngung und dann die Aufbereitung des in derartigen Gebieten meist harten Gießwassers stellen Anforderungen, die über allgemeine Gartenliebhaberei hinausgehen. Man muß dazu, wie ein amerikanischer Rhododendron-Anhänger sagte, „rhodoholic" (zusammengesetzt aus Rhododendron und Alkohol), zu deutsch „rhododendronsüchtig" sein!

Im Anschluß an die geschilderten Schwierigkeiten einer Pflanzung auf Kalkböden noch einige Worte zu den sogenannten „kalktoleranten" Rhododendron. Auf Mitteilungen von Sammlern, daß Rhododendron auf Kalkgebirgen wachsen, stellte sich bei nachträglicher Untersuchung der Untergrund meist als Dolomit (eine Kalzium- und Magnesiumsulfat-Verbindung) heraus, und die Rhododendron wurzelten in solchen Fällen auch nur im aufliegenden Rohhumus. Die Bezeichnung „kalktolerante" Rhododendron ist daher irreführend und gefährlich! Nur unter Laboratoriumsbedingungen bei hohem Eisen- und Magnesiumgehalt konnten Rhododendron in Anwesenheit von freiem Kalzium kultiviert werden.

Rhododendron nehmen Kalzium leicht – zu leicht – auf, und es wird dadurch die Aufnahme von Kalium-, Magnesium- und anderen Nährstoffen, die für die Ernährung und Gesundheit der Rhododendron wichtig sind, gestört oder verhindert.

Nach Untersuchungen in England wachsen Rhododendron auf Böden ohne Kalk aber auch bei einem pH-Wert von über 7,0 – bestimmt durch hohen Magnesiumgehalt – ohne Schwierigkeiten und Störungen.

Nach unserer heutigen Kenntnis gibt es keine kalktoleranten Rhododendron, und es wird sie wohl auch so bald nicht geben. Wir können durch starke Düngung mit Kalium, Magnesium bzw. durch Zugabe von Eisenchelaten (organische Eisenverbindungen) bis zu einem gewissen Grad die Aufnahme von Kalzium einschränken bzw. die Verfügbarkeit des Eisens für die Pflanze erhalten, doch bei hohem pH-Wert *und* kohlensaurem Kalk im Boden werden Rhododendron nicht gedeihen sofern es nicht gelingt, auf Böden mit hohem pH-Wert wachsende, mit den jetzigen Sorten gut verträgliche Veredlungsunterlagen oder eine ganz neue Sortengruppe „kalkverträglicher" Rhododendron zu züchten.

Erste erfolgversprechende Ergebnisse erzielte PREIL nach einer scharfen Selektion aus mehreren Millionen Sämlingen im Labor. Auch im Freiland haben sich einige dieser Pflanzen als noch kalktoleranter erwiesen als die Unterlage 'Cunningham's White'. Die Veredlungseignung mit Sorten des gängigen Sortiments wird zur Zeit noch geprüft.

Wasserbedarf

Rhododendron und immergrüne Laubgehölze verdunsten ständig – also auch im Winter – Wasser.

Eine Gruppe der Rhododendron hat an den Blattunterseiten Haare und Schuppen, die unter anderem dazu dienen, die Wasserverdunstung zu kontrollieren und notfalls einzuschränken. Rhododendron, ausgenommen manche subtropische und tropische Arten, haben die Fähigkeit, die Blätter mehr oder weniger stark zur Mittelrippe nach unten hin einzurollen und senkrecht herabhängen zu lassen. Auf diese Weise wird im Winter bei Temperaturen etwa ab -3 bis $-5\,°C$ und gefrorenem Boden, wenn der Wassernachschub durch die Wurzeln und die gefrorenen Triebe gestört ist, die Verdunstung stark herabgesetzt.

Überschreitet in lang anhaltenden Frostperioden, vor allem, wenn stark austrocknende, hauptsächlich östliche Winterwinde wehen, die Verdunstung eine bestimmte Grenze, so vertrocknen die Rhododendron.

Winterschäden sind meistens Vertrocknungsschäden. Rhododendron-Arten und -Sorten, die als frostempfindlich gelten, sind nicht fähig bzw. haben die Fähigkeit teilweise verloren, ihre Blätter fest einzurollen und damit die Verdunstung zu regulieren und leiden schon bei kurzen Frostperioden unter Trockenheit. Auch im Sommer – die Bodenoberfläche ist noch mehr oder weniger feucht – bekommen Rhododendron häufig gelbe Blätter, und im fortgeschrittenen Stadium werden die Blätter an den Rändern schließlich entlang der Mittelrippe braun und trocknen ein. Man vermutet Pilzbefall (meistens lassen sich auch Pilze feststellen), doch liegt die primäre Ursache des Schadens darin, daß die Pflanzen unter Ballentrockenheit leiden und mehr Wasser, als von den Wurzeln nachgeliefert werden konnte, durch die Blätter verdunstet worden ist.

Im ersten Jahr nach der Pflanzung sind die Pflanzen besonders empfindlich. Der Wurzelballen ist noch klein, und vor allem in Lehmboden ist der für Rhododendron verbesserte Boden noch locker gelagert und ohne kapillare Verbindung mit dem Untergrund. Rhododendron in Torfbeeten müssen immer genau beobachtet werden, da sich kaum eine Verbindung mit dem vom Untergrund aufsteigenden Wasser einstellt – und auch nicht einstellen soll – und die Pflanzen mit ihren Wurzeln nicht in den schweren oder kalkhaltigen Untergrund eindringen.

Rhododendron zeigen durch ihr Aussehen deutlich den Feuchtezustand des Bodens. Mattgrüne Blätter, die schlaff herabhängen oder gar welken, sind ein Anzeichen, daß die Wurzeln im Untergrund unter Trockenheit leiden, während eine dünne Schicht des Bodens an der Oberfläche durchaus noch durchfeuchtet sein kann und eine tieferreichende Bodenfeuchtigkeit vortäuscht. Unter alten Rhododendron und in Neupflanzungen unter dicker Laubmullschicht kann es auch nach ausgiebigen Regenfällen noch erstaunlich trocken sein.

Welken, Gelbfärbung und Abfallen der unteren Blätter kann aber auch zuviel Wasser an der Wurzel anzeigen. Rhododendron reagieren sehr empfindlich auf zuviel Wasser und Staunässe im Boden. Es kann nicht genug betont werden, daß am Standort der Rhododendron der Boden locker und gut gedränt sein muß, damit jeder Überschuß an Wasser innerhalb weniger Stunden abfließen kann. Nur wenige Tage in der Pflanzung stehendes Wasser und dadurch bedingter Luftmangel der Wurzeln können die Pflanzen sehr stark und für lange Zeit schädigen.

Besonders hohen Wasserbedarf haben Rhododendron zur Zeit ihrer Blüte und beim Austrieb. In Asien, wo die meisten Arten beheimatet sind, fallen in den Monaten Mai bis Oktober die Hauptregenmengen, während bei uns Trockenperioden herrschen können. Große Mengen Wasser und darin gelöste Nährstoffe werden in diesem Zeitraum zusätzlich gebraucht. Zwar sind die Blütenknospen bereits im Vorjahr angelegt worden, doch nur bei ausreichender Wasserversorgung werden die Blüten zu voller Schönheit entwickelt. Bei unseren spätblühenden Sorten (Mitte bis Ende Juni) wird die Dauer der Blüte häufig durch Wassermangel in Hitzeperioden verkürzt.

Bei den ersten Anzeichen von Wassermangel sollte sofort durchdringend gewässert werden. Die oberste Bodenschicht bis 30 cm Tiefe muß vollkommen durchfeuchtet sein. Dann sollte man aber mit weiterer Bewässerung warten, bis die Pflanzen erneut ihren Bedarf anzeigen. Eingewachsene Rhododendron vertragen erstaunlich viel Trockenheit!

Zahlreiche Rhododendron, besonders erst frisch gepflanzte, werden zu oft, zuviel und damit zu Tode gewässert. Welkende Blätter am Neuaustrieb bei feuchtem oder gar nassem Boden sind Anzeichen von Luftmangel, stagnierender Nässe im Pflanzloch und womöglich bereits faulenden Wurzeln. Man muß in diesem Falle sofort das Gießen einstellen und statt dessen täglich mehrmals die Pflanzen bei trockenem Wetter nur leicht übersprühen, um die Luftfeuchtigkeit zu erhöhen.

Alle Rhododendron sind in den sommerlichen Trockenperioden von Mai bis Juli für ein kurzes Übersprühen am Abend außerordentlich dankbar, was verständlich ist, wenn wir uns an die in ständigem Wechsel niedergehenden Regenfälle der Heimatgebiete erinnern. Dieses Übersprühen erhöht gleichzeitig die Luftfeuchtigkeit, kann aber niemals mangelnde Feuchtigkeit an den Wurzeln ersetzen.

Feststehende Regeln, wie man Rhododendron wässern soll, gibt es nicht, da die Verhältnisse von Garten zu Garten zu sehr schwanken. Je besser Boden, Standort und Windschutz sind, desto weniger wird zusätzliches Wässern notwendig sein.

Wasserqualität

Nicht jedes Wasser, und sei es nach unserer Meinung noch so klar und frisch, aus Bächen, Teichen, Brunnen oder aus der Wasserleitung ist für Rhododendron geeignet. Beim Gießwasser spielen wie im Boden auch pH-Werte, Kalk- und Salzgehalt eine sehr wichtige Rolle.

Man spricht allgemein von *hartem* und *weichem* Wasser. Es ist zwischen Bikarbonathärte, der vorübergehenden oder temporären Härte, die auf den im Wasser gelösten Hydrokarbonaten von Kalzium bzw. Magnesium beruht, und bleibender, permanenter Härte, hervorgerufen vor allem durch den Gehalt an gelöstem Gips ($CaSO_4 \cdot 2H_2O$) und den Nichtkarbonaten von Kalzium und Magnesium zu unterscheiden. Aus beiden Härten ergibt sich die Gesamthärte. 1 Grad Deutscher Härte entspricht dem Gehalt von 10 mg Kalziumoxid oder 1,19 mg Magnesiumoxid in einem Liter Wasser. Bis 10 Grad Deutscher Härte spricht man von weichem, bei 10 bis 20 Grad von mittelhartem und über 20 Grad von hartem Wasser. Ursache für die unterschiedliche Wirkung sind die im Wasser gelösten Kalzium- und Magnesiumverbindungen, die meistens als doppelkohlensaure Karbonate, sogenannte Bikarbonate, vorliegen.

Der Anteil an Kalziumkarbonat entscheidet über die Eignung des Wassers für Rhododendron. Die Kohlensäure ist in ihrer Säurewirkung zu schwach, um Kalzium in fester Bindung zu halten, und das freie Kalzium wirkt dann bei hohem pH-Wert toxisch auf die Pflanzen.

Durch die natürliche Bikarbonathärte des Wassers wird der pH-Wert des Bodens beim Wässern langsam erhöht und die Rhododendron werden, falls die Ursache nicht erkannt wird, in zunehmendem Maße geschädigt. Kohlensäurereiches Wasser (Regenwasser) löst aus dem Boden den Kalk; daher ist auch immer Vorsicht am Platze, wenn Oberflächenwasser von umliegenden Kalkböden in die für Rhododendron speziell präparierten Böden einfließen kann.

Selbst große Bikarbonathärte kann durch Ansäuern des Wassers mit Schwefelsäure, Phosphorsäure oder Oxalsäure unschädlich gemacht werden, wobei Kalziumkarbonat und -bikarbonat in Kalziumsulfat (Gips), Kalziumphosphat oder Kalziumoxalat übergeführt werden. Je Grad Karbonathärte und Kubikmeter Wasser sind hierzu etwa 10 cm^3 konzentrierte Schwefelsäure oder 22,5 g Oxalsäure erforderlich. Den pH-Wert des Wassers sollte man dabei auf 5,8 bis 6,0, eher noch etwas darunter (aber nicht unter pH 4,0) einzustellen versuchen. Man muß bei diesem Verfahren der chemischen Enthärtung immer zuvor die Wasserhärte neu bestimmen, da auch die Wasserhärte von Zeit zu Zeit stark schwanken kann. Bei sehr hartem Wasser ist das Verfahren, wenn man einmal damit vertraut ist, einfacher als es hier beschrieben werden kann (HARMS 1952).

Es empfiehlt sich, stets einen großen Vorratsbehälter mit enthärtetem Wasser, in einfacher Form mit Plastikfolie ausgekleidet, bereitzuhalten.

Mittelhartes Wasser kann sehr einfach und leicht mit Hilfe von Torfmull enthärtet und angesäuert werden. Pro Kubikmeter Wasser und Grad Deutscher Härte werden 500 g Torfmull, pH-Wert etwa 3,0 bis 3,5, mindestens 24 Stunden ausgelaugt. Der Torfmull wird zu diesem Zweck in einem Gazebeutel ins Wasser eingehängt und das Wasser mehrmals umgerührt. Auf diese Weise erhält man ein vorzügliches Gießwasser, und der Torfmull kann noch zum Abdecken bzw. Auflockern von Staudenbeeten und anderen Pflanzen, die keinen niedrigen pH-Wert im Boden verlangen, benutzt werden.

Im Handel zum Beispiel für die Enthärtung von Wasser für Orchideenkulturen angebotene Enthärtungsanlagen, die nach dem Prinzip des Ionenaustausches arbeiten (Permutit u.a.), sind in der Leistung gering oder bei hoher Leistung für unsere Zwecke zu teuer.

Ein weiteres Kriterium bei der Wasserentnahme aus Bächen, Flüssen und städischen Anlagen ist die zunehmende Versalzung der Gewässer.

Rhododendron reagieren außerordentlich empfindlich auf hohen Salzgehalt. Der Gesamtsalzgehalt sollte 500 mg bei einem Grenzwert für die Chloride von etwa 100 mg nicht übersteigen. Bei in der Umgebung festgestellten Salzlagern werden in den Flüssen derartige Werte leicht erreicht und häufig überschritten. In Trockenzeiten sollte man mit stärker salzhaltigem Wasser erst im äußersten Notfall und dann nur wenige Male, aber durchdringend wässern. Im Freiland werden die Salze vom ersten Regen wieder verdünnt und ausgewaschen. Gechlortes Wasser (Leitungswasser) ist für Rhododendron ohne Bedenken brauchbar. Auskunft über die Qualität gibt das Wasserwerk oder eine Wasseranalyse.

Regenwasser und weiches Oberflächenwasser ist zum Wässern von Rhododendron am besten geeignet und bei der Anzucht einfach unentbehrlich.

Klima und Umwelt

Sonne und Schatten

Bei den Arten mit zum Teil ganz speziellen Ansprüchen ist es ohne Kenntnis der örtlichen Standortbedingungen (Standplatz, Windschutz, Boden, Feuchtigkeit) außerordentlich schwierig, allgemeine Empfehlungen zu geben. Je größer die Blätter, um so mehr verlangt die betreffende Art einen wenigstens in den Mittagsstunden vor voller Sonne geschützten Standplatz.

Niedrige, kleinblättrige Arten, zum Beispiel aus der Subsectio Lapponica, stehen am Heimatstandort meist in voller Sonne, allerdings bei hoher Luftfeuchtigkeit, häufigen Nebeln und Niederschlägen. Bei uns verlangen diese Pflanzen viel Licht und bei voller Sonne doch lichten Schatten. An zu schattigen Standorten zeigen sie anstelle des typischen, gedrungenen und dicht geschlossenen Wuchses eine lockere Form.

Unsere Catawbiense- und Ponticum-Hybriden, aber vor allem die Yakushimanum- und Insigne-Hybriden wachsen bei ausreichender Bodenfeuchtigkeit recht gut auch in voller Sonne und entwickeln sich in Küstennähe bzw. in Gebieten und auf Standorten mit hoher relativer Luftfeuchtigkeit an sonnigen Plätzen zu schönen, großen Pflanzen. Empfindlichere Sorten aus der Gruppe der Griffithianum- und der Fortunei-Hybriden, vor allem aber die Williamsianum-Hybriden verlangen lichten Schatten, um kräftig zu wachsen und gesund zu bleiben. Auch die Repens-Hybriden wachsen im lichten Schatten besser als in voller Sonne. Das gleiche gilt für Japanische Azaleen, während Azaleen-Sorten der Genter-, Mollis- und Knap-Hill-Hybriden sich zwar in lichtem Schatten besser entwickeln, doch in voller Sonne dankbarer und reicher blühen.

Bei zuviel Sonne im Sommer zeigen die Pflanzen ihr Unbehagen durch matte, gelbgrüne Färbung der Blätter und Braunfärbung entlang der Mittelrippe und am Blattrand an. Starker Insektenbefall durch die „Weiße Fliege" und die Rhododendronwanze deutet ebenfalls auf zu sonnigen, warmen Standort in Verbindung mit zu wenig Feuchtigkeit im Boden und in der Luft hin.

Das Unvermögen der Wurzeln, die verdunstete Feuchtigkeit aus den Blättern schnell wieder zu ergänzen, ist oftmals Ursache der Blattschäden. In voller Sonne steigt die Temperatur in den Blättern höher an als in der umgebenden Luft, und im ungünstigen Falle kann es zu einem Hitzeschock der Pflanze kommen.

Rhododendron brauchen gerade soviel Sonne, daß sich das Laub nicht verfärbt und verbrannt wird. Neben den Eigenheiten der Art und Sorte spielt dabei der Standort mit eine Hauptrolle. Auf humosen, feuchten Böden, vertragen sie mehr Sonne als auf trockenen Sandböden. Am besten gedeihen Rhododendron jedoch im lichten Schatten von Bäumen. Im Halbschatten (etwa 50% Schattierung) unter einem Blätterschirm werden die Pflanzen sich zu prächtigen Exemplaren entwickeln und reich blühen. Ist der Schatten unter dichtlaubigen Bäumen zu stark, so lassen die Pflanzen in der Blüte nach, blühen schließlich in tiefem Schatten nur noch ganz spärlich und wachsen locker und sparrig. Rhododendron lieben geradezu den Wechsel zwischen Sonne und Schatten und brauchen insgesamt einige Stunden am Tag volles Licht, am besten in den Morgen- und Nachmittagsstunden.

Schattenspendende Bäume. Geeignete Schattenspender sind alle Bäume mit tiefgehenden Wurzeln. In den Heimatländern wachsen Eiche und Kiefer in Gesellschaft mit Rhododendron. *Pinus sylvestris* und *Quercus robur* sind daher bei uns die idealen Schattenbäume. Die Blätter von Eichen und Kiefernnadeln geben, wie wir schon gehört haben, noch zusätzlich einen sehr guten, sauren, langsam verrottenden Mulch für Rhododendron, im Gegensatz zu den sich schnell zersetzenden Blättern von Ahorn und Roßkastanie mit alkalischen Reaktionen.

Gut geeignet sind auch Lärche *(Larix leptolepis* und *L. decidua)*, alle hochwachsenden Kiefernarten und Esche *(Fraxinus excelsior, F. pennsylvanica)*, die alle lichten Schatten spenden. Ferner lassen sich Weißdorn *(Crataegus)*, Felsenbirne *(Amelanchier)* und die Obstgehölze Apfel, Birne, Kirsche im Hausgarten recht gut mit Rhododendron kombinieren. Rhododendron neben Zierkirschen, Magnolien und den Blumenhartriegeln *Cornus florida, C. kousa, C. nuttallii* harmonieren im Garten sehr schön. Auch die Hemlockstanne *(Tsuga canadensis, T. heterophylla)* gibt Rhododendron lichten Schatten und Schutz im kleinen Garten.

Mit Ausnahme von Kiefer und Eichen erweisen sich aber alle Schattengehölze mehr oder weniger als Wurzelkonkurrenten für Rhododendron. Dagegen ergänzen sich Erlen und Kiefern, in gleicher Zahl gemischt, als Schattenbäume für Rhododendron in idealer Weise. Die Erle gibt in den Anfangsjahren der jungen Pflanzung Schutz und Rahmen. Jahr um Jahr wird der Erlenbestand ausgelichtet und aufgeastet, um Kiefern und Rhododendron freizustellen. Sind die Kiefern hoch genug, daß sie Schutz und Schatten spenden, werden alle Erlen herausgeschlagen. Es ist zwar nicht immer zu verwirklichen, aber doch anzustreben, daß zwischen den höchsten Rhododendron und den untersten Ästen und Zweigen der zwischengepflanzten Schattenbäume mindestens 1 bis 2 m Luftraum verbleiben, damit die Luft nicht stagniert. Man muß also auch die Schattenbäume, wenn notwendig, aufasten. Am besten wachsen unsere Pflanzen unter dem hohen Schirm von alten Kiefern und Eichen, wo im Laufe des Tages Licht und Schatten über die Pflanzen wandern und ein intensiver Luftaustausch möglich ist – ein Ideal, welches nicht oder nur in langen Zeiträumen (mindestens 20 Jahre!) in großen Pflanzungen erreichbar ist.

Ungeeignet als Schattenspender und Nachbarn von Rhododendron sind alle Bäume und Sträucher mit Oberflächenwurzeln, wie z. B. unsere heimischen Ahornarten *(Acer campestre, A. platanoides, A. pseudoplatanus)*, ferner Weißbuche *Carpinus betulus)*, Rotbuche *(Fagus sylvatica)*, Roßkastanie *(Aesculus hippocastanum)*, alle Pappeln und starkwachsenden Weiden und auf die Dauer auch die Erle *(Alnus glutinosa)*, die zwar in jungen Pflanzungen schnell Schutz gibt, aber später zum Konkurrenten der Rhododendron wird.

Birken und Rhododendron passen optisch gut zusammen, doch ist diese Kombination auf Dauer nur vertretbar an Standorten, wo das Grundwasser im Sommer nicht unter 1 m Tiefe absinkt. Birken brauchen viel Wasser!

Fichte und Tanne geben guten Windschutz, aber dichten Schatten, und sie wurzeln nur ganz flach, wie die Rhododendron auch. Man sollte deshalb von diesen Bäumen mit Rhododendron genug Abstand halten und erst außerhalb der Kronentraufe pflanzen. Das gleiche gilt für *Thuja*- und *Chamaecyparis*-Arten, die als Windschutzhecken von guter Wirkung sind, aber ebenfalls zu flach wurzeln. Unter alten Bäumen – wieder ausgenommen Eiche und Kiefer – lassen sich Rhododendron nur mit großen Schwierigkeiten und Verlusten pflanzen.

Schattenhalle. Wer in seinem Garten nur ganz kleine oder noch gar keine Bäume hat, nicht warten will oder kann, bis Schattenbäume herangewachsen sind und doch seinen Rhododendron sofort die besten Wachstumsbedingungen schaffen möchte, muß eine Schattenhalle bauen. In den Baumschulen werden Tausende von Rhododendron-Jungpflanzen und empfindliche Arten und Sorten in Schattenhallen herangezogen, wo die Pflanzen ideale Wachstumsbedingungen finden.

Auf Pfosten liegen in mindestens 3 m Höhe Querträger aus Holz oder Eisen und darüber in so dichten Abständen Latten, daß das Licht auf etwa 50 bis 60% verringert wird. Licht und Schatten wandern im Tagesablauf über die Pflanzen, Regen und Schnee fallen zwischen den Latten durch und schaffen natürliche und gute Klimabedingungen: Luftfeuchtigkeit im Sommer, Frostschutz im Winter. Nach Osten und Norden sollte die Schattenhalle auch seitlich geschlossen bzw. durch eine Hecke gegen Wind geschützt sein. Schon in einer kleinen Schattenhalle mit Grundfläche 5 × 10 m lassen sich viele empfindliche Rhododendron unterbringen. Anregungen und Rat für den Bau von Schattenhallen finden sich in einer Arbeit von Hirsch, Mühlhaus, Kettner (1965), aber auch die nächstgelegene Gartenbauversuchsanstalt oder Baumschule wird gern Auskunft geben.

Im lichten Schatten von Bäumen oder künstlichen Schatten- und Schutzeinrichtungen überwintern Rhododendron besser als im freien Stand, da unter der Sonneneinstrahlung im Februar und März keine Frostschäden auftreten und wenig Knospen erfrieren. Die Blüte ist am geschützten Standort bei frühen Sorten der Oreodoxa-, Williamsianum- und Repens-Hybriden weniger durch Nachtfröste gefährdet und dauert meistens einige Tage länger. Auch später blühende Sorten verblühen, gegen Sonne geschützt, nicht so schnell.

Rhododendron sind zwar für lichten Schatten sehr dankbar, doch sollte dies den Gartenfreund und angehenden Rhododendronliebhaber nicht abhalten, robustere Sorten auch an einen voll sonnigen Standort zu pflanzen. Der Appetit kommt mit dem Sehen, die Erfahrung mit dem Probieren!

Wind und Luftfeuchtigkeit

Nur wenige Gärtner sind sich darüber im klaren, daß die allermeisten Rhododendron-Arten und -Sorten Wind nur ganz schlecht vertragen. Dabei ist der Schutz gegen austrocknenden Wind sowohl im Sommer als auch ganz besonders im Winter fast genau so wichtig wie ein saurer Boden. Die einzelnen Arten reagieren auf einen windigen Standort unterschiedlich. Alle großblättrigen Arten brauchen, um ihr Laub zu voller Schönheit entwickeln zu können, einen fast windstillen, aber nicht geschlossenen Standort mit stagnierender Luft.

In luftfeuchtem Klima, vor allem bei Meeresklima, wird Wind von einigen Arten ausgehalten. In Schottland wachsen *R. ponticum* und *R. catawbiense* an einigen Stellen – zwar windgeschoren und mit beschädigten Blättern – unmittelbar an der Küste, von der Gischt der Brandung bei Sturm übersprüht.

In Mittel- und Süddeutschland halten Rhododendron an windexponierten Standorten meist nicht lange aus. Spätestens ein strenger Winter mit kalten, trockenen Ostwinden bewirkt, daß die Blätter der Pflanzen dann eintrocknen (nicht erfrieren!). Laubabwerfende Rhododendron wie *R. luteum (Azalea pontica)* und die von ihr abstammenden Sorten der Genter-Hybriden und – wenn auch in geringerem Maße – *R. japonicum* mit den von dieser Art abstammenden sogenannten Mollis-Hybriden, ferner *R. reticulatum, R. schlippenbachii* und *R. vaseyi* sind gegen Wind einigermaßen unempfindlich, gedeihen aber auch wie alle immergrünen Arten in windgeschützter Lage wesentlich besser.

R. fortunei und die von ihm abstammenden Hybriden sind weniger kälte- als ausgesprochen windempfindlich.

An Hausecken, zwischen Gebäuden und überall dort, wo fast ständig Luftzug zu spüren ist und im Winter der Schnee vom Wind weggeblasen wird, werden Rhododendron niemals üppig wachsen, sondern zu langsamem Siechtum verurteilt sein. Auf freiem Feld oder – wie meistens in Neubaugebieten – in mehr oder weniger offenen Lagen werden sie so lange nicht zur Zufriedenheit des Gartenbesitzers wachsen, bis ein ausreichender Windschutz geschaffen ist.

Man sollte deshalb Rhododendron im Schutz einer Hauswand oder Gartenmauer pflanzen oder spätestens (besser vorher) mit den ersten Rhododendron auch eine hochwachsende Hecke anlegen. Auf offenem Gelände sind vor allem gegen Ostwinde nach Osten und Nordosten hin Windschutzpflanzen vorzusehen.

Sehr gut als Heckenpflanzen und Windschutz für Rhododendronpflanzungen geeignet sind Hainbuche *(Carpinus betulus)*, Feldahorn *(Acer campestre)*, Rotbuche *(Fagus sylvatica)* sowie von den Koniferen Lebensbaum *Thuja occidentalis)* und Eibe *(Taxus baccata)*, wobei zu bemerken ist, daß eine geschnittene Taxushecke von Jahr zu Jahr schöner wird, als hohe Hecke wirklich einen Gartenraum schafft und Generationen überdauert. Wegen der möglichen Wurzelkonkurrenz ist jedoch auch hier auf ausreichenden Abstand zu den Rhododendron-Pflanzungen zu achten. Eine immergrüne Hecke mindert die Windwirkung an der windabgewandten Seite (Leeseite) zu 60 bis 80%. Die

Windschutzwirkung reicht bis zu einem Abstand von der Hecke, der etwa der 5fachen Höhe entspricht, d.h. eine 2 m hohe immergrüne Hecke schützt die Pflanzung bis maximal 10 m Abstand von der Hecke.

Bei kleineren Gärten ist Schilfrohrgeflecht, an Holzrahmen oder direkt am Zaun befestigt, ein billiger, einige Jahre haltbarer und wirkungsvoller Windschutz. Leider sind die vor allem in Dänemark häufigen Abgrenzungen und Zäune aus dünnen Zweigen oder, sehr gut aussehend, aus etwa 5 mm dicken und etwa 10 cm breiten, 3 m langen Holzstreifen geflochten, bei uns noch immer wenig bekannt. Aus Kiefern- oder gar Bongossy-Holz sind diese Windschutzzäune fast unverwüstlich und schaffen fabelhafte Gartenräume für Rhododendron.

Als Jungpflanzen wollen Rhododendron dicht zusammenstehen oder im Schutz zu ihnen passender Pflanzen, wie *Ilex crenata* mit seinen Formen, *Fuchsia magellanica, Leucothoe fontanesiana, Pieris japonica, P. floribunda, Prunus laurocerasus* und anderer Immergrüner heranwachsen. Man muß dabei immer wieder auslichten, damit die Rhododendron nicht hochtreiben und von unten her aufkahlen. Dichte Pflanzung von Sträuchern und Bäumen erhöht und hält die Luftfeuchtigkeit und verhütet, daß die Rhododendron vom Wind durchblasen werden und unter (Luft-)Trockenheit leiden.

Temperaturgrenzwerte
Das Klima eines Ortes ist bestimmt durch die Temperatur, die in 2 bis 3 m Höhe gemessen wird. Im großen Maßstab wird das Klima vor allem durch die Nähe des Meeres, das im Winter wie ein Wärmespeicher wirkt und Extreme ausgleicht, beeinflußt. Indirekt wird das Klima durch die Temperatur des Erdbodens bedingt und ist unter anderem abhängig von der Einstrahlung (Belichtung, Bodenart, Wassergehalt, Pflanzendecken und damit zusammenhängend Wärmeleitung und Ausstrahlung in der Nacht.

Durch das Klima wird bei einer Pflanzung nur die große Linie bestimmt, denn maßgeblich für unsere Pflanzen ist das Mikroklima. Es sind dies die „Temperaturverhältnisse auf kleinstem Raum" am Standort der Pflanzen von der Bodenfläche bis etwa 2 bis 3 m Höhe. Diese Verhältnisse können sich gegenüber denen der Umgebung sehr unterscheiden. Entwicklung und Überwinterung der Pflanzen sind zum Beispiel stark abhängig von Hang- bzw. Tallage, Stand an offener oder windgeschützter Stelle, von Licht und Schatten oder auch Standort an Nord-, Ost-, Süd- oder Westseite eines Gebäudes.

Man sieht daraus, daß die Verhältnisse weder von Nord- auf Süddeutschland noch von Garten zu Garten übertragbar sind. Maßgeblich für die Pflanzung ist aber allein das Temperaturminimum am Standort und die Häufigkeit des Auftretens tiefer Temperaturen im Winter bzw. im Zeitraum von Jahren.

In Deutschland ist eigentlich in jedem Winter damit zu rechnen, daß die Temperaturen unter $-20\,°C$ absinken. Im Norden – in Küstennähe – wird das im Winter weniger häufig der Fall sein als im Süden oder im Gebirge. Bei freiem Stand kann eine Pflanze trotz isolierender Schneedecke und Mulch bis zum Boden herunterfrieren, während dieselbe Art im dichten Schutz einer Gruppe unter Bäumen kaum Schäden zeigt. Untersuchungen haben ergeben, daß unmittelbar über Mulch oder Schnee, also einer gegen Temperaturausgleich isolierenden Schicht, die Temperaturen über $5\,°C$ niedriger als in 1 m Höhe über dem Erdboden liegen können. Dieser Unterschied am Standplatz der Pflanze aber ist begrenzend für die Pflanzung nicht ganz harter Arten und Sorten.

In England sind die Rhododendron nach Härtegruppen eingestuft, wobei vier Gruppen unterschieden werden (H = hardiness = Winterhärte):

H_4 = in ganz England winterhart
H_3 = winterhart an der Küste und an geschütztem Standort
H_2 = zusätzlicher Schutz auch noch an geschütztem Standort im Freiland erforderlich
H_1 = Überwintern bzw. Kultur nur im Gewächshaus möglich.

In unserem Buch ist bei Besprechung der Arten und Sorten diese an sich gute Gruppierung nicht gewählt worden. Die englischen Verhältnisse sind auf Deutschland nicht übertragbar, auch liegen zu wenig Erfahrungen von den verschiedenen Standorten innerhalb Deutschlands vor. Die nachfolgend als winterhart bezeichneten Rhododendron und immergrünen Gehölze halten bei uns mit Sicherheit Temperaturen unter −2°C aus, wobei allerdings nicht mehr gesagt werden kann, wo die unterste Grenze liegt. Arten und Sorten, die Temperaturen unter −20°C nicht mehr vertragen, verlangen Winterschutz (vgl. auch Seite 38).

Gruppe der Winterhärte	Grenzwerte der Kälteempfindlichkeit
Winterhart	unter −20°C
Winterschutz!	−15°C bis −20°C
Winterschutz!!	−10°C bis −15°C
Winterschutz!!!	−5°C bis −10°C

Pflanzen der letzten Gruppe überwintern bei uns im Freiland nur in Ausnahmejahren! Man weiß leider erst im Frühling, wie der Winter war...

Die Einstufung erfolgte nach langjährigen Beobachtungen und Erfahrungen am windgeschützten Standort in Bremen. In Süddeutschland werden einige der im Norden als winterhaft bezeichneten Sorten eventuell schon Blattschäden bei Temperaturen um −20°C zeigen. Pflanzen, die sich an extremen Standorten in kalten Wintern als besonders hart erwiesen haben, sollten weiter beobachtet und verbreitet werden. Die Deutsche Rhododendron-Gesellschaft ist dankbar für Mitteilungen, die besonders harte Pflanzen betreffen. Nur auf diese Weise können gute, frostharte Typen bei den Arten gefunden werden. Leider ist die Temperatur bei uns der begrenzende Faktor für viele, teilweise der schönsten Arten und Sorten.

Außer durch Tiefsttemperaturen werden durch Spätfröste im April und Mai oft ganz erhebliche Schäden angerichtet. Dabei sind nicht nur die Blütenknospe oder die geöffnete Blüte gefährdet, sondern auch die austreibenden oder frisch ausgetriebenen Laubblätter. Die Blattschädigung kann durch einen zweiten Austrieb von einigen Arten und Sorten zwar wieder ausgeglichen werden, andere werden jedoch stark beschädigt, daß sie kümmern oder ganz absterben.

Frostlagen

Täler und Senken im Gelände, wo in Frostnächten die Luft kaum in Bewegung ist, stellen sogenannte Frostlagen dar. Es sammelt sich hier die – spezifisch schwerere – Kaltluft, und die Temperaturen liegen bis zu mehreren Graden unter denen in der nächsten Umgebung am Hang. Derartige Standorte werden vom Gartenbau und besonders vom Obstbau gemieden. Auch von unseren Rhododendron gedeihen dort – wenn überhaupt – nur die sehr harten und spätblühenden Sorten. Besonders im Frühjahr ist bis in den Mai/Juni hinein die Blüte frostgefährdet. Der junge Austrieb kann erfrieren und die Rinde aufreißen. Leider sind so ungünstige Standorte nicht immer leicht zu erkennen und die Pflanzen entsprechend zu schützen.

Man kann bis zu einem gewissen Grade seine Pflanzen durch Überdecken und Schutzpflanzungen (Hecken) schützen (siehe unter Windschutz, Schattenhalle). Da aber diese niedrigliegenden Standorte („Frostlöcher") im Herbst häufig sehr feucht sind, reifen die Pflanzen nicht richtig aus, und Frostschäden an Zweigen und Blütenknospen treten verstärkt auf.

Pflanzung

Rhododendron werden in Spezialbaumschulen vermehrt und herangezogen. Jahrelang ist viel Mühe, sorgfältige Pflege und Aufmerksamkeit notwendig, bis sie zu verkaufsfähigen Exemplaren, die in den Gärten ihren Platz finden sollen, herangewachsen sind. Je nach Art, Sorte und Anzuchtverfahren dauert dies 4 bis 8 Jahre. In den Baumschulen der Bundesrepublik Deutschland stehen zur Zeit (1990) etwa 8 Millionen Freiland-Rhododendron und über 2 Millionen Freiland-Azaleen in Kultur. Die Hauptanbaugebiete liegen in Niedersachsen, Schleswig-Holstein und Nordrhein-Westfalen. In Niedersachsen ist es hauptsächlich das Baumschulgebiet von Oldenburg-Ostfriesland, wo über 80% der Rhododendron und 70% der Azaleen Deutschlands herangezogen werden. „Oldenburger" Rhododendron sind heute, neben den Rhododendron aus Boskoop (Holland), in ganz Europa bekannt. Fast alle Rhododendron, die von den örtlichen Baumschulen in Mittel-,

West- und Süddeutschland angeboten werden, stammen aus den Anbaugebieten Oldenburgs und Hollands.

Einkauf der Pflanzen

Rhododendron werden am besten in der Zeit von Mitte September bis Mitte Dezember und von Mitte Februar bis Mitte Mai bei frostfreiem Wetter gepflanzt. Gartenfreunde, die noch keine Rhododendron besitzen, sollten sich möglichst frühzeitig und nicht erst in der Pflanzzeit in einer Baumschule oder Selbstbedienungsgärtnerei ihres Wohnortes darüber informieren, welche Sorten lieferbar sind und sich am betreffenden Ort gut bewährt haben. Die Gärtner freuen sich, wenn sie auch beraten und helfen können. Bei besonderen Fragen und Schwierigkeiten jeglicher Art gibt im übrigen auch die Deutsche Rhododendron-Gesellschaft Auskunft, die sich zum Ziel gesetzt hat, die Verbreitung der Rhododendron und immergrünen Gehölze zu fördern.

Rhododendron sollten rechtzeitig bestellt werden; ob man dazu eine Baumschule besucht und sich beraten läßt oder die Auswahl nach Katalog trifft, liegt im eigenen Ermessen. Baumschulen sind keine Warenhäuser und in ihren Arbeiten stark von der Witterung abhängig. Bei schriftlicher Bestellung gibt man zweckmäßigerweise einige Ersatzsorten an, falls die gewünschten nicht verfügbar sind. In einer Selbstbedienungsgärtnerei kann man sich die Pflanzen nach Vorrat und Wünschen selbst aussuchen und je nach Größe sofort mitnehmen oder anliefern lassen.

Größe und Qualität

Rhododendron und immergrüne Gehölze werden nach Handelsgrößen, die in den Baumschulkatalogen angegeben sind, gehandelt. Vom Bund deutscher Baumschulen (BdB) sind Gütebestimmungen für Gehölze festgesetzt worden. Sie lauten bei Rhododendron:

- Freilandpflanzen müssen einen ihrer Größe entsprechenden, fest durchwurzelten Ballen haben. Sie müssen gesund und wüchsig, dabei gedrungen im Wuchs, der Höhe entsprechend breit gewachsen, von unten an verzweigt sein sowie Blütenknospen haben (falls nicht anders vereinbart)
- Sämlingspflanzen von Rhododendron müssen in Angebot und Rechnung als solche bezeichnet werden
- Mindesthöhe ist 25 cm
- Die Sortierung erfolgt bis zur Größe von 100 cm von 10 zu 10 cm, über 100 cm von 20 zu 20 cm, über 200 cm von 25 zu 25 cm
- Freiland-Azaleen müssen einen ihrer Größe entsprechenden fest durchwurzelten Ballen haben, sie müssen von unten verzweigt und mit Blütenknospen besetzt sein
- Die Sortierung erfolgt bis zu 80 cm von 10 zu 10 cm, dann mit der Staffelung 80 bis 100 cm, darüber mit einer Staffelung von jeweils 25 cm.
- Sortierung der Japanischen Azaleen und der Zwergrhododendron (Arten und Sorten) von 10 zu 10 cm.

Hat man die Wahl, so ist eine dunkelgrüne, gut verzweigte kräftige Pflanze mit nur wenigen Knospen besser als eine, die an jedem Triebende mit einer Blütenknospe besetzt ist, im folgenden Frühjahr reich blüht, aber nur schwach austreibt.

Pflanzen in den Sortierungen 20/25, 25/30, 30/40 cm Größe sind bei den Azaleen, Genter-, Knap-Hill-, Mollis-Hybriden und den großblumigen immergrünen Rhododendron-Hybriden (Arboreum-, Catawbiense- u.a. Gruppen) eigentlich noch zu klein, um üppig zu blühen.

Da Kunden immer wieder auch in dieser Handelsgröße Knospen verlangen, versuchen die Baumschulen durch gezielte Düngung und andere Kulturmaßnahmen, dem Wunsch des Kunden zu entsprechen. Wenn möglich, sollte man etwas größere 50 bis 80 cm hohe Pflanzen erwerben. Sie sind bereits groß genug für eine gute Blüte und doch noch nicht zu alt, um ohne wesentliche Störung durch das Umpflanzen kräftig weiterzuwachsen. Zur Zeit (1990) muß man je nach Sorte bei Rhododendron-Hybriden und Azaleen etwa folgende Preise pro Pflanze zahlen:

30/ 40 cm	30,– bis 50,– DM
70/ 80 cm	80,– bis 160,– DM
100/120 cm	240,– bis 500,– DM

Noch größere Pflanzen sind verhältnismäßig wenig im Handel und auch ziemlich teuer. Das ist verständlich, wenn man bedenkt, daß Pflanzen von 60 bis 100 cm Höhe etwa 10 bis 12 Jahre alt sind und in diesem Zeitraum von der Baumschule viel Arbeit und Kapital investiert wurde. Geschicklichkeit und spezielles Können sind bei der Vermehrung (Aussaat, Stecklinge, Veredlung) erforderlich. Jahrelang wurden die Pflanzen gedüngt, unkraut- und krankheitsfrei gehalten und gepflegt. Damit sich der Wurzelballen gut entwickeln konnte, mußte 4- bis 6mal verpflanzt werden! Aus dieser Sicht betrachtet sind Rhododendron nicht zuletzt auch eine Kapitalanlage.

Pflanzen auf eigener Wurzel, Veredlungen
Vor allem in der englischen Literatur, wird immer wieder empfohlen, Rhododendron auf eigener Wurzel den veredelten vorzuziehen. Veredelungen werden als nachteilig hingestellt, während bekanntlich bei Obstgehölzen das Gegenteil der Fall ist und es niemandem einfällt, Äpfel, Birnen, Kirschen, Pflaumen, aber auch viele Ziergehölze auf eigener Wurzel zu empfehlen. Über Unterschiede auf eigener Wurzel oder auf einer Unterlage veredelt liegen bei Rhododendron keine exakten Versuchsergebnisse vor. Wahrscheinlich werden letztlich die Kosten der Anzucht der betreffenden Sorten über die Vermehrungsmethode entscheiden – und sich beim Verkauf auswirken.

Sicher ist, daß auch von seiten der Baumschulen Rhododendron und Azaleen in steigendem Maße aus Stecklingen, also mit eigenen Wurzeln herangezogen werden. Auch in vitro vermehrte bzw. mikrovermehrte Rhododendron, die aus winzigen Gewebeteilen in spezialisierten Labors herangezogen werden, sind seit einigen Jahren im Handel. Bei diesen Pflanzen gehen die Meinungen, ob sie bezüglich ihrer Standorttoleranz, Winterhärte, Lebensdauer und Blühfähigkeit besser oder schlechter sind als Veredlungen oder Stecklinge, weit auseinander.

In den letzten Jahren wurden erstmals größere Vergleichsversuche mit Veredlungen, Stecklingen und mikrovermehrten Pflanzen verschiedenster Sorten angelegt, die diese Frage hoffentlich klären helfen.

Durch Absenken vermehrte Pflanzen werden heute nur noch sehr selten angeboten. Bei derartigen Pflanzen wird der Gartenbesitzer jeder weiteren Überwachung enthoben. Andererseits ist es bei veredelten Rhododendron nicht schwieriger als bei Obstgehölzen, Edelrosen, Flieder und anderen veredelten Ziergehölzen auch, die Unterlage zu erkennen. Treten zum Beispiel bei rotblühenden Sorten Triebe mit andersfarbigen – lila oder weißen – Blüten auf, so hat sich nicht die Sorte geändert, sondern es handelt sich um einen Austrieb aus der Unterlage, der an der Entstehungsstelle dicht an oder unter der Erdoberfläche unverzüglich abgestochen oder ausgebrochen werden sollte, damit die Edelsorte nicht geschwächt wird. Werden die „Wild"triebe der Unterlage mit der Schere abgeschnitten, treiben sie nur um so stärker aus Nebenaugen an der Basis des Triebes wieder aus. Wird es unterlassen, den Austrieb der Unterlage zu entfernen, so gewinnt dieser sehr bald aufgrund seines robusteren Wuchses die Oberhand über die Edelsorte, die dann sogar – allerdings im Laufe eines längeren Zeitraumes – überwachsen werden kann.

Sämlingspflanzen von Rhododendron, ausgenommen die Wildarten, bei denen man verlangen sollte, daß die Baumschule die Echtheit garantiert, gehören nicht in den von der Fläche her doch meist begrenzten Garten eines Rhododendronliebhabers. Bei Sämlingspflanzen von Hybriden ist es wie bei einer Lotterie: Man hat zwar die Chance, eine gute Pflanze zu erwerben, doch die Zahl der Nieten überwiegt.

Für große Anlagen zum Schutz empfindlicher Arten und Sorten und für Grenzpflanzungen ist gegen die Pflanzung von erheblich billigeren Sämlingspflanzen nichts einzuwenden. Renommierte Baumschulen verkaufen allerdings Sämlinge von Hybriden schon seit Jahren nicht mehr. Ausnahmen sind Sämlinge von gezielten Kreuzungen, z. B. bei Azaleen die Kosterianum-Hybriden und sogenannte Grex-Sorten (siehe Züchtung), bei denen freilich die besten Typen meistens vom Züchter für die eigene Verwendung bereits ausgelesen sind.

Ankunft der Pflanzen
Rhododendron werden, wenn man sie im Anbaugebiet bei Spezialbaumschulen direkt be-

stellt, meistens in Körben oder Kisten verpackt angeliefert. Die Zwischenräume sind mit Holzwolle, Heu oder Stroh ausgestopft, damit die Pflanzen festliegen. Vorsicht beim Auspacken und Entfernen des Verpackungsmaterials, Rhododendron brechen leicht! Sofort nach dem Auspacken wird kontrolliert, ob der Wurzelballen noch feucht genug ist. In der Regel ist er zu trocken, deshalb taucht man ihn in einen wassergefüllten Eimer oder Bottich solange ein, bis keine Luftblasen mehr aufsteigen. Erst nach dem Wässern kann gepflanzt oder eingeschlagen werden.

Wenn die Pflanzen bei plötzlichem Kälteeinbruch in gefrorenem Zustand ankommen, so ist dies bei Rhododendron, ausgenommen ganz frostempfindliche Arten für das Gewächshaus, kein Grund ängstlich zu sein. Man öffne sorgfältig den Korb oder die Kiste und lasse die Pflanzen in einem frostfreien, aber nicht geheizten Raum langsam auftauen. Je weniger die Temperaturen über 0 °C liegen (bis +5 °C sind günstig, bis +10 °C noch vertretbar), desto geringer ist die Gefahr von Schäden.

Einschlag
Falls die Pflanzung im Herbst aus irgendwelchen Gründen nicht mehr möglich ist, müssen die Pflanzen eingeschlagen überwintert werden. Am besten bringt man vorbeugend auf die für den Einschlag vorgesehene Fläche eine dikke Laub- oder Torfmullschicht auf und verhindert dadurch, daß der Boden gefriert. Bei Ankunft der Pflanzen können die Rhododendron in der meist noch frostfreien Mittagszeit eingeschlagen werden. Es wird ein dem Ballendurchmesser entsprechender breiter und tiefer Graben ausgehoben. Die Pflanzen werden so dicht aneinander in den Graben gestellt, daß sich die Blatt- und Triebspitzen gerade berühren, aber nicht tiefer als sie in der Baumschule gestanden haben, die Erde angefüllt und leicht angedrückt, damit keine Hohlräume verbleiben. Danach wird noch eine 10 cm hohe Laub- oder Torfmullschicht zum Schutz der Pflanzen aufgebracht. Selbstverständlich müssen die Wurzelballen gut durchfeuchtet sein. Auch der Torfmull muß so gut angefeuchtet sein, daß aus einer in die Hand genommenen Menge noch Wasser ausgepreßt werden kann.

Ist ausreichend Torfmull vorhanden, kann man auch die Ballenpflanzen auf den Erdboden stellen und feuchten Torf dazwischen und seitlich hoch anfüllen. Auch darüber gehört noch eine Laubschicht zum Schutz gegen zu schnelles Durchfrieren. Diese Methode des Einschlagens ist angebracht, wenn feuchte Witterung oder Frost ein normales Einschlagen nicht mehr zulassen. Auf gleiche Weise eingeschlagen, werden zahlreiche Pflanzen in den Baumschulen mit bestem Erfolg überwintert. Ist die für Rhododendron vorgesehene Fläche bereits zum Pflanzen vorbereitet, d. h. tiefgelockert und mit Humusmaterial verbessert worden, so wird zweckmäßigerweise, auf einem Teil dieser Fläche eingeschlagen.

Wahl und Vorbereitung der Pflanzstelle

Schon bei der Bestellung der Pflanzen sollte feststehen, wo die Pflanzen ihren Platz im Garten finden sollen. Nach Möglichkeit sollte bei Ankunft der Pflanzen der Boden so weit vorbereitet sein, daß nach dem Auspacken sofort gepflanzt werden kann. Ideal ist es, wenn im Garten jede Art und Sorte den ihr gemäßen Platz erhalten und zu einer gut geformten, kräftigen und reichblühenden Pflanze heranwachsen kann. Es seien hier nochmals kurz die wichtigsten Punkte zur Pflanzung von Rhododendron zusammengefaßt:

1. Saurer Boden
2. Windschutz und lichter Schatten, um
   a) den Wind zu hemmen
   b) die Luftfeuchtigkeit zu erhöhen
   c) hohe Temperaturen zu vermeiden
   d) Frosteinwirkung zu mildern.

Veränderung des pH-Wertes
Niedrige pH-Werte unter 3,0 lassen sich ohne Schwierigkeiten bis zum Optimalbereich anheben. Hierzu läßt man in einer Bodenuntersuchungsanstalt ermitteln, wieviel kohlensaurer Kalk auf den Boden ausgestreut bzw. eingearbeitet werden muß, um den erstrebten Wert zu erreichen. Nach den jetzigen Erfahrungen sollte bei feststehenden Rhododendron der gegenwärtige pH-Wert nicht plötzlich verändert wer-

den. Durch physiologisch sauer wirksame Düngung auf kalkhaltigen Böden, verbunden mit der Zufuhr von Rindenhumus oder Torf, läßt sich allmählich der gewünschte pH-Wert erreichen. Lehm- und Tonböden – gerade diese zeigen häufig einen hohen pH-Wert – sind mit Eisensulfat, Phosphorsäure, Schwefelsäure oder auch Schwefelblume anzusäuern. Durch Zufuhr dieser Chemikalien wird der in für Rhododendron schädlicher Form vorliegende kohlensaure Kalk, Kalziumkarbonat ($CaCO_3$), in unschädliche Verbindungen überführt: Kalziumsulfat ($CaSO_4 \cdot 2H_2O$ = Gips) bzw. Kalziumphosphat ($Ca_3[PO_4]_2$).

Soweit bekannt, ist in Deutschland dieses Verfahren noch nicht über Versuche hinausgelangt, nach eigenen Erfahrungen auch nicht ganz ungefährlich und für den Anfänger nicht zu empfehlen. Andererseits liegen hierin Möglichkeiten bei der Aufbereitung von Gießwasser (siehe S. 22).

Bei einem pH-Bereich zwischen 6,0 und 7,0 ist es mit Hilfe von großen Mengen Torfmull, die bei der Pflanzung bis 20 cm Tiefe in den Boden eingearbeitet werden, möglich, den pH-Wert abzusenken. Eine 10 cm hohe Torfmullschicht = 4 Ballen auf 10 m^2 (!) und nach der Pflanzung nochmals 5 cm Torf als Mulch auf die Fläche unter und zwischen den Pflanzen aufgestreut, senkt den pH-Wert auf etwa 5,5 ab. Böden mit pH 7,5 bis 8,0 und darüber können trotz chemischer Behandlung nicht nachhaltig zu einem für Rhododendron geeigneten pH-Bereich abgesenkt werden. Es ist bei derartigen Böden auch zwecklos, Torfmull mit dem Boden zu vermischen. Man kann aber statt dessen eine gesonderte Pflanzfläche aufschütten. In einer 20 bis 25 cm hohen Schicht aus Torf, Laub und Rindenhumus wachsen die Pflanzen lange Zeit ohne Störung.

Allgemeines zur Bodenverbesserung vor der Pflanzung

Vor der Pflanzung sollte auch auf guten Böden die Pflanzfläche oder zumindest die Pflanzgrube mit organischem Material verbessert werden. Zwei Stoffe stehen dabei an der Spitze: *Torfmull* und alter, abgelagerter, halbverrotteter *Kuhmist*. Torfmull ist ausreichend, wenn auch nicht ganz billig, im Handel zu bekommen.

Mit altem Kuhdung sieht es schon schlechter aus; man wird besonders in der Stadt auf andere *organische* oder *mineralische Dünger*, die für Rhododendron geeignet sind, ausweichen müssen.

Am einfachsten zu verwenden ist Humusdünger auf Torfmullbasis (Super Manural). Man vermischt auf sauren durchlässigen Böden die aus der Pflanzgrube gehobene Erde zu je gleichen Raumteilen mit Torfmull (z. B. Floratorf) und mit Super Manural. Auf anlehmigen und schon fast neutralen Böden wird die Erde aus der Pflanzgrube nicht für Rhododendron verwendet. Man füllt die Grube mit einer Mischung von 10 Raumteilen Torfmull und 1 Raumteil Super Manural auf und setzt die Pflanzen in diese Mischung ein.

Torfmull nimmt viel Wasser auf, deshalb vor der Anwendung immer gut anfeuchten!

Auch *Laub* und *andere Humusstoffe* in angerotteter Form, wie im Abschnitt über Bodenpflege und Mulch beschrieben, können als Ersatz für Torf und Stalldung verwandt werden. Pro Kubikmeter Humusstoffe sollten noch 2 bis 3 kg eines langsam wirkenden Volldüngers (z. B. Plantosan) zugesetzt werden. An Humusstoffen bei der Bodenverbesserung zu sparen heißt die Pflanzung von Anfang an benachteiligen. Je nach Größe sollte man pro Rhododendronexemplar bei der Pflanzung zur Bodenverbesserung ¼ bis ⅓ Ballen Torfmull mit einkalkulieren, dazu Rindenhumus, verrottetes Laub, Kuhdung oder Super Manural.

Ungeeignet für die Bodenverbesserung bei Rhododendron sind Pferde-, Schweine- und Hühnermist in frischem oder auch halbverrottetem Zustand. Mit Torf 1:1 kompostiert sind aber auch diese Dünger nach mindestens einem Jahr Lagerung brauchbar.

Die Vorbereitungen für die Pflanzung sind abhängig von der Art und Zusammensetzung des Bodens und sollen im Zusammenhang damit näher besprochen werden.

Humus- und Waldböden

Böden mit einer dicken Schicht von mehr oder minder verrotteten Nadeln und Blättern, einem Humusgehalt von über 50% und nicht zu hohem Grundwasserstand brauchen wenig Bodenverbesserung. Man hebt hier etwa 50 cm tiefe

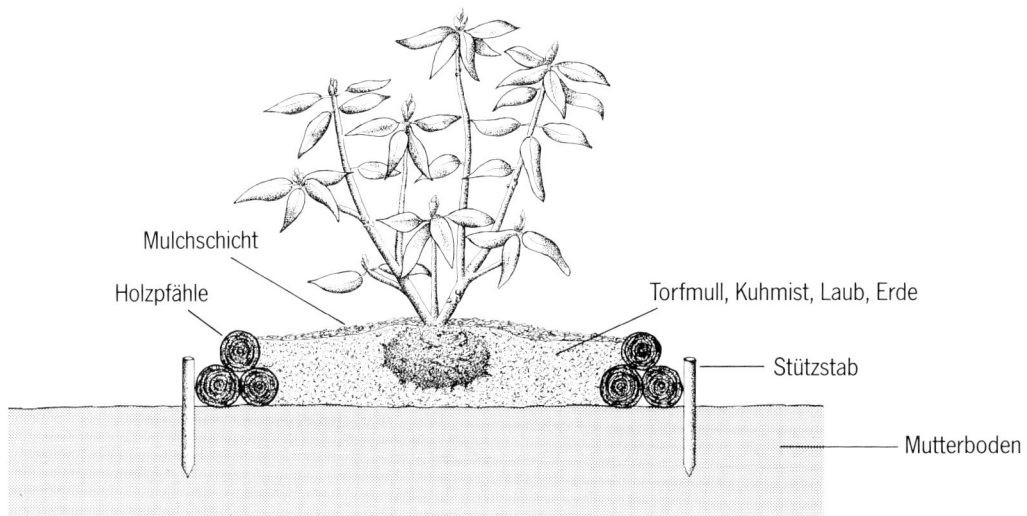

Ein solches Hochbeet, das mit geeignetem Substrat aufgefüllt wird, ermöglicht die Haltung von Rhododendron auf ungeeignetem Mutterboden.

Pflanzgruben aus, die mindestens doppelten Ballendurchmesser haben. Noch besser ist es, die Grube so breit anzulegen, wie die Pflanze mit ihren Trieben mißt. Die ausgehobene Erde wird gut mit Torfmull und altem Kuhdung zu gleichen Teilen vermischt und wieder eingefüllt. Steht kein Kuhmist zur Verfügung, so muß man Torf und Erde mit Humusdünger vermischen. Bei Humus- und Waldböden, vor allem unter Kiefern, ist also wenig vorzubereiten und nur mit Torf und Dünger zu verbessern. Der Boden hat meist schon einen pH-Wert unter 5,5, doch er sollte unbedingt nachgeprüft werden, um gegebenenfalls durch erhöhte Zugabe von Torfmull in das Pflanzloch den Boden anzusäuern.

Leichte, sandige Böden

Häufig sind diese Böden trocken und stark wasserdurchlässig. Es ist deshalb notwendig, durch geeignete Zusätze die Wasserhaltefähigkeit des Bodens zu verbessern. Bei hohem Grundwasserstand (etwa 1 m) und hohem Humusgehalt sind derartige Böden – wie z. B. in Oldenburg – für Rhododendron ideal.

In höherer Lage und bei tiefem Grundwasserstand wirken Rindenhumus, Torf und mittelschwerer, saurer Lehm, auf der Pflanzfläche ausgebracht oder zumindest in der Pflanzgrube, stark bodenverbessernd. Überhaupt sollte man hier mit Humusstoffen nicht sparen. Als Erdmischung wird empfohlen: ⅓ Boden vom Standort, ⅓ saurer Lehm, ⅓ Torfmull vermischt mit Kuhdung oder Humusdünger. Verrottete Mulch-Materialien sollten in den Boden eingebracht werden. Auf humusreichen Sandböden ist es auf lange Sicht gesehen besser, die ganze für Rhododendron vorgesehene Fläche und nicht nur die Pflanzgrube zu verbessern. Rhododendron auf leichten Böden erfordern etwas mehr Beobachtung, Pflegeaufwand (Wässern) und jedes Jahr Zufuhr von Humus in Form von Mulch oder Torfmull.

Falls Boden und Gießwasser nicht stark kalkhaltig sind, ist der pH-Wert meistens ohne Schwierigkeiten im Optimalbereich 4,5 bis 5,0 zu halten.

Lehm- und Tonböden

Diese meistens nur schlecht wasserdurchlässigen Böden zwingen teils zu erheblichen Aufwendungen, bis Rhododendron guten Gewissens eingepflanzt werden können.

Bei saurem Boden ist die Dränage in erster Linie ein technisches Problem zur Ableitung des Wassers in den Untergrund. Bei hohem Kalkgehalt in Lehm- und Tonböden ist zu überlegen, ob man nicht lieber darauf verzichtet, den Humus einzuarbeiten. Es ist hier besser, mit einer Rindenhumus-Torfmull-Laubschicht

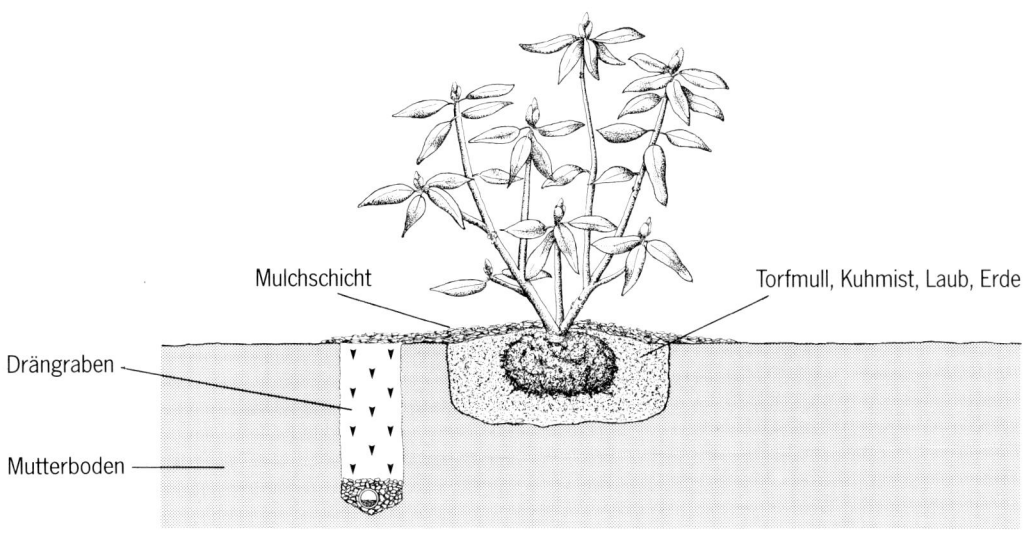

Mit einer so vorbereiteten Pflanzstelle ist gut für das Wohlbefinden der Rhododendron gesorgt.

aufzuhöhen und diese jährlich zu ergänzen. Es gilt das bei Kalkböden Seite 33 Gesagte.

Mittelschwere Böden. Auf stark lehmigem Sand, sandigem Lehm und mildem Lehm gedeihen Rhododendron, falls der pH-Wert nicht über 6,0, höchstens 6,5 liegt, noch recht gut. Nach sorgfältiger Bodenvorbereitung mit viel Humusstoffen werden die Pflanzen befriedigend wachsen. In den durchlässigen, sauren und sandigen Lehmböden Südenglands, aber auch bei uns, z. B. im Ruhrgebiet, kann man viele gesunde alte Pflanzen sehen, die mit einer Humusauflage ohne weiteren Pflegeaufwand gut gedeihen.

Schwere Böden. Schwerer Lehm oder gar Ton ist in feuchtem Zustand schmierig, klebrig und in trockenem Zustand hart wie Stein, in beiden Fällen aber für Luft und Wasser in hohen Graden undurchlässig.

An Hand folgender Probe ermittelt man, wie wasserdurchlässig der Boden ist: Ein etwa 50 cm tiefes, mit dem Spaten ausgehobenes Loch wird bis zum Rand mit Wasser gefüllt. Bleibt das Wasser länger als 4 bis 8 Stunden ohne zu versickern stehen, ist der Standort für Rhododendron zu wenig wasserdurchlässig und muß dräniert werden. Werden Rhododendron auf derartigen undurchlässigen Böden in Pflanzlöcher eingepflanzt, ohne daß überschüssiges Wasser in den Untergrund versickern kann oder abgeleitet wird, siechen die Pflanzen spätestens nach dem ersten Winter oder sind dann bereits abgestorben.

Am einfachsten hebt man in 5 m Abstand 1 m tiefe Gräben aus, legt Dränrohre ein und leitet das Wasser ab. Die Gräben werden mit groben Steinen, Kies oder Zweigen aufgefüllt, der Aushub abgefahren und die Fläche tief umgegraben. Danach werden mindestens 10 cm Torfmull, Rindenhumus oder halb verrottetes Laub und 5 cm saurer Sand aufgebracht und 10 cm tief mit der obersten Bodenschicht vermischt.

Bei der Pflanzung wird der Ballen gerade so tief wie der Boden verbessert wurde oder sogar etwas höher gesetzt, so daß die Pflanzen mit der Ballenoberseite 10 cm über das vorhandene Niveau zu stehen kommen. Nach der Pflanzung – eigentlich sind die Ballen nur halb in den Boden eingesetzt – wird um die Ballen Torfmull und Rindenhumus, gemischt mit Laub und angerottetem Mulchmaterial, aufgetragen, so daß die stehenden Ballen nicht mehr sichtbar sind.

Kalkböden

Kalkböden setzen einer Rhododendronpflanzung die größten Schwierigkeiten entgegen. Wie bereits erwähnt, gibt es noch keine „kalkholden" Rhododendron, die ohne besondere Bodenvorbereitung in Kalkböden gedeihen.

Wurde davon berichtet, daß Rhododendron auch in Böden über pH 7,0 oder gar 8,0 wachsen, so ließ sich durch eine chemische Analyse der betreffenden Böden immer zeigen, daß nur eine ganz geringe Menge Kalk (Kalziumkarbonat), aber sehr viel Magnesium enthalten war und der hohe pH-Wert in derartigen Fällen auf dem Gehalt an Magnesiumkarbonat beruhte. Man kann daraus ersehen, daß eine alkalische Reaktion des Bodens bei Abwesenheit von Kalk oder nur sehr niedrigem Kalkgehalt an sich nicht schädlich ist.

Wichtig für das Gedeihen der Rhododendron ist in diesem Punkt allein die Reaktion des Zellsaftes und in Verbindung damit die Löslichkeit des Eisens in der Pflanze. Bei Abwesenheit von Eisen, bzw. wenn es in unlöslicher Form in der Zelle vorliegt, ist die Bildung von Blattgrün (Chlorophyll) gestört, und die Blätter sind hellgrün, in schweren Fällen gelb gefärbt. Bei diesen Anzeichen für eine Eisenmangelchlorose hilft es vorübergehend, mit einem Chlorosemittel (Fetrilon) zu spritzen und zu gießen. Auch Magnesiumsulfat (Bittersalz) 60 g/m² unter die Pflanzen gestreut, hilft zusätzlich, den Schaden zu beheben.

Es gibt nur zwei Wege für den Gartenfreund, mit den Schwierigkeiten auf kalkhaltigen Böden fertigzuwerden. Am einfachsten ist es, sich ganz vom vorhandenen Boden zu trennen und auf erhöhten Pflanzflächen in einem Gemisch aus Torf, Rindenhumus, Lauberde und Sägemehl die Rhododendron anzupflanzen. Man geht dabei wie auf Seite 33 beschrieben vor, nur daß weder Sand noch Humusstoffe mit dem Boden vermischt werden. Der kalkhaltige Boden wird nach dem Zufüllen der Drängräben eingeebnet und etwa 20 cm tief grobschollig umgegraben. Bei durchlässigem Kalksteinuntergrund und dünner Bodenauflage wird nur die Mutterbodenschicht gelockert, an der Hangoberseite ein Wall aufgeschüttet und dann Torfmull, Rindenhumus und Dünger (siehe Seite 31) in einer Mindesthöhe von 20 cm aufgebracht. Je höher, desto besser!

Auf ebenem Gelände muß die oberste Bodenschicht (etwa 10 cm hoch) abgetragen werden, damit die Fläche nicht zu hoch über das Niveau des Gartens kommt. Auch hier werden wieder in engem Abstand Drängräben gezogen, um zu vermeiden, daß die Pflanzfläche auch nur für kurze Zeit (!) unter Wasser steht.

Sind die Ballen der Pflanzen höher als die Substratauflage (Torfmull, Rindenhumus, Laub, Sägemehl), gräbt man auf keinen Fall eine Mulde in den kalkhaltigen Unterboden, sondern man setzt, wie im vorigen Abschnitt beschrieben, die Ballen auf und füllt sie seitlich an, so daß um den Ballen ein kleiner Hügel entsteht.

Im ersten Jahr der Anlage sollte soviel Torfmull bzw. Rindenhumus wie finanziell vertretbar, benutzt werden: Ungefähre Menge 1 m³ (etwa 4 Ballen) auf 5 m². Wer diese Mengen nicht anschaffen will oder kann, muß Torfmull mit Rindenhumus, Laub, Kuhdung, Sägemehl und anderen brauchbaren Humusstoffen mindestens im Verhältnis 1:5 Raumteilen mischen, dann jedoch die Substratschicht auf etwa 25 bis 30 cm erhöhen. Auf derart sorgfältig vorbereiteten Flächen werden unsere Rhododendron gut gedeihen.

Bei einigen chemischen Vorkenntnissen ist auch ein zweiter Weg gangbar, der sich allerdings im Prinzip wenig vom ersten unterscheidet. Auch hier kommt es darauf an, für guten Wasserabzug des Oberflächenwassers und Dränung der Fläche zu sorgen. Dann wird die oberste Bodenschicht angesäuert und der kohlensaure Kalk in eine für Rhododendron unschädliche, schwerer lösliche, physiologisch saure Verbindung (Gips) überführt.

LEACH (1962) empfiehlt zum Ansäuern Eisenvitriol (Eisensulfat) und Schwefelblume. Auf einem mittelschweren Lehmboden sind etwa folgende Mengen auf 10 m² Fläche erforderlich:

Absenkung von pH	auf pH	Eisenvitriol (kg/10 m²)	Schwefelblume (kg/10 m²)
8,0	5,0	16,0	19,4
7,5	5,0	15,0	18,2
7,0	5,0	11,6	14,0
6,5	5,0	9,2	11,1
6,0	5,0	6,9	8,3

The Younger Botanic Garden, Benmore, West-Schottland. Viele Rhododendron-Arten wachsen hier so üppig wie in ihrer Heimat.

Pflanzung 35

Auf leichteren sandigen Lehmböden müssen die angegebenen Mengen jeweils um etwa ein Drittel verringert, bei schwerem Lehm um ein Drittel erhöht werden.

Schwefelblume wird am besten in die oberste, etwa 15 bis 20 cm tiefe Bodenschicht eingefräst, Eisenvitriol in Wasser gelöst und in den gefrästen Boden eingeschlämmt. Man muß mindestens 3 bis 4 Wochen mit der weiteren Bearbeitung des Bodens warten. Der angesäuerte Boden wird dann analog zu anderen Böden auch mit viel Humusstoffen vermischt, wobei Torfmull den Hauptanteil haben sollte.

Ohne genaue Überprüfung des pH-Wertes vor der Behandlung, Bestimmung der erforderlichen Chemikalienmenge durch ein Bodenuntersuchungsinstitut oder eigene Versuche, wobei die oben angegebenen Zahlen nur als Richtschnur dienen können, sollte man diesen „chemischen" Weg nicht einschlagen.

Für den Rhododendronfreund einfacher und sicherer ist die erstgenannte Art der Bodenvorbereitung. Wer gerne experimentiert, mag die letztere, etwas risikoreichere Methode wählen. Die spätere Pflege der Pflanzen bleibt gleich.

Vor allem, wenn schon verhältnismäßig große und nur einzelne Rhododendron gepflanzt werden sollen, kann der Einfluß des Kalkbodens auf eine recht elegante Weise ausgeschaltet werden. Man gräbt Betonringe, sogenannte Brunnenringe von 1 bis 1,2 m Durchmesser und 0,8 m Höhe an dem für die Pflanze vorgesehenen Standort so tief in den Boden, daß der obere Rand noch 5 cm über die Erdoberfläche hinausragt. Auf diese Weise kann von oben kein Wasser eindringen. Auf den Boden bringt man etwa 10 cm hoch groben Kies oder dicke Zweige als Dränschicht auf und sorgt bei undurchlässigem Tonboden noch zusätzlich für Ableitung, damit sich auf keinen Fall Wasser anstauen oder gar kalkhaltiges Wasser vom Untergrund her in die für Rhododendron präparierte Erde aufsteigen kann.

Die Rohre, im Prinzip große Blumentöpfe, werden mit Torfmull und Lauberde, also einem sauren, durchlässigen und doch wasserhaltenden Substrat, gefüllt und die Pflanzen eingesetzt.

Wesentlich billiger und genauso dauerhaft sind Gruben mit senkrechten Wänden, die etwa 0,8 m tief ausgehoben und mit dicker Plastikfolie an den Wänden ausgekleidet werden. Wählt man eine rechteckige Grubenform, kann der die Erdoberfläche 5 bis 10 cm hoch überragende Teil der Folie an oder zwischen einem Holzrahmen befestigt und das Oberflächenwasser abgehalten werden. Selbstverständlich sollten die wie in eingesenkten großen Behältern oder Töpfen stehenden Rhododendron sehr sorgfältig überwacht und am besten nur mit Regenwasser gegossen werden.

Einpflanzen

Rhododendron werden auf keinen Fall tiefer eingepflanzt, als sie in der Baumschule gestanden haben. Auf sauren Humus- und Waldböden in Pflanzgruben wird verfahren wie bereits auf Seite 32 beschrieben. Ist eine große Fläche für Rhododendron vorbereitet worden, hebt man mit dem Spaten ein Pflanzloch aus, das einen 20 cm größeren Durchmesser als der Ballen hat. Die Pflanze wird eingesetzt (Erdballen gut feucht) und dann die Erde wieder aufgefüllt. Es kann nur nützen, wenn man zusätzlich um den Wurzelballen 1 bis 2 Schaufeln feuchten Torfmull, mit altem Kuhdung gemischt, einstreut. Danach wird die Erde vorsichtig zum Wurzelballen hin leicht angetreten. Niemals fest antreten! Da sich die aufgelockerte Erde noch setzt, soll die Pflanze bei kleinen Ballen etwa 5 cm und bei großen Ballen 10 bis 15 cm höher als die umgebende Pflanzfläche eingesetzt werden. Mit dem Spaten wird ein niedriger Gießrand an der Grenze der Pflanzgrube zusammengeschoben, damit beim Wässern kein Wasser abfließen kann. Pflanzen von 30 bis 50 cm Höhe erhalten mindestens 5 l und von 50 bis 100 cm Höhe 10 l Wasser, höhere entsprechend mehr. Der Boden um die Pflanze soll 20 cm tief durchfeuchtet sein. Wenn der Boden etwas abgetrocknet ist, wird der Gießrand wieder eingeebnet und eine je nach Pflanzengröße 5 bis 10 cm hohe Laubschicht als Mulch aufgebracht. Erst wenn der Boden trocken ist und die Pflanzen dies anzeigen, sollte erneut durchdringend gewässert werden.

Auch wenn es schwerfällt, sollte man sofort nach dem Pflanzen in eigenem Interesse mindestens die Hälfte, bei starkem Knospenbesatz

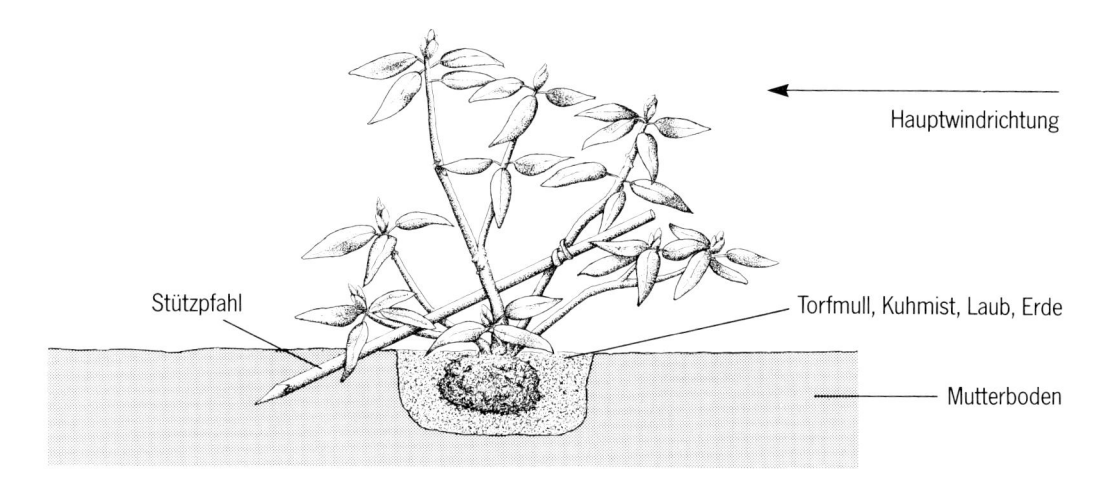

Bei noch schwachen Pflanzen empfiehlt sich in windexponierter Lage das Anbinden an einen schräg in den Boden geschlagenen Pfahl. Der Pfeil gibt die vorherrschende Windrichtung an.

noch besser alle Knospen bis auf 3 bis 5 Stück vorsichtig ausbrechen, um die Blütenfarbe und Sortenechtheit kontrollieren zu können.

Die Pflanzen haben im Ballen nur einen Rest von den Wurzeln behalten, mit denen sie zur betreffenden Größe heranwuchsen. Für den Verkauf werden die Pflanzen mit Wurzelballen ausgegraben; dabei wird ein Teil der Wurzeln entfernt. Auf dem Transport und im Einschlag zehrt die Pflanze von ihren Reserven in dem verbliebenem Wurzelballen, Blättern und Zweigen. Läßt man alle Blütenknospen sich entwickeln, so erfreut wohl reiche Blüte im ersten Jahr nach der Pflanzung, doch die Pflanze wird stark geschwächt, hat nur noch ungenügend Reserven für den Austrieb und kann auf Jahre hinaus geschädigt sein.

Umpflanzen

Im Garten wird es nach einigen Jahren Standzeit oft nicht zu umgehen sein, die eine oder andere Einzelpflanze oder Gruppe umzupflanzen. Bei Pflanzen aus der Baumschule wird der Erdballen im Hinblick auf den Transport (Gewicht und Kosten) so klein als möglich gehalten. Beim Umpflanzen im Garten dagegen sollte der Wurzelballen möglichst groß – eben noch transportierbar – ausgegraben werden. Die Vorbereitung der Pflanzstelle und das Einsetzen der Pflanzen geschieht wie oben besprochen.

Umpflanzen kann man Rhododendron ohne Störungen in der Zeit von Mitte September bis Mitte Mai, ausgenommen in Frostperioden. Im allgemeinen sollte es nicht erforderlich sein, gut gewachsene, bis 1,50 m hohe Rhododendron nach dem Pflanzen anzubinden. Falls dies an einem windigen Standort und bei schmalen, lockeren Pflanzen doch notwendig ist, wird ein Pfahl dicht an der Pflanze schräg in den Boden geschlagen und sie daran angebunden.

Pflanzabstände

Die Wahl der Pflanzabstände ist bei Rhododendron abhängig von der Größe der Exemplare zum Zeitpunkt der Pflanzung, der Wuchsstärke der betreffenden Art und Sorte, den Platzverhältnissen im Garten und der Wirkung, die man mit Rhododendron zum Zeitpunkt der Pflanzung und in Zukunft erzielen will.

Auf die Frage, wie groß Rhododendron werden, kann nur mit der Gegenfrage geantwortet werden: In welchem Zeitraum, in 10, 20, 50 Jahren? Unsere immergrünen, großblumigen Rhododendron-Sorten, die sogenannten Catawbiense-Hybriden, erreichen, als etwa 50 cm hohe Pflanzen gepflanzt, in 20 Jahren 2 bis 3 m Höhe. Guter Standort und richtige Düngung sind dafür Voraussetzung. In 50 Jahren können die Pflanzen zu stattlichen Exemplaren von 3 bis 5 m Durchmesser und gleicher Höhe heranwachsen. Für einen kleinen Garten wären die Pflanzen dann schon recht groß, doch in unserer schnellebigen Zeit wird nicht mehr oder nur noch selten in diesen Zeiträumen gedacht, und es besteht somit kein Grund, die starkwachsenden Rhododendron nicht auch in kleineren Hausgärten zu verwenden.

Rhododendron von 80 bis 100 cm Höhe sollten auf 2 bis 2,50 m Abstand gepflanzt werden. Man wird damit zwar nicht einer Pflanzengröße gerecht, die Rhododendron in 50 Jahren erreichen können, doch ist dies ein Pflanzabstand, der unseren Pflanzen für lange Zeit, mindestens die nächsten 10 bis 20 Jahre, gute Entfaltungsmöglichkeiten bietet und die Pflanzung im Garten von Jahr zu Jahr schöner erscheinen läßt. Selbst wenn die Pflanzen mit ihren Trieben ineinandergewachsen sind, hat jedes einzelne Exemplar ausreichend Raum, seine Triebe und Blüten zu zeigen. Schließlich bleibt bei begrenztem Raum im Garten jeder Abstand unter 5 bis 6 m doch ein Kompromiß zwischen dem Flächenanspruch einer voll entwickelten Pflanze nach 50 oder gar 100 Jahren und guter Wirkung im Garten für viele Jahre, worauf es ja in den meisten Fällen ankommt.

Der Gartenfreund will verständlicherweise möglichst sofort eine gute Wirkung mit seinen Rhododendron erzielen. Da in die Gärten überwiegend Pflanzen von etwa 50 cm Höhe gepflanzt werden, wird der Wirkung wegen eng gepflanzt und die Unbequemlichkeit des späteren Umpflanzens in Kauf genommen. Mindestabstand bei enger Pflanzung ist 20 bis 30 cm, gemessen von Außenrand zu Außenrand der Pflanzen, also etwa 1 m von Mitte zu Mitte der Pflanzen. Auch bei guter Entwicklung können diese 3 bis 5 Jahre stehenbleiben.

Noch besser ist es, die Pflanzung so zu wählen, daß später nur jede zweite Pflanze herausgenommen werden muß, also nur ausgelichtet wird. Vorteile dieser Pflanzweise: Man spart Arbeit, die Grundpflanzung wächst ohne Störung weiter, und die in den ersten Jahren gewonnene Erfahrung ist bei Erweiterung der Anlage von Nutzen.

Rhododendron wachsen am besten, wenn sie dicht beisammen stehen und sich gegenseitig Schutz geben und in der Entwicklung fördern. Immer wieder wird festgestellt, daß Pflanzen in Gruppen besser gedeihen als auf weitem Abstand stehende Einzelpflanzen, die erst als große Exemplare im Wachstum aufholen. Es bleibt einem Rhododendronliebhaber nicht erspart, aus den Beobachtungen der Pflanzen in seinem Garten eigene Schlußfolgerungen zu ziehen. Hier können deshalb nur allgemeine Richtlinien gegeben werden.

Von Japanischen Azaleen sind in kleinen Gärten bei einem Pflanzabstand von 50 bis 60 cm ganze Sammlungen unterzubringen. Pflanzen von 1 m Durchmesser sind im Garten schon recht stattlich, in der Blütezeit bezaubernd schön und eine Empfehlung für jeden Gartenbesitzer. Die Genter-, Mollis- und Knap-Hill-Hybriden verlangen Mindestabstände von 1,20 bis 1,50 m.

Es ist nicht zu empfehlen, kleine Pflanzen – Rhododendron und Azaleen – sofort auf endgültige Abstände zu pflanzen und die Zwischenräume mit Stauden zu füllen. Rhododendron lieben als junge Pflanzen nur die gattungseigene Nachbarschaft bzw. die anderer Mitglieder der Familie. Eine Ausnahme bildet eigentlich nur *Ilex crenata* mit ihren Formen, die als Füller zwischen Rhododendron und Azaleen gleich gut wirken und eine Zeitlang – zum Wohl der Rhododendron – relativ stark zurückgeschnitten werden können.

Pflege

Mit großer Sorgfalt in mit Humus verbesserten Böden (ausgenommen Ton- und Kalkböden) gepflanzte Rhododendron brauchen nicht mehr Wartung und Pflege als die meisten anderen Ziergehölze auch. Die Pflege kann sich bei den empfindlichen Arten und Sorten in den ersten 4 bis 5 Jahren auf Winterschutz beschränken.

Winterschutz

Winterschutz bedeutet bei den Rhododendron gleichzeitig Windschutz und Schatten. Werden die in dem betreffenden Abschnitt (siehe Seite 40) gegebenen Ratschläge beachtet, überwintern die harten Arten und Sorten gut. Pflanzen mit etwas zweifelhafter oder geringer Winterhärte sollten aber zusätzlichen Winter-

Impression eines Japanischen Gartens im Frühling: Ein rotlaubiger Ahorn *(Acer palmatum)*, Japanische Azaleen, dazu Steinlaterne und Brücke ...

schutz erhalten, für den in extrem kalten Wintern auch die harten Arten dankbar sind.

Früher wurden Rhododendron sehr häufig mit Bretterverschlägen dicht überbaut und überwinterten in solchen mehr oder weniger geschlossenen Räumen nur schlecht, denn die Pflanzen wurden verweichlicht. Zusätzlicher Winterschutz soll durchlässig und locker sein.

Für empfindliche Sorten und Neuerwerbungen unbekannter und zweifelhafter Winterhärte werden die Schutzmaßnahmen Mitte November bis Anfang Dezember erstellt. Einfach und durchaus wirksam ist es, Zweige von Koniferen (Fichte, Kiefer u. a.) um die Pflanzen in den Boden zu stecken und sie mit kurzen Zweigen zu bedecken. Pflanzengruppen erhalten an der Nord- und Ostseite einen besonders dichten Schutz und brauchen dann nur noch gegen Spätwintersonne leicht abgedeckt zu werden. Dieser zusätzliche Schatten gegen die Wintersonne sorgt dafür, daß bei Frostwetter und Sonnenschein die gefrorenen Blätter, die sich zum Schutz gegen Verdunstung eng zur Mittelrippe hin eingerollt haben, nicht auftauen, sich zu stark erwärmen und das in den Zellen enthaltene Wasser verdunsten. Aus den gefrorenen Zweigen und vom Boden her kann das Wasser nicht oder nur mangelhaft ergänzt werden.

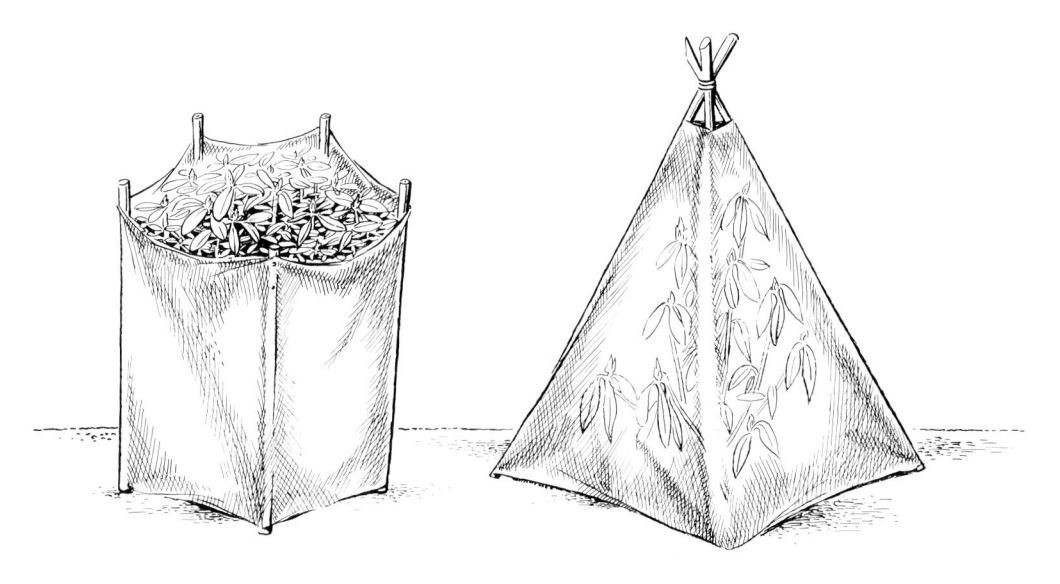

Einzelpflanzen erhalten durch eine Umhüllung mit Schattenleinen in Zylinder- oder Pyramidenform einen vorzüglichen Winterschutz.

Frostschäden an den Blättern treten im Winter bei Rhododendron als Folge zu schnellen Wechsels von Auftauen und Wiedereinfrieren auf. Deshalb überwintern die Pflanzen unter dem Schirm von Kiefern oder in der Schattenhalle meistens ohne Frost- und Trockenschäden. Das als Winterschutz benutzte Fichten- oder Kiefernreisig wird Ende März von den Pflanzen entfernt. Es ist dabei nicht ganz zu vermeiden, daß einzelne Zweige und Knospen an den Rhododendron abgebrochen werden, doch der Schutz wiegt die kleinen Schäden, die nach dem Neuaustrieb nicht mehr sichtbar sind, auf. Das Reisig sollte keinesfalls abgefahren oder verbrannt werden. Mit der Gartenschere in etwa 30 bis 40 cm lange Teilstücke zerschnitten, zwischen und unter die Pflanzen gelegt, hält nach Abfallen der Nadeln das Reisig den Mulch unter den Pflanzen fest und trägt in Verbindung damit wesentlich dazu bei, in einigen Jahren idealen Humusboden für Rhododendron zu schaffen.

Wirksamen Schutz geben auch mit Schattenleinen (grobmaschiges Jute- oder Kunststoffgewebe) bespannte Rahmen aus Dachlatten, die um die Pflanzung gestellt und an Pfählen angebunden werden. Es wird davon abgeraten, die Pflanzen auch nach oben mit derartigen Rahmen zu überbauen, da diese selbst leichtem Schneedruck nicht standhalten. Einzelpflanzen erhalten dadurch Schutz, daß Pfähle oder stärkere Baumbusstäbe neben der Pflanze in den Boden geschlagen und oben zusammengebunden werden. Schattenleinen wird an den Pfählen so befestigt, daß ein Zeltüberbau entsteht. Oben und an der Nordseite unten muß genügend Öffnung bleiben, um die Luftzirkulation zu gewährleisten.

Als Schutz wäre an sich auch weiße oder durchsichtige Kunststoffolie ideal. Leider erwärmt die Wintersonne in einem Folienzelt den Raum zu stark. Dadurch wird der Austrieb künstlich verfrüht und so den Pflanzen mehr geschadet als genützt.

Der Rhododendronliebhaber schützt seine Pflanzen auf folgende recht einfache Weise: Runde Eisenstäbe, etwa 1,50 m lang und von mindestens 10 mm Durchmesser, an einer Seite angespitzt, um auch eine dünne Frostschicht im Boden noch durchstechen zu können, werden im Kreis um die zu schützenden Pflanzen in den Boden gesteckt. An diesen Stäben wird 1 m breites Schattenleinen um die Pflanzen herumgelegt, in entsprechender Länge zugeschnitten und an den Enden mit Wäscheklammern zusammengeklammert. Der dadurch entstandene, nach oben offene Zylinder ist luftdurchlässig. Bei großer Kälte unter −15 °C wird oben noch ein Stück Jutegewebe übergedeckt, seitlich festgeklammert und am Ende der Frostperiode wieder entfernt. Dieser Schutz ist einfach anzubringen, leicht wieder zu entfernen, und das Material (Eisenstäbe, Schattenleinen und Klammern) ist den Sommer über ohne großen Platzbedarf zu lagern und so jahrelang verwendbar. Etwas stabiler wird der Schutz, wenn man um die Pflanzen einen 1 m hohen Maschendrahtzylinder legt, der von den Rundeisenstäben gehalten wird. An dem Maschendraht kann das Schattenleinen sehr leicht mit Klammern befestigt werden.

War man sorglos oder hat den Winterschutz vergessen, bleibt bei einem strengen Winter als letzte Rettung nur, Stroh locker zwischen und über die Pflanzen zu bringen. Das ist kein schöner Anblick, aber immerhin ein wirksamer Winterschutz.

Besonders guten Schutz gegen tief in den Boden eindringenden Frost bietet eine Schicht Laubmulch. Allerdings sollen die Pflanzen nicht in Laub eingeschüttet oder gar völlig damit überdeckt werden. Unter der Mulchschicht bleibt der Boden lange frostfrei, die Wurzeln können Wasser aufnehmen und über die Blätter verdunstetes Wasser ergänzen.

Schon einfache Schutzmaßnahmen helfen mit, auch empfindliche Pflanzen erstaunlich gut zu kultivieren.

Bodenpflege und Mulch

Jene Gartenfreunde, die im Herbst an einer Ecke des Gartens mit dem Graben beginnen und nicht eher ruhen, bis alles, was an Boden zwischen den Pflanzen grabbar ist, in grober Scholle zum Durchfrieren liegt, müssen umdenken. Was für das Gemüseland gut ist, kann nicht auf Rhododendron übertragen werden. Umlernen muß auch die Gruppe derer, die Hausputzmethoden auf den Garten übertragen und jedes abgefallene Blatt zwischen den Pflanzen entfernen. Man nimmt auf diese Weise mit jedem Blatt etwas vom Wohlbefinden seiner Rhododendron.

Nach der Pflanzung wird der Spaten bis zum möglicherweise aus Platzmangel nicht mehr aufschiebbaren Umpflanzen kaum noch in Rhododendronpflanzungen gebraucht. Zwischen und unter Rhododendron sollte man niemals umgraben und auch nicht hacken. Rhododendron streben mit ihren feinen Faserwurzeln – auch das ist eine Eigenart der Gattung – nach oben in die verrottenden Humusmaterialien, die sich auch ohne unser Zutun unter den Pflanzen sammeln. Eigenes Laub und Laub von anderen Bäumen bleibt unter der Pflanze liegen und ist für die Entwicklung günstig. Bei alten Pflanzen bildet sich mit der Zeit ein „Naturmulch".

Rhododendron sollten nach der Pflanzung und im Rahmen der späteren Pflegemaßnahmen im Wurzelbereich, d.h. bis über die Kronentraufe hinaus mit organischem Material abgedeckt, gemulcht* werden. Unkrautjäten beschränkt sich beim Mulchen mit den genannten Stoffen darauf, einzelne Unkräuter herauszureißen.

Mulch hält die Feuchtigkeit und reguliert den Wasserhaushalt im Boden. Im Laufe von Jahren bildet sich eine Schicht von Humus in verschiedenen Zersetzungsstufen, unter der der Boden durchlüftet, wasserdurchlässig und kühl bleibt. Die organischen Bestandteile wirken wie ein Schwamm und können erhebliche Wassermengen speichern. Temperaturschwankungen werden im Boden gemildert.

In bestimmten Fällen aber, das darf nicht verschwiegen werden, kann eine Mulchschicht Ursache für starke Frostschäden an den Pflanzen sein, denn Mulch wirkt wie eine Isolierschicht und verringert den Wärmeaustausch zwischen Boden und Luft.

In klaren, windstillen Nächten kann es vorkommen, daß dicht am Boden über der Mulchschicht um 3–5 °C niedrigere Temperaturen gemessen werden als über unbedecktem Boden. Diese Temperaturdifferenz kann besonders im Herbst und Frühjahr, wenn die Pflanzen noch nicht oder nicht mehr in Winterruhe sind, Grund dafür sein, daß Jungpflanzen, niedrige Rhododendron und Japanische Azaleen, kurz, alle etwas empfindlichen Rhododendron, Frost-

---

* mulchen, Mulch = aus dem Englischen, bezeichnet eine besondere Form der Bodenpflege bzw. das organische Material, mit dem der Boden unter und zwischen den Pflanzen zur Boden- und Wachstumsverbesserung abgedeckt wird.

schäden erleiden. Aufgerissene Rinde am und kurz über dem Wurzelhals ist ein Anzeichen und Folge von verschärftem Frost am Boden.

Bei freistehenden und niedrigen Rhododendron und ganz besonders bei Japanischen Azaleen sollte deshalb im Spätsommer die Mulchschicht abgeharkt und im Frühjahr wieder aufgebracht werden.

Ab 50 cm über dem Boden nimmt der Einfluß einer Mulchschicht stark ab. Bilden die Pflanzen eine geschlossene Decke oder stehen unter Bäumen, so wirken ihre Zweige und Blätter als Schutzschicht zum Boden hin, und Mulch ist im Winter nicht nachteilig. Um eine zusätzliche Frostverschärfung in den Wintermonaten zu vermeiden, sollte der Einfluß von Mulch auf das Mikroklima aber immer berücksichtigt werden.

Geeignetes Mulchmaterial. Torfmull (mit und ohne Düngerzusatz), alter Kuhdung, Koniferennadeln (vor allem von Kiefern), ferner Waldstreu und Nadelerde, Laub von hartholzigen Arten (z. B. Eiche, Esche, Buche), aber auch von Birke, Erle, Linde u. a., Reisig in 30 bis 40 cm Schnittlänge, alle Holzzweige bis 2 cm Durchmesser auf 10 bis 20 cm Länge kleingehackt oder geschreddert und Baumrinde sind gebräuchliche Mulchmaterialien. Hopfenschalen (Brauereiabfälle) eignen sich gut zum Mulchen und werden in England sehr empfohlen.

Ferner kann man Pflanzenabfälle aller Art verwenden wie zerhackte Tabak- und Maisstrünke, Rasenschnitt, ja sogar Heu, Stroh und Sägemehl, ausgenommen das fast pulverförmige von tropischen Hölzern.

Zum Sägemehl einige Erläuterungen: Im Gegensatz zur amerikanischen und englischen Literatur wird bei uns vor Sägemehl gewarnt – nicht ganz zu Unrecht, denn erstens trocknet Sägemehl leicht aus, zweitens tritt der Dickmaulrüßler verstärkt auf, vor allem an jungen Pflanzen, und drittens wird häufig die Ernährung der jungen Pflanzen gestört.

Die an der Zersetzung von Sägemehl, aber auch von Laub und anderen Pflanzenabfällen beteiligten Mikroorganismen binden beim Aufbau ihrer Körpersubstanz – wenn auch nur vorübergehend – erhebliche Mengen von Stickstoff, die der Pflanze entzogen werden.

Wenn man nur wenige Rhododendron besitzt, sind Torfmull, Rindenhumus und Laub als Mulch einfacher, sicherer und problemloser als Sägemehl.

Auf der anderen Seite steht dem Rhododendronfreund billiges Material zur Verfügung, das von holzverarbeitenden Betrieben sonst in den meisten Fällen verbrannt oder auf die Schuttabladeplätze gefahren wird und sich bei sachgemäßer Aufbereitung zur Bodenverbesserung eignet. Auf Ton- und Kalkböden, einer Pflanzfläche ab 100 m^2, bei billiger oder kostenloser Anlieferung von großen Mengen Sägemehl wird dieses Material für den passionierten Rhododendronliebhaber interessant. Er wird nach einiger Zeit des Experimentierens in der Lage sein, am Zustand der Pflanzen zu erkennen, was erforderlich ist, um die Stickstoffbindung zu beherrschen. Entscheidet man sich für die Verwendung von Sägemehl, sollte es im Garten vermischt mit Laub und anderem organischem Material aufgesetzt und dabei pro Kubikmeter mit 6 kg schwefelsaurem Ammoniak, 2 bis 3 kg NKP-Dünger, z. B. Volldünger (chloridarm) und 2 bis 3 kg Magnesiumsulfat (Bittersalz) vermischt werden. Durchdringendes Wässern des meist trockenen Sägemehls ist sehr wichtig! Nach mindestens einem halben Jahr Lagerung wird das angerottete Material in dicker Schicht zwischen die Pflanzen gestreut oder zur Verbesserung des Bodens eingearbeitet. So kann man Torfmull sparen und diesen nur zur Bodenverbesserung in der Pflanzgrube anwenden. In eigenen Versuchen gediehen Rhododendron in Sägemehl, vermischt mit Laub und wenig Torfmull, bei entsprechend hoher Stickstoffdüngung ganz hervorragend.

Ungeeignetes Mulchmaterial. Organisches Material ist je nach Herkunft und Gehalt an organischen Säuren recht unterschiedlich. Nicht alles ist für Rhododendron geeignet. Schnell zerfallendes Laub, wie z. B. von Ahorn, ist nicht günstig, es wird leicht schmierig und wirkt alkalisch. Ähnliches gilt für Kastanienlaub und sehr kurzen Rasenschnitt. Bei fortgeschrittener Zersetzung (Humifizierung) verliert sogar das für Rhododendron beste Mulchmaterial Eichenlaub seinen sauren Charakter.

Dicke der Mulchschicht. Bei alten, hohen Pflanzen kann die Mulchschicht 30 cm hoch sein. Eine lockere Laubschicht von 40 cm Höhe sinkt bereits im ersten Winter auf 10 bis 15 cm zusammen. Lockeres Mulchmaterial, z.B. Laub, kann daher höher aufgebracht werden als dichtlagerndes, wie z.B. Rasenschnitt.

Pflanzengröße	Dicke der Mulchschicht
kleine Pflanzen bis 50 cm Höhe	4–6 cm Torfmull, Rindenhumus oder Nadelstreu
Pflanzen von 50 bis 80 cm Höhe	6–10 cm Torfmull, Rindenhumus, Nadelstreu, Eichenlaub u.a. oder 5 cm Sägemehl
Pflanzen über 80 cm Höhe	10–15 cm Eichenlaub oder Laub mit Sägemehl gemischt
Pflanzen über 200 cm Höhe	bis 30 cm Laub, Sägemehl, Sonstiges

Feine Materialien (Torfmull, Rindenhumus, Nadelstreu) sollten für kleine Pflanzen reserviert werden, die groben Stoffe aber gemischt mit Laub und am besten in bereits angerottetem Zustand nach kurzer Kompostierung verarbeitet werden.

Eine Mulchschicht sollte in jedem Jahr ergänzt und mit zunehmender Größe der Pflanzen auch verstärkt werden.

Düngung

Vor fünfzig, ja noch vor zwanzig Jahren wurden in den Parkanlagen und privaten Gärten Rhododendron und Azaleen so gut wie nicht gedüngt.

Allgemein weit verbreitet, – selbst in Kreisen der Landschaftsgärtner – war die Ansicht, daß Rhododendron Mineraldünger schlecht vertragen. Deshalb wurde früher lediglich alter verrotteter Kuhdung empfohlen. In einer Zeit, da die Kenntnisse über die Düngerwirkung noch recht unvollkommen waren, war es richtig, mit mineralischen Düngern, den sogenannten „Kunstdüngern", bei Rhododendron vorsichtig zu sein. Inzwischen sind unsere Kenntnisse in der Pflanzenernährung soweit fortgeschritten und auch in der Praxis ausgereift, daß eine Rhododendronkultur in den Baumschulen ohne mineralische Düngung undenkbar geworden ist.

Die Wünsche und Ziele, die man mit einer Düngung erreichen möchte, sind bei Rhododendronliebhabern, Baumschulen und Züchtern sehr unterschiedlich. Der Liebhaber will gesunde Pflanzen mit dunkelgrünem Laub und jährlich reicher Blüte. Von einer bestimmten Größe an, die abhängig vom im Garten verfügbaren Platz ist, hat der Gartenbesitzer gar kein Interesse mehr daran, daß die Pflanzen wachsen, also in der Größe zunehmen.

Ganz anders liegen die Ziele bei den Baumschulen. Es kommt hier darauf an, in möglichst kurzem Zeitraum Pflanzen bestimmter Größe und Qualität heranzuziehen, um sie zu verkaufen. In bezug auf die Zeit sind die Wünsche des Züchters ähnlich. Er will seine Pflanzen schnell in Blüte sehen, um beurteilen zu können, ob sein Zuchtziel erreicht ist.

Wurzeln und Triebe wachsen in der Heimat und in den Gebieten milden Klimas fast während zwei Drittel des Jahres, und selbst in unserem Klima ruht im Januar bei frostfreiem Boden das Wurzelwachstum nicht. Für Knospen-, Blüten- und Samenausbildung werden zusätzlich Nährstoffe benötigt.

In welcher Weise, wieviel und wann soll man Rhododendron düngen? Diese Frage kann nicht allgemein beantwortet werden. Aber in den Hausgärten wird heute allgemein zu viel und ohne Überlegung gedüngt. Rhododendron brauchen in den Gärten bei guter Mulchauflage nur wenig oder keinen zusätzlichen Dünger.

Sorten, die nur bei hohen Düngergaben gesundes dunkelgrünes Laub zeigen, befriedigend wachsen und reich blühen, sollten und werden bei zunehmendem Umweltbewußtsein keine Zukunft mehr haben.

Organische Düngung

Die Farbe des Laubes zeigt deutlich Wohlbefinden oder Mangel an. Aufhellung des Laubes, Nachlassen des Glanzes oder gar gelbgrüne Verfärbung vor allem beim Austrieb, zusätzlich starker Laubabfall alter Blätter im August bis September zeigen Nahrungsmangel an. Es wird daher empfohlen, im folgenden Frühjahr (März bis April) den Mulch vorsichtig beiseite zu harken und eine etwa 3 bis 5 cm hohe Schicht alten Kuhdung aufzustreuen. Als Ersatz für alten Kuhdung sind Humusdünger mit organischen

Zusätzen, getrockneter Rinderdung, Hornspäne oder Blutmehl (etwa 100 g/m^2) von guter Wirkung. Dann wird die Mulchschicht wieder übergeharkt. Nach kurzer Zeit schon beginnen die Pflanzen, sich dunkelgrün zu färben.

Bei alten Pflanzen, bei denen kein großer Zuwachs mehr gewünscht wird, ist diese „milde" und einfache Methode der Düngung am besten. Will man seinen Pflanzen noch zusätzlich Nahrung geben, dann streut man im Februar/März alle zwei Jahre je 60 g/m^2 Superphosphat und Patenkali (Kalimagnesia) auf die Fläche unter den Pflanzen.

Organische Dünger geben die Nährstoffe langsam an die Pflanzen ab und wirken daher milde und länger anhaltend. Man sollte deshalb nach Ende Mai nicht mehr organisch düngen, da sonst die Pflanzen im Spätsommer noch zum Trieb angeregt werden könnten.

Als in der Nährstoffzusammensetzung gut geeigneter organisch-mineralischer Dünger ist für Rhododendron Hornoska (8-4-10-2) zu empfehlen.

Mehr als 100 g/m^2 sollte man aber pro Jahr nicht ausbringen.

Von den organischen Düngern sind für Rhododendron ferner gut geeignet:

Alter Kuhdung, getrockneter Kuhdung (Rindermist), Hornspäne, Blutmehl, Dünger auf Torfmullbasis (z. B. verrotteter Hühnerdung), Super-Manural (Nährstoffe in mineralischer Form zugesetzt) und andere auf Horn- und Knochenabfällen basierende Dünger.

Ungeeignet sind Pferdedung, Schweinedung, Hühnerdung (frisch und ohne Zusatz von Torf) und Komposterde, falls sie nicht speziell für Rhododendron zubereitet wurde.

Mineralische Düngung

Mineraldünger werden, auf die Mulchschicht gestreut, vom Regen in die Wurzelzone gewaschen. Auf Böden, bei denen der pH-Wert niedrig gehalten oder abgesenkt werden muß und die mit Torf, Rindenhumus, Laub, Sägemehl und anderen Pflanzenabfällen gemulcht sind bzw. wo die Pflanzen in einem Gemisch dieser Materialien kultiviert werden, ist folgende Düngung zu empfehlen:

Im April wird Volldünger (Alkrisal) oder chloridarmer Volldünger mit der gleichen Menge schwefelsaurem Ammoniak gemischt und von dieser Mischung 80 g/m^2 auf der Mulchfläche ausgestreut. Eine Pflanze von 80 bis 100 cm Höhe erhält also etwa 80 g der genannten Mischung. Regnet es im Mai sehr stark, reicht diese Menge meistens nicht aus, um die Pflanzen das ganze Jahr über dunkelgrün zu erhalten. Es kann dann notwendig werden, Anfang Juni (aber nicht später als 15. Juni) nochmals mit der halben Menge und Mischung, also 40 g/m^2 nachzudüngen. Auch wenn die genannten Mulchmaterialien etwa 1 Jahr kompostiert lagerten, wird noch viel Stickstoff festgelegt, und man sollte noch zusätzlich im Juni 50 g/m^2 schwefelsaures Ammoniak streuen, um das Stickstoffdefizit auszugleichen. Blattanalysen gaben darüber Aufschluß, daß auch Magnesiummangel beim Mulchen mit Sägemehl und unverrotteten Pflanzenabfällen in Verbindung mit Stickstoffmangel auftritt. Man sollte deshalb mit dem Stickstoff zusätzlich noch 50 g/m^2 Bittersalz (Magnesiumsulfat) ausstreuen. Bei Kultur in reinem Torf in sogenannten Torfbeeten reichen 40 bis 50 g/m^2 der oben angegebenen Düngermischung aus. Wichtig ist, daß diese lockeren Erdmischungen niemals zu stark austrocknen.

Die Pflanzen sind auch für eine flüssige Düngung mit stark verdünnter Jauche oder mit Zusatz von höchstens 2 g Alkrisal pro Liter Wasser oder einem anderen vollöslichen Dünger sehr dankbar. Später als Ende Juli sollte aber nicht mehr flüssig gedüngt werden.

Auf die Bedürfnisse der Rhododendron abgestimmt, kann als mineralischer Mehrnährstoffdünger „Nitrophoska perfekt" (15-5-20-2) sehr empfohlen werden, allerdings sollte man davon pro Jahr und m^2 nicht mehr als 80 g in die Pflanzungen streuen.

Bei Anzucht der Rhododendron in Containern (Töpfen) werden in den Baumschulen Depotdünger (zum Beispiel Plantosan, Osmocote, Nitrophoska-permanent) eingesetzt. Bei diesen Düngern werden die Nährstoffe nicht sofort gelöst, sondern abhängig von der Bodentemperatur – je nach Düngerart bis über eine Vegetationsperiode hin – freigesetzt. Rhododendron, die in Kübeln oder Trögen wachsen, leiden oft unter Nährstoffmangel, was mit Depotdüngern vermieden werden kann. Depotdünger sind teuer und wegen der von Temperatur und Niederschlägen abhängigen Freisetzung der Nährstoffe im Garten auch nicht ohne Risiko, wenn nach einem trockenen Sommer bei warmem niederschlagsreichem Herbstwetter die Pflanzen durch aus Depotdüngern gelöste Nährstoffe erneut zu Wachstum angeregt werden.

Nachfolgend genannte mineralische Dünger sind ebenfalls gut geeignet:

Schwefelsaures Ammoniak (Stickstoffdünger), Superphosphat (Phosphordünger, auf Böden über pH 4,5), Thomasmehl (Phosphordünger, auf Böden unter pH 4,5), Patentkali (Kalium- und Magnesiumsulfatdünger), Bittersalz (Magnesiumsulfat), Alkrisal (Spezialdünger für Azaleen, Eriken und Rhododendron). Nitrophoska perfekt und Alkrisal sind Mehrnährstoffdünger bzw. Volldünger und in ihren Nährstoffen vor allem den Ansprüchen der Rhododendron entsprechend zusammengesetzt.

Ungeeignet sind alle physiologisch alkalisch wirkenden Mineraldünger.

Rhododendron, ausgenommen die Arten, vertragen erstaunlich viel Dünger, sind aber empfindlich gegen zu hohe Salzkonzentration, vor allem in Verbindung mit hohem pH-Wert. Bei Düngergaben in den angegebenen Mengen werden Rhododendron kräftig wachsen und reich blühen.

Abschließend sei nochmals betont, daß jede Düngung nach dem 15. Juni ein Risiko ist. Bei später Düngung werden die Pflanzen, wenn feuchte warme Spätsommerwitterung zum Austrieb angeregt hat, nicht voll ausreifen. Winterschäden oder gar Totalverlust können die Folge sein.

Bewässerung

Bei Trockenheit im Frühjahr und Sommer kann es notwendig werden, zusätzlich zu bewässern, doch sollte man damit, ausgenommen zur Blütezeit und beim Austrieb, so lange als möglich warten und dann durchdringend wässern. *R. oreodoxa* ist unter den Arten und Sorten als Testpflanze brauchbar, da es die erste Art ist, die bei Trockenheit die Blätter einrollt. Frisch gepflanzte Rhododendron können im ersten Sommer auch bei Mulchauflage unter Trockenheit leiden.

Festgewurzelte große Rhododendron vertragen dagegen unter Mulch erstaunlich viel Trokkenheit. Das Laub kann eingerollt herunterhängen, und doch sind nach dem ersten Regen die Pflanzen in kurzer Zeit wieder frischgrün! Allerdings sollte man bei eingerolltem Laub nicht mehr zu lange mit dem Wässern warten. Im allgemeinen sollen Rhododendron im Sommer und Spätsommer eher trocken als zu feucht stehen.

Nach Abschluß des Frühjahrstriebes, also etwa Mitte Juli, sind teilweise bereits die Blütenknospen für das nächste Jahr erkennbar. Nach dieser Zeit nicht unbedingt notwendiges Bewässern kann einen zweiten Austrieb anregen, der dann meistens nicht mit einer Blütenknospe abschließt.

Zuviel Wasser im Spätsommer und Frühherbst mindert die Ausreife und kann unter Umständen Ursache von Winterschäden sein. Ausnahmen bilden *R. camtschaticum* und Arten des Subgenus Therorhodion (früher Series Lapponicum), die bei gutem Wasserabzug in steinigem Untergrund ständig gleichmäßig feucht stehen wollen.

Auch großlaubige Rhododendron aus den Series Falconera und Grandia (= Series Falconeri und Grande) vertragen Trockenheit schlecht und reagieren sofort mit Blattschäden. Schon große Lufttrockenheit ist schädlich!

Man kann zum Bewässern alle Gartenregner benutzen, soweit sie das Wasser nicht zu grob verteilen. Billig und sehr gut brauchbar sind Sprühdüsen, die man – auf einem Stock befestigt – zwischen die Pflanzen stellt. Gartenregner nur eine Stunde in der Pflanzung laufen zu lassen, reicht nicht aus. Vier Stunden Beregnung sind mindestens notwendig, um den Boden zu durchfeuchten. Man hat dann aber selbst bei sehr heißem und trockenem Wetter bestimmt etwa 14 Tage Zeit, bis erneut beregnet werden muß.

Nach den ersten Frösten im Oktober bis Anfang November muß der Boden unter den Pflanzen kontrolliert und bei Trockenheit soviel Wasser gegeben werden, wie der Boden aufnehmen kann. Immergrüne Rhododendron müssen grundsätzlich mit feuchtem Boden in den Winter gehen, damit sie bei längeren Frostperioden nicht vertrocknen.

Ausbrechen verblühter Blütenstände

Ein Steingarten mit Rhododendron-Yakushimanum-Hybriden; im Vordergrund Japanische Azaleen.

Sofort nach dem Verblühen sollten die abwelkenden Blütenstände ausgebrochen werden. Man verhindert mit dieser Maßnahme die Ausbildung der Samen, wodurch den Pflanzen unnötig Nährstoffe entzogen werden, die besser für den Neutrieb und zur Bildung von Blütenknospen für das nächste Jahr in Reserve bleiben. Samenbildung mindert bei jungen Pflanzen die Blüte im nächsten Jahr!

Je früher nach dem Abblühen ausgebrochen wird, desto leichter brechen die Blütenstände an der Basis aus. Am besten geht diese Arbeit, wenn die Mittelachse des abwelkenden Blütenstandes mit Daumen und Zeigefinger an der Basis gefaßt und ausgebrochen wird. Man bekommt zwar schwarze, klebrige Finger dabei, aber es geht schneller und beser als mit der Schere. Hin und wieder wird auch einmal das oberste Blatt geschädigt oder mit ausgebrochen. In den Achseln dieser oberen Blätter sitzen meist auch die stärksten Knospen für den Neutrieb. Deshalb immer Vorsicht beim Ausbrechen! Manche Sorten neigen dazu, vor oder mit er Blüte bereits den Neutrieb zu entwickeln. Man muß dann besonders behutsam vorgehen, um nicht auch den saftreichen und deshalb leicht brüchigen Jungtrieb mit auszubrechen. Nach frühzeitigem Ausbrechen entwickeln sich meist 2 bis 3 Triebe anstelle von sonst nur einem, und die Pflanze wird dichter.

Das Ausbrechen der verblühten Blütenstände sollte bei jungen Pflanzen bis 1 m Höhe keinesfalls unterbleiben. Bei einer größeren Zahl von Rhododendron ist diese Arbeit meist nicht mehr zu schaffen. Zum Glück blühen alte Pflanzen, obgleich viel Samen ausgebildet werden kann, trotzdem reich.

Während man bei Arten und Hybriden mit vielblütigen Blütenständen, sogenannten Blütenstutzen, die abwelkenden Blüten ausbricht, ist dies bei Arten und Hybriden mit nur 1 bis 3 Einzelblüten im Blütenstand nicht üblich, weil die Arbeit des Ausbrechens hier wirklich mühselig ist. Manche Arten und Sorten dieser Gruppe blühen aber so reich und bilden so viel Samen aus, daß die Pflanzen sogar für längere Zeit geschwächt sind, ja sich gar zu Tode blühen. Diese Folgen der an sich erwünschten reichen Blüte sind nur durch zusätzliche Düngung und gute Pflege zu vermeiden.

Rückschnitt und Ausbrechen von Knospen

Bei Anzucht in der Baumschule werden Rhododendron zurückgeschnitten, um dicht am Boden verzweigte Pflanzen mit mindestens 3 bis 4 Haupttrieben zu erhalten. Je nach Sorte brauchen die Pflanzen diesen Erziehungsschnitt, denn besonders viele rotblühende Sorten, aber auch Arten wie z. B. *R. fortunei*, *R. fortunei* ssp. *discolor*, *R. sutchuenense*, die von Jugend an sehr sparrig wachsen, würden sich wenig verzweigen. Im Garten ist ein weiterer Schnitt gewöhnlich nicht notwendig, da sich die meisten Hybriden zu gut geformten Pflanzen aufbauen. Durch drei Schnittmaßnahmen lassen sich Wuchs und Aufbau der Pflanzen beeinflussen:

– Knospenausbrechen und Formschnitt
– Rückschnitt (wenn die Pflanzen zu groß geworden sind)
– Verjüngungsschnitt (bei alten Pflanzen).

Durch **Ausbrechen von Knospen**, die mildeste Form des Schnittes, kann man in den ersten Jahren nach dem Pflanzen und vor allem bei kleinen Pflanzen unter 50 cm Höhe den Aufbau verbessern und die Blüte steigern, da mehr knospentragende Triebe vorhanden sind.

Triebe ohne Blütenknospen, erkenntlich an der spitzen End- oder Terminalknospe, treiben aus der Terminale aus und verzweigen sich nicht. Die Folge ist, vor allem wenn die Pflanzen kräftig treiben, daß lange und verhältnismäßig schwache Triebe entstehen und die Pflanzen „langbeinig" hochwachsen. Man sollte daher bei der Pflanzung alle Knospen, die durch langspitzige Form oder geringe Größe als Triebknospen von den dicken, mehr runden Blütenknospen zu unterscheiden sind, ausbrechen und diese Maßnahmen drei Jahre lang Ende April von dem Austrieb wiederholen. In Verbindung mit dem sofortigen Ausbrechen der abgeblühten Blütenstände werden die Pflanzen gezwungen, sich immer wieder zu verzweigen und eine geschlossene Form aufzubauen.

Bei Pflanzen, die sich nicht in der gewünschten Weise aufbauen und auch durch Ausbrechen von Knospen nicht mehr zu regulieren sind, können die unerwünschten Triebe 30 bis 40 cm lang herausgeschnitten werden. Man wählt dazu am besten den Zeitpunkt der Blüte. Die abgeschnittenen Triebe stellt man in die Vase und wird dadurch vielleicht etwas mit dieser Maßnahme versöhnt, bereitet es doch jedem richtigen Rhododendronfreund beinahe persönlichen Schmerz, etwas an seinen Pflanzen zu schneiden.

Wenn Rhododendron schließlich zu groß geworden sind, einen Eingang fast zugewachsen haben, unter dem Fenster stehende Pflanzen kaum noch Licht in die Räume lassen oder der ganze Garten zuzuwachsen droht und man nicht umpflanzen will oder kann, so bleibt nur noch ein Ausweg: **Rückschnitt** bis zur gewünschten Größe. Bei der milden Form des Rückschnittes nimmt man so weit zurück, daß die Triebe an den Schnittstellen nicht dicker als 2 bis 3 cm im Durchmesser sind. 3 bis 4 Wochen nach dem Schnitt im Frühjahr beginnt der Austrieb aus den sogenannten schlafenden Augen, die Pflanze baut sich neu auf. Nach einem Jahr ohne Blüten ist die alte Pracht wieder da.

Einseitig stark beschädigte Pflanzen müssen immer so weit zurückgeschnitten werden, wie die Schäden reichen, im schlimmsten Fall auf 30 bis 40 cm über dem Boden. Auch der unbeschädigte Teil der Pflanze wird auf gleiche Höhe zurückgeschnitten. Die Regel heißt also: Die Pflanze immer wieder in ein Gleichgewicht der Triebe zu schneiden. Erst eine Hälfte der Pflanze oder der Triebe und dann im nächsten Jahr die andere zu schneiden, schwächt den Austrieb am geschnittenen Trieb und verlängert das unschöne Aussehen um ein weiteres Jahr.

a — Ungeschnittene Pflanze

b — Beim Rückschnitt ist auf die richtigen Schnittstellen zu achten

c — Geschnittene Pflanze

d — Verjüngungsschnitt

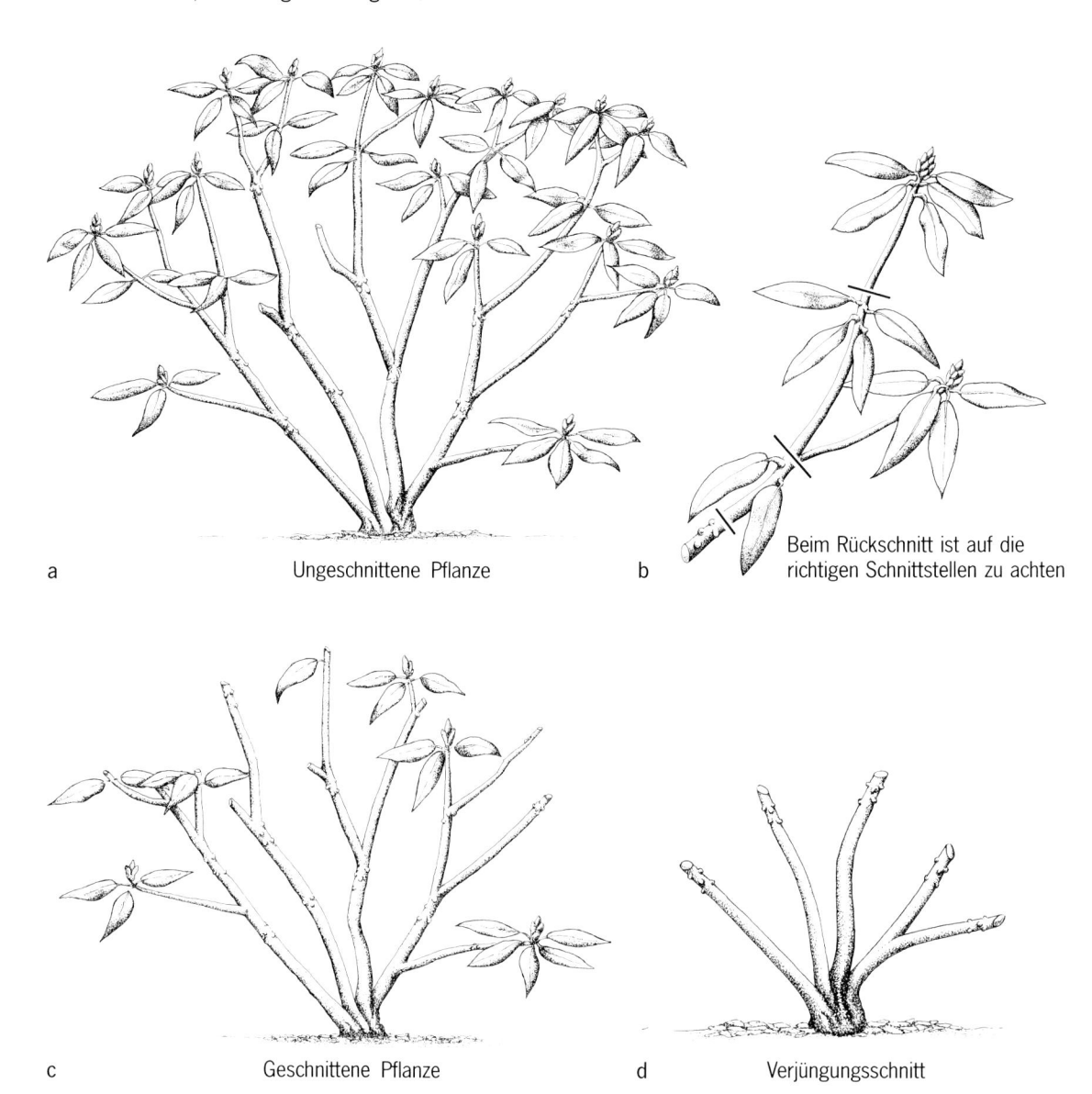

Ein Rückschnitt in der radikalsten Form ist der **Verjüngungsschnitt**. In Rhododendrongruppen sind die in der Mitte stehenden Einzelpflanzen immer sehr in die Höhe getrieben, erst in 2 bis 3 m Höhe beginnen die belaubten Triebe. Fallen in solchen Gruppen Randpflanzen aus irgendwelchen Gründen aus bzw. muß die ganze Gruppe verkleinert werden und ist eine Ergänzung der Randpflanzung nicht möglich, bleibt bei derartig alten, unten kahlen und nicht mehr dekorativen Pflanzen nur noch der Verjüngungsschnitt, das heißt Rückschnitt aller Triebe bis auf 30 bis 50 cm über dem Boden. Ausfälle sind bei alten, aber vor allem hungrigen und vernachlässigten Pflanzen nicht immer zu vermeiden. Gesunde, kräftige Pflanzen vertragen dagegen auch einen so radikalen Verjüngungsschnitt erstaunlich gut. Rhododendron sollen nur im zeitigen Frühjahr, am besten noch im Monat März, stark zurückgeschnitten werden. Jede Woche später schwächt den Austrieb und erhöht das Risiko bei radikalem Rückschnitt. Vorsicht ist bei rot und rosa blühenden Sorten geboten und vor allem bei Arten, die einen Rückschnitt im allgemeinen nur schlecht vertragen.

Sehr wichtig ist, daß man an der richtigen Stelle schneidet. Betrachtet man einen einjährigen Trieb, so fällt auf, daß die Blätter am oberen Ende des Triebes stehen. Nur in den Blattachseln dieser Blätter sitzen die Knospen für den Austrieb, während am langen unteren Triebteil kaum Seitenknospen zu finden sind. An den Jungtrieben wird also stets über den Blättern oder dicht oberhalb der Übergangsstelle des Jahrestriebes geschnitten.

An den Trieben der letzten fünf Jahre sind die dicht zusammensitzenden Knospen deutlich zu erkennen, während im älteren Teil der Pflanze nur noch mehr oder weniger deutlich erkennbare ringförmige Verdickungen die Übergangsstellen des Jahrestriebes und damit die Schnittstellen andeuten. Beim Verjüngungsschnitt in sehr altes Holz sind diese Stellen meist an den dicken Trieben nicht mehr erkennbar, man muß dann, wenn notwendig, trockene Zapfen bis zum obersten Neutrieb später nochmals zurückschneiden.

Geschnittene Pflanzen erhalten im Mai 80 bzw. 100 g/m^2 Volldünger (Nitrophoska perfekt, Hornoska) und werden im Juni bis Juli bei Trockenheit gut feucht gehalten, also zusätzlich gewässert.

Rückschnitt ist immer eine Zwangs- und Notmaßnahme. Regelmäßig zurückgeschnittene oder verjüngte Rhododendron entbehren viel von der Schönheit natürlich gewachsener Pflanzen. Störungen und Schäden wachsen sich bei besonders guter Pflege (Düngung, Wässern, Mulch) fast immer wieder aus. Man sollte es deshalb nach Möglichkeit vermeiden, den imposanten Anblick alter, bizarr gewachsener Rhododendron-Riesen durch Rückschnitt zu zerstören.

Vermehrung

Rhododendron und Azaleen vermehren sich in der Natur fast ausschließlich durch Samen. In feuchtem Klima und auf humosem Boden finden sich unter und neben alten Pflanzen sehr oft viele junge Sämlinge. Beim Umpflanzen ist gelegentlich zu beobachten, daß sich an einzelnen Trieben, die dicht am oder im Boden lagen, Wurzeln gebildet haben. Alte Rhododendron, besonders *R. catawbiense* und *R. ponticum*, neigen auch am natürlichen Standort die untersten Äste bis zum Boden nieder, welche im Laufe der Zeit vom Mulch bedeckt werden und in diesen Zonen Wurzeln (sogenannte Adventivwurzeln) bilden. Auf diese Weise bilden sich fast undurchdringliche Dickichte. Je jünger nun die Triebe sind und je mehr Wurzeln sich an ihnen gebildet haben, desto einfacher ist es, sie von der Pflanze zu lösen und als eigene Pflanze weiterzukultivieren.

Führt man dieses Herunterlegen der Triebe bewußt herbei und bedeckt die Triebe mit Erde oder senkt sie in den Boden ein – die Triebspitzen mit den Blättern müssen selbstverständlich noch aus dem Boden herausschauen –, so werden die Pflanzen durch „Absenken" vermehrt.

Wir unterscheiden zwischen geschlechtlicher (generativer) Vermehrung, d.h. durch Samen, und ungeschlechtlicher (vegetativer) Vermehrung, wobei an bestimmten Pflanzenteilen Wurzelbildung hervorgerufen wird (z.B. durch Absenken oder Stecklinge), oder aus Gewebekulturen („in vitro"), wobei Adventiv- und Seitensprosse gebildet und bewurzelt werden. Zur vegetativen Vermehrung zählt auch die Veredlung. Hierbei werden Teile der zur Vermehrung gewünschten Pflanzen (Edelreiser) auf bewurzelte verwandte Pflanzen (Unterlagen) übertragen, damit sie dort an- und weiterwachsen.

Früher wurden in Baumschulen hauptsächlich Veredlungsunterlagen durch Samen vermehrt (*R. catawbiense, R. ponticum, R. smirnowii*). Ferner greift man zur Samenvermehrung bei Arten, wenn echtes Saatgut vorhanden ist, vor allem natürlich, wenn man neue Sorten züchten will (aus gezielten Kreuzungen). Unsere Sorten und auch viele Arten werden in der Baumschule hauptsächlich durch Stecklinge, Veredlung und nur noch selten, weil arbeitsaufwendig und daher unrentabel, durch Absenken vermehrt.

Aufgrund moderner Vermehrungsmethoden und technischer Hilfsmittel ist man in der Baumschule in der Lage, alle die Wurzelbildung und Wurzelentwicklung beeinflussenden Faktoren weitgehend zu steuern und optimal zu gestalten. Dem Rhododendronfreund wird es im allgemeinen kaum gelingen, diese Vermehrungsverfahren auf seine Verhältnisse zu übertragen, doch stehen auch ihm eine ganze Reihe von Einrichtungen und Methoden zur Verfügung, die eine Vermehrung im kleinen Rahmen gestatten.

Hat man den Entschluß gefaßt, Rhododendron selbst heranzuziehen und zu vermehren, so ist anzunehmen, daß am eigenen Bestand im Garten bereits Erfahrungen über Ansprüche und Wuchseigenschaften gesammelt worden sind.

Man sollte sich jedoch ganz deutlich vor Augen halten, daß Aussaaten, Stecklinge und Veredlungen bis zu dem Zeitpunkt, wo sie als kräftige Jungpflanzen im Freiland ausgepflanzt werden, ständig beobachtet, kontrolliert, gewartet und gepflegt sein wollen. Wässern, Lüften, Schattieren, Düngung und Schädlingsbekämpfung bei nur einigen 100 Sämlingen oder Stecklingen erfordern zwar nicht übermäßig viel Zeit, doch ständige Aufmerksamkeit. Wer sich aber zu dem Versuch entschlossen hat, Rhododendron zu vermehren, wird viel Freude an dieser interessanten Arbeit und noch mehr am Erfolg haben.

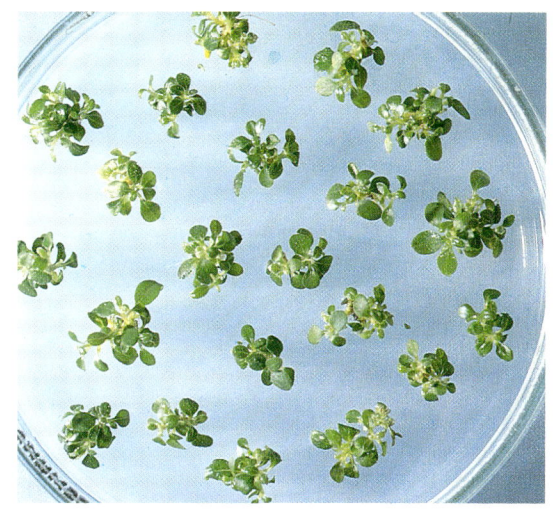

Mikrovermehrung in vitro bei Rhododendron

Links oben: Vegetationspunkte aus Terminal- und Seitenknospen entwickeln sich in Petrischalen zu Sprossen.

Links unten: Sproßbildung und -teilung auf Nährmedium.

Rechts oben: Nach dem Vereinzeln der Sprosse.

Rechts Mitte: Wurzelbildung nach Verändern des Nährmediums.

Rechts unten: In wenigen Monaten hat sich nach Anpassung an die Außenbedingungen eine kräftige Azaleen-Jungpflanze entwickelt.

R. brachycarpum   R. micranthum   R. yakushimanum

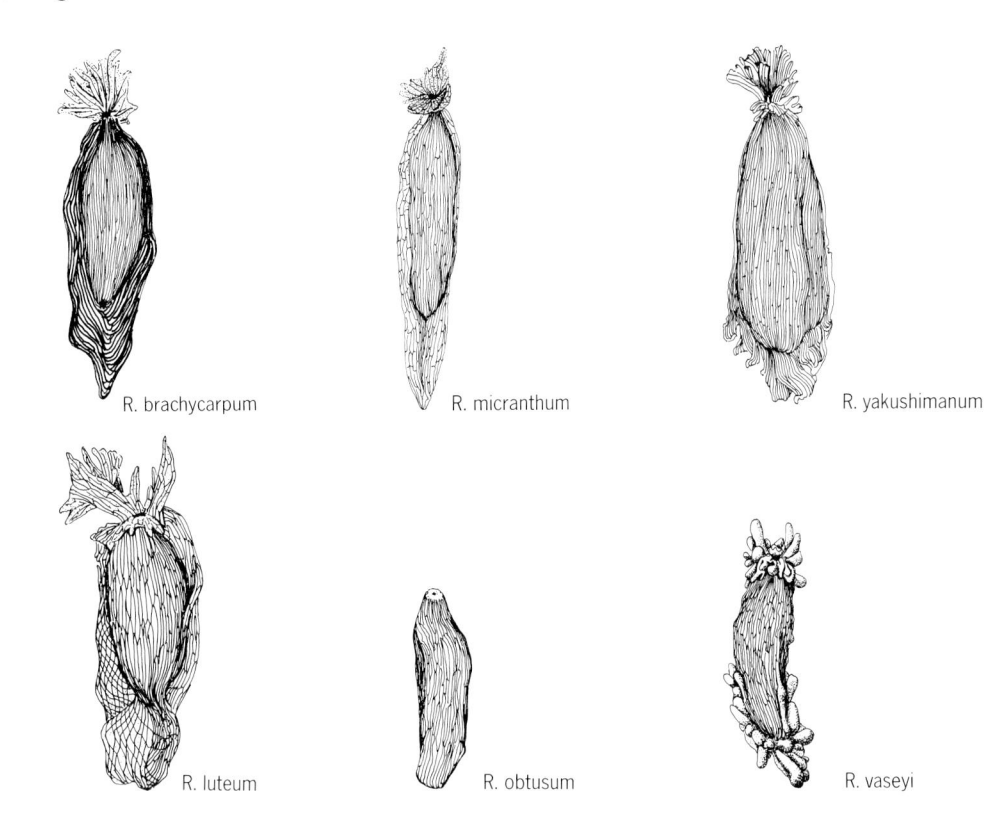

R. luteum   R. obtusum   R. vaseyi

Einige Beispiele für Rhododendronsamen. Die Samen in der oberen Reihe gehören zur Gruppe der Rhododendron, während unten Azaleensamen abgebildet sind. Die morphologischen Merkmale der Samen können neben anderen taxonomischen Kennzeichen zur systematischen Gliederung der Gattung Rhododendron herangezogen werden (nach Hedegaard, Jahrbuch DRG 1968).

Vermehrung durch Samen

Abgesehen von dem Saatgut, das von eigenen Pflanzen geerntet wird, ist es oft schwierig, Samen bestimmter Arten zu beschaffen. Einige Samenhandlungen für Gehölzsämereien bieten Saatgut an, doch meistens nur von ganz wenigen Arten. Die Rhododendron-Gesellschaften helfen ihren Mitgliedern bei der Suche, wie zum Beispiel die Amerikanische Rhododendron-Gesellschaft und die Deutsche Rhododendron-Gesellschaft, die jedes Jahr einen Samenaustausch organisieren und es so den Mitgliedern ermöglichen, Samen zu erwerben.

Gewinnung von eigenem Saatgut

Die Samen beginnen in der Regel ab Mitte September zu reifen. Wenn die Samenkapsel an der Ansatzstelle des Griffels (meist sind nur noch vertrocknete Reste vorhanden), sich braun zu verfärben beginnt, kann geerntet werden. Mit Ausnahme der erst im Juli blühenden Arten sollten die Samenkapseln Ende Oktober (spätestens im November) geerntet sein. Wird dieser Termin verpaßt, so sind die Kapseln bereits aufgeplatzt und die Samen ausgefallen.

Sehr gut hat es sich bewährt, die noch nicht vollkommen trockenen Samenkapseln in Petrischalen oder durchsichtigen Plastikdosen (Filmdosen u. ä.) an einem warmen, trockenen Platz auf dem Schrank oder in der Nähe der Heizung zu lagern – aber ja nicht mit geschlossenem Deckel; es kommt sonst zu Schimmelbildung, wenn die Feuchtigkeit nicht verdunsten kann. Vor dem Trocknen bis zum Aufspringen entfernt man sorgfältig alle Blattreste, den Stiel der Samenkapsel und Reste des Griffels. Je einwandfreier die Kapseln zum Trocknen gebracht werden, desto sauberer ist dann das ausfallende Saatgut.

Mit zunehmender Trocknung platzen die Kapseln an der Spitze beginnend entlang der Scheidewände bis zur Basis auf. Bei Samen verschiedener Herkünfte und Arten muß beim späteren Reinigen sauber und sorgfältig gearbeitet werden, damit nichts miteinander vermischt wird. Samen der Arten gleicher Subsektionen und Serien sind mit bloßem Auge nicht oder nur schwer voneinander zu unterscheiden. Auf den Tisch wird ein Bogen helles Papier gebreitet, die Samenkapseln aus den Dosen genommen bzw. gleich direkt über der Dose oder einer Petrischale ausgeklopft. Man hält dabei die Samenkapsel vorsichtig am Kelchrand fest und klopft mit einer Pinzette den restlichen Samen – ein Großteil ist bereits beim Platzen herausgefallen – aus der Kapsel heraus. Reste der Samenkapsel und eventuelle Verunreinigungen werden danach mit einer Pinzette entfernt. Verunreinigungen, die zwischen den Samen verbleiben, können später Ausgangsherde von Pilzbefall während der Keimung und an den Sämlingen sein!

Den gereinigten Samen lagert man am besten in verschlossenen Dosen in einem geheizten, trockenen Zimmer. Besondere Vorkehrungen und Maßnahmen sind während der Lagerung nicht erforderlich. Man kann damit rechnen, daß die Samen ihre Keimfähigkeit etwa zwei Jahre behalten. Ältere Samen keimen langsamer und entwickeln häufig nur schwache Sämlinge. Gute und vor allem schnelle Keimung bringt bei Rhododendron nur frisches und bald nach der Ernte ausgesätes Saatgut.

Aussaattermine
Bester Zeitpunkt für die Aussaat im Gewächshaus oder Vermehrungskasten ist Ende Oktober bis Anfang Dezember, wenn man künstlich oder zusätzlich beleuchten kann. Besteht diese Möglichkeit nicht, sollte erst im Februar–März im Gewächshaus oder im ungeheizten Frühbeetkasten bzw. Freiland im April–Mai ausgesät werden. Licht, Wärme und Wasser sind die Faktoren, die Aussaattermin und Sämlingsentwicklung bestimmen.

Frische keimfähige Samen laufen schon nach 10 Tagen auf. Älteres Saatgut braucht etwa 3 Wochen; was dann nach 4 bis 5 Wochen in den Töpfen nicht gekeimt hat, kann unbedenklich ausgeschieden werden, da mit Keimung kaum mehr zu rechnen ist. Im Freiland und ungeheizten Frühbeetkasten kann sich allerdings der Keimungstermin besonders bei kühlen Temperaturen im Frühjahr verzögern. Bis Mitte Juni müssen auch hier die Sämlinge zu sehen sein.

Aussaattechnik
In den Rhododendron-Baumschulen bereitet man bei Anzucht von großen Mengen Sämlingen für Unterlagen im Freiland sorgfältig Beete vor und sät darauf aus. In der Schattenhalle oder im lichten Kiefernwald keimen die Samen in einem mit Torfmull verbesserten Humusboden meist recht gut. Bei kleinen Mengen und wertvollem Saatgut sollte man aber die risikoreiche Freilandaussaat vermeiden und im Frühbeetkasten, Gewächshaus, einem der käuflichen Zimmergewächshäuser oder im Vermehrungskasten aussäen.

Für Aussaaten sind Töpfe von 10 bis 11 cm Durchmesser oder Pikierkisten, die im Gewächshaus, Vermehrungskasten oder Frühbeet aufgestellt und bis zur Keimung zusätzlich mit einer Glasscheibe abgedeckt oder mit Folie überspannt werden, am besten geeignet. Bei guter Keimung stehen in einem 11-cm-Topf mehrere 100 Sämlinge, meist schon viel zuviel für einen Privatgarten. Plastiktöpfe sind für die Aussaat besonders geeignet, da die Erde darin nicht so schnell austrocknet wie im Tontopf.

Als Substrat hat sich Torfmull, dem pro Liter 1 g kohlensaurer Kalk ($CaCO_3$) und 1 g Plantosan 4D (Depotdünger) zugesetzt werden, ausgezeichnet bewährt. Die Töpfe oder Kisten werden mit Torfmull soweit gefüllt, daß bis zur Oberkante des Topfes nach leichtem Einrütteln ein etwa 2 cm breiter Rand verbleibt. Auf den Torf wird etwa ½ cm hoch frischgrünes, lebendes, feingehacktes Sphagnummoos aufgebracht und die Oberfläche glattgedrückt. Das Moos muß kurzgehackt werden, damit es nicht oder nur verzögert weiterwächst, aber nicht zu kurz, weil es sonst abstirbt; grobgehacktes Sphagnum überwuchert die Keimlinge sehr schnell, und es entstehen Verluste, wenn man es nicht mit der Schere vorsichtig zurückschneidet. Die Sämlinge finden auf dem immer feuchten und doch gut durchlüfteten Sphagnummoos ideale Keimbedingungen.

Nach amerikanischen Angaben und eigener Erfahrung werden junge Keimlinge auf Sphagnum seltener als auf reinem Torfmull von den gefürchteten Vermehrungspilzen befallen. Das lebende Moos assimiliert und gibt dabei geringe Mengen Sauerstoff ab, wodurch der Pilzbefall eingeschränkt werden soll. Wenn die Keimlingswurzeln durch die relativ dünne Moosschicht in den mit Dünger vermischten Torfmull eindringen, finden die Sämlinge sofort die für die Anfangsentwicklung notwendigen Nährstoffe vor.

Ein gutes Substrat bilden auch halbverrottete Nadeln von der Weymouth-Kiefer *(Pinus strobus)*. Bei der lockeren Nadelerde muß man aber schon sorgfältiger darauf achten, daß die Sämlinge während der Keimung nicht trockenstehen.

Sofort nach der Aussaat wird angegossen und dann täglich kontrolliert, ob die Keimung schon beginnt. Bei Erscheinen der ersten Keimwurzeln wird die Glasscheibe abgenommen und belüftet.

Es wird immer wieder empfohlen, Erde vom Standplatz alter Rhododendronpflanzen zu entnehmen und dem Aussaatsubstrat beizufügen, man sollte davon absehen. Einmal wird die Keimung und Entwicklung junger Sämlinge nicht gefördert, und zum anderen können neben der Mykorrhiza auch schädliche Bodenpilze mit in das Keimsubstrat eingebracht werden.

Aussaatdichte
Es darf nicht zu dicht gesät werden. Zu dicht stehende Sämlinge trocknen später nur schwer ab und werden von Pilzen befallen, und bei engem Stand werden sie zu lang und sind später nur schwierig zu verpflanzen (pikieren). Der feine Rhododendronsamen darf keinesfalls mit Erde oder Sand bedeckt werden; auch bei Aussaat im Freiland wird nur leicht angedrückt.

Keimtemperatur
Das Optimum liegt zwischen 20 und 24 °C. Unter diesem Bereich wird die Keimung verzögert, und später wachsen die Sämlinge nur sehr langsam. Über 24 °C besteht die Gefahr, daß die Sämlinge zu weich, also zu wenig widerstandsfähig bleiben und dann von Pilzen befallen werden.

Wässern, Gießen
Unter einer Glasplatte oder Plastikfolie ist das Gießen bis zur Keimung meist nicht mehr erforderlich. Bei Aussaat in Pikierkisten kann man auch Zeitungspapier nach dem Angießen auflegen, das bei Keimungsbeginn sofort entfernt wird. Glasscheibe und Papier haben die Aufgabe, die Samen nicht trocken werden zu lassen. Zeitungspapier muß aber täglich (wenn notwendig auch zweimal am Tag) mit wenig Wasser angefeuchtet werden.

Vorsicht beim Angießen und Überbrausen nach der Aussaat! Nicht die Samen zusammenschwemmen und nur eine ganz feine Gießkannenbrause benutzen. Als Wasser sollte bei Aussaaten grundsätzlich nur Regenwasser benutzt werden, denn Regenwasser enthält kaum Salze und wird von den Sämlingen, wenn es nicht gerade von frisch geteerten Dächern aufgefangen wurde, ausgezeichnet vertragen. Ein Chloridgehalt von 50 mg pro Liter Wasser schädigt größere Rhododendron kaum, führt aber bei Sämlingen in Verbindung mit Nährlösungen bereits zu erheblichen Ausfällen.

Gießen sollte man die Sämlinge nach dem Auflaufen immer erst dann, wenn die Oberfläche leicht angetrocknet bzw. das Sphagnum leicht hellgrau gefärbt ist. Niemals dauernd naß halten! Die Blätter der Sämlinge dürfen über Nacht nicht feucht bleiben. Am besten ist es, die Aussaaten immer nur vormittags zu überbrausen und dann zu lüften.

Lüften, Schattieren
Frische Luft und leichte Luftbewegung ist für eine gesunde Entwicklung sehr wichtig. Bei Herbstaussaat, wenn im November–Dezember wegen schlechter Witterung (Frost, Nebel) nicht gelüftet werden kann, ist im Gewächshaus ein Ventilator, der die Innenluft in der Stunde etwa 8- bis 10mal umwälzen kann, sehr nützlich. Ab Januar kann die Lufttemperatur am Tage ohne Schaden auf 16 bis 18 °C absinken; die Hauptsache ist, man hat keine stickige Luft in den Anzuchträumen.

Schattieren der Sämlinge ist vor Mitte bis Ende März kaum erforderlich. Man soll in den Wintermonaten mit so viel Licht und Sonne als nur möglich kultivieren. Steigt die Temperatur im Haus über 24 °C an, so ist bei niedrigen Außentemperaturen die Innentemperatur durch Lüften leicht zu regulieren.

Ab März ist bei voller Sonne in den Mittagsstunden ein Schattieren meistens nicht mehr zu umgehen. Man benutzt dazu Schattenleinen, Rohrmatten oder Schattenrahmen aus dünnen Latten mit 2 bis 3 cm Zwischenraum. Die Schattendichte soll etwa 50% des einfallenden Lichtes betragen.

Zusätzliche Belichtung
Heute ist es allgemein üblich geworden, besonders bei wertvollen Kreuzungen und Arten die Aussaaten unter Zusatzlicht heranzuziehen und auch die Sämlinge bei zusätzlichem Licht zu kultivieren. Eigens für die Pflanzenkultur entwickelte Leuchtstoffröhren schufen die Voraussetzung für gute Sämlingsentwicklung. Leuchtstoffröhren der Fabrikate Osram-L-„Fluora" oder Sylvania-„Gro-Lux" werden in gegen Feuchtigkeit geschützten Fassungen etwa 40 bis 50 cm über der Oberfläche der Aussaattöpfe aufgehängt. Die Installation sollte aufgrund der erhöhten Gefahren im Gewächshaus oder in feuchten Räumen nur vom Elektrofachmann ausgeführt werden.

Im Gewächshaus oder Frühbeet, wo das künstliche Licht nur zusätzlich zum Tageslicht gegeben wird, sollten mindestens 40 Watt pro Quadratmeter Beetfläche installiert werden. Um allen Ansprüchen gerecht zu werden, ist eine zweilampige 1,2 m lange Leuchte mit Reflektor und 80 Watt installierter Leistung auf etwa 1 m breiten Beeten vorzusehen. Zusätzlich belichtet wird ohne Rücksicht auf die Witterung, ob sonnig oder trübe, 16 bis 18 Stunden am Tag; es ist anzuraten, die Belichtungsdauer über eine automatische Schaltuhr zu steuern. Nach mehrjährigen Erfahrungen ist eine Belichtung von 6 Uhr morgens bis 24 Uhr nachts = 18 Stunden zusätzliches Licht zum Tageslicht für die Jungpflanzen bei Rhododendron sehr günstig. Die Sämlinge bleiben ständig im Wuchs und erreichen bei Aussaat im Oktober bis November bis zum Auspflanzen im Mai schon die Größe von 1- bis 2jährigen, nur im Freiland kultivierten Rhododendron-Sämlingen.

Im Gewächshaus werden die Lampen zweckmäßigerweise an Ketten aufgehängt, um den Abstand der Lichtquellen zu den Pflanzen ändern zu können. Steht kein Gewächshaus zur Verfügung, kann man sich damit helfen, daß dicht am Fenster ein Zimmergewächs aufgestellt und hier zusätzlich beleuchtet wird.

Anzucht und Vermehrungskasten
Ein guter Ersatz für das Gewächshaus ist ein Vermehrungskasten, der dicht am Fenster in einem Nebenraum oder Anbau des Hauses aufgestellt werden kann; dazu benutzt man einen Holzkasten von etwa 1 × 1,2 m Grundfläche und 30 cm Höhe. Auf den Boden wird zur Isolierung eine Styroporplatte gelegt, darauf 3 bis 5 cm hoch grober Sand aufgebracht und darin eine Bodenheizung, wie sie für Blumenfensterheizungen angeboten wird, verlegt. Auf der geheizten Sandschicht stehen die Sämlinge in Töpfen, Schalen oder kleinen Kästen. In den Ecken des Kastens sind etwa 60 bis 80 cm lange Vierkanthölzer genagelt und an diesen mit Folie bespannte Holzrahmen angeschraubt, die „Seiten und Decke des Anzuchtkastens" bilden. Im Kasten, der am besten an einem großen Südfenster steht, hängt die zweilampige Leuchte 50 cm hoch über den Sämlingen und heizt noch zusätzlich den Luftraum. Auf einer Fläche von 1 × 1,2 m lassen sich etwa 1000 bis 1500 Sämlinge bis zu einer Größe von etwa 2- bis 3jährigen normal kultivierten Sämlingen heranziehen. Wollte man die ganze Fläche für die Aussaat nutzen, würde die Anzahl der herangezogenen Sämlinge die Möglichkeiten eines Rhododendronliebhabers überschreiten. Man sollte sich in diesem Falle bescheiden und lieber Wert auf tadellose Pflanzen legen.

Düngung der Sämlinge
Sämlinge und alle Jungpflanzen, die nicht von Anfang an ausreichend ernährt werden oder gar hungern, brauchen Jahre, bis sie den Schaden aufgeholt und sich kräftig entwickelt haben.

Von dem Zeitpunkt an, zu dem die Keimblätter voll ausgebildet sind, werden die Sämlinge flüssig gedüngt. Bei jedem Gießen mit Regenwasser wird Wuxal-normal-Flüssigdünger (NPK 12-4-6) in 0,1%iger Konzentration zugegeben. Bei der geringen Düngermenge im Wasser sind Verbrennungen an den empfindlichen

Blättern nicht zu befürchten, und man gibt ständig auch eine Blattdüngung mit.

Sobald nach der Keimung das erste Laubblatt voll ausgebildet ist, wird pikiert und nach dem Einwurzeln (aber nicht vor Mitte Januar!) wieder flüssig mit Wuxal-normal-Zusatz im Gießwasser weitergedüngt. Bis zum Auspflanzen in den Frühbeetkasten oder ins Freiland sollte man bei gutem Wachstum regelmäßig 1mal in der Woche mit Alkrisal (NPK 20-5-10) (1 g/l Wasser) düngen; Aufwandmenge: 2 bis 3 l/m^2.

Als Blattdüngung ist Wuxal-normal (0,1 bis 0,2%), an trüben Tagen auf die Blätter gesprüht, sehr wirksam. In der Natur wird Stickstoff durch elektrochemische Vorgänge in der Luft gebunden und gelangt neben anderen Nährstoffen im Regen gelöst auf die Blätter. Blattdüngung ist kein Ersatz für normale Düngung über den Boden, fördert aber die Entwicklung der Sämlinge dadurch, daß große, gesunde, dunkelgrüne Blätter ausgebildet werden.

Pflanzenschutz bei Sämlingen

Schwere Schäden können normalerweise nur Pilze anrichten. Der Befall wird durch zu dichten Stand, feuchte Pflanzen über Nacht und dumpfe stickige Luft in den Kulturräumen gefördert.

Durch die richtigen Kulturmaßnahmen läßt es sich fast immer vermeiden, daß die Sämlinge befallen werden. Nicht zuviel Feuchtigkeit im Substrat, genügend Licht und vor allem Luftbewegung (Ventilator oder Lüftung der Fenster) lassen Vermehrungspilze kaum aufkommen. Besonders wertvolle Sämlinge werden wöchentlich einmal vorbeugend mit Polyram Combi-Lösung oder mit anderen zugelassenen Fungiziden gespritzt.

Bei Trockenheit und hohen Temperaturen ist es unter Umständen möglich, daß im Gewächshaus die Sämlinge von Blattläusen befallen werden. Schäden an den noch kleinen Blättern, die aufgrund der Saugtätigkeit gekräuselt und zusammengekrümmt sind, können die Entwicklung der jungen Pflanzen erheblich mindern. Sofort nach Auftreten der ersten Blattläuse an den Pflanzen muß deshalb mit Unden (Propoxur), Spruzit oder einem anderen geeigneten Mittel gegen saugende Insekten gespritzt werden.

Pikieren und Weiterkultur der Sämlinge

Sobald die Sämlinge nach den beiden Keimblättern das erste Laubblatt ausgebildet haben, sollte man pikieren, das heißt, die Sämlinge auf größeren Abstand verpflanzen.

Pikiert wird am besten in Holz- oder Plastikkästen, die etwa 5 bis 6 cm hoch mit Torfmull gefüllt sind, dem – wie bei der Aussaat auch – 1 g kohlensaurer Kalk pro Liter Torf und 1 g Plantosan 4 D (Depotdünger) zugesetzt wurden. Bei Aussaat im Oktober kann bereits kurz vor Weihnachten pikiert werden. Abstand der Pflanzen: 2 bis 3 cm nach allen Seiten.

Man nimmt die Sämlinge vorsichtig aus den Aussaattöpfen, kürzt die lange Hauptwurzel um etwa ein Drittel, sticht mit Hilfe eines angespitzten Rundholzes von etwa 1 cm Durchmesser ein Loch in den Torfmull und setzt den Sämlingen behutsam mit möglichst gestreckter Wurzel ein. Mit dem Pflanzholz vorsichtig den Torf an die Wurzel drücken, Torf gut anfeuchten, nach dem Pikieren nur leicht überbrausen und in den ersten Tagen vorsichtig gießen.

Schon nach wenigen Wochen werden die Sämlinge sich mit den Blattspitzen berühren, und man kann beobachten, daß von diesem Zeitpunkt an die Pflanzen besonders kräftig wachsen. Auch wenn sich die Sämlinge etwas drängen, wird ein weiteres Verpflanzen vor Mitte Mai kaum erforderlich sein.

Auspflanzen der Sämlinge

Ab Mitte Mai, wenn keine Fröste mehr zu erwarten sind, sollten die Sämlinge in einen Frühbeetkasten oder auf schattig liegende Freilandbeete im Abstand von etwa 5 bis 6 cm ausgepflanzt werden. Als Kultursubstrat dient entweder wiederum reiner Torfmull, vermischt mit 1 g kohlensaurem Kalk, und nunmehr der doppelten Menge Plantosan 4 D (Depotdünger), also 2 g pro Liter, oder sandiger Boden und Torfmull 1:1, vermischt mit Hornspänen (100 g/m^2).

In den ersten Tagen nach dem Umpflanzen werden Fenster aufgelegt und diese geschlossen gehalten. Nach etwa 3 bis 5 Tagen wird zuerst wenig, nach einigen Tage kräftig gelüftet, und nach 14 Tagen werden die Fenster ganz abgenommen. Selbstverständlich wird nach dem Umpflanzen eine Schattendecke (Rohrmatte) aufgelegt und auch nach dem Abnehmen der Fenster mit Schattenrahmen oder Rohrmatten ständig schattiert. Auf Freilandbeeten mehrmals täglich leicht übersprühen.

Bei Stand im Frühbeetkasten sollen die Schattenrahmen immer aufgelegt bleiben und bei Frost Fenster aufgelegt bzw. Strohmatten übergerollt werden, die man bei Nachlassen des Frostes wieder entfernt.

Wer von Anfang an dicht verzweigte Pflanzen haben möchte, kann im darauffolgenden Frühjahr den Neutrieb ausbrechen, sobald dieser etwa 2 cm lang ist und die Blattspreiten noch nicht entfaltet sind. Nach etwa 3 Wochen treibt die Pflanze dann mit mehreren Trieben aus und ist von Anfang an wunderbar buschig. Wertvolle Sämlinge sollten auch noch ein weiteres Jahr im Frühbeetkasten verbleiben, denn auf Freilandbeeten sind Schäden und Ausfälle doch größer.

Bei später Aussaat ab Februar (die Saat direkt in den Frühbeetkasten oder im Freiland ausgesät) geht die Entwicklung wesentlich langsamer. Frühestens in einem, meist aber erst nach 2 Jahren sind die Sämlinge so groß geworden, daß pikiert werden kann. In der Regel sind diese Jungpflanzen auch noch außerordentlich unterschiedlich in der Größe, so daß entsprechend verschiedene Abstände gewählt werden müssen.

Weiterkultur der Sämlinge unter Kunstlicht

Sind von wertvollen Arten oder Kreuzungen nur wenige Sämlinge vorhanden, kann man diese im September herausnehmen und wieder in das Haus oder in den Vermehrungskasten bringen. Bei 20 bis 22 °C Bodenwärme und 18 Stunden Zusatzlicht pro Tag werden die Pflanzen in Töpfen oder Pikierkisten den Winter über ständig wachsen und nach dem Auspflanzen im Frühjahr des zweiten Jahres normal im Freiland weitertreiben. Die Sämlinge reifen über den Sommer gut aus und können von nun an ohne Schutz im Freiland überwintern.

Wenn hier die Anzucht mit Hilfe von künstlichem Licht durch Leuchtstoffröhren (vgl. Seite 55) besonders hervorgehoben wurde, so nicht zuletzt deshalb, weil es so auch dem Rhododendronliebhaber, der nur wenige Pflanzen selbst heranziehen möchte, möglich ist, die für Sämlinge kritische Zeit des ersten Jahres auf wenige Monate zu verkürzen.

Im Gewächshaus oder im Vermehrungskasten wachsen die Sämlinge bei konstanter Wärme und viel Licht in der Zeit von Oktober–November bis Mai besser als im Freiland innerhalb eines ganzen Jahres. Nach dem Verpflanzen im Mai kommt dann der normale Frühjahrs- und Sommertrieb noch hinzu, so daß die Pflanzen im Herbst, also erst 1 Jahr nach der Aussaat, mindestens so groß wie 2- bis 3jährige Sämlinge sind.

Vermehrung durch Absenken

Bei der Vermehrung durch Absenken braucht man feucht-humosen Boden und viel Zeit bis zur Wurzelbildung. Dicht am Boden liegende Triebe von älteren Pflanzen werden hierzu im Frühjahr so in einem 20 cm tiefen und 30 bis 40 cm langen Graben hineingelegt bzw. gesenkt, daß noch 10 bis 20 cm der belaubten Triebspitzen herausragen. Mit einem Draht- oder Holzhaken wird der Trieb am Boden festgehalten und der Graben mit humoser Erde und Torfmull aufgefüllt. Nach zwei Jahren darf man im März nachschauen, ob sich reichlich Wurzeln an dem in der Erde liegenden Teil gebildet haben. Wenn ja, kann der Trieb an der Seite zur Mutterpflanze hin über dem Boden abgeschnitten und der nunmehr bewurzelte Triebteil herausgegraben und als neue Pflanze behandelt werden. Mit etwas Ausdauer erhält man auf diese Weise zwar wenige, aber doch gut bewurzelte kräftige Jungpflanzen, die ohne Schwierigkeiten weiterwachsen (siehe Abbildung, Seite 58).

Seltene Sorten, die man nicht nur in einem Exemplar haben möchte, die aber in den Baumschulen nicht mehr zu bekommen sind, lassen sich auf diese Weise im Garten durch Absenken mit etwas Geduld wurzelecht vermehren.

Vermehrung durch Stecklinge

Rhododendron und Azaleen lassen sich selbst in der Baumschule unter besten Bedingungen, abgesehen von einigen leicht wurzelnden Arten

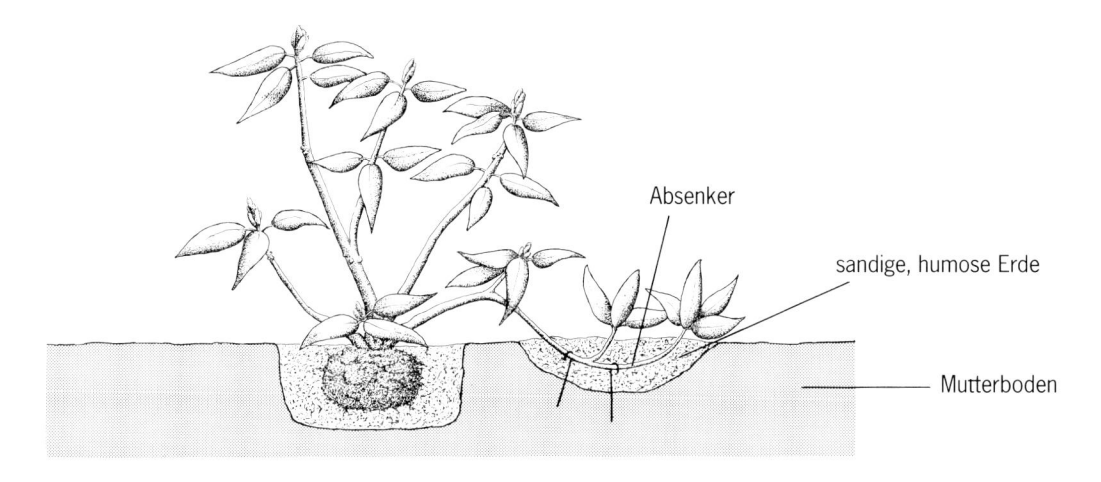

Bei der Vermehrung über Absenker wird ein entblätterter Zweig in einem 10 cm tiefen Graben festgehakt, der mit geeignetem Substrat gefüllt ist. Nach zwei Jahren kann der bewurzelte Zweig umgepflanzt werden.

und Sorten, nicht mit von Jahr zu Jahr gleichbleibendem Erfolg durch Stecklinge vermehren. Während Japanische Azaleen von allen Rhododendron noch am leichtesten aus Stecklingen zu vermehren sind, und – im August bis September gesteckt – schon nach wenigen Wochen bewurzelt sind, bereiten im Gegensatz dazu die Azaleen-Sorten der Genter-, Mollis- und Knap-Hill-Hybriden erhebliche Schwierigkeiten. Stecklinge dieser Azaleen müssen noch ganz weich sein und, wie neuere Untersuchungen ergaben, mit Hilfe von zusätzlichem Licht sofort nach der Wurzelbildung zum Austreiben gebracht werden.

Die großblumigen Rhododendron-Sorten aus den Gruppen der Catawbiense-, Ponticum- und Griffithianum-Hybriden zum Beispiel wurzeln recht unterschiedlich. Sehr leicht wurzeln Stecklinge der Sorte 'Cunningham's White', die bei uns als häufigste Veredlungsunterlage für andere Sorten verwendet wird. Auch die Sorten 'Catawbiense Grandiflorum' und 'Roseum Elegans' bilden ohne Schwierigkeiten an Stecklingen Wurzeln. Rotblühende Sorten von großblumigen Rhododendron-Hybriden wachsen dagegen mit zum Teil nur geringem Erfolg aus Stecklingen.

Rhododendron-Arten werden noch immer hauptsächlich aus Samen herangezogen, abgesenkt oder veredelt. Zwar wird von gelungener Wurzelbildung an Stecklingen der einen oder anderen Art berichtet, doch begibt man sich bei den Arten immer mehr oder weniger auf Neuland.

Die Erwartungen, Rhododendron-Stecklinge zur Bewurzelung zu bringen, dürfen also nicht zu hoch gespannt werden. Man muß sich hier erst einarbeiten und in der Regel auch etwas Lehrgeld zahlen.

Vermehrungseinrichtungen
Je nach den gegebenen Verhältnissen und technischen Möglichkeiten sind für die Stecklingsvermehrung folgende Einrichtungen geeignet:

– Vermehrungsbeet im Gewächshaus
– Frühbeetkasten mit Doppelglas
– Vermehrungskasten

Vermehrungsbeet im Gewächshaus. In den Baumschulen werden Stecklinge überwiegend in Vermehrungsbeeten des Gewächshauses gezogen. Die Beete mit Unterheizung werden mit Fenstern abgedeckt; die Stecklinge stehen somit unter „Doppelglas". Als Ersatz für Glas dienen mit Plastikfolie bespannte Rahmen, oder es wird ganz dünne Plastikfolie direkt über die Stecklinge gebreitet. Gut bewährt hat sich die Stecklingsvermehrung unter Sprühregen oder Nebelregen. Sprühanlagen, die automatisch die Feuchtigkeit regeln, kommen aber wegen der hohen Einrichtungskosten für den Rhododen-

Geschickt kombinierte Rhododendron und Azaleen bilden einen üppigen Blütenteppich in diesem großzügig angelegten Garten eines Pflanzensammlers in England.

dronliebhaber kaum in Betracht. Auch in Kleingewächshäusern lassen sich Rhododendron unter Plastikfolie oder Doppelglas im Vermehrungsbeet mit Erfolg vermehren, wenn Feuchtigkeit, Temperatur und Licht ständig überwacht werden.

Frühbeetkasten mit Doppelglas. Mit Hilfe eines Frühbeetkastens mit Doppelglas werden auch heute noch in kleineren Baumschulen, vor allem in Holland, viele nur langsam und schwierig an Stecklingen Wurzeln bildende Gehölze vermehrt. Aus der Zeichnung auf Seite 60 ist deutlicher als aus vielen Worten zu ersehen, worauf es ankommt.

Im Frühbeetkasten wird etwa 10 bis 20 cm unter der Unterkante der Fenster ein Holzrahmen aus 2 bis 3 cm starken und 20 cm breiten Brettern so eingepaßt, daß zwischen Außenrand und Brettern ein 2 bis 3 cm breiter Abstand verbleibt, der mit seiner Luftschicht den „Innenkasten" nach der Außenwand hin isoliert. Dicht über den Stecklingen, doch so, daß diese das Glas nicht berühren, werden Glasscheiben vollkommen waagerecht aufgelegt. Man muß hier ganz exakt mit der Wasserwaage arbeiten. Durch Kondensation am Glas bilden sich an der Unterseite der Scheiben bald Wassertropfen, die wegen der waagerechten Lage nicht abfließen können. Aufgrund der großen Oberfläche des Wassers am Glas, dem feuchten Boden und infolge Verdunstung von Wasser durch die Blätter der Stecklinge bildet sich bald eine wassergesättigte Atmosphäre. Voraussetzung dazu ist allerdings, daß sowohl die inneren Glasscheiben als auch die Frühbeetfenster vollkommen dicht aufliegen. Temperaturschwankungen werden durch den Luftraum zwischen Außenfenstern und Innenscheiben ausgegli-

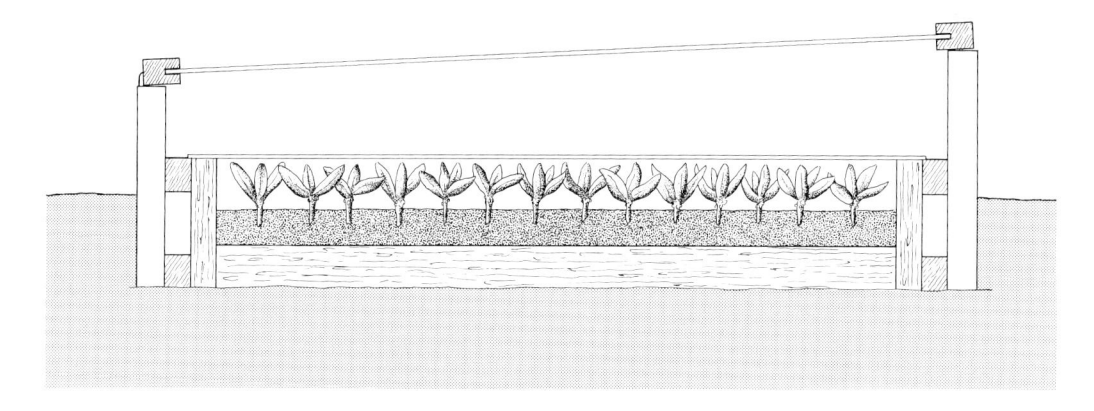

Stecklingsvermehrung im Frühbeetkasten mit Doppelverglasung.

chen. Auch ohne Bodenheizung bilden so die Stecklinge langsam und je nach Art und Sorte mit wechselndem Erfolg Wurzeln. Vorteilhaft ist aber auch hier eine Bodenheizung mit automatischer Temperaturregelung.

Ein Frühbeetkasten mit Doppelglas braucht wenig Wartung. Alle 10 bis 14 Tage wird auf Pilzbefall kontrolliert. Die Feuchtigkeit reicht nach sorgfältigem Angießen beim Stecken bis zur Wurzelbildung meistens aus. Aufwendig ist lediglich das Schattieren und damit verbunden das Regeln der Lufttemperatur.

Stecklinge brauchen soviel Licht wie möglich, doch sollte die Temperatur im Kasten niemals plötzlich über 24 bis 26 °C ansteigen, was bei kühlem Wetter und Sonnenschein bei unschattierten Fenstern innerhalb einer halben Stunde geschehen kann.

Ideal wäre volles Tageslicht ohne direkte Sonneneinstrahlung, beispielsweise an der Nordseite eines Gebäudes oder mit Hilfe einer Schattiereinrichtung, die dauernd wirksam ist, aber gleichzeitig durch weißen Anstrich das diffuse Tageslicht in besonderer Weise auf die Stecklinge reflektiert, wie es beim sogenannten „Nearing-Frame", einem nach seinem Erfinder, dem amerikanischen Rhododendronzüchter G. NEARING benannten Vermehrungskasten der Fall ist.

Diese bei G. LEACH (1962) ausführlich beschriebene Vermehrungseinrichtung ist nach Angaben amerikanischer Rhododendronfreunde für Stecklingsvermehrung gut geeignet, aber bei uns kaum bekannt.

Vermehrungskasten. Der für Aussaaten empfohlene Vermehrungskasten (siehe Seite 55) ist auch für Stecklinge gut geeignet, aber auch hier muß der Luftraum über den Stecklingen, wie beim Frühbeetkasten mit Doppelglas geschildert, durch dicht über den Stecklingen liegende Glasscheiben verringert werden.

HEDEGAARD (1966) beschreibt einen für Rhododendronliebhaber gut geeigneten Vermehrungskasten. Es handelt sich dabei um eine gewöhnliche Holzkiste (etwa in den Maßen 80 × 50 × 50 cm), die innen mit einer dicken Plastikfolie ausgelegt ist, so daß man einen wasserdichten Behälter hat. In diesen Behälter ist ein Holzrost eingestellt, dessen Beine auf Schaumgummi ruhen, damit die Plastikfolie nicht verletzt wird. Unter dem Rost ist dicht am Boden des Behälters ein automatisch (durch einen Thermostat) die Temperatur regelnder Aquariumheizer angebracht. Der Behälter wird mit Wasser bis dicht unter den Lattenrost gefüllt und die Stecklingskästen darauf gestellt. Dieser „Vermehrungskasten" wird mit Glasscheiben abgedeckt und an einem Platz aufgestellt, wo volles Tageslicht einfallen, aber die Temperatur durch Sonneneinstrahlung niemals extrem hoch ansteigen kann.

Auswahl der Stecklinge

Am besten sind Stecklinge, die von kurzen, dünnen 1jährigen Trieben ohne Blütenknospen geschnitten werden. Derartige Triebe finden sich mehr im Innern und an den unteren Zweigpartien der Mutterpflanzen. Eine größere Anzahl für Stecklinge besonders geeignete Triebe gewinnt man, wenn die Mutterpflanzen bewußt auf Stecklingsproduktion „geschnitten" werden. Man bricht dazu beim Austrieb im Frühjahr, wenn der Jungtrieb erst wenige Zentimeter geschoben hat, alle neuen Triebe der Pflanze aus. Dadurch verzögert sich der folgende Austrieb um etwa 2 bis 3 Wochen, treibt aus den Achselknospen der obersten Blätter und bringt viele, aber schwächere Triebe, die für Stecklinge gut geeignet sind.

In den Baumschulen wird durch Ausbrechen des abgeschlossenen ersten Jahrestriebes etwa Mitte bis Ende Juni bei gleichzeitigen Nährstoff- und Wassergaben ein zweiter Austrieb aus den Achselknospen der oberen Blätter angeregt. Es erschienen dann viele ganz besonders kurze Triebe, die eine große Anzahl der gewünschten dünnen Stecklinge liefern. Dieses Verfahren kann aber dem Rhododendronliebhaber nicht empfohlen werden, da es das Aussehen seiner Pflanzen mindert und erhebliche Gefahren in sich birgt, wenn die Mutterpflanzen im Herbst nicht voll ausreifen.

Ungeeignet sind Stecklinge, die mit einer Blütenknospe abgeschlossen haben. Man kann diese Triebe wohl benutzen, wenn keine anderen vorhanden sind, doch muß vor dem Stecken die Blütenknospe ausgebrochen werden. Ferner sind alle meist aufrechten dicken Triebe aus dem oberen Teil der Pflanze unbrauchbar, die in der Regel auch Blütenknospen tragen und allgemein schlechter Wurzeln bilden.

Vermehrungstermine
Der Zeitpunkt der Stecklingsvermehrung wird bestimmt durch die für die Vermehrung vorgesehenen Arten und Sorten, die vorhandenen Vermehrungseinrichtungen und die örtlich unterschiedlichen Verhältnisse von Standort und Klima.

Azaleen-Sorten der Genter-, Mollis- und Knap-Hill-Hybriden lassen sich, wie bereits angedeutet, nur aus ganz weichen Stecklingen im Mai–Juni vermehren. Wenige Tage Unterschied beeinflussen hier den Erfolg bereits ganz wesentlich. Ab Mitte Juli bis Anfang September bewurzeln sich Stecklinge von Japanischen Azaleen mit gutem Erfolg, und man kann zu diesem Termin auch beginnen, Stecklinge der Arten und immergrünen Rhododendron-Sorten zu vermehren, die im Frühbeetkasten unter Doppelglas und mit Bodenwärme bis Ende September mit Erfolg gesteckt werden können.

In den Baumschulen werden Stecklinge der großblumigen Sorten im September–Oktober und dann wieder Anfang Januar im Vermehrmungsbeet ins Gewächshaus gesteckt. Für den Rhododendronfreund ist die Wintervermehrung im Vermehrungsbeet und ganz besonders im Frühbeetkasten unter Doppelglas nicht zu empfehlen, da die Heizungskosten für eine Bodenheizung in keinem Verhältnis zum erreichbaren Resultat stehen.

Allgemein kann man sagen, daß sofort nach Triebabschluß, wenn die Triebe bei den Arten etwas ausgereift sind, Stecklinge mit Erfolg bewurzelt werden können. Je größer das Blatt bei den Arten, desto „weicher" sollten die Stecklinge gewählt werden. Kleinblättrige Arten werden besser mit hartem, ausgereiftem Holz geschnitten. Erfolgreiche Stecklingsvermehrung ist ganz entscheidend von der richtigen Wahl des Termins, somit aber auch vom Standort, Ernährungszustand und Wuchsstoffgehalt der Pflanze abhängig – alles Faktoren, die schwer bestimmbar sind.

Zuschnitt der Stecklinge
Stecklinge werden bei trockenem Wetter am frühen Vormittag von den Mutterpflanzen geschnitten. Sie sollen weder naß vom Regen noch feucht vom Tau sein. Vorteilhaft ist es, sie auf die entsprechende Länge zu schneiden und sofort zu stecken. Ist dies nicht möglich, werden die Stecklinge ohne anzufeuchten in einem kühlen Keller gelagert.

Beutel aus Plastikfolie haben den Vorteil, daß kein Wasser verdunsten kann; doch zeigen die Stecklinge bei dichter Lagerung schon nach kurzer Zeit leicht Blattschäden. Kühlhauslagerung bei +2 bis +5 °C war in Folienbeuteln über Wochen hin unschädlich, zum Teil sogar günstig für die Wurzelbildung. Lockere Lagerung in flacher Schicht in Körben, die am Boden eine dünne Lage von schwach feuchtem Moos haben und mit dünner Plastikfolie abgedeckt werden, ist über mehrere Tage hin in einem kühlen Raum möglich. Stecklinge dürfen vor und nach dem Stecken nicht welken!

Je nach Art und Sorte werden die Stecklinge etwa 3 bis 8 cm lang geschnitten. Auch Stecklinge von großblättrigen Arten und Sorten sollten nicht länger als 10 cm sein. Bei diesen beläßt man etwa 4 bis 6 von den obersten Blättern und kürzt bei zu großen Blättern die Blattspreite um etwa ein Drittel bis zur Hälfte ein. An der Basis wird der Steckling mit einem scharfen Messer dicht unter einem Auge ganz schräg abgeschnitten.

Es hat sich für die Wurzelbildung als sehr vorteilhaft erwiesen, die Stecklinge an der Basis zu verwunden. Man schneidet (schält) dabei einen je nach Größe des Stecklings etwa 1 bis 2,5 cm langen Rindenstreifen von oben zur Basis des Stecklings hin (an einer Seite des Triebes) bis auf den Holzteil ab und legt damit eine große Kambiumfläche frei. In vergleichenden Versuchen zeigte sich, daß schon das Verwunden allein die Wurzelbildung gegenüber unverwundeten Stecklingen wesentlich steigert.

Auf Verwundungen reagiert die Pflanze zuerst mit Bildung von Kallusgewebe, unregelmäßig geformten Zellwucherungen aus teilungsfähigem Pflanzengewebe, das die Schnittstellen überzieht und schützt. Nur selten erfolgt aus dem Kallus direkt Wurzelbildung. Wurzeln werden in der Regel aus vorhandenen Wurzelanlagen bzw. aus regenerationsfähigem Zellgewebe der Rinde (z. B. der inneren Rindenschichten oder des Kambiums) ausgebildet.

Wuchsstoffe

Stecklingsvermehrung ohne Wuchsstoffanwendung ist bei Rhododendron nur bei wenigen Arten und Sorten und nur mit den technisch aufwendigen Luftbefeuchtungsanlagen in Baumschulen möglich. Man kann ohne zu übertreiben sagen, daß die heutigen Massenanzuchten aus Stecklingen in den Baumschulbetrieben ohne Wuchsstoffe nicht möglich wären. Wuchsstoffe (Auxine) sind in der Lage, in den Zellen das Streckungswachstum anzuregen und in noch nicht vollkommen aufgeklärter Weise auf die Bewurzelung einzuwirken.

Als Wuchsstoff hat sich vor allem β-Indolylbuttersäure in der Praxis gut bewährt. β-Indolylbuttersäure ist in verschiedenen Handelspräparaten enthalten, die für die Stecklingsvermehrung angeboten werden. Man sollte aber darauf achten, daß die Konzentration angegeben ist. Rhododendron verlangen außerordentlich hohe Wuchsstoffkonzentrationen, besonders die schwer wurzelnden Sorten.

In der Praxis der Baumschulvermehrung sind Wuchsstoffpuder weit verbreitet. 1% β-Indolylbuttersäure in Talkumpuder ist bei Rhododendron als niedrigste Konzentration zu empfehlen. Bei rotblühenden Sorten haben Konzentrationen von 2%, 4%, nach amerikanischen Untersuchungen sogar 6% und höher erst Wirkung gezeigt und bei Sorten, die aus Stecklingen als nicht vermehrbar galten, Wurzelbildung hervorgerufen. Das sind Konzentrationen, die bei Stecklingen anderer Gehölze unweigerlich zum Absterben führen würden.

In den Baumschulen Oldenburgs wurde früher auch eine nach Versuchen von BERG, BÖHLJE, RUGE und V. WEIHE (1956, 1957) entwickelte Wuchsstoffpaste folgender Zusammensetzung verwendet: In 10 g Lanolinpaste werden 100 mg β-Indolylbuttersäure, 37,5 mg Arginin und 0,5 mg Vitamin B_1 vermischt. Man kann sich diese Paste, die im Kühlschrank in geschlossenem Gefäß etwa 2 Jahre haltbar ist, in der Apotheke anfertigen lassen.

β-Indolylbuttersäure ist auch als Rhizopon AA (hergestellt von der N.V. Amsterdamsche Chininefabriek, Amsterdam/Niederlande) in verschiedenen Konzentrationen für die Stecklingsvermehrung im Handel.

Bei Verwendung von Wuchsstoffpuder werden die Stecklinge mit der Basis und der ganzen Fläche der Schälwunde in Puder getackt und leicht abgeklopft, damit nur eine dünne Puderschicht am Steckling verbleibt. Die Paste wird auf die seitliche Wunde und Basis höchstens 0,5 mm dick aufgestrichen.

Wuchsstoffanwendung ist nur *ein* Faktor zur Wurzelbildung, der aber wesentlich dazu beiträgt, die Wurzelbildung an Stecklingen zu fördern. Besonders bei Rhododendron-Arten wissen wir über die genaue Konzentration und Anwendung von Wuchsstoff nur wenig. Man soll von Wuchsstoffen keine Wunder erwarten und die anderen Faktoren, die bei der Stecklingsvermehrung die Wurzelbildung beeinflussen, nicht vernachlässigen. Es sind dies der richtige Absteckermin, Substrat, Feuchtigkeit, Temperatur und Licht.

Vermehrungssubstrat

Torfmull ist aufgrund vieler Versuche als bestes Vermehrungssubstrat anzusehen. Torfmull hat nach dem Anfeuchten meistens einen pH-Wert um etwa 3,0. Es hat sich als unbedingt notwendig erwiesen, den pH-Wert auf 4,0 einzustellen, was einen Zusatz von etwa 1 g kohlensaurem Kalk ($CaCO_3$) pro Liter Torf erfordert. Unter pH 4,0 wird zwar bereits eine Wurzelbildung erzielt, doch sterben Kallus und Wurzeln häufig ohne ersichtlichen Grund ab.

Feuchtigkeit, Temperatur und Licht

Sofort nach dem Stecken werden die Stecklinge durchdringend (am besten mit Regenwasser) gegossen und dann Fenster auf das Vermehrungsbeet oder den -kasten aufgelegt. Zwischen den Fenstern und an den Rändern werden immer mehr oder weniger breite Spalten verbleiben, die sich aber sehr gut mit ganz dünner Plastikfolie abdichten lassen, besonders dann, wenn die Folie auf die angefeuchteten Fenster oder Kastenwände aufgelegt wird und der zwischen Glas und Folie befindliche Wasserfilm für dichten Abschluß sorgt.

Bis zur Wurzelbildung ist es ohne zwingende Gründe nicht erforderlich, einen dicht schließenden Vermehrungskasten zu öffnen. Hohe Luftfeuchtigkeit und eine Lufttemperatur, die nicht über 24 bis 26 °C ansteigen sollte, bewirken, daß die Stecklinge bereits nach 14 Tagen mit der Kallusbildung anfangen. Werden Faulstellen oder braune Blätter beobachtet, sollte der Kasten einmal wöchentlich geöffnet und abgestorbene Blätter und Stecklinge entfernt werden. Bei Pilzbefall wird mit Albisal flüssig nach Gebrauchsanweisung gegossen und das Vermehrungsbeet sofort nach Abtrocknen der Blätter wieder geschlossen.

Die Bodentemperatur sollte bis zur Wurzelbildung konstant im Bereich zwischen 20 bis 24 °C gehalten werden und nicht mehr als ±1 °C schwanken. Sehr bewährt hat sich hier die elektrische Maschendrahtheizung oder im kleinen Vermehrungskasten ein Heizkabel, das so tief im Boden verlegt wird, daß 2 bis 3 cm unter der Basis der Stecklinge die gewünschte Temperatur konstant gehalten werden kann. Ohne Bodenheizung verzögert sich die Wurzelbildung im ungünstigsten Fall über Monate hin und

Eine vorbildliche Pflanzung von Genter- und Knap-Hill-Azaleen in den Farben Gelb, Orange und Rot.

erfolgt bei im Spätsommer gestreckten Stecklingen erst im nächsten Frühjahr.

Stecklinge sollten soviel Tageslicht wie möglich, aber kein Sonnenlicht erhalten. Bei voller Sonne steigt die Lufttemperatur im Haus oder Kasten innerhalb weniger Minuten leicht auf über 30 oder 40 °C an. Die Luftfeuchtigkeit sinkt ab, die Stecklinge verdunsten zuviel Wasser aus den Blättern und „verbrennen". Wenige Minuten entscheiden hier wirklich über Erfolg oder Mißerfolg.

Das richtige Zusammenspiel von Feuchtigkeit und Temperatur im Substrat und im Luftraum über den Stecklingen und dazu die geeignete, ausgewogene Dosierung des Lichtes sind das „Geheimnis" der Stecklingsvermehrung – eigentlich aber doch mehr ein Ergebnis ständiger Aufmerksamkeit.

Stecken und Weiterbehandlung der Stecklinge nach der Wurzelbildung

Nach Zuschnitt und Wuchsstoffbehandlung geht das eigentliche Stecken so vor sich, daß die

Stecklinge bis zu den verbliebenen Blättern in das Vermehrungssubstrat gesteckt und gleichzeitig leicht angedrückt werden, wobei mit einem etwa bleistiftstarken Pikierholz ein Loch vorgestochen wird, damit beim Stecken der Wuchsstoff nicht von der Basis der Stecklinge abgestreift wird. Die Substratschicht sollte, wenn man direkt ins Beet und nicht in Pikierkästen steckt, mindestens 10 cm hoch sein. Vor dem Stecken muß das Substrat eingeebnet sein und die Oberfläche leicht angedrückt werden.

Es ist nur zu empfehlen, Stecklinge bei vielen Arten, Sorten und geringen Stückzahlen nicht direkt im Vermehrungsbeet, sondern in hölzerne Kisten, z. B. Tomatenkisten (in den Abmessungen von etwa 40 × 30 × 7 cm) zu stecken. In Pikierkästen aus Plastik sind die Bewurzelungsergebnisse aus an sich unerklärlichen Gründen deutlich niedriger. Man ist mit Pikierkästen beweglicher, kann Kästen mit schnellwurzelnden Stecklingen aus dem Vermehrungsbeet nehmen, während langsamwurzelnde noch darin verbleiben. Sobald nach frühestens 3 bis 5 Wochen bei dem Gros der Stecklinge die Wurzelbildung einsetzt, kann zuerst leicht und mit zunehmender Bewurzelung immer mehr gelüftet und die Bodentemperatur auf 16 bis 18 °C gesenkt werden.

Im Frühbeetkasten ist es nach Mitte September viel zu kostspielig, die Bodenheizung noch laufen zu lassen. Man senkt die Temperatur langsam ab und heizt ab Anfang Oktober nicht mehr. Haben die Stecklinge Kallus gebildet, so setzt im Laufe des Winters oder Frühjahrs die Wurzelbildung ein, die man ab Mitte April noch durch zusätzliches Heizen fördern kann. Dem Rhododendronliebhaber ist anzuraten, seine Stecklinge und Jungpflanzen ohne zusätzliche Heizung und Frühbeetkasten frostgeschützt oder besser ganz frostfrei zu überwintern.

Bewurzelte Stecklinge werden, sobald sich ein fester Wurzelballen gebildet hat, vorsichtig aus dem Vermehrungsbeet oder den Kästen genommen. Man faßt dabei mit der Hand unter die bewurzelten Stecklinge, hebt vorsichtig an und reißt unter Schonung der Wurzeln die ineinandergewachsenen Wurzelballen auseinander. Es ist vorteilhaft, auf mit viel Torfmull und Vorratsdüngung 100 g/m² Plantosan 4 D (Depotdünger) 10 cm tief vermischt vorbereiteten Beeten oder im Frühbeetkasten auf etwa 10 × 10 cm Abstand auszupflanzen und die Stecklinge in der ersten Zeit nach dem Umpflanzen häufig leicht zu überbrausen und schattig zu halten. Den ersten Austrieb sollte man ausbrechen, um von unten her verzweigte Jungpflanzen zu erhalten. Nach einem Jahr wird je nach Größe auf weiteren Abstand verpflanzt. Düngung der Jungpflanzen: Am besten flüssig mit Alkrisal 2 g pro Liter Wasser alle 8 Tage, je nach Witterung von Mitte Mai bis Ende Juli (Aufwandmenge: 2 bis 3 l/m²).

Selbstverständlich kann man bewurzelte Rhododendronstecklinge auch eingetopft weiterkultivieren. Ton- oder Plastiktöpfe von 7 bis 9 cm Durchmesser sind hierzu für 1 Jahr Kulturzeit ausreichend. Leider bilden die Pflanzen im Topf einen sehr festen und dichten Wurzelballen, aus dem die Wurzeln beim Auspflanzen nur langsam herauswachsen. Bei sorgfältiger Pflanzung bewurzelter Stecklinge wachsen diese viel besser uneingetopft, da Rhododendron von Natur aus einen festen Wurzelballen ausbilden und mit etwas Sorgfalt beim Verpflanzen kaum in ihrer Entwicklung gestört werden.

Veredlung

Noch vor etwa 30 Jahren wurden die großblumigen Rhododendron-Hybriden und auch alle Genter- und Mollis-Hybriden der Azaleen durch Veredlung bzw. durch Absenken vermehrt. Die Veredlung ist auch heute noch unentbehrlich bei Sorten, die nicht oder nur schlecht aus Stecklingen bewurzelbar sind. Vor allem aber ist es bei der Vermehrung sicherer, wenn nur wenige für Reiser und Stecklinge geeignete Triebe vorhanden sind, einige davon zu veredeln, als nur wenige Stecklinge zu bewurzeln. Veredeln ist bei Rhododendron immer nur ein – wenn auch im allgemeinen ziemlich sicherer – Weg, die Art oder Sorte zu erhalten und zu vermehren. Am besten werden Rhododendron auf die Dauer immer noch auf eigenen Wurzeln gedeihen, und man sollte durch möglichst tiefes Veredeln und später allmählich tieferes Pflanzen die Bildung eigener Wurzeln am Edelreis fördern und damit langsam die Unterlage ausschalten.

Beobachtungen, daß die neuen Wardii- und Yakushimanum-Hybriden, veredelt auf bewurzelten Stecklingen der Sorte 'Cunningham's White' als Unterlage, die einen starken Wurzelballen ausbildet, einheitlicher und kräftiger wachsen als auf eigener Wurzel und Trockenperioden besser überstehen sollen, rückten wieder die alte und immer noch aktuelle Frage – was ist besser, Steckling oder Veredlung – in den Vordergrund.

Der Wunsch, Rhododendron auf kalkhaltigen Böden pflanzen zu können, führte dazu, „kalktolerante" Sämlinge aus Aussaaten von und Kreuzungen mit *R. fortunei* auszulesen und nach vegetativer Vermehrung ihre Eignung als Veredlungsunterlage zu prüfen. Bis zu wirklich auf kalkhaltigen Böden gedeihenden Rhododendron ist es allerdings noch ein langer Weg...

Es ist leider kaum etwas über die Wechselbeziehungen zwischen Edelreis und Unterlage bei Rhododendron bekannt. Man weiß, daß z. B. einige Smirnowii-Hybriden auf die Dauer nur auf *R. smirnowii*-Unterlagen gut gedeihen und noch nach Jahren, auf *R. ponticum* oder *R. catawbiense* veredelt, ausbrechen können. Rhododendron-Arten und teilweise auch Hybriden aus den Subsektionen Campanulata, Falconera, Grandia, Taliensia z. B. sind mit Unterlagen aus der Subsektion Pontica, wie *R. catawbiense*, *R. ponticum*, 'Cunningham's White', die hauptsächlich zur Veredlung benutzt werden, unverträglich. *R. fortunei* (Series Fortunea) ist mit Sorten der Subsektion Pontica verträglich, doch liegen, da *R. fortunei* bei uns bisher als Unterlage wenig verwendet wurde, genaue Erkenntnisse auch hier nicht vor. Aus den Beobachtungen, daß eine Reihe von Hybriden, wie z. B. 'Cynthia', 'Dr. V. H. Rutgers', 'Britannia', 'Catharine van Tol', 'Gomer Waterer', 'Pink Pearl', 'William Austin', bei Veredlungen schlechter anwachsen als viele andere Hybriden, kann geschlossen werden, daß hier evtl. eine milde Form von Unverträglichkeit vorliegt. Die Verträglichkeit oder Unverträglichkeit zwischen Arten und Sorten aus verschiedenen Subsektionen ist einmal damit zu begründen, daß die Subsektionen entwicklungsgeschichtlich mehr oder weniger nahe verwandt sind, zum anderen in Ursachen, die in der Physiologie des Stoffwechsels zu suchen und noch immer nicht bekannt sind.

Unterlagen

Als Unterlagen für unsere winterharten Rhododendron-Hybriden sind 1- und 2jährige bewurzelte Stecklingspflanzen der Sorte 'Cunningham's White', 3- bis 5jährige Sämlinge von *R. catawbiense*, *R. ponticum* und für Azaleen Sämlinge von *R. luteum* und *R. japonicum* gut geeignet. Auch *R. fortunei*-Sämlinge (3- bis 5jährig) sind als Unterlagen brauchbar. Die Empfehlung, Arten und Sorten auf Unterlagen der gleichen Subsektion der beide zugehörig sind, zu veredeln, liest sich auf dem Papier sehr gut. Meistens hat man aber aus der betreffenden Subsektion doch keine Sämlinge zur Verfügung und muß dann versuchen, die für Reiser vorgesehenen Triebe als Stecklinge zu bewurzeln. Rhododendronliebhaber, die sich ernsthaft mit der Vermehrung durch Veredeln befassen wollen, sollten jedes Jahr einige Unterlagen von 'Cunningham's White' aus Stecklingen heranziehen. Am besten sind wüchsige 1jährige Jungpflanzen, die – etwas mehr als bleistiftstark – sehr gut zu veredeln sind (siehe Abb. Seite 67).

Unterlagen sollten einen großen festen Wurzelballen besitzen und am Wurzelhals einen Durchmesser von etwa 8 bis 10 mm haben. Zu dünne oder dicke Unterlagen lassen sich schwieriger veredeln und ergeben höhere Ausfälle. Unterlagen werden erst kurz vor dem Veredeln aus dem Boden genommen oder auch in Töpfen vorkultiviert. Für die Winterveredlung im Januar–Februar sollten Unterlagen im Haus oder Kasten frostfrei eingeschlagen werden.

Veredlungstermine

Die Wahl des Veredlungstermins ist abhängig von den Vermehrungseinrichtungen. Die Baumschulen beginnen, um die Gewächshäuser voll zu nutzen, mit den ersten Veredlungen bereits im Januar und bringen diese nach dem Verwachsen ins Kalthaus oder auf heizbare Frühbeetkästen, um noch einen weiteren Satz im Gewächshaus veredeln zu können. Falls er im Besitz eines heizbaren Gewächshauses oder Vermehrungskastens ist, sollte der Rhododendronliebhaber trotzdem nicht zu zeitig im Jahr mit Veredlungen beginnen, da im Spätwinter oder zeitigen Frühjahr die Anwachserfolge größer sind.

Mitte Januar bis Mitte April. In diesem Zeitraum sind durch zusätzliche Boden- und Luftwärme Unterlagen und Veredlungsreiser leicht zum Verwachsen zu bringen. Besonders zum frühen Termin aber muß man Unterlagen im Kasten oder Haus frostfrei zur Verfügung haben. Temperatur nach dem Veredeln 18 bis 20 °C im Boden und 20 bis 22 °C im Luftraum des Beetes. In diesem Zeitraum verwachsen alle Veredlungen von immergrünen Rhododendron sehr gut, und man benutzt 1jährige Reiser vom Vorjahrstrieb. Azaleen sind zu diesem Zeitpunkt nur mit Hilfe besonderer Maßnahmen zu veredeln, z.B. unter Zusatzlicht, mit Reisern von vorkultivierten Mutterpflanzen, was aber unsere Möglichkeiten überschreiten würde.

Mitte April bis Ende Mai, kurz bevor der Austrieb einsetzt, lassen sich immergrüne Rhododendron im einfachen Frühbeetkasten, ja sogar unter einer Haube aus Plastikfolie ohne zusätzliche Bodenwärme ab Mai sehr gut veredeln. Bis Mitte Mai ist es für das Anwachsen der Reiser allerdings vorteilhaft, wenn mit Hilfe einer Bodenheizung Austrieb und Wachstum der Unterlage angeregt sowie Kälteperioden überbrückt werden können.

Ende Mai bis Ende Juni. In diesem Zeitraum werden nur die Azaleen-Sorten veredelt, wobei aber der genaue Veredlungstermin je nach Sorte sehr eng begrenzt sein kann. Wärme ist zu dieser Jahreszeit ausreichend vorhanden, um ohne zusätzliche Bodenwärme die Veredlungen im Frühbeetkasten anwachsen zu lassen. Halbweiche Veredlungsreiser, deren oberste Blätter noch nicht voll entfaltet sind, bilden schnell Kallus und verwachsen mit den kurz vor dem Veredeln aus dem Boden genommenen Unterlagen in kurzer Zeit. Man muß zu diesem Termin ganz besonders darauf achten, daß während des Anwachsens der Reiser hohe Luftfeuchtigkeit herrscht, alle Ritzen des Frühbeets- oder Vermehrungskastens eventuell noch zusätzlich mit Folie abgedichtet sind und die Temperatur nicht über 26 bis 28 °C ansteigt, was mit Hilfe von Schattenmatten verhindert wird.

Mitte August bis Mitte September. Immergrüne Rhododendron lassen sich im Spätsommer noch recht erfolgreich veredeln. Man nimmt dazu im Trieb abgeschlossene diesjährige Reiser. Die Veredlungen verwachsen im Frühbeetkasten ohne zusätzliche Wärme innerhalb weniger Wochen. Bei Spätsommerveredlungen muß man ganz besonders darauf achten, daß die Bodenwärme möglichst nicht über 20 °C ansteigt, da sonst die Unterlagen absterben können.

Vorbereitung der Unterlagen und Reiser zur Veredlung

Es ist nicht üblich, gut bewurzelte Veredlungsunterlagen – und nur solche sollten eigentlich benutzt werden – vor oder nach dem Veredeln einzutopfen. Es darf aber andererseits nicht verschwiegen werden, daß etwa 4 bis 6 Wochen vor dem Veredeln eingetopfte Unterlagen, die neue Wurzeln gebildet haben, schneller mit dem Edelreis verwachsen. Das kann wichtig sein, wenn man nur ganz wenige Pflanzen selbst veredeln will, die Reiser (die man z.B. mitbringt) nicht mehr ganz frisch sind und es wirklich auf jede einzelne Veredlung ankommt. Man schüttelt bei Unterlagen, die eingetopft werden sollen, die Wurzeln leicht aus und nimmt die Töpfe gerade so groß, daß der Wurzelballen, ohne ihn in den Topf zu pressen, gerade hineinpaßt. Hohlräume werden mit Torfmull ausgestopft, dem pro Liter 1 g kohlensaurer Kalk ($CaCO_3$) und 2 g Plantosan 4 D (Depotdünger) zugesetzt werden. An der Oberkante des Topfes soll etwa 1 cm Gießrand verbleiben.

Reiser werden möglichst erst kurz vor der Veredlung geschnitten, sind aber in Plastikbeuteln, ganz locker mit trockenen Blättern gelagert, im Kühlraum bei Temperaturen zwischen +2 bis +5 °C mehrere Wochen lang lagerfähig. Auf Reisen und für den Transport sollten Reiser mit etwas feuchtem Sphagnummoos an der Basis einzeln oder in kleinen Bündeln in trockenes Zeitungspapier eingewickelt und erst dann in Plastikbeutel gesteckt werden. Man kann auf diese Weise Reiser über weite Entfernungen versenden oder transportieren. Bei Reisern mit feuchten Blättern in Plastikbeuteln werden in ganz kurzer Zeit, besonders bei Wärme, die Blätter braun und fallen einige Tage nach dem

Veredeln ab. Veredlungsreiser dürfen Blüten haben und sollen so stark wie die Unterlagen oder nur wenig schwächer als diese sein.

Bei starken Unterschieden zwischen Reis und Unterlage müssen wenigstens an einer Seite die Kambium- und Rindenschichten aufeinanderliegen. Reis und Unterlage bilden an den Schnitt- und Wundstellen zuerst aus der freigelegten Kambiumschicht, die dicht unter der Rinde liegt, Kallus. Die Kallusschichten von Reis und Unterlage wachsen zusammen, unterbrochene Leitungsbahnen von Reis und Unterlage werden regeneriert, und die Veredlung ist gelungen. Verwachsung erfolgt nur bei hoher Luftfeuchtigkeit. Die Wundstellen trocknen somit nicht aus, und das Reis kann, bis von der Unterlage her die Wasserversorgung gesichert ist, nicht zuviel Wasser verdunsten und vertrocknen. Um die Anzuchtzeit für die Unterlagen zu sparen, verwenden seit kurzem einige Baumschulen ein raffiniertes neues Verfahren. Dabei werden unbewurzelte Reiser, z. B. von 'Cunningham's White', als Unterlage benutzt. Die Veredlung wird, wie im folgenden geschildert, z. B. als Kopulation durchgeführt. Das veredelte Reis wird dann wie ein Steckling weiterkultiviert. Verwachsung und Bewurzelung erfolgen parallel. Dieses Verfahren wird „Stenting" genannt (eine Wortschöpfung aus den holländischen Wörtern: *steken* = stecken und *enten* = veredeln). Leider kann es vom Hobbygärtner kaum erfolgreich eingesetzt werden, da die notwendigen technischen Gewächshauseinrichtungen meistens fehlen.

Veredlungsarten

Rhododendron werden auf verschiedene Weise veredelt, doch haben sich im Laufe der Zeit nur wenige Veredlungsarten in den Baumschulen als brauchbar erwiesen.

Kopulation (siehe Zeichnung). Man schneidet bei dieser in den Baumschulen üblichen Vermehrungsart die Unterlage etwa 5 cm oberhalb des Wurzelhalses glatt mit der Schere ab. An der Unterlage befindliche Blätter werden mit dem Messer abgeschnitten und die Veredlungsstelle mit einem Lappen gesäubert. Danach wird mit scharfem Veredlungsmesser seitlich je

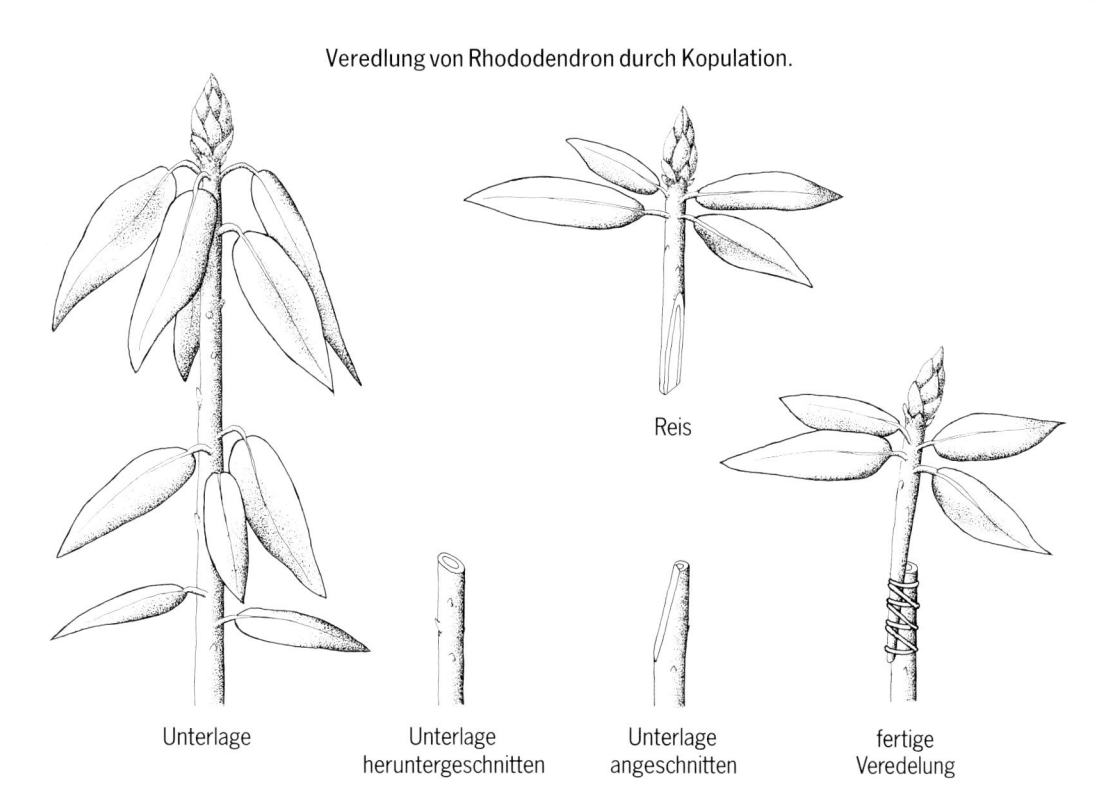

Veredlung von Rhododendron durch Kopulation.

Unterlage — Unterlage heruntergeschnitten — Reis — Unterlage angeschnitten — fertige Veredelung

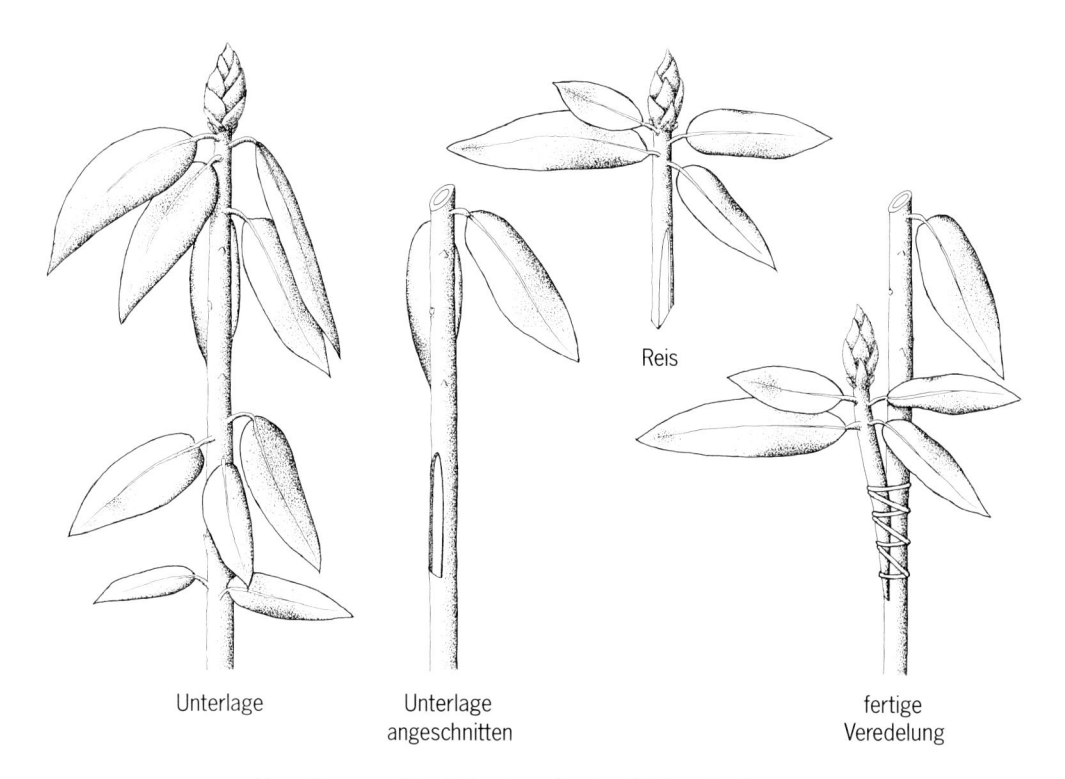

| Unterlage | Unterlage angeschnitten | Reis | fertige Veredelung |

Veredlung von Rhododendron durch seitliches Anplatten.

nach Dicke des Reises ein etwa 3 cm langer Kopulationsschnitt ausgeführt. Reis und Unterlage sollen möglichst gleich stark sein. Am Reis wird ein möglichst gleich langer und breiter Kopulationsschnitt wie an der Unterlage auch von oben bis zur Basis hin angebracht und danach Reis und Unterlage so zusammengefügt, daß Kambium auf Kambium zu liegen kommt. Bei dünnen Reisern soll wenigstens eine Seite und die Basis des Reises auf Rinden- und Kambiumschicht der Unterlage zu liegen kommen. Man verbindet mit Baumwollfäden, die durch Einreiben bzw. Tauchen in Bienenwachs zum Schutz gegen Fäulnis präpariert worden sind. Noch einfacher zu handhaben und dauerhaft sind auch Veredlungsfäden aus Gummi, die heute in den Baumschulen allgemein verwendet werden.

Seitliches Anplatten. Wenn man nur wenige Unterlagen zur Verfügung hat, ist diese Methode wegen ihrer einfachen technischen Ausführung für den Rhododendronfreund ganz besonders zu empfehlen. Man veredelt auch hier wieder möglichst dicht über dem Wurzelhals, so daß später bei etwas tieferem Pflanzen die Veredlungsstelle in den Boden kommt und sich am Reis Wurzeln bilden können.

Vor dem Veredeln wird die Veredlungsstelle gereinigt und die Unterlage um etwa ein Drittel ihrer Länge eingekürzt. An der Unterlage wird ein leicht nach unten gerichteter Querschnitt bis auf den Holzteil ausgeführt. Mit einem Schälschnitt von oben nach unten bis an den Querschnitt wird ein etwa 3 cm langer dünner Streifen Rinde und Holz von der Unterlage abgetrennt. Am Reis wird zur Basis hin ebenfalls ein etwa gleich breiter und langer Rindenstreifen passend zur Unterlage abgeschnitten. Reis und Unterlage werden aneinandergefügt und verbunden. Bei dieser Veredlungsmethode müssen die Unterlagen, da sie noch recht lang sind, schräg mit dem Reis an der Oberseite in das Vermehrungsbeet eingeschlagen werden. Bei nicht angewachsenen Veredlungen können die Unterlagen, was für den Rhododendronfreund wichtig ist, noch einmal an der anderen Seite veredelt werden. Die an den Unterlagen verbleibenden Blätter unterstützen das Wachstum, so daß die Unterlagen auch schneller Kallus bilden und mit dem Reis verwachsen.

Rhododendronfreunde können einige Veredlungen im Frühjahr auch ohne besonderen Aufwand und spezielle Einrichtungen wie folgt ausführen: Eingetopfte, nicht zu feuchte Unterlagen werden nach dem Veredeln durch seitliches Anplatten in ausreichend große Beutel aus dünner Plastikfolie gestellt und die Beutel oben luftdicht zusammengeklammert. An einem hellen, aber nicht sonnigen Fensterplatz bei Zimmertemperatur aufgestellt, kann man im durchsichtigen Beutel das Verwachsen von Reis und Unterlage genau verfolgen. Nach etwa 6 Wochen muß der Beutel oben geöffnet und die Veredlung an freien Standort gewöhnt werden. Bei Austrieb des Edelreises wird die Unterlage zurückgeschnitten und die Veredlung wie oben beschrieben weiterbehandelt. Das Verfahren ist verblüffend einfach, bringt gute Erfolge und kann bei wenigen Veredlungen nur empfohlen werden. Man wird nach anfänglichen Fehlern und Verlusten, die auch beim Fachmann nicht ausbleiben, sehr bald erkennen, wie Veredlungen ausgeführt und nach dem Anwachsen weiterbehandelt werden wollen. Mit Hilfe einfacher Vermehrungseinrichtungen und vor allem mittels Plastikfolie lassen sich recht gute Erfolge erreichen.

Nach- und Weiterbehandlung

Veredlungen von Rhododendron und Azaleen werden nicht mit Baumwachs verstrichen. Man setzt die fertigen Veredlungen Ballen an Ballen in das mit feuchtem Torfmull angefüllte Vermehrungsbeet oder in den Frühbeetkasten so ein, daß die Veredlungsstelle an der Basis locker mit Torfmull bedeckt ist und weder Unterlage noch Edelreis mit den Blattspitzen die aufgelegten Fenster berühren. Etwa 6 Wochen lang werden Vermehrungsbeet und -kasten dicht geschlossen gehalten und nur jede Woche einmal kontrolliert, damit sich eventuell auftretende Schaderreger nicht ausbreiten können.

Besonders im Frühjahr können die Weiße Fliege und Blattläuse auftreten, die man mit den bekannten Mitteln vernichtet. Fäulnis und Pilzbefall wird durch Stäuben oder Spritzen mit Fungiziden bzw. Gießen mit Albisal sofort bekämpft. Zeigt sich, daß Unterlage und Edelreis verwachsen sind, lüftet man erst wenig, dann mehr und nimmt dann die Fenster ganz ab.

Bei durch seitliches Anplatten veredelten Pflanzen werden beim Austrieb der Edelreiser die Unterlagen nochmals um etwa ein Drittel eingekürzt „Wildtriebe" aus der Unterlage und eventuell die entwickelten Blütenstände des Edelreises ausgebrochen. Gleichzeitig werden die Veredlungsstellen sorgfältig kontrolliert, eingewachsene Fäden gelöst und schlechte Verwachsungen, wenn notwendig, nochmals verbunden, um ein Ausbrechen der Reiser beim Austrieb zu vermeiden.

Frühjahrsveredlungen bleiben bis Anfang August im Frühbeetkasten stehen; empfindlichere Sorten überwintern wie die Veredlungen vom August bis zum nächsten Frühjahr im Kasten und werden erst dann ausgepflanzt. Beim Auspflanzen wird der Rest der Unterlage ganz dicht über der Veredlungsstelle abgeschnitten, nochmals alle Wildtriebe der Unterlage entfernt und die Terminalknospen der Reiser ausgebrochen, damit die schlafenden Augen austreiben. Man bekommt dadurch von Anfang an gut verzweigte Pflanzen. Pflanzabstand auf Betten ist 20 × 20 cm. Ein Jahr bleiben die Veredlungen stehen, um dann auf weiteren Abstand verpflanzt zu werden. Veredlungen und Jungpflanzen sollen immer halbschattig und windgeschützt heranwachsen.

Azaleenveredlungen verbleiben bis zum Austrieb ungestört im Kasten und werden erst 1 Jahr nach dem Veredeln auf Beete gepflanzt.

Krankheiten und Schädlinge

Rhododendron werden, wie alle anderen Pflanzen auch, von Schädlingen und Krankheiten befallen. So bedauerlich es im Einzelfall ist, wenn von nur wenigen Pflanzen einige oder alle erkranken und vielleicht sogar eingehen, so unsinnig wäre es, verallgemeinernd daraus zu schließen, daß Rhododendron besonders leicht und häufig von Krankheiten und Schädlingen heimgesucht werden. Das Gegenteil ist der Fall!

Unter der Voraussetzung, daß saurer, durchlässiger Boden, Windschutz, Feuchtigkeit und Halbschatten am Standort vorhanden sind, gibt es kaum andere Pflanzen, die gegen Krankheiten und Schädlinge so widerstandsfähig sind wie Rhododendron. Bei Anzeichen einer Erkrankung sollten zuerst die Ursachen ermittelt und danach Gegenmaßnahmen getroffen werden. Kranke Pflanzen sind in vielen Fällen die Folge einer vorausgehenden und oftmals lange zurückliegenden Schwächung der Widerstandskraft aufgrund ungünstiger Standortverhältnisse.

Ungünstige Umwelt- und Standortverhältnisse

Als Ursache von umweltbedingten, meist physiologischen Schäden kommen hier u.a. in Frage:

- nachteilige Bodenreaktion
- windexponierter Standort
- ungünstige Boden- und Luftfeuchtigkeit
- Wasserüberschuß im Boden
- zu hohe und zu niedrige Temperaturen
- Lichtmangel und -überschuß
- Versalzungsschäden im Boden und
- Verunreinigungen in der Luft.

Dazu folgende Beispiele:

Ungünstige Bodenreaktion auf kalkhaltigen Böden ist Ursache von hellgrün gefärbtem Laub der sogenannten Chlorose, die auf eine Störung der Eisenaufnahme und Chlorophyllbildung zurückzuführen ist. Wird nichts dagegen unternommen, so werden die immer mehr geschwächten Pflanzen von Blattpilzen und *Phytophthora* befallen und sterben schließlich ab. In diesem Fall reagieren Rhododendron kompromißlos mit physiologischen Störungen und geminderter Abwehrkraft gegen Schaderreger jeglicher Art. Alle anderen Standortfaktoren sind demgegenüber manipulierbar.

Windexponierter Standort ist für harte Sorten im Gegensatz zu empfindlichen noch kein Grund, vollkommen zu versagen. Wohl werden die Blätter etwas zerzaust aussehen und die Pflanzen im Wuchs gehemmt sein, aber sie werden wachsen.

Trockenheit des Bodens kann Windschäden schlimmstenfalls so verstärken, daß die Pflanzen absterben.

Boden- und Lufttrockenheit am sonnigen Standplatz fördert den Befall durch Rhododendron-Hautwanze und Weiße Fliege. Gelingt es, den Boden im Frühjahr feucht zu halten und werden Schattenbäume gepflanzt, so geht mit Zunahme des Schattens und der Luftfeuchtigkeit auch der Schädlingsbefall zurück.

So sehr zu Anfang des Sommers **hohe Luftfeuchtigkeit** zum Wohlbefinden der Pflanzen beiträgt, so leicht kann sie im Spätsommer und Frühherbst den Pilzbefall auf den Blättern fördern.

Wasserüberschuß im Boden ist auf Sandböden an sich nicht schädlich, doch werden viel Nährstoffe ausgewaschen, und es kann zu Mangelerscheinungen kommen.

Auf undurchlässigen Böden werden Wurzel- und Triebswachstum gestört, geschwächte Pflanzen von *Phytophythora* befallen. Zuviel

Feuchtigkeit und späte Düngung können die Ausreife verzögern und indirekt für Frostschäden verantwortlich sein.

Sind **Versalzungsschäden** aufgrund ungeeigneten Gießwassers noch relativ leicht durch Boden- und Wasseranalysen feststellbar und reparabel, so ist pflanzenschädlichen Luftverunreinigungen nur selten beizukommen.

Krankheitserscheinungen an Knospen und Blüten

Ovulinia-Blütenfäule
Schadbild: Auf den Blütenblättern sind wie von Wasser durchtränkte Flecken sichtbar, die als Tropfwasserschäden gedeutet werden können. Die anfangs 1 mm großen Flecken breiten sich bei hoher Luftfeuchtigkeit und Regenwetter rasch aus. Auf weißen Blüten sind die Flecken rostbraun, auf farbigen grau- bis schmutzigbraun gefärbt. Wenn der Befall fortschreitet, hängen die Blütenblätter schlaff herunter und sind in schleimig-fauligem Zustand. Innerhalb kürzester Zeit können alle Blüten betroffen sein und der Blütenflor somit vollständig ausfallen.
Ursache: Befall mit dem Pilz *Ovulinia azaleae*, desen Ausbreitung an hohe Luftfeuchtigkeit und feucht-schwüles Wetter gebunden ist.
Bekämpfung: Spritzung der aufblühenden und blühenden Pflanzen, sobald erste Anzeichen von Befall erkennbar sind, mit Benomyl- (Du Pont Benomyl), Triadimefon- (Bayleton) oder Triforine-Mitteln (Saprol).

Rhododendron-Knospensterben
Schadbild: Die Blütenknospen sterben im Laufe des Winters ab, verfärben sich dunkelbraun bis schwarz und vertrocknen. Auf den abgestorbenen Knospen zeigen sich die kleinen, säulenförmigen Fruchtkörper eines Pilzes; sie lassen die Knospen wie behaart, ja stachelig und schwarz erscheinen. Abgestorbene Knospen fallen nicht ab, und es sind drei oder vier Jahre alte Knospen am Strauch zu finden.
Ursache: Die Knospen sind mit einem Pilz *(Pycnostysanus azaleae)* befallen, der von Zikaden *(Graphocephala fennahi, G. coccinea)* übertragen wird. Das fast 1 cm lange, sehr schön grün- rot gefärbte Insekt legt von August bis Anfang Oktober Eier unter die Knospenschuppen der Rhododendronblüten ab, wobei kleine Verletzungen entstehen, über die der Pilz in die Knospen eindringen kann. Nur wenn Pilz und Zikade gemeinsam auftreten, kommt es zum Knospensterben.
Bekämpfung: Vernachlässigte Pflanzen scheinen verstärkt befallen zu werden – deshalb kann Düngung helfen. Wenn möglich (bei kleinen und wenigen Pflanzen) die braunen Knospen ausbrechen und verbrennen. Ab Juli, wenn die Zikaden in Schwärmen auftreten (erkennbar beim Berühren der Pflanzen) mit Pyrethrum-Präparaten – Spruzit, Parexan – 2- bis 3mal im Abstand von etwa 10 Tagen spritzen. Repens- und Williamsianum-Hybriden werden kaum befallen.

Krankheitserscheinungen an den Blättern

Frost- und Trockenschaden, Sonnenbrand
Schadbild: Im Frühjahr viele Blätter am Rand und entlang der Mittelrippe anfangs stumpf, später braun und eintrocknend.
Ursache: Blätter durch zu starke Verdunstung während Sonneneinstrahlung geschädigt (vertrocknet), auch Frostschäden. Wenn im Sommer zu beobachten: „Sonnenbrand"; Pflanze konnte das von den Blättern verdunstete Wasser nicht schnell genug ergänzen.
Behebung: Nicht möglich. Geschädigte Pflanzen vor Trockenheit schützen und Neuaustrieb abwarten. Frostgeschädigte Triebe erst im Juni, wenn völlig abgetrocknet, zurückschneiden.

Zuviel Feuchtigkeit
Schadbild: Blattspreite graugrün, stumpf gefärbt. Vor dem Austrieb Blätter plötzlich ohne erkennbare Ursache bis auf die obersten und jüngsten abfallend. Neutrieb, wenn noch nicht voll entwickelt, weich, mit schlaffen, herunterhängenden Blättern, Wurzelballen zerfallend, oft nur noch am Wurzelhals wenige weiße intakte Faserwurzeln.
Ursache: Zuviel Wasser an den Wurzeln, bedingt durch mangelnde Dränage oder zuviel

Gießen, besonders auf schweren Böden nach dem Pflanzen.
Behebung: Für Dränage sorgen. Pflanzen herausnehmen und im erhöhten Torfbeet einschlagen. Wässern einstellen, doch an heißen Tagen mehrmals täglich leicht übersprühen. Die Pflanzen sind meistens für lange Zeit geschädigt.

Chlorose
Schadbild: Blätter zwischen den Blattnerven hellgrün bis gelbgrün. Austrieb in schweren Fällen krankhaft gelb bis gelbweiß und in der Sonne leicht verbrennend. Aufhellung zwischen den Blattnerven beginnend, während die Nerven und ihre unmittelbare Umgebung anfangs noch dunkelgrün bleiben.
Ursache: Zu hoher Kalkgehalt im Boden oder im Gießwasser. Das für die Bildung von Blattgrün notwendige Eisen ist der Pflanze nicht mehr verfügbar und die Aufnahme von Magnesium und Mangan durch den Überschuß an Kalzium und Kalium gestört.
Behebung: Den pH-Wert ermitteln; wenn er über 6,0 liegt auf 4,5 bis 5,0 absenken. Viel Torfmull aufbringen. Pflanzen mit Eisenchelaten (= für die Pflanze aufnehmbare Eisenverbindungen, z. B. Fetrilon, Sequestrene) nach Gebrauchsanweisung spritzen oder gießen. Dauerwirkung nur, wenn der pH-Wert gleichzeitig abgesenkt und niedrig gehalten wird.

Stickstoffmangel
Schadbild: Blätter auf der ganzen Spreite hellgelbgrün gefärbt. Austrieb nur schwach mit kleinen Blättern. Im August untere Blätter am Trieb gelb bis rostbraun verfärbt und in Mengen abfallend.
Ursache: Stickstoffmangel. Allgemein schlecht ernährte Pflanzen.
Behebung: In schweren Fällen mit Volldüngerlösung (2 g/l Alkrisal) wiederholt gießen. Im Frühjahr organische und mineralische Volldüngung, eventuell noch zusätzlich Stickstoff (schwefelsaures Ammoniak) geben.

Blattfleckenkrankheit
Schadbild: Dunkelbraune, rötlich umrandete, aber auch schwärzlichbraun oder aschgrau gefärbte, unregelmäßige Flecken auf der Spreite. Flecken mehr oder weniger ausgedehnt und vom Blattrand oder der Blattspitze ausgehend. Im August–September oft an unausgereiften Blättern des Neutriebes von der Blattspitze her fortschreitende Blattfleckenbildung mit teils konzentrischen Ringen oder dunkelgerandeten Zonen.
Ursache: Botrytis, Cercospora, Gloeosporium, Pestalotia, Phyllosticta und andere Pilzarten. Genaue Bestimmung nur durch Untersuchung im Pflanzenschutzamt möglich.
Bekämpfung: Wenn Befall festgestellt, umgehend mit organischen Fungiziden, z. B. Maneb-, Metiram-, Zineb-Mitteln, bei Jungtrieben bzw. auf ausgereifte Blätter mit Kupfermitteln, z. B. Cupravit (Ob 21), in angegebener Konzentration spritzen. Spritzungen zwei- bis dreimal in 14tägigen Abständen wiederholen.

Phytophthora-Welke
Schadbild: An einzelnen Trieben oder ganzen Pflanzen vertrocknen die Blätter ohne äußerlich erkennbare Ursachen. Endknopsen braun und abgestorben. Beim Durchschneiden der Zweige Kambiumring bräunlich verfärbt. Auftreten auf wenig sauren und auf nassen Böden häufiger zu beobachten.
Ursache: Der Pilz *Phytophthora*, der durch Wunden oder über die Wurzeln in die Pflanze eindringt. Dieser Pilz scheint eher ein Schwächeparasit zu sein, denn Rhododendron werden auf Böden mit pH-Wert 4,0 bis 5,0 kaum befallen.
Bekämpfung: Tiefes Herausschneiden befallener Triebe. Stark befallene Pflanzen roden und verbrennen.

Rußtau
Schadbild: Blätter und Jungtriebe von Rhododendron und Immergrünen, die unter Bäumen stehen, sind mit dunkelgrünem bis schwarzem, klebrigem Überzug versehen und erscheinen wie berußt. Befall nur bei Stand unter dichten Schattenbäumen, vor allem Linde, Ahorn, Fichte, Tanne, auch Kiefer, Eiche und anderen Arten.
Ursache: Rußtau (*Apiosporium*-Arten). Die Rußtau- oder Schwärzepilze siedeln auf dem zuckerhaltigen Kot (Honigtau) von Blattläusen, Schildläusen, Blattsaugern und verschiedenen

Krankheitserscheinungen an Blättern 73

Ohrläppchen-Krankheit

Saugschäden durch Hautwanzen

anderen saugenden Insekten, welche die Schattenbäume befallen.
Bekämpfung: Zu dicht stehende Schattenbäume auslichten, um mehr Luftbewegung und Regen an die Rhododendron gelangen zu lassen. Der Belag verschwindet dann im Laufe des Winters wieder von selbst. Eine Bekämpfung an den Bäumen würde die Ursache ausschalten, doch wäre diese Maßnahme meist viel zu aufwendig und dann auch nicht nachhaltig wirksam. Spritzung der Rhododendron mit Sommeröl hilft nur kurze Zeit.

Alpenrosen-Rost
Schadbild: Auf der Blattunterseite sitzen bei *R. dauricum, R. ferrugineum, R. hirsutum* und Japanischen Azaleen im September stäubende gelbrotbraune Pusteln (Sporenlager). Bei starkem Befall Blätter vorzeitig abfallend.
Ursache: Rostpilz *Chrysomyxa rhododendri*.
Bekämpfung: Spritzen mit Cupravit (Ob 21), Dithane Ultra, Polyram Combi.

Ohrläppchen-Krankheit (siehe Abbildung)
Schadbild: Junge Blätter an Neuaustrieb bleich-gelblichgrün, abnorm vergrößert, verdickt und wie weißlich bepudert aussehend. Mit fortschreitender Jahreszeit eintrocknend und bei feuchter Witterung schimmelnd.
Ursache: Erreger der Ohrläppchen- oder Klumpenblätter-Krankheit ist der Pilz *Exobasidium japonicum*.

Blattflecken durch *Botrytis*-Befall

Bekämpfung: Befallene Blätter ausbrechen und verbrennen. Mit Cupravit (Ob 21), Dithane Ultra oder Polgram Combi vorbeugend spritzen.

Rhododendron-Hautwanze (siehe Abbildung)
Schadbild: Blätter stumpf-hellgrün gefärbt und gelblichgrau gesprenkelt, zuweilen ganz leicht rötlich gepunktet. In schweren Fällen leicht eingerollt, getrocknet und abfallend. Blattunterseite mit lackartigen, noch feuchten oder eingetrockneten Kottröpfchen übersät. Häufig mit 1 bis 2 mm langen braunschwarzen Larven oder 3,5 mm langen, abgeplatteten erwachsenen Wanzen besetzt. Hauptbefallszeit Mitte Mai bis Mitte Juni, je nach Witterung.

Ursache: An den Blättern saugende Wanzen (*Stephanitis*-Arten), Hauptschädlinge an Rhododendron, vor allem an Ponticum- und Catawbiense-Hybriden. Befall an trockenen, sonnigen Standorten verstärkt!
Bekämpfung: Pflanzen ab Mitte Mai an warmen Tagen wiederholt kontrollieren. Wenn ein Befall festgestellt wird, mit E 605-Staub die Blattunterseiten am frühen Vormittag einstäuben; wenn es notwendig sein sollte, die Behandlung in 8tägigem Abstand bis Ende Juni wiederholen. Auch Spritzungen mit Propoxur-Präparaten (Unden flüssig) oder Sommeröl-Elefant haben sehr gute Wirkung.

Weiße Fliege
Schadbild: Blattspreite fahlgrün und oberseits gelblich gesprenkelt. An der Unterseite gelblicher, schmieriger Belag (Kot der Insekten), auf dem sich später Schwärzepilze ansiedeln. Blätter werden bei starkem Befall braun und fallen ab.
Ursache: Pflanzen mit „Weißen Fliegen", kleinen weißen 2 mm langen Insekten (*Aleurodidae*, Mottenschildläuse) befallen, die, wenn man die Triebe anhebt, lebhaft auffliegen und nicht zu übersehen sind.
Bekämpfung: E 605-Staub, auch Spritzung mit Propoxur-Mitteln (Unden flüssig) oder Sommeröl-Elefant ist wirkungsvoll.

Rote Spinne und Weichhautmilben
Schadbild: Blätter, vor allem bei Azaleen, stumpfgrün mit fahlem Schimmer. Pflanzen schließen vorzeitig mit dem Trieb ab, jüngere Blätter sind krankhaft verdreht und gekräuselt.
Ursache: „Rote Spinne" (*Tetranychus*-Arten) oder Weichhautmilben (*Tarsonemus*-Arten). Letztere nur mit sehr starker Lupe nachweisbar.
Bekämpfung: Spritzung mit Endosulfan-Emulsion (Thiodan 35), Dimethoat (Perfekthion, Roxion) oder Sommeröl-Elefant.

Gefurchter Dickmaulrüßler
Schadbild: Blattspreite vom Rand her bogen- oder halbkreisförmig herausgefressen. Jüngere Pflanzen fangen plötzlich an zu welken und man stellt fest, daß am Wurzelhals die Rinde ringförmig abgefressen ist. Im Sägemehl-Mulch wird verstärkter Befall beobachtet.
Ursache: Gefurchter Dickmaulrüßler (*Otiorrhynchus sulcatus*). Ein etwa 1 cm langer schwärzlicher Käfer, nur nachts fressend, am Tage in der Erde verborgen, dessen dunkelgraue Larven die Rinde am Wurzelhals und den Wurzeln abfressen.
Bekämpfung: Alle noch im Handel zugelassenen chemischen Mittel wirken nicht befriedigend gegen die Larven des Dickmaulrüßlers. Zeigen sich Fraßschäden an den Blättern, sollte man im Hausgarten kurze Brettstücke auslegen und die über Tage sich darunter aufhaltenden Käfer aufsammeln und vernichten. Gegen die Käfer hilft eine Spritzung von Blättern und Stammgrund mit Decis flüssig. Die Larven lassen sich sicher mit insektenpathogenen Nematoden (*Heterorhabditis*) vernichten. Eine Bekämpfung ist allerdings nur bei Bodentemperaturen über +12 °C und in feuchtem Boden erfolgreich, weshalb im Gewächshaus gute Erfolge zu erzielen sind, während der Einsatz im Freiland nur sehr begrenzte Wirkung zeigt. Die Nematoden können durch Vermittlung des Gartenfachhandels bezogen werden.

Krankheitserscheinungen an Trieben und Wurzeln

Rindenrisse
Schadbild: An den Trieben von der Stammbasis (Wurzelhals) bis hinauf zum zweijährigen Holz der Zweige ist die Rinde stellenweise mehr oder weniger aufgerissen und löst sich abrollend vom Holz. An Japanischen Azaleen bis etwa 30 cm Höhe zeigt die Rinde unmittelbar über der Erdoberfläche Risse und läßt sich abstreifen.
Ursache: Scharfer Frost zur Zeit des „Saftsteigens" kurz vor dem Austrieb im April–Mai oder vor Triebabschluß im Herbst führt häufig zu Rindenrissen an den Trieben. Die Rinde beginnt nach dem Frostschaden einzutrocknen, die Risse klaffen auf, und die Rinde schält sich an den Rissen vom Stamm abrollend ab; es öffnet sich dann eine üble Wunde.

Wenn sich die gesamte Rinde um den Stamm abschält, sterben alle oberhalb der Schadstelle befindlichen Triebteile bis spätestens zum Neuaustrieb im folgenden Jahr ab. Ist der Schaden nicht ganz so stark und verbleibt eine intakte, wenn auch nur schmale Rindenbrücke, verwächst der Schaden unter Überwallen der Rindenrisse – wenn auch oft erst nach Jahren.

Behandlung: Eine Behandlung der Schäden hat nur bedingt Erfolg. Rinde an dicken Trieben sofort nach der Frosteinwirkung durch Umwickeln mit Bast oder Stoffstreifen an den Stamm pressen, um das Abschälen zu verhindern. Öfters kontrollieren, damit der Verband nicht einwächst! Schaden häufig bei kleinen Pflanzen und besonders bei frühaustreibenden Arten und Sorten, aber auch unterschiedlich von Planze zu Pflanze je nach Entwicklungsstand. Am besten vorbeugender Frostschutz durch Überdecken mit Folie oder Schattenleinen, Schutz der Stammbasis mit Stroh oder Koniferenzweigen.

Phytophthora-Welke

Schadbild: Alle Blätter fahlgrün und welk an den Zweigen herunterhängend. Kambium an Haupttrieben und Zweigen braun verfärbt. Wurzeln braun, abgestorben, keine weißen Faserwurzeln mehr sichtbar. Im fortgeschrittenen Stadium Wurzelballen verfault und zerfallen.

Ursache: Phytophthora cinnamomi. Befällt geschwächte Pflanzen auf Böden mit hohem pH-Wert und schlechter Wasserführung.

Bekämpfung: Zweige zurückschneiden und bis zur Wurzel befallene Pflanzen verbrennen. Wasserführung verbessern, Boden auf pH 4,0 bis 5,0 einstellen. Angießen mit Previcur (Prothiocarb-Präparat), AAterra (Etridiazol-Präparat) oder Aliette (Fisetyl-Präparat) soll bei Beginn des Befalls noch wirksam sein nach amerikanischen Angaben bei älteren Pflanzen mit über 80% Erfolg! Eine Heilung auf Dauer ist nur bei besten Standortbedingungen möglich.

Gefurchter Dickmaulrüßler

Schadbild: Pflanzen beginnen sich im Laub stumpf-graugrün zu verfärben und vertrocknen. Am Wurzelhals und den Hauptwurzeln ist die Rinde um den Stamm herum abgefressen.

Ursache: Larven des Gefurchten Dickmaulrüßlers *(Otiorrhynchus sulcatus).*

Bekämpfung: Chemische Mittel wirken gegen die Larven des Dickmaulrüßlers unbefriedigend, doch mit dem Einsatz insektenpathogener Nematoden *(Heterorhabditis)* sind die Larven einfach, sicher und umweltfreundlich zu bekämpfen und damit Schäden durch den Dickmaulrüßler für mehrere Jahre auszuschalten. Der Einsatz der Nematoden ist nur im feuchten Boden und bei Bodentemperaturen über +12°C bei genauer Beachtung der Gebrauchsanweisung erfolgreich. Die Nematoden-Bezugsquellen erfährt man im Gartenfachhandel. Erfolgversprechende Bekämpfungserfolge werden auch mit dem insektenpathogenen Pilz *Metarhizium anisopliae* erzielt. Der Pilz befällt wirtsspezifisch alle Stadien des Dickmaulrüßlers und stellt keine Gefahr für Nützlingsinsekten dar. Aber auch hier liegt die Infektionsminimumtemperatur bei 10 bis 12°C. Für ein Mycelgranulat wird zur Zeit die Zulassung beantragt.

Falls noch schmale Rinden- oder Kallusverbindung zwischen Wurzel und Zweigen erhalten ist, kann sich bei guter Pflege und Düngung die Pflanze langsam erholen.

Hallimasch

Schadbild: An abgestorbenen Pflanzen am Stammgrund gelbe Hutpilze und unter der Rinde oberhalb des Erdbodens weißes Pilzmyzel wachsend.

Ursache: Hallimasch *(Armillaria mellea).* Vorkommen nicht sehr häufig und nur an geschwächten Pflanzen.

Bekämpfung: Pflanzen einer Gruppe, bei der Befall festgestellt wurde, etwas höher pflanzen und gut düngen. Wurzelhals frei von Mulch und trocken halten.

Schäden an Sämlingen und Jungpflanzen

Vermehrungspilze

Schadbild: Junge Sämlings- und Keimpflanzen beginnen bei engem Stand plötzlich zu welken und fallen um. Der Wurzelhals ist schwarz oder braun verfärbt. Auf den Blättern erschienen mit Fortschreiten des Befalls weißliche Pilzfäden oder bräunlicher Schimmel.

Ursache: Vermehrungspilze *(Rhizoctonia-, Pythium-, Botrytis-*Arten), die bei hoher Luftfeuchtigkeit und nur langsam nach dem Gießen abtrocknenden Pflanzen auftreten.

Bekämpfung: Für Luftbewegung sorgen (Ventilator). Nur morgens gießen, damit die Sämlinge bis zum Abend abtrocknen. Nicht zu dichter Stand. Spritzen oder Stäuben mit Metiram-Mitteln, z. B. Polyram-Combi. Gießen mit Albisal, Fonganil.

Abschließend sei darauf hingewiesen, daß aufgrund neuer Erkenntnisse hinsichtlich der Folgewirkungen auf die Umwelt laufend bewährte hier im Buch genannte Mittel vom Markt genommen, verboten oder durch neue ersetzt werden. Es wird daher empfohlen, sich vom Fachhandel oder den Pflanzenschutzämtern beraten zu lassen.

Züchtung

Unsere Rhododendron-Hybriden sind das Ergebnis von etwa 150 Jahren züchterischer Entwicklung und Auslese, wobei die Ergebnisse der letzten 20 bis 30 Jahre nicht voll zu werten sind, da die in diesem Zeitraum entstandenen Sorten zum Teil noch nicht auf breiter Basis in verschiedenen Klimabereichen und bei unterschiedlichen Bedingungen geprüft werden konnten. Jedes Jahr kommen viele neue Sorten hinzu. Besonders in den USA und zunehmend auch bei uns ist das Züchten von Rhododendron zu einer Liebhaberei geworden, was uns in Zukunft zweifellos zahlreiche neue Sorten bescheren wird. Allein aus dem Wunsch heraus, die Wildformen (Arten) zu verbessern und schönere, mehr den Gartenverhältnissen angepaßte Pflanzen zu schaffen, entstand eine Vielzahl von Kulturformen (Hybriden).

Zuchtziele

Die Zuchtziele waren und sind in den verschiedenen Ländern und Kontinenten unterschiedlich. In Deutschland entscheidet über den Wert einer Sorte zuerst und allein die Frosthärte, während z.B. in Kalifornien und mehr noch in Australien die Pflanzen gegen Hitze und Lufttrockenheit widerstandsfähig sein müssen.

Frosthärte

Frosthärte der gesamten Pflanze ist bei uns Voraussetzung für weite Verbreitung in den Gärten. Unsere Sorten sollten zumindest im Holz Temperaturen von $-25\,°C$ aushalten. Bei Sorten mit besonders schönen Blüten wird man über Knospen- und Blattschäden bei Temperaturen unter $-20\,°C$ hinwegsehen, da sich derartige Schäden einmal innerhalb eines Jahres wieder auswachsen und zum anderen so niedrige Temperaturen auch bei uns nicht jeden Winter vorkommen. Viele der neuen Sorten aus England sind leider nicht ausreichend winterhart, da die Frosthärte in England nicht eine so große Rolle wie bei uns spielt. SEIDEL (1938) und HICKMANN (1953, 1955) nennen bei Erörterung der züchterischen Probleme bei Rhododendron und Azaleen die Winterhärte als Zuchtziel Nummer Eins.

Blühwilligkeit und -reichtum

Hybriden sollen bereits an jungen Pflanzen willig Knospen ansetzen und möglichst jedes Jahr blühen. Schöne Hybriden aus Kreuzungen mit *R. fortunei* ssp. *discolor*, *R. fortunei* und anderen hochwachsenden Arten blühen erst gut als größere Pflanzen, etwa ab 1 m Höhe. In unserer schnellebigen Zeit ist dies für eine weitere Verbreitung derartiger Sorten nachteilig.

Die meisten Gartenbesitzer haben nicht genug Geduld und Ausdauer, um jahrelang auf Blüten zu warten, und ziehen deshalb Sorten vor, die als kleine Pflanzen schon mit Blütenknospen besetzt von den Baumschulen geliefert werden können.

Blütezeit

Im Freiland blühen Rhododendron und Azaleen je nach Witterung von Anfang April bis Mitte Juni. Höhepunkt der Blütezeit ist im Mai. Während die frühe Blüte z.B. bei den Oreodoxa-, Williamsianum- und Repens-Hybriden im April stark frostgefährdet ist, kann die Juniblüte der spätblühenden Catawbiense- und Discolor-Hybriden bei heißem Wetter schnell vorbei sein. Angestrebt wird, bei guter Haltbarkeit der Blüten die Blütezeit bis Ende Juni, ja in den Juli bis Anfang August hinein zu verlängern. Bei extrem spätblühenden Rhododendron besteht aber die Gefahr, daß der erst nach der Blüte erwünschte Austrieb nicht mehr genügend ausreift und dann erfriert.

Blütenform

Als klassische Form gilt noch immer die aufrechtstehende, dichtgeschlossene pyramidale Doldentraube – der „Blütenstutz". Bei dieser Art des Blütenstandes ist die Wirkung der Einzelblüte der Gesamtwirkung untergeordnet. Man erreichte das Ziel, einen möglichst großen Blütenstutz zu züchten, z.B. bei den Sorten 'Pink Pearl', 'Prof. Hugo de Vries' und vor allem bei den in England gezüchteten, in Deutschland leider nicht winterharten Loderi-Hybriden.

Dieses Zuchtziel ist heute nicht mehr absolut gültig und muß aus der Sicht der damaligen Zeit und Art der Verwendung betrachtet werden. Rhododendron wurden bis zum ersten Weltkrieg auf „Fernwirkung" gezüchtet. In den Parks der Schlösser und Landsitze (vor allem Englands) waren und sind Rhododendron mit großem Blütenstutz von unvergleichlicher Wirkung in Verbindung mit der großzügigen Architektur der Gebäude und Parkanlagen. Was damals in Einklang mit der Umgebung stand, ist heute im Garten eines Reihen- und Einfamilienhauses bei beschränkten Raumverhältnissen leicht von erdrückender Wirkung. Man strebt deshalb jetzt an, daß bei der „klassischen" Form des Blütenstandes Größe des Stutzes, der Einzelblüte und des Blattes mit der gesamten Pflanze im Einklang stehen. Unschön wirken z.B. zur Blütezeit große Blätter und kleiner, dicht geschlossener Stutz. Eine andere, modernere Zuchtrichtung strebt an, bei lockerem Stutz eine edle charakteristische Form der Einzelblüte zu erreichen, die glockenförmig wie bei den Repens- und Williamsianum-Hybriden oder mehr röhrenförmig wie bei den Cinnabarinum-Hybriden sein kann. Eine große Vielfalt der Blütenformen ist bei den jüngeren Hybriden bezeichnend und wird in Zukunft, wenn es gelingt, diese Eigenschaft noch mehr mit Frosthärte zu kombinieren, auch bei uns das Gartensortiment bereichern.

Blütenfarbe

Blütenfarben sollten möglichst mit gleicher Leuchtkraft haltbar vom Knospenstadium bis zum Verblühen sein und weder bei hellen Farbtönen verblassen noch bei rotblühenden Hybriden verblauen. Leuchtende, reine und klare Farbtöne sind sehr gefragt und selten. Die Sorte 'Susan' z.B. ist bei den immergrünen großblumigen Hybriden leider bisher die einzige mit fast – aber eben nicht absolut – reiner hellblauer Blütenfarbe. Alle bei uns winterharten gelbblühenden Hybriden haben noch immer Mängel, sei es, daß die Farbe nicht vollkommen leuchtendgelb ist, beim Verblühen zu cremeweiß oder gar schmutzig-gelb verblaßt bzw. Aufbau und Blatt der Pflanze noch nicht unseren Wünschen entsprechen.

Nach Kreuzung großblumiger cremefarbener und blaßgelber Rhododendron-Hybriden mit *R. wardii* gelang es deutschen Züchtern, neue Sorten zu schaffen, die intensiv leuchtende, gelbe Blüten haben. Die beste gelbe Sorte ist zur Zeit 'Goldkrone'. Vielversprechend sind auch Sorten mit gelb-orangefarbenen Blüten wie 'Norfolk Candy' und 'Orangina'. Solche Blütenfarben gab es bis jetzt bei immergrünen Rhododendron noch nicht.

Auch die neuen, nach 1980 in den Handel gekommenen Sorten verlangen leider einen geschützten Standort im Garten und Park.

Blütenduft

Rhododendron mit intensiv duftenden Blüten sind recht selten, da die meisten duftenden Arten nicht winterhart sind. Nur *R. fortunei*, *R. fortunei* ssp. *discolor*, *R. vernicosum* und die Sorte 'Inamorata' haben einen intensiven, würzigen Blütenduft und sind auch bei uns genügend winterhart.

Von den Azaleen ist *R. luteum* stark duftend, und auch viele von diesem abstammende Genter-Hybriden mit weißen, cremefarbenen und rosa Blüten duften recht intensiv. Angenehm und gut duftend sind auch folgende aus Nordamerika stammende Azaleen: *R. arborescens*, *R. atlanticum*, *R. periclymenoides*, *R. occidentale* und *R. viscosum*. Bei Kreuzungen mit den genannten Arten sollte bei der Auslese auf duftende Formen geachtet werden.

Aufbau und Belaubung der Pflanzen

Rhododendron sollen auch bei gedrungenem Habitus und kurzen Trieben noch ausreichend wüchsig sein und dichte Pflanzen aufbauen. Die Blätter müssen bei ausgelesenen Formen eine gesunde grüne oder bläulichgrüne Färbung haben und nicht für Schädlinge und Blattfleckenpilze anfällig sein. Unterschiedliche Blattformen von schmal-lanzettlich bis rund sind sehr erwünscht und bringen neben verschiedenen Abstufungen der grünen Laubfarbe Abwechslung in den Garten. Vom ersten Verpflanzen an sollten die Pflanzen eine kräftige, kompakte Bewurzelung haben und in einem möglichst weiten pH-Bereich gut gedeihen.

Krankheitsresistenz
Man wird bei Sämlingen schon vom frühesten Sämlingsstadium an immer wieder feststellen, daß trotz sorgfältigem Spritzen mit Pilzbekämpfungsmitteln und guten Kulturbedingungen einzelne Sämlinge nicht krankheitsfrei zu halten sind. Wenn die Jungpflanzen etwa die Größe von 2jährigen Sämlingen erreicht haben, sollte man die Spritzungen gegen Blattpilze stark einschränken, d.h. nur im August–September 2- bis 3mal spritzen oder gar nicht mehr. Es ist zu beobachten, daß dann einige Pflanzen ganz stark von Blattkrankheiten befallen werden, das Laub fallenlassen und absterben. Absterbende Pflanzen werden möglichst bald aus dem Beet gerodet und verbrannt, da sie auch in den folgenden Jahren nicht ausreichend resistent und daher für weitere Beobachtungen wertlos sind. Für die Züchtung sollte man in Wuchs und Belaubung nicht vollkommen resistente Pflanzen bei noch so schöner Blüte ausmerzen. Bei der Bewertung einer Sorte spielen ferner die Resistenz gegen *Phytophthora*, die Rhododendron-Hautwanze und andere pilzliche und tierische Schädlinge eine große Rolle. Vor allem aber sollte eine neue Sorte möglichst in weitem pH-Bereich gut gedeihen und unempfindlich gegen physiologische Störungen (Chlorose!) sein.

Genetische Eigenarten und zytologische Verhältnisse

Eine eingehende Darstellung der zytologischen und blütenbiologischen Verhältnisse bei Rhododendron würde den Rahmen dieses Buches sprengen. Wer sich ernsthaft mit der Züchtung von Rhododendron und Azaleen beschäftigen möchte, sei auf AMMAL, ENOCH und BRIDGWATER (1950), BOWERS (1960) und LEACH (1962) sowie weitere Speziallliteratur über Züchtung verwiesen.

Rhododendron haben in den Gewebezellen normalerweise einen doppelten Satz = 26 Chromosomen (2n = 26); diese sind stets paarweise angeordnet, wobei immer eines von der Mutter und das andere vom Vater stammt. Die Gesamtheit der von einem Elter stammenden Chromosomen als Träger der Erbanlagen wird Genom genannt. Ein Genom enthält also 13 Chromosomen (n = 13). Man hat bei Rhododendron festgestellt, daß einige Arten statt der normalen Zahl von 2 Genomen 3, 4, 6, 8 und 12 Genome, also 39, 52, 78, 104 oder 156 Chromosomen besitzen. Man spricht in diesem Falle von Polyploidie. Es wurde beobachtet, daß selbst bei einer Art unterschiedliche Chromosomenzahlen je nach Vorkommen vorhanden sein können. In der Subsectio Triflora z.B. besteht zwischen Polyploidie und Vorkommen in unterschiedlichen Höhen eine Beziehung. Diploide (2n = 26) Arten wie *R. triflorum* kommen nicht über 3000 m Höhe vor, während tetraploide (2n = 52) Arten wie *R. ambiguum* erst über 3300 m gefunden wurden. Man konnte feststellen, daß die alpinen, also in großen Höhen vorkommenden Arten sich unter anderem durch Multiplikation der Chromosomen den extremen Verhältnissen des Standorts besser angepaßt haben. Interessant ist auch, daß alle Arten der Untergattungsgruppe Nomazalea (= Series Azalea) bis auf *R. canadense* und *R. calendulaceum*, die tetraploid (2n = 52) sind, den normalen Chromosomensatz (2n = 26) haben.

Blütenbiologische Verhältnisse und Sterilität

Im allgemeinen reift bei Rhododendron der Pollen, bevor die Narbe der gleichen Blüte für den Pollen aufnahmebereit ist. Man spricht in diesem Falle von Protandrie und muß bei Selbstbestäubung den Pollen einige Tage lagern.

Pollen kann aber auch aufgrund unvollkommener oder abnormer Ausbildung nicht keimfähig sein, oder es liegt eine morphologisch bedingte Sterilität vor, wenn bei gefüllten Blüten die Staubblätter zu Kronblättern umgebildet worden sind.

Knap-Hill-Azaleen in England im Savill Garden, Windsor Great Park.

Organisch kann Sterilität dadurch begründet sein, daß Pollen, von Arten mit kürzerem Griffel abstammend, zur Bestäubung von langgriffeligen Arten benutzt wird. Der aus dem Pollen wachsende Pollenschlauch ist, da auf die eigene kurzgriffelige Art abgestimmt, zu kurz, kann die Eizelle nicht erreichen und daher auch keine Befruchtung zustandebringen. Bei reziproker Bestäubung, d. h. Bestäubung der kurzgriffeligen Art mit Pollen der langgriffeligen, besteht diese Schwierigkeit nicht. Ursache organischer Sterilität gerade bei wertvollen Hybriden kann ferner sein, daß diese nur eingeschlechtlich oder nicht fertil sind. Bei intensiver Beobachtung und Suche kann man aber doch auf den Pflanzen die eine oder andere Blüte mit – wenn auch beschränkter – Fertilität ermitteln und damit dann weiterkreuzen.

Physiologische Sterilität tritt bei Rhododendron sehr häufig auf. In diesem Falle ist der Pollen voll keim- und funktionsfähig. Eine Befruchtung wird aber durch Hemmstoffe, die zum Teil sogar bei sehr naher Verwandtschaft auftreten und durch bestimmte Sterilitätsfaktoren hervorgerufen werden, verhindert. Nach bisherigen Erfahrungen sind Kreuzungen zwischen Arten der Untergattungen *Rhododendron* und *Hymenanthes*, ebenso auch zwischen *Hymenanthes* und den Untergattungen *Maddenodendron, Azaleastrum, Choniastrum, Mumeazalea, Candidastrum* und *Therorhodion* nicht möglich. BOWERS (1960) konnte bei *R. catawbiense* verschiedene Formen physiologischer Verträglichkeit – selbstverträglich bis selbstunverträglich – bei Bestäubung der Blüte mit Pollen der gleichen Blüte oder von der gleichen Pflanze feststellen.

Neben den genannten Ursachen kann die Arbeit des Züchters in der Hauptsache durch zytologisch bedingte Sterilität, durch unterschiedliche Chromosomenzahlen hervorgerufen, bei Befruchtung verschiedener Arten und Sorten erschwert oder unmöglich werden. Der Rhododendronliebhaber steht hier vor Schwierigkeiten, die er nur durch Testkreuzungen und genaues Studium der Veröffentlichungen über Rhododendronzüchtung überwinden kann.

Technik des Kreuzens

Bau der Blüte

Bei Rhododendron sind Staubblätter als männliche und Fruchtblätter als weibliche Organe in einer Blüte vorhanden. Die Blüten sind also zwittrig. Staubblätter oder Staubgefäße tragen sogenannte Pollensäcke oder Staubbeutel, die am oberen Ende des Staubfadens sitzen und in denen der Blütenstaub oder Pollen gebildet wird. Aus einer oben im Staubbeutel befindlichen Öffnung tritt bei Reife der Pollen aus oder wird sogar herausgeschleudert. Der Pollen ist klebrig, die einzelnen Pollenkörner hängen in frischem Zustand an feinen Schnüren zusammen. Die Fruchtblätter sind zum Fruchtknoten verwachsen, in dem sich die Samenanlagen befinden. Oben ist der Fruchtknoten zum Griffel verlängert, der eine zur Aufnahme und Keimung des Pollens dienende gekerbte, schleimig-klebrige Narbe trägt. Der Fruchtknoten ist

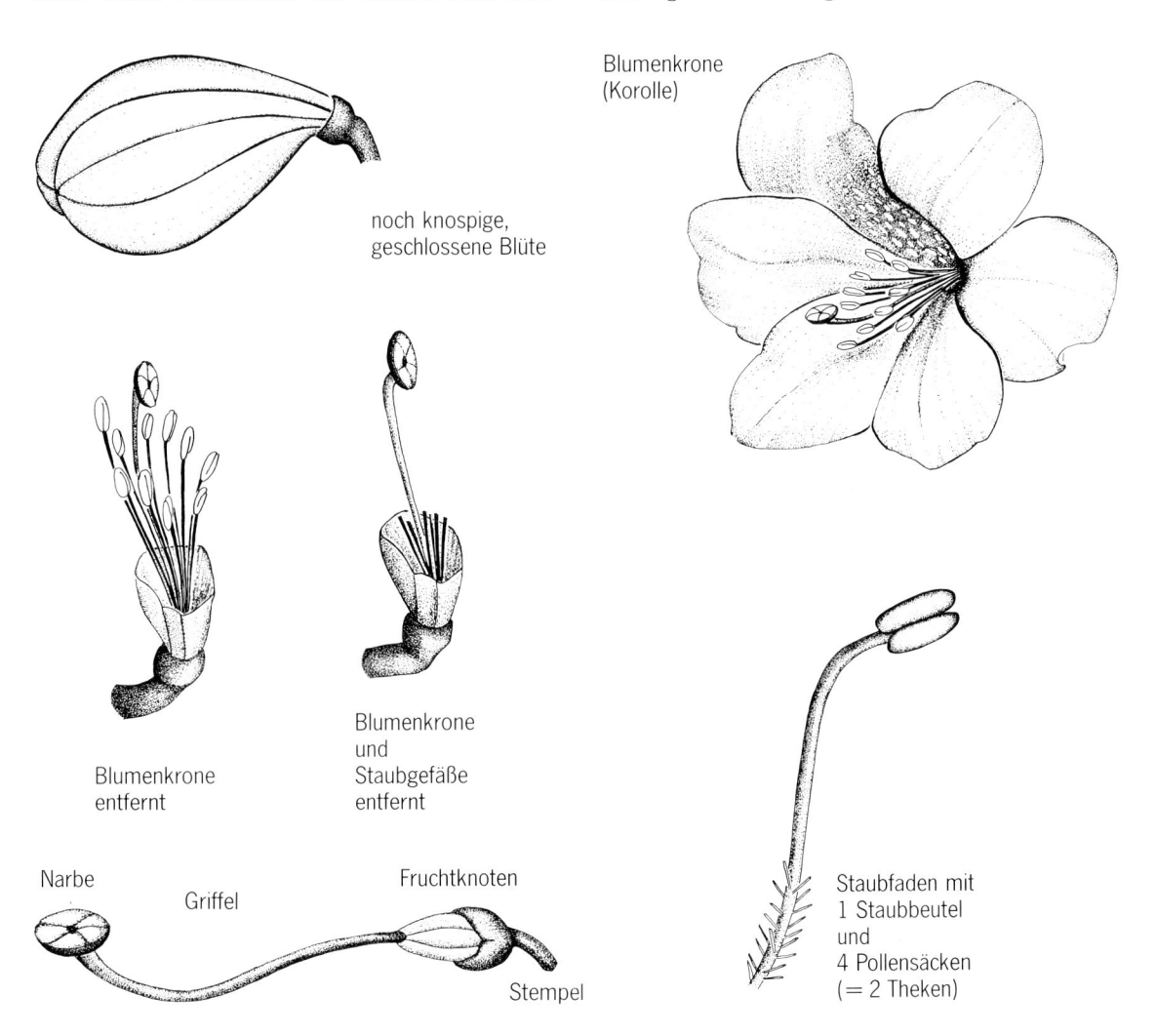

Hier sind die verschiedenen Bestandteile eine Rhododendronblüte im Detail dargestellt.

oberständig und entwickelt sich bei befruchteten Samenanlagen (Eizellen) zu einer Kapsel, die bis 400, bei Arten mit sehr großen Samenkapseln 1000 und mehr Samen enthalten kann.

Die inneren Blütenteile (Fruchtknoten und Staubgefäße) werden von der sie schützenden Blumenkrone umgeben, die auffallend gefärbt von weiß, gelb, orange, rot, blau, violett mit vielen Zwischenfarbtönen als Anlockungsmittel für die Bestäubung durch Insekten, hauptsächlich Bienen und Hummeln, dient. Die Blumenkrone (Korolle), gebildet aus den nur am Grunde oder vollkommen zusammengewachsenen Blütenblättern, ist bei Rhododendron röhrig, glockig bis trichterförmig geformt und 5- oder mehrzipflig, je nach Art. Am Grunde der Blüte ist am Übergang zum Blütenstiel die äußere Hülle der Blumenkrone, der aus zusammengewachsenen Kelchblättern gebildete, meistens grüngefärbte und unscheinbare Kelch zu erkennen.

Auswahl und Vorbereitung der Blüten

Im Blütenstand (Stutz) erblühen zuerst die unteren Blüten, während die oberen noch fest geschlossen sind. Es bestehen auch im Erblühen erhebliche Sortenunterschiede, doch hat man durch Knospen von unterschiedlichen Entwicklungsstadien die Sicherheit, bei z. B. schlechter Witterung über einen längeren Zeitraum hin bestäuben zu können. Um Fremdbestäubung zu verhindern, werden vorsorglich mit einer schmalen langen Pinzette alle im Stutz bereits aufgeblühten Blumen ausgebrochen, ebenso alle noch knospigen Blüten bis auf 5 bis 6 der für Handbestäubung ausgewählten, am weitesten entwickelten, aber noch nicht geöffneten Blüten. Mit Pinzette oder Messer werden diese Blüten von der Basis, etwas oberhalb vom Kelch beginnend, zur Spitze hin vorsichtig seitlich aufgeschlitzt; dann wird mit der Pinzette die Blumenkrone dicht über dem Kelch rundherum abgekniffen und entfernt, ohne Staubgefäße, Fruchtknoten und Griffel zu beschädigen. Als nächstes werden alle Staubgefäße (Stamina) ebenfalls mit der Pinzette vorsichtig ausgezupft bzw. abgekniffen und somit die Blüte kastriert. Der Griffel ist meistens länger als die Staubgefäße; die Narbe ragt über sie hinaus, und bei etwas Aufmerksamkeit kann somit kein Blü-

tenstaub (Pollen) auf die Narbe des Fruchtknotens gelangen. Sollte dieses Malheur doch einmal passieren, wird sofort, ohne zu zögern, die Blüte ausgebrochen – es sei denn, man möchte eine Selbstbestäubung, um die reine Spezies zu erhalten oder bei Hybriden eine Aufspaltung in der F_2-Generation zu erzielen.

Beim Öffnen der Knospe oder Blüte ist der Pollen meistens schon reif und quillt aus den Staubbeuteln. Zum gleichen Zeitpunkt ist die Narbe, wie schon erwähnt, oftmals noch nicht voll entwickelt und ungeeignet zur Bestäubung. Man muß mit der Bestäubung dann einige Tage warten, bis die Geschlechtsreife am Austreten einer schleimigen oder klebrigen Flüssigkeit auf der nun voll entwickelten, etwas gefurchten oder gerillten Narbe erkennbar ist.

Wird die gesamte Blumenkrone entfernt, kann man sich das Eintüten der Blüten zur Verhütung von Fremdbestäubung ersparen. Insekten suchen den ohne Blumenkrone und Staubgefäße für sie uninteressanten Fruchtknoten mit Griffel und Narbe nicht auf. Eine Gefahr der Fremdbestäubung ist hier genauso gering wie bei eingetüteten Blüten.

Bestäubung

Pollen wird kurz vor der Reife, ehe er aus den Staubbeuteln quillt, den Blüten entnommen, indem mit der Pinzette die Staubbeutel mit einem kurzen Stück des Staubfadens vorsichtig ausgekniffen werden. Ist die zur Befruchtung bestimmte Narbe aufnahmebereit und steht die Mutterpflanze in der Nähe, wird der Pollen sofort vorsichtig auf die Narbe aufgebracht. Man tupft mit der Spitze des Staubbeutels behutsam auf die klebrige Narbe, worauf der reife, wie an feinen Schnüren hängende Pollen aus den Staubbeuteln heraustritt. Auf diese Weise kann man die Narbe ganz mit Blütenstaub überziehen, ja geradezu den Pollen auf die Narbe häufen und ganz leicht in die Rillen eindrücken. Gelagerter und daher trockener Pollen wird in gleicher Weise mit einem nunmehr ebenfalls trockenen Staubbeutel, der mit der Pinzette gehalten wird, oder einem fast spitz zulaufenden ganz feinen Spatel vorsichtig aufgenommen und auf die Narbe getupft, bis diese dicht mit Pollen bedeckt ist. Am nächsten und (wenn eventuell in einer Regenperiode erforderlich) übernächsten Tag wird die Bestäubung mit Pollen gleicher Herkunft wiederholt. Immer wenn der Pollen der Art oder Sorte gewechselt wird, sterilisiert man die Pinzette durch Eintauchen in Alkohol (Brennspiritus) und trocknet sorgfältig mit Fließpapier ab. Bestäuben mit Hilfe eines – und sei es noch so feinen – Pinsels ist bei Rhododendron weder technisch einfacher noch im Ergebnis erfolgreicher. Es ist viel besser, wenige Blüten sorgfältig und mit viel Pollen zu bestäuben, als später eine große Menge Samenkapseln mit nur wenig keimfähigen oder schlecht entwickelten Samen zu ernten.

Die für eine Bestäubung vorgesehenen Blüten sollten an halbschattig stehenden Pflanzen oder an schattiger Stelle der Mutterpflanze (Nordseite bzw. mehr im Innern der Pflanze) ausgewählt werden. Am gleichen Blütenstutz sollten, um Irrtümer auszuschließen, die 3 bis 5 für Bestäubung vorbereiteten Blüten nur mit Pollen gleicher Herkunft bestäubt werden. Sofort nach der ersten Bestäubung der Blüte bzw. der Blüten wird an der Basis des Stutzes ein Hängeetikett mit Nummer bzw. dem Namen der Art oder Sorte angebracht mit deren Pollen bestäubt wurde.

Vergrößert sich der Fruchtknoten nach dem Bestäuben und entwickelt sich zur Samenkapsel, so zeigt dies an, daß die Befruchtung gelungen ist. Nach dem Abblühen der Mutterpflanze werden alle Blütenstände bis auf die befruchteten sofort ausgebrochen, um die Entwicklung der Samenkapseln nicht zu schwächen. Man kann von der Befruchtung an nur noch abwarten, daß sich bis Herbst hoffentlich recht große, dicke Samenkapseln entwickeln werden.

Pollenlagerung
Am besten für eine Befruchtung ist selbstverständlich frischer und unmittelbar vor dem Bestäuben von der Vatersorte entnommener Pollen; doch kann man Blütenstaub ohne Nachteile auch über längere Zeit unter bestimmten Bedingungen lagern. Er bleibt bei kühler und trockener Lagerung in Petrischalen etwa 4 bis 6 Tage lang fertil. Will man mit Pollen von frühblühenden Rhododendron spätblühende Arten und Sorten bestäuben, so ist eine Lagerung über etwa ein Vierteljahr hin in luftdicht verschlossenen Gefäßen, z.B. Reagenzgläsern, notwendig. Auf den Boden eines dicken röhrenförmigen Glases kommt etwa ein Teelöffel voll Kalziumchlorid-Kristalle (zur Trockenhaltung der Luft), darauf eine Lage Watte und dann – in Papier eingeschlagen – der Pollen. Das Glas wird mit einem Gummikorken luftdicht verschlossen und im Kühlschrank bei etwa 2 bis 4°C aufbewahrt. Derartig gelagerten Pollen sollte man nach dem Öffnen des Röhrchens innerhalb von höchstens 2 Tagen verbrauchen, da die Keimfähigkeit danach rapide nachläßt.

VON MARTIN (1958), der über die Technik des Kreuzens bei Rhododendron und Azaleen aus eigener Erfahrung berichtet, empfiehlt, den Pollen in Oblatkapseln aufzubewahren, wie sie die Medizin für einzunehmende Pulver verwendet, den Kapseldeckel mit einem Stück Briefmarkenbogenrand oder Tesafilm zuzukleben und dann in geschlossenen Gefäßen wie oben beschrieben zu lagern.

Besonderheiten
Sollen frühblühende Rhododendron mit Pollen von spätblühenden bestäubt werden, so bleibt nur der Weg, letztere im Gewächshaus früher oder zum gleichen Termin wie die frühblühenden Rhododendron zur Blüte zu bringen. Scheitert dies an der Größe der Pflanzen, kann man sich damit helfen, daß im August Reiser mit Blütenknospen auf eingetopfte Unterlagen veredelt werden. Mit Hilfe von Zusatzlicht lassen sich die Blütenknospen der Veredlungen von spätblühenden Sorten im Frühjahr zu jedem gewünschten Termin zur Blüte bringen, so daß man frischen Pollen der spätblühenden Arten oder Sorten zur Bestäubung von frühblühenden zur Verfügung hat.

Mit Hilfe von Reisern mit Blütenknospen ist es bei Veredlung im Spätsommer möglich, die Züchtung ganz ins Gewächshaus zu verlegen und vom Wetter und sonstigen ungünstigen Einflüssen unabhängig zu werden, da die sich entwickelnden Blüten selbstverständlich auch befruchtet werden können.

Der Weg zur Sorte

Planloses Durcheinanderkreuzen von Arten und Sorten wird zwar auch Ergebnisse bringen,

84 Züchtung

R. catawbiense

R. luteum

geschlossene Samenkapsel

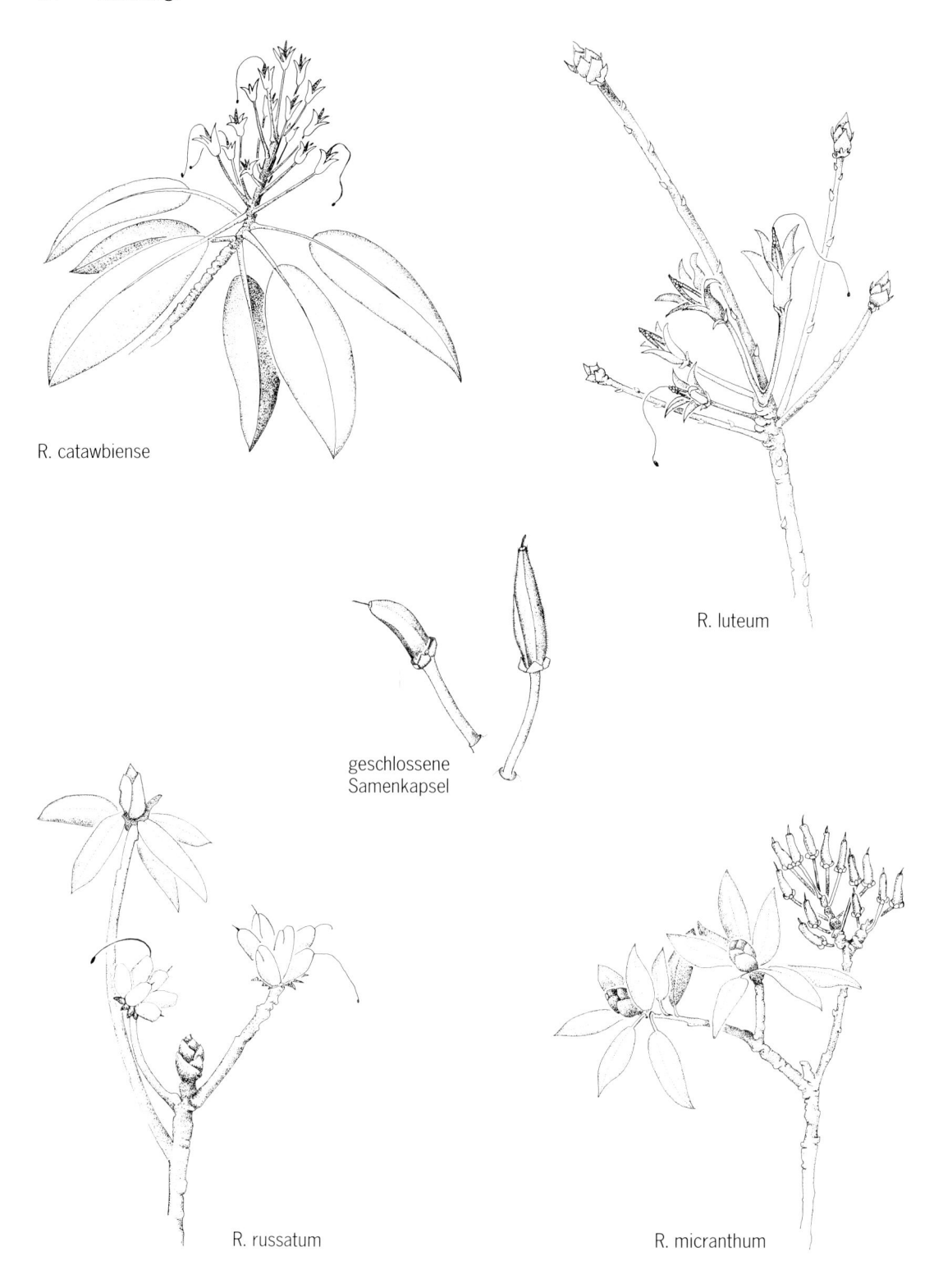

R. russatum

R. micranthum

Fruchtstände von Rhododendron mit geschlossenen und aufgesprungenen Samenkapseln.

doch ist es besser und man kommt eher zum Erfolg, wenn man sich über die bereits ausgeführten Kreuzungen und Eltern der guten Sorten ausführlich informiert hat und darauf die weitere Züchtung aufbaut. In „The Rhododendron Handbook", Part 2, Rhododendron Hybrids (1969), „The International Rhododendron Register" (1958), Additions to the Int. Rhododendron Reg. 1986–87 und Supplements (1988, 1989, 1990) sind Hinweise über die Eltern von Sorten zu finden ebenso bei SALLEY/GREER „Rhododendron Hybrids – A Guide to their origins" (1986) und in COX/COX „Encyclopedia of Rhododentron Hybrids" 1988. Wertvolle Hinweise zur Züchtung von Rhododendron findet man auch bei LEACH in „Rhododendron of the World". Man wird feststellen, daß sehr viele Sorten aus Kreuzungen von 2 Arten entstanden und aus dieser ersten Generation (F_1) ausgelesen worden sind. Über die Aufspaltung der Erbeigenschaften in der Folgegeneration (F_2), nach Selbstbestäubung der Sorte oder zweier Sorten von gleichen Eltern ist kaum etwas bekannt. Nur wenige Züchter sind den Weg bis zur F_2-Generation gegangen also der Kreuzung der erzielten Sämlinge miteinander. Oftmals treten hier erhebliche Schwierigkeiten bei der Befruchtung auf, die nur schwer zu überbrücken sind, oder aber die Weiterzüchtung ist einfach an der langen Zeitspanne (12 bis 18 Jahre) gescheitert, die erforderlich ist, um eine F_2-Generation in Blüte zu sehen. Sämlinge einer Kreuzung, vor allem von 2 Arten, sind in der ersten Generation (F_1) häufig im Aussehen und auch in der Blüte in der Jugend ziemlich einheitlich. Einige Züchter haben alle Sämlinge derartiger Kreuzungen mit Namen benannt und verkauft. Man spricht in diesen Fällen von Grex- oder Gruppensorten. Aus dem Sämlingsgemisch sind die besten Sämlinge oftmals vom Züchter ausgelesen und ungeschlechtlich durch Stecklinge oder Veredlung weitervermehrt worden. Alle ungeschlechtlich vermehrten Nachkommen eines ausgelesenen Sämlings sind vollkommen einheitlich und stellen einen Klon dar, der – sofern ebenfalls mit dem Namen der Grex-Sorte benannt – natürlich wertvoller ist als die Sämlingstypen der Gruppe.

Wieviele Sämlinge einer Kreuzung soll man heranziehen? Diese Frage ist einfach zu beantworten. Soviel als möglich bei Kreuzungen von Hybriden und in der F_2-Generation, um bei der Aufspaltung möglichst alle neuen Kombinationen erfassen zu können. Diesem „Ideal" stehen aber rein technische Schwierigkeiten beim späteren Verpflanzen und bei der Pflege gegenüber, die kaum zu überwinden sind. Mindestens 200 Sämlinge einer Kreuzung (falls überhaupt so viele gekeimt haben) sollte man aber doch bis zur ersten Blüte beobachten und dann ohne Zögern die Spreu vom Weizen trennen. 200 Sämlinge fordern bei einem Abstand von 40 bis 50 cm voneinander bereits mindestens 30 bis 50 m^2 Fläche! Bei Anzucht mit Hilfe von künstlichem Licht kann man schon nach 4 Jahren, von der Aussaat an gerechnet, auf die ersten Blüten hoffen. Bei Aussaat im Freiland vergehen bis dahin mindestens 6 bis 8 oder mehr Jahre. Von außergewöhnlich guten Pflanzen können nach der ersten Blüte bereits die ersten Stecklinge oder Reiser genommen werden, um zu ergründen, ob die „neue Sorte" auch als Veredlung oder Steckling gut wächst.

Wie lange man ausgelesene Sämlinge weiterbeobachtet, hängt von den Umständen ab. Ein kalter Winter kann das Problem oft ganz rasch lösen, und man muß von vorn beginnen. Früher als 15 bis 20 Jahre konnten bislang nach der Aussaat kaum ausreichend Pflanzen von einem wertvollen Sämling und dessen Klonpflanzen genommen werden um die ersten Pflanzen unter einem Sortennamen in den Handel zu bringen. Heute sind durch Mikrovermehrung innerhalb von 2 bis 3 Jahren zehntausende Pflanzen oder mehr aus einer Pflanze einer wertvollen neuen Sorte zu produzieren. Dadurch ist es möglich, neue Sorten schneller zu testen und in den Handel zu bringen. Aber auch in diesem Falle sollten sich die Züchter an GOETHE erinnern: „Bevor die Frucht nicht reift, schüttle nicht den Ast, was du zu früh ergreifst, du unvollkommen hast." Erst in den Gärten unter den verschiedenen Klimaeinflüssen wird sich zeigen, was in der neuen Sorte wirklich steckt.

Jede neue Sorte, die man in den Handel zu bringen beabsichtigt, sollte unter Angabe des beabsichtigten Namens, der Eltern – wobei erst die Muttersorte (Samenspender) und dann die Vatersorte (Pollenspender) genannt werden – und kurzen Hinweisen über Blütenfarbe,

Wuchseigenschaften beim Internationalen Sortenregister für Rhododendron und Azaleen angemeldet werden. Anschrift: The International Rhododendron Register – The Royal Horticultural Society, Vincent Square, London. Die Deutsche Rhododendron-Gesellschaft übernimmt auf Wunsch die Anmeldung und ist dankbar für wertvolle Hinweise auf neue Sorten.

Eine für passionierte Rhododendronfreunde wertvolle Aufgabe kann es sein, nach kontrollierter Selbstbestäubung von echten Pflanzen einer Art, vielleicht sogar von besonders extremem Standort im Heimatgebiet, die Nachkommenschaft unter unseren Klimabedingungen – vor allem auf Frosthärte – zu überprüfen, um Typen zu finden, die einmal die Merkmale der Art zeigen bzw. sogar typischer als die Ausgangspflanzen sind und zum anderen den Klimaverhältnissen besser angepaßt sind. Es ist eigentlich nicht zu begreifen, daß im Zeitalter des Reisens und schneller Verkehrsverbindungen es noch immer nicht möglich ist, in Zusammenarbeit mit den zuständigen Institutionen in den Heimatgebieten der Rhododendron die Variationsbreite der Arten zu untersuchen, gute Typen auszulesen, davon regelmäßig Samen zu ernten und die Arten zu verbreiten. Bei den Arten zehren wir noch immer von dem, was die Pflanzensammler vor Jahrzehnten nach Europa gebracht haben, und das ist, auf die Vielfalt der Arten in der Natur bezogen, sehr wenig.

Man kann immer wieder beobachten, daß unter echten Sämlingen der Arten wenige ganz besonders harte und schöne Typen vorkommen, die es wert sind, allein weitervermehrt zu werden. Viel „Züchterruhm" ist allerdings bei dieser Aufgabe kaum zu erben!

An sich selbstverständlich ist es (aber es sei an dieser Stelle doch gesagt), daß bei über so lange Zeitspannen laufenden Züchtungen genau Buch geführt wird über die Kreuzung, Sämlinge, Auslesepflanzen, deren Frosthärte, Vermehrung und sonstige Eigenschaften. Blütenfarbe (nach Farbtabelle der Royal Horticultural Society, London) und Blühtermin werden am besten auf einer Karteikarte der Auslesepflanzen oder im Zuchtbuch (mindestens 1 Seite für jeden ausgelesenen Sämling) eingetragen und über Jahre hin überprüft und ergänzt.

Rhododendron: Hybridengruppen

Bei Rhododendron und deutlicher bei den Azaleen ist es noch möglich, bestimmte Hybridengruppen zu unterscheiden. Je nach den hervorstechenden Merkmalen werden die Sorten zusammengefaßt. Schon bei den neuen Hybriden – ganz besonders aber in Zukunft – wird man die Sorten kaum mehr oder nur mit Schwierigkeiten in die bestehenden Gruppen einordnen können, da zu viele Merkmale miteinander kombiniert worden sind. Die Züchtung neuer Rhododendron-Sorten wird zwar nicht so rapide verlaufen, wie z. B. bei Rosen, aber in Zukunft hoffentlich auch hier immer noch schönere Hybriden bringen.

Alte und neue Hybriden werden bis heute, je nach Merkmalen in eine Gruppe eingeordnet, die nach einer Elternsorte benannt ist, z. B. als Catawbiense-Hybride, Fortunei-Hybride, Griffithianum-Hybride, Yakushimanum-Hybride u. a. In Amerika und Holland hat man Gruppen von neueren Sorten häufig nach dem Züchter oder dem Entstehungsort benannt. Diese Entwicklung ist nicht sehr glücklich, aber da noch kein Schema erarbeitet werden konnte, wie man Hybriden in Zukunft eingruppieren soll, leider nicht mehr aufzuhalten.

Arboreum-Hybriden
Sorten, die aus ersten Kreuzungen zwischen *R. arboreum* und *R. catawbiense*, *R. maximum*, *R. ponticum* und anderen Arten direkt ausgelesen wurden, waren fast genau so empfindlich wie *R. arboreum* selbst. Typische Arboreum-Hybriden wachsen kräftig, blühen erst als alte Pflanzen, und die frühe Blüte ist selbst in England frostgefährdet. Die bei uns als Arboreum-Hybriden bezeichneten Sorten sind im Grunde genommen nicht typisch für diese Gruppe und im Habitus und Blatt mehr anderen Gruppen zugehörig. Lediglich die von *R. arboreum* stammende leuchtendrote Blütenfarbe rechtfertigt die Zuordnung. Eine echte und – was selten vorkommt – sogar harte Arboreum-Hybride, allerdings von einer weißen Form *R. arboreum* var. *album* ist die 1868/69 entstandene Sorte 'Leopardi'.

R. arboreum wächst baumartig, ist in Blüte unvergleichlich schön, aber leider nicht winterhart.

Campylocarpum-Hybriden
Für die Züchtung von gelbblühenden Sorten wurde immer wieder auf *R. campylocarpum* als Partner zurückgegriffen, der die intensive gelbe Farbe bringen sollte. Wenn auch mit Mängeln behaftet und blaßgelb verblühend, ist 'Goldsworth Yellow', eine zur Zeit noch unter etwas Winterschutz gute gelbblühende Sorte, die aber inzwischen von neuen besseren Sorten, die aus Kreuzungen mit *R. wardii* entstanden sind, abgelöst worden ist.

Catawbiense-Hybriden
Bald nachdem *R. catawbiense* nach England eingeführt worden war, begann dort auch die Kreuzung mit *R. ponticum* und *R. maximum*. Erste Hybriden, die um 1820 entstanden, waren 'Morelianum' *(R. catawbiense × R. ponticum)* und 'Wellesleyanum' *(R. catawbiense × R. maximum)*. Von den Hybriden der frühen Kreuzungen, die wenig Verbesserung in der Blütenfarbe brachten, sind keine mehr vorhanden. Erst durch Kreuzungen mit *R. arboreum* kam die Entwicklung voran. Es gelang mit Erfolg, die rote Blütenfarbe einzukreuzen, doch leider auf Kosten der Winterhärte. Durch Rückkreuzung mit *R. catawbiense* gelang es, die Winterhärte zu steigern und Sorten zu züchten, die nicht nur in milden Gebieten Englands hart sind. Mitte des vorigen Jahrhunderts wurde auch *R. caucasicum* in die Catawbiense-Hybriden eingekreuzt und in den daraus entstandenen Sorten durch schwächeren Wuchs und frühe Blüte wirksam. Von England aus verlagerte sich die Weiterentwicklung der Catawbiense-

Hybriden nach Holland, den USA und nach Deutschland, wo harte Sorten mit gutem Wuchs und gesunder Belaubung entstanden. In Deutschland war es SEIDEL in Grüngräbchen/Sachsen, der harte Catawbiense- und Caucasicum-Hybriden miteinander und mit *R. caucasicum, R. metternichii* und *R. smirnowii* kreuzte. Die Sämlinge wurden erbarmungslos einer Auslese in extrem kalten kontinentalen Wintern unterworfen und erst aus den überlebenden Typen mit guter Blüte und Wuchsform ausgewählt. Seidels-Hybriden sind überwiegend auf Frosthärte, weniger auf Blütenform und -farbe weiter durchgezüchtete Catawbiense-Hybriden und besonders wertvoll für Gebiete mit sehr kalten Wintern.

In den deutschen Baumschulen und daher auch in den Gärten beherrschen Catawbiense-Hybriden aufgrund ihrer guten Eigenschaften und Winterhärte das Rhododendron-Sortiment und werden sicher auch in Zukunft ihren Platz behaupten. Von den in diesem Buch beschriebenen stärker wachsenden hohen Rhododendron-Hybriden sind etwa die Hälfte Catawbiense-Sorten, d.h. *R. catawbiense* ist an der Entstehung der Sorte beteiligt oder sie wurden aus der Species ausgelesen und als Klon vermehrt. Bei weiteren Sorten ist *R. catawbiense* als ein Elternteil mit Sicherheit nachgewiesen und wohl auch in vielen anderen Hybriden mehr oder weniger an bestimmten Merkmalen noch erkennbar. Selbst in der Griffithianum-Hybride 'Pink Pearl' ist ein „Schuß" Catawbiense-Blut nachweisbar. In Europa ist in den letzten Jahren wenig zur Verbesserung der Catawbiense-Hybriden geschehen. Aus den USA ist bekannt, daß man dort mit Hybriden und besonders mit weißen Formen z.B. *R. catawbiense* 'Album Glass' ('Catalgla') weitergezüchtet hat. Sorten gelangten bisher nicht nach Deutschland.

Caucasicum-Hybriden
Aus einer Kreuzung *R. arboreum* × *R. caucasium* entstand im Jahre 1835 die Sorte 'Nobleanum', die noch heute in England zu finden, aber bei uns nicht winterhart ist.

Rückkreuzungen mit *R. caucasicum* brachte die für unser Sortiment wertvolle Sorte 'Jacksonii'. 1850 ging aus einer Kreuzung von *R. caucasicum* × *R. ponticum* var. *album* die als Veredlungsunterlage und Sorte gleichermaßen wertvolle Hybride 'Cunningham's White' hervor. Caucasicum-Hybriden sind frühblühend und werden im allgemeinen nicht so hoch wie die Catawbiense-Hybriden. *R. caucasicum* wurde zwar in viele Sorten eingekreuzt, doch konnte sich die Art nicht ihrem eigentlichen Wert entsprechend in der Züchtung durchsetzen.

In unserer Zeit sind gelbblühende Formen von *R. caucasicum* als Kreuzungspartner wertvoll geworden, um gelbblühende Sorten zu züchten. Die Hybriden 'Canary', 'Goldsworth Yellow' und andere waren erste Ergebnisse dieser Züchtung.

Fortunei- und Discolor-Hybriden
R. fortunei vererbt eine große, in lockerem Stutz stehende, duftende 7zipflige Einzelblüte und meistens helle Blütenfarben. Leider sind Fortunei-Hybriden auch, je nach den zur Kreuzung benutzten Sorten und Typen der Art, unterschiedlich winterhart. Bei einigen Sorten ist nachteilig, daß vor bzw. mit den Blüten schon der neue Trieb erscheint und diese oftmals überragt. Eine sehr gute und winterharte Sorte ist 'Direktor E. Hjelm'.

'Inamorata', eine Kreuzung *R. wardii* × *R. fortunei* ssp. *discolor*, ist eine Hybride mit zwar noch nicht vollkommen gelber Blütenfarbe, doch guten Eigenschaften, wie Winterhärte, kräftigem Wuchs und gesundem Laub. Späte Blüte und große Einzelblüten sind in dieser Gruppe hervorstehende Merkmale. D. HOBBIE, Linswege, hat viel mit *R. fortunei* ssp. *discolor* gekreuzt, und es sind aus den Sämlingen wohl gute Formen zu erwarten.

Griffithianum-Hybriden
Obgleich *R. griffithianum* selbst in vielen Teilen Englands im Gewächshaus überwintert werden muß, reizten doch die sehr großen, in lockerem Stutz stehenden, edelgeformten glockigen Blüten von reinweißer oder zartrosa überhauchter Farbe immer wieder zu neuen Kreuzungen. Griffithianum-Hybriden sind durch Einkreuzen von harten Arten wohl härter geworden, doch bei uns keinesfalls als absolut winterhart anzusprechen. 9 Sorten, den Griffithianum-Hybriden zugehörig, werden trotz fraglicher Winterhärte aufgrund ihrer be-

sondern Schönheit im Sortiment beschrieben. Die hierher gehörende Sorte 'Pink Pearl' hat zum Beispiel folgenden Stammbaum:

R. griffithianum
× *R. catawbiense*   *R. arboreum* × ?
'George Hardy'   ×   'Broughtonii'
'Pink Pearl'

Auch bei der winterharten Sorte 'Gomer Waterer' soll neben *R. catawbiense R. griffithianum* mit an der Entwicklung beteiligt gewesen sein.

Impeditum-Hybriden
In dieser Gruppe niedrigwachsender Rhododendron sind Sorten mit überwiegend lila und blauvioletten Farbtönen zusammengefaßt, die aus Kreuzungen von *R. impeditum* mit *R. augustinii* entstanden sind oder als gute Typen von *R. impeditum* ausgelesen und durch Stecklinge vermehrt als Sorte verbreitet worden sind. Diese kleinblumigen Hybriden, wie z. B. 'Azurika', 'Blue Tit' und 'Violetta' haben ihre eigene Schönheit. Man kann sie nicht mit den großblumigen Gruppen vergleichen und sollte kleinblumige Arten und Sorten getrennt von diesen – z. B. mit Arten der Subsectio Triflora (Triflorum-Series) wie *R. ambiguum, R. hippophaeoides, R. augustinii, R. rubiginosum* oder auch Japanischen Azaleen – zusammenpflanzen.

Insigne-Hybriden
Die Art *R. insigne* hat mit ihren dekorativen lanzettlichen, dunkelgrünen, an der Unterseite silbrigglänzenden Blättern und den bei ausgelesenen Typen an Schönheit nicht mehr zu übertreffenden Blüten die Züchter gereizt, die Eigenschaften der Art mit denen ausgewählter Sorten zu verbinden.

R. insigne blüht leider erst als ältere Pflanze und vererbt diese Eigenschaft, wenn auch nicht so stark ausgeprägt, auf manche ihrer Sorten, doch es lohnt sich, auf die Blüten zu warten. Sorten wie 'Berliner Liebe' und 'Brigitte' werden bestimmt bald einen festen Platz im Rhododendron-Sortiment einnehmen.

Maximum-Hybriden
'Burgemeester Aarts' und 'Lady Annette de Trafford' sind die bekanntesten der hier im Sortiment beschriebenen Sorten dieser Gruppe. Durch große Winterhärte und sehr späte Blüte ausgezeichnet, war die Art *R. maximum* für die Züchtung sehr wertvoll. Leider befriedigten die bis jetzt erzielten Maximum-Hybriden nicht in der Blütenfarbe.

Metternichii-Hybriden
R. metternichii wurde von SEIDEL für Kreuzungen benutzt und u. a. die im Sortiment beschriebene Sorte 'Eidam' herausgebracht. *R. metternichii* wird in Zukunft, da gut winterhart und gedrungen wachsend, größeren Einfluß bei der Züchtung gewinnen. Besonders das nahe verwandte *R. yakushimanum* wurde in den letzten Jahren sehr häufig als Kreuzungspartner benutzt.

Oreodoxa-Hybriden
G. ARENDS, Ronsdorf, hat – soweit bekannt – als erster *R. oreodoxa*, eine sehr frühblühende Art, mit roten Catawbiense-Hybriden gekreuzt. Die daraus hervorgegangenen Sämlinge sind als 'Ronsdorfer Frühblühende' in den Handel gelangt, und 2 der besten Typen sind nunmehr mit Sortennamen (Klon) benannt worden. Alle Pflanzen dieser Gruppe wachsen im Laufe der Zeit zu 4 bis 5 m hohen Büschen und kleinen Bäumen heran. Die Blüte im zeitigen Frühjahr (Erbe von *R. oreodoxa*) erregt immer wieder Aufsehen, allerdings kann nach einer Frostnacht auch die ganze Herrlichkeit vorbei sein.

Ponticum-Hybriden
Bei einigen Sorten ist am Blatt und am lockeren Blütenstutz noch zu erkennen, daß auch *R. ponticum* mit an der Entwicklung beteiligt war (z. B. 'Cunningham's White'). Die Winterhärte kann beim Einkreuzen durch *R. ponticum* etwas herabgesetzt sein, auch befriedigt die von *R. ponticum* vererbte Blütenfarbe vielfach nicht. 'Madame Masson' und 'Purple Splendour' sind typische Ponticum-Hybriden.

Repens-Hybriden
Noch bevor D. HOBBIE, Linswege, damit anfing, Repens-Hybriden zu züchten, entstanden in England aus Kreuzungen mit *R. forrestii* var. *repens* Sorten, die bei uns leider zu frostempfindlich sind. D. HOBBIE hat das Verdienst, für deutsche Verhältnisse winterharte Repens-Hy-

R. 'Gristede' ist wahrscheinlich aus R. impeditum × R. russatum entstanden.

briden geschaffen zu haben. Er kreuzte die Gartenhybriden 'Britannia', 'Essex Scarlet', 'Madame de Bruin', 'Prometheus' u. a. mit *R. forrestii* var. *repens*. Alle bisher erschienenen Hybriden haben von *R. forrestii* var. *repens*, das zwergig-niederliegend wächst, den gedrungenen Wuchs und die leuchtende scharlachrote Blütenfarbe geerbt.

Smirnowii-Hybriden

SEIDEL kreuzte mit *R. smirnowii*, um besonders winterfeste Sorten zu erhalten. Hierzu gehört seine im Sortiment empfohlene Sorte 'Dietrich'.

Außer in Skandinavien wurde *R. smirnowii* kaum für züchterische Zwecke benutzt, und mit den wenigen Hybriden von SEIDEL wurde auch nicht weiter gezüchtet. Wer aber Rhododendron für Gebiete mit kaltem Klima züchten will, kann die Art und ihre Hybriden nicht unbeachtet lassen.

Wardii-Hybriden

Da sich zeigte, daß bei windgeschütztem Standort und etwas Winterschutz *R. wardii* in Norddeutschland gut gedeiht und prachtvoll gelb blüht, reizte das die Züchter HOBBIE, HACHMANN und andere.

Ausgesuchte, bereits blaßgelb oder cremefarben blühende Sorten kreuzten sie mit intensiv gelbblühenden Typen mit gutem Habitus und gesundem Laub von *R. wardii*. Die sogenannten Astrocalyx-Hybriden gehören ebenfalls zu dieser Gruppe, da *R. astrocalyx* nicht mehr als eigene Art angesehen, sondern *R. wardii* zugeordnet wird. Von den Wardii-Hybriden werden jedes Jahr neue Sorten benannt. Die zur Zeit besten sind 'Goldkrone', 'Goldbukett', 'Ehrengold', 'Lachsgold', 'Marina' und 'Westerstede'.

Die Kreuzung *R. wardii* × *R. yakushimanum*, im Handel als 'Flava', und der daraus ausgelesene Klon 'Volker' sind nach Habitus und Blatt eher Wardii- als Yakushimanum-Hybriden.

Alle diese schönen gelbblühenden Sorten werden jedoch noch ihren Härtetest unter den unterschiedlichsten Klimabedingungen bestehen müssen, und wie bei den altbewährten Sorten ist das Bessere des Guten Feind.

Williamsianum-Hybriden

Auf der Suche nach Kreuzungspartnern, mit denen sich schwächer wachsende, niedrige Rhododendron-Hybriden züchten ließen, bot sich die Art *R. williamsianum* besonders an. Man versuchte, das rundliche dekorative Blatt, die reinrosa gefärbte glockenförmige Blüte, den geschlossenen halbkugelförmigen Wuchs der nur etwa 1 m hoch wachsenden Art zu nutzen. 1916 wurde von Kew Gardens in London die aus der Kreuzung *R. orbiculare* × *R. williamsianum*

R. 'Jackwill' – eine sehr gute, harte Williamsianum-Hybride.

entstandene, sehr früh blühende Sorte 'Temple Belle' eingeführt, und 1933 folgte die aus einer Kreuzung zwischen *R. haematodes* und *R. williamsianum* von J. C. WILLIAMS gezüchtete Hybride 'Humming Bird'.

Als D. HOBBIE, Linswege, nach 1945 für deutsche Verhältnisse ausreichend harte Williamsianum-Hybriden herausgab, erregten diese bei Fachleuten und Pflanzenliebhabern gleichermaßen Aufsehen. Es sind Sorten, die aus Kreuzungen von Gartenhybriden, z.B. 'Britannia', 'Mrs. Butler' u. a., beziehungsweise *R. fortunei* ssp. *discolor* mit *R. williamsianum* entstanden sind. Diese Hybriden sind im Wuchs etwas kräftiger als die englischen und in Auslesen aus den ersten Grex-Sorten durch neue Farben der glockenförmigen Blüten in lockerem Stutz und teils mit bronzefarbenem Austrieb ausgezeichnet. Blüte und Austrieb sind früh, daher leider etwas spätfrostgefährdet. Alle Sorten verlangen Winterschutz, oder genauer, Windschutz!

R. 'Hatsugiri' kam 1912 als Japanische Azalee in die Gärten Europas.

Yakushimanum-Hybriden

R. yakushimanum und davon fast ausschließlich die F.C.C.-Form, die den Namen 'Koichiro Wada' erhielt, hat die Rhododendron-Züchter – Amateure und Profis – in aller Welt geradezu fasziniert und zu Kreuzungsexperimenten angeregt. Besonders HACHMANN, Barmstedt, hat viel mit dieser Art gekreuzt und Sorten von hohem Gartenwert geschaffen. Keine Species, ausgenommen *R. catawbiense*, ist mit anderen Arten und besonders Sorten in den vergangenen vierzig Jahren so häufig gekreuzt worden, und als Ergebnis davon erschienen ab 1960 immer neue Yakushimanum-Hybriden. 'Renoir' (1963) war eine der ersten guten Sorten und ist noch immer empfehlenswert.

Die ersten Sorten haben mit *R. yakushimanum* kaum etwas gemein. Im Blatt gleichen sie eher den mit der Art gekreuzten Hybriden, nur der schwächere Wuchs deutet auf *R. yakushimanum* hin. Die neueren Sorten sind prachtvoll und bestens für unsere kleiner gewordenen Gärten geeignet. Sie haben teils den runden und kompakten Habitus und Andeutung des typischen schmalen Blattes und des so schönen Indumentums der Art – aber doch nicht deren Schönheit und Charme. Es ist also noch ein langer Weg zu einem *R. yakushimanum*, bei dem nur die Blütenfarbe zu verändern (verbessern?) wäre.

Von den Yakushimanum-Hybriden die besten zu empfehlen ist schwer. Genannt seien 'Bad Zwischenahn', 'Bashful', 'Graf Anton Günter', 'Porzellan', 'Schneespiegel' und 'Fantastica', mit der dem Züchter ein wirklich großer Wurf gelungen ist.

Interessant sind auch die sehr flachwachsenden und recht ähnlichen Sorten 'Bambola' und 'Lampion'. Sie unterscheiden sich im Habitus von den bis jetzt bekannten Yakushimanum-Hybriden, und es zeigt sich der Einfluß von 'Bad Eilsen' einer Repens-Hybride.

R. makinoi, *R. metternichii* und *R. yakushimanum* sind ganz eng miteinander verwandt. Aus einer Kreuzung mit *R. makinoi* entstand die sehr schöne Sorte 'Diamant' mit auffallend langen schmalen Blättern, den längsten in der Gruppe. Nach dem Habitus ist diese Sorte eher den Yakushimanum-Hybriden als allen anderen Sortengruppen zuzuordnen.

Bei der Besprechung der Hybriden (siehe Seite 147) werden, als an der Züchtung beteiligt, noch unter anderem die Arten *R. campanulatum*, *R. carolinianum*, *R. ciliatum*, *R. decorum*, *R. ferrugineum*, *R. haematodes*, *R. hippophaeoi-*

des, *R. hirsutum, R. minus, R. orbiculare* genannt. Alle dieser Arten haben zwar ohne Zweifel großen Einfluß auf die betreffende Sorte gehabt, konnten sich aber mit ihren Eigenschaften bisher in der Züchtung doch nicht soweit durchsetzen, daß besondere Hybridengruppen nach ihnen benannt werden konnten.

Japanische Azaleen: Hybridengruppen

Bei den Sorten der Genter-, Mollis-, Rustica-, Occidentale- und Knap-Hill-Azaleen wird einleitend Herkunft und Entwicklung beschrieben, deshalb können wir hier darauf verweisen.

Die Gruppe der Japanischen Azaleen umfaßt nur niedrigwachsende Sorten mit ähnlichen Ansprüchen und gemeinsamen Merkmalen, die aber ihrer Herkunft nach verschiedenen Hybridengruppen zugeordnet werden können.

Kurume-Hybriden

Diese Gruppe ist nach der Stadt Kurume auf Kyushu in Japan benannt. Die Kurume-Azaleen sind aus den auf Kyushu vorkommenden Arten *R. kaempferi, R. kiusianum* und *R. sataense* entstanden. Der taxonomische Status der Art *R. sataense* ist noch nicht fixiert, aber besonders auffallend ist, daß einige Merkmale der Art mit denen von Japanischen Azaleen-Sorten übereinstimmen. Japanische Autoren sind der Meinung, daß gerade diese Art in hohem Maße am Entstehen der Japanischen Azaleen beteiligt ist.

R. obtusum muß man heute als Naturhybride zwischen *R. kaempferi* und *R. kiusianum* betrachten. *R.* × *obtusum* ist also schon ein Gemisch von bereits in der Natur entstandenen Kurume-Hybriden. Die Auslese begann schon Anfang es vorigen Jahrhunderts durch japanische Gärtner. Bis 1900 waren in Kurume 250 ausgelesene Kurume-Sorten bekannt. Wie FLEISCHMANN (1966) berichtet, sollen aus Bastardierung zwischen *R.* × *obtusum* und *R. kaempferi* entstandene Hybriden für unser Klima zu empfindlich sein. Die Naturhybriden mit dem in höheren Lagen vorkommenden R. kiusianum sind dagegen auch bei uns winterhart, wie die Sorten 'Hatsugiri', 'Hinodegiri' und 'Hinomayo' zeigen. In Holland kreuzte man diese und noch andere harte Kurume-Sorten miteinander und erzielte zahlreiche neue nebenfalls harte Sorten. Kurume-Sorten sind kleinblumig, blühen aber so reich, daß die ganze Pflanze mit Blüten bedeckt ist. Blütenfarben gibt es von Hellrosa bis Dunkelrot und Violett. Reinweiß und gelbe Farben fehlen. Im Wuchs gedrungen, nur etwa 60 bis 80 cm hoch wachsend und halbimmergrün, sind diese Azaleen ideale Gartenpflanzen.

Kaempferi(Malvatica)-Hybriden

Der Einfluß von *R. kaempferi* – wenig Winterblätter, Blüten ohne Blautönung – ist bei den Sorten dieser Gruppe deutlich erkennbar. Die Art wurde mit der Sorte 'Malvatica', die von P. M. KOSTER, Boskoop, um 1910 in einer Gruppe von aus Japan importierten Pflanzen der Sorte 'Hinodegiri' gefunden wurde, gekreuzt. Über die genaue Herkunft von 'Malvatica' liegen unterschiedliche Angaben vor. Die ersten Kaempferi-Hybriden, teils auch als Malvatica- und Malvatica × Kaempferi-Hybriden bezeichnet, wurden ab 1920 von P. M. KOSTER (KOSTER & CO.) und C. B. VAN NES & SÖHNE, Boskoop (Holland) in den Handel gebracht. Die Blüten der Sorten sind ziemlich groß (Einfluß von 'Malvatica') und orange bis rot (ohne Blautöne) gefärbt (Einfluß von *R. kaempferi*). Später herausgegebene Sorten zeigen z. T. auch purpurrosa, lilarosa und lila Farbtöne in großen Einzelblüten, die nach FLEISCHMANN (1966) mehr auf Einfluß von 'Malvatica', deren Blütenfarbe um Lila variiert, schließen lassen. Ferner soll auch die Sorte 'Maxwellii', eine Form von *R. pulchrum*, und in verschiedenen anderen Linien, vor allem in den USA, *R. kaempferi* mit *R. poukhanense, R. mucronamtum* und *R.* × *obtusum* 'Amoenum' gekreuzt worden sein. Die Kaempferi-Hybriden sind eine im Laufe der Jahre sehr heterogene Gruppe geworden.

Vuykiana-Hybriden

Mit dem Ziel, die Japanischen Azaleen zu verbessern sowie neue Blütenfarben und -formen zu erhalten, kreuzte 1921 A. VUYK, Mitarbeiter in der Firma FELIX & DIJKHUIS, Boskoop (Holland), die Mollis-Hybride 'J. C. van Tol' (*R. japonicum*) mit den Sorten 'Rose' (Kurume-Hybride), 'Maxwellii' (einer Form von *R. pulchrum*) und *R. mucronatum*, das heute als Hybride betrachtet wird ('Mucronata', Synonyme 'Indica Alba', 'Ledifolia Alba') und eine in Japan seit über 300 Jahren bekannte Kulturform sein soll. GROOTENDORST (1954) vermutet, daß bei der Befruchtung Störungen (Apomixis) vorgekommen sind, da die Hybriden keine Merkmale von *R. japonicum* zeigen.

1923 gründete A. VUYK seine eigene Firma mit dem Namen VUYK VAN NES und nahm einen Teil der Sämlinge mit. Die ersten mit Namen von berühmten Musikern benannten und in den Handel gegebenen Sorten werden als Gruppe der Vuykiana-Hybriden zusammengefaßt. Durch weitere Kreuzungen von Vuykiana-Hybriden mit *R. simsii* (*Azalea indica*)-Sorten gelang es bei neueren Sorten, z.B. 'Vuyk's Scarlet', 'Vuyk's Rosyred', wesentliche Verbesserung in der Blütenfarbe zu erzielen – leider etwas auf die Kosten der Frosthärte.

Die älteren Hybriden sind breit und locker wachsend. Leuchtende Farbtöne von Weiß, Rosa, Rot und ziemlich große Blüten von 5 bis 7 cm Durchmesser kennzeichnen die Sorten dieser Gruppe. Neuere Hybriden wachsen mehr gedrungen, was auf den Einfluß von *R. simsii*-Hybriden schließen läßt.

Mucronatum-Hybriden
Aus dieser Gruppe ist im Sortiment der Japanischen Azaleen eigentlich nur die Sorte 'Noordtiana' wegen ihrer reinweißen großen Blüten und ihrer großen Winterhärte für den Rhododendronfreund und -züchter besonders zu empfehlen. Sie entstand 1904 aus Samen, der von aus Japan importierten Pflanzen von *R. mucronatum* gesammelt wurde. *R. mucronatum* wird neuerdings, wie bereits erwähnt, als alte japanische Gartenform angesehen und ist vermutlich aus einer Kreuzung von *R. ripense* × *R. linearifolium* var. *macrosephalum* entstanden.

Arendsii-Hybriden
G. ARENDS, Ronsdorf, kreuzte 'Noordtiana', eine Sorte, die unter den Japanischen Azaleen als besonders winterhart anzusprechen ist, mit *R. kaempferi* und verschiedenen Sorten von Japanischen Azaleen. Sein Zuchtziel war die Steigerung der Winterhärte. 1926 kamen erste Pflanzen unter Nummern in den Handel und wurden 1950 nach über 15 Jahren Auslese nach Flüssen des Bergischen Landes benannt. Die Blüten sind etwas größer als bei Kurume-Azaleen und leuchtend hellila, rosa, karminrot und purpur gefärbt. In der Belaubung sind die Pflanzen wintergrün und von mehr flachem Wuchs. Dieser Gruppe wird auch die Sorte 'Multiflorum' zugeordnet, die nach ARENDS (1952) ein Findling ist, auf einmal da war und wegen ihres dichten, flachen Wuches und der außerordentlichen Blütenfülle schon bei ganz jungen Pflanzen besonders auffiel.

Aronense-Hybriden
Die Sorte 'Multiflorum' bot sich unter den Arendsii-Hybriden wegen ihrer besonderen Eigenschaften geradezu an, damit weiterzuzüchten. Aus Kreuzungen mit anderen Sorten der Arendsii-Gruppe und der zu den *R. simsii*-Hybriden zählenden Sorte 'Hexe' entstanden Sorten von ganz flachem, am Boden geradezu kriechendem Wuchs und überreicher Blüte, die ganz deutlich den Einfluß von 'Multiflorum' erkennen lassen.

Die Sorten der Aronense-Hybriden erschienen zuerst unter japanischen Mädchennamen und wurden später aus unerfindlichen Gründen in „Geisha-Azaleen" mit Farbangabe, analog den „Diamant-Azaleen" umbenannt, die auch in diese Sortengruppe einzuordnen sind.

In England und den USA sind noch eine ganze Reihe von Azaleen-Gruppen unterschiedlicher Ausgangsarten entstanden. Sorten davon sind kaum nach Deutschland gelangt. Für den Züchter können diese Azaleen-Gruppen aber von Interesse sein, um mit schon vorhandenen Sorten von evtl. interessanten Kombinationen weiter züchten zu können.

Die von deutschen und ausländischen Züchtern in den Handel gebrachten neuen Sorten werden sich kaum wie in der Vergangenheit in Hybridengruppen einordnen lassen. Sie zeigen deren Merkmale nicht mehr deutlich ausgeprägt.

Die Baumschulen gliedern daher die Japanischen Azaleen heute in groß- und kleinblumige Sorten – eine Einteilung, die sich aus der Entwicklung der Sorten in Gegenwart und Zukunft ergibt.

Bewertung von Sorten, Wertzeugnisse

Rhododendron, Azaleen, immergrüne Laubgehölze, aber auch alle anderen Gartenpflanzen werden in England von der Royal Horticultural Society, London, nach Prüfung durch eine Kommission von Gartenbaufachleuten und Pflanzenliebhabern, in unserem Falle Rhododendronliebhabern, durch Wertzeugnisse ausgezeichnet.

Ein „Award of Merit" (A.M.) wird Sorten erteilt, die einen wesentlichen Fortschritt gegenüber bereits bestehenden Sorten darstellen. Das „First Class Certificate" (F.C.C.) stellt die höchste Auszeichnung dar, die eine Sorte oder Art hinsichtlich Schönheit im Vergleich zu anderen überhaupt erreichen kann. Seit 1922 wird von der Royal Horticultural Society, London, noch ein „Award of Garden Merit" (A.G.M.) für Pflanzen vergeben, die sich nach jahrelangen Beobachtungen durch erprobte und hervorragende Eigenschaften als vortrefflich für den Garten geeignet erwiesen haben. Von den besprochenen Rhododendron wurden folgende mit einem F.C.C. oder A.G.M. ausgezeichnet:

Rhododendron-Sorten (hochwachsend)
'A. Bedford', F.C.C. 1958
'Betty Wormald', F.C.C. 1964, A.G.M. 1968
'Blue Peter', F.C.C. 1958, A.G.M. 1968
'Britannia', F.C.C. 1937
'Caractacus', F.C.C. 1865
'China', F.C.C. 1982
'Fastuosum Flore Pleno', A.G.M. 1928
'Furnivall's Daughter', F.C.C. 1961
'Kluis Triumph', F.C.C. 1971
'Lavender Girl', F.C.C. 1967
'Pink Pearl', F.C.C. 1900, A.G.M. 1952
'Queen Mary', F.C.C. 1948
'Souvenir de Dr. S. Endtz', F.C.C. 1970
'Susan', F.C.C. 1954, A.G.M. 1969
'Wilgens Ruby', F.C.C. 1951

Rhododendron-Sorten (niedrigwachsend)
'Blue Diamond', F.C.C. 1939, A.G.M. 1968
'Dora Amateis', F.C.C. 1981
'Praecox', A.G.M. 1926, F.C.C. 1978

Azaleen
'Cecile', A.G.M. 1968
'Coccinea Speciosa', A.G.M. 1968
'Dr. M. Oosthoek', A.G.M. 1968
'Exquisita', F.C.C. 1968
'Homebush', A.G.M. 1968
'Narcissiflora', F.C.C. 1963, A.G.M. 1968
'Silver Slipper', F.C.C. 1963
'Sun Chariot', F.C.C. 1967

Japanische Azaleen
'Betty', F.C.C. 1972
'Blue Danube', F.C.C. 1975
'Fedora', F.C.C. 1960
'Florida', F.C.C. 1974
'Hatsugiri', F.C.C. 1969
'Hinodegiri', A.G.M. 1968
'Hinomayo', F.C.C. 1945, A.G.M. 1954
'John Cairns', A.G.M. 1952
'Kathleen', A.G.M. 1968
'Mahler', F.C.C. 1976
'Muttertag', F.C.C. 1970, A.G.M. 1968
'Orange Beauty', F.C.C. 1958, A.G.M. 1968
'Palestrina', F.C.C. 1967
'Rosebud', F.C.C. 1975
'Vuyk's Scarlet', F.C.C. 1966, A.G.M. 1968

Rhododendron-Arten
R. augustinii, A.G.M. 1924
R. hippophaeoides A.G.M. 1925
R. luteum, A.G.M. 1931
R. racemosum, A.G.M. 1930
R. thomsonii, A.G.M. 1925
R. vaseyi, A.G.M. 1927
R. viscosum, A.G.M. 1937
R. yakushimanum 'Koichiro Wada', F.C.C. 1947
R. yunnanense, A.G.M. 1934

Die Amerikanische Rhododendron-Gesellschaft erteilt neuen Sorten nach einer gewissen Zeit der Prüfung ebenfalls Wertzeugnisse. Auf Ausstellungen in Holland und neuerdings auch bei uns werden für neue und auch ältere Rhododendron-Sorten „Wertzeugnisse" und Medaillen vergeben, aber in Deutschland ist bis jetzt eine Bewertung oder Auszeichnung von Rhododendron hinsichtlich ihres Gartenwertes nicht üblich. Wertzeugnisse der USA, Englands und Hollands sind für uns nur informativ, da sie unter anderen Standortbedingungen erteilt werden und auch nicht ohne weiteres auf unsere Verhältnisse übertragbar sind. Eine Bewertung und Prüfung von Rhododendron durch die Deutsche Rhododendron-Gesellschaft unter hiesigen Verhältnissen steht noch aus.

Am Schluß des Kapitels Züchtung sei nochmals besonders hervorgehoben, daß bei Rhododendron und Azaleen – und das gleiche gilt selbstverständlich auch für alle immergrünen Laubgehölze – noch viele Möglichkeiten der Züchtung guter Gartenformen ungenutzt sind. Man wird in den kommenden Jahren mit Sicherheit viele neue Sorten der Rhododendronzüchter bewundern und auch im eigenen Garten pflanzen können.

Heimatgebiete der Rhododendron und Immergrünen

Woher kommen nun die etwa 1000 Rhododendron-Wildarten und die vielen anderen immergrünen Laubgehölze und wer brachte sie nach Europa? So wird mancher Gartenfreund fragen, der sich näher mit diesen Pflanzen befassen möchte.

Die Frage ist durchaus nicht nur von geographischem oder historischem Interesse. Die Kenntnis von den Lebensbedingungen am heimatlichen Standort erschließt ganz beiläufig viele Hinweise für die Kultur der betreffenden Arten, ob man die Pflanze feucht oder trocken kultivieren muß, ob sie leichten oder schweren, sauren oder alkalischen Boden, Sonne oder Schatten liebt.

Will man sich eingehender mit den Wildarten beschäftigen, dann sind die Berichte über die Tätigkeit der Pflanzensammler und die näheren Umstände, unter denen die Arten eingeführt wurden, neben Schlußfolgerungen aus der systematischen Gliederung eine gute Hilfe, sich in der Vielzahl der Arten zurechtzufinden.

Ein Blick auf die nebenstehende Karte läßt erkennen, daß das Hauptverbreitungsgebiet in Ostasien liegt. Die meisten Wildarten sind im Gebiet der drei großen Flüsse beheimatet, die vom tibetanischen Hochland durch die westchinesischen Provinzen Szetschuan und Yünnan nach Süden fließen. Von dort lassen sich Ausstrahlungen nach Westen bis nach Kaschmir, nach Norden und Osten über Japan und Korea bis zur Kamtschatka-Halbinsel und nach Süden bis nach Neuguinea und Nordaustralien verfolgen. Die europäischen Vorkommen sind nach Standorten und Anzahl der Arten gering. Nordamerika ist etwas artenreicher, und zwar sowohl an der atlantischen als auch an der pazifischen Küste. In Südamerika und Afrika sind keine Rhododendron-Arten gefunden worden. Somit können wir sieben Hauptverbreitungsgebiete unterscheiden:

1. Himalaja, Westchina und Zentralchina
2. Chinesisches Küstengebiet
3. Nordostasien
4. Japan
5. Malaiischer Archipel
6. Europa
7. Amerika

Die Sammler, die die bisher unbekannten Pflanzen nach Europa brachten, waren teils Wissenschaftler und Berufssammler, teils Ärzte oder Missionare. Viele Arten tragen die Namen ihrer Entdecker und halten so die Erinnerung an diese Pioniere wach. Sie zeugen zugleich von den Strapazen und Entsagungen, die diese auf sich nahmen, aber auch von der großen Begeisterung für die Pflanze und wohl auch von manchem Sammlerglück.

Himalaja, West- und Zentralchina

Im Januar des Jahres 1847 ging Sir Joseph Dalton Hooker in Kalkutta von Bord des Segelschiffes „Sidon". Er hatte von der Royal Horticultural Society – der Königlichen Gartenbau-Gesellschaft in England – den Auftrag, in den nächsten zwei Jahren im Himalajagebiet Pflanzen zu sammeln. Sein Vater war Professor für Botanik in Glagow. Er selbst hatte schon 1839 im Alter von 22 Jahren an der antarktischen Ross-Expedition teilgenommen und bereits Südafrika, Australien und Neuseeland kennengelernt. Eine ausgesprochene Begabung für präzises Beobachten und eine große Begeisterungsfähigkeit für die Pflanzenwelt trugen zu dem Erfolg seines Vorhabens bei. Im März 1847 begann er seine erste Expedition ins Sikkimgebiet. Er hatte sich vorgenommen, alle Vegetationsstufen bis zur Schneegrenze zu erforschen,

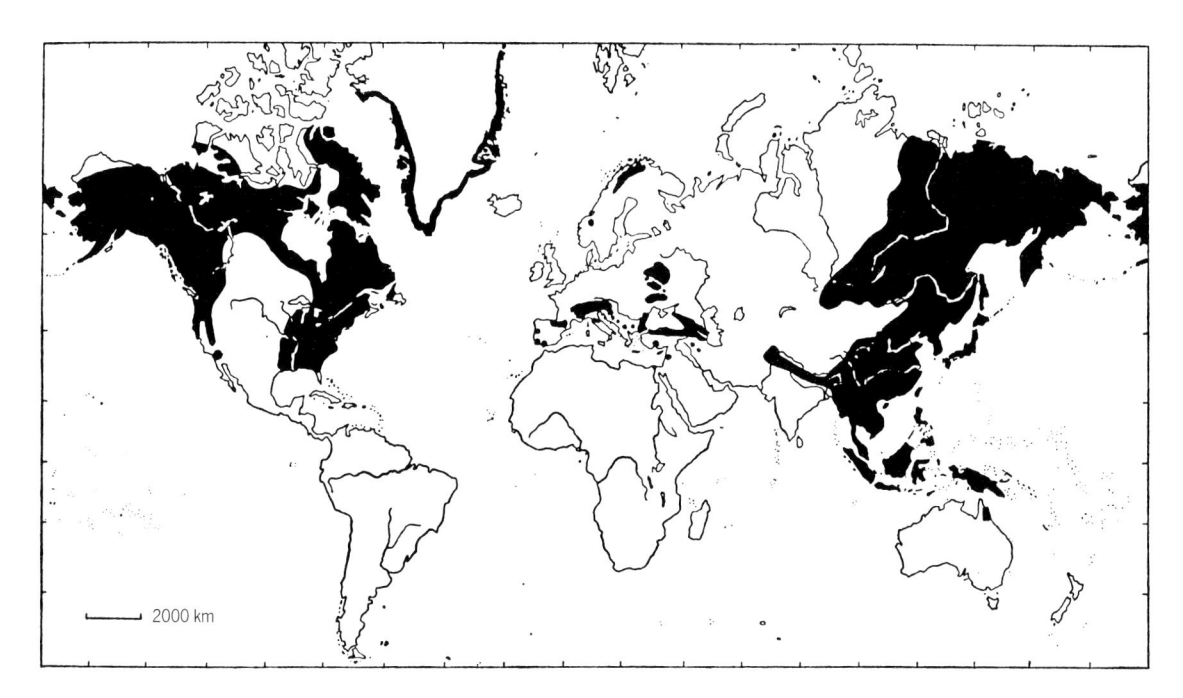

Verbreitungsgebiete der Rhododendron-Arten auf der Erde (nach einem Entwurf von E. JÄGER 1968, zum Teil nach SLEUMER 1966; aus KRÜSSMANN 1968).

und es war keine leichte Aufgabe, die auf ihn wartete.

Das Klima dieses Gebietes, zu dem auch Assam, Oberburma und Nepal gehören, ist bis zum 28. Breitengrad vom Südwestmonsun bestimmt. In den Monaten Juni bis Oktober bringt der Monsun ständig Regen vom Indischen Ozean. KINGDON WARD, der dieses Gebiet später bereiste oder richtiger gesagt durchwanderte, kennzeichnet es mit folgenden Worten: „Es ist ein Land des dichten Dschungels, der unüberschreitbaren Flüsse, des unvorstellbaren Regens, der tief verschneiten Pässe, ein Land der nicht vorhandenen Straßen und Transportmöglichkeiten, ein Land ohne Nahrung und Obdach in einer nahezu unbewohnten Weltgegend".

Die Reisen HOOKERS wurden bestimmend für die spätere Züchtungsarbeit an Rhododendron in Europa. Er fand 43 neue Arten. Seine Beschreibungen waren so klar, daß sie heute noch Gültigkeit haben. Die Ergebnisse seiner Sammlertätigkeit veröffentlichte sein Vater in dem berühmten – und heute sehr wertvollen – Werk „Rhododendron of Sikkim Himalaja".

Die außerordentlichen Höhenunterschiede des Gebietes, in dem er sammelte, ergeben ein mannigfaltiges Bild der Vegetation.

Unter 2000 m Höhe herrscht subtropischer Dschungel. Dann beginnt der gemäßigte Regenwald, der sich aus großblättrigen Laubbäumen wie Magnolien, Ahorn, Pappeln und Kirschen mit einigen eingestreuten Nadelhölzern zusammensetzt. Hier wachsen epiphytische Rhododendron. Zwischen 2500 und 3000 m gewinnen die baumartigen Rhododendron die Oberhand, vermischt mit laubabwerfenden Gehölzen. Über 3500 m Höhe wird der Wald wieder immergrün und besteht dann fast ausschließlich aus Nadelgehölzen und Rhododendron. Bei 4000 m Höhe werden die Rhododendron immer kleiner. In dieser Höhenlage beginnt die Region der alpinen Sträucher, die fast nur aus Rhododendron besteht und bis zur Schneegrenze hinaufreicht. Im Frühjahr bietet sich dem Beschauer ein herrliches Bild, wenn die Berghänge weithin von einem Blütenteppich überzogen sind.

In der Hochgebirgsregion über der Waldgrenze sind mehr Wildarten zu finden als in jeder anderen, tiefer gelegenen geographischen Region.

Östlich vom Himalaja in Westchina kommen die meisten Wildarten auf der Erde vor. Dieses Gebiet wird beeinflußt und geprägt durch die großen Flüsse Irawadi, Salween, Mekong und durch den Oberlauf des Jangtsekiang, die das Gebiet von Nord nach Süd durchfließen und die tief zerklüfteten, bis zu 4500 m hohen Gebirgsketten voneinander trennen.

Die Art des Gesteins wechselt zwischen Sandstein, Kalk und Dolomit. Merkwürdigerweise kommen die meisten Rhododendron auf Dolomit und nicht wenige auf Kalk vor, ein Umstand, der nur teilweise durch die außerordentlich hohen Niederschläge und starken Humusschichten erklärt werden kann.

Das Klima des südwestlichen Teils ist auch hier weitgehend vom Südwestmonsun bestimmt. Die Westhänge sind feucht, die Osthänge trockener. Nach Osten hin nimmt die Kraft des Monsuns allmählich ab, und im östlichen Szetschuan ist er nicht mehr spürbar. Dort fehlen auch die trockenen Nordwestwinde Kansus. Die Pflanzen dieses Gebietes sind für unser Klima besonders geeignet. Wie im Himalajagebiet kann man auch hier verschiedene pflanzengeographische Höhenstufen unterscheiden, deren Ausdehnung allerdings durch die starke Zerklüftung und Verschiedenartigkeit der Gebirge recht variabel ist.

Rhododendron kommen in diesem Gebiet in Höhen von 1800 bis 4800 m vor. Folgen wir der Einteilung von MATTFELD (1937), so bilden die Rhododendron in der warmtemperierten Stufe (1800 bis 2900 m) in den Eichen- und Kiefernwäldern hohes Gestrüpp. In der mäßig temperierten Stufe (2500 bis 3800 m) bilden sie schon stellenweise geschlossene Bestände; auf 3700 bis 4450 m, der kalttemperierten Stufe der Nadelwälder, wo von Oktober bis Mai Schnee liegt, sind die Wälder voller Rhododendron, besonders an den Rändern. Hier kommen auch richtige Rhododendronbestände vor. Über 4000 m, in der alpinen Region, werden die Rhododendron immer flacher, und ganz oben bilden sie wieder niedrige Teppiche, die weite Flächen überziehen.

Nach FORREST (siehe COWAN 1952) sind im Likiang-Gebirge weite Strecken vom Fuß des Berges bis zu 5000 m Höhe ein natürlicher Blütengarten mit ausgedehnten Rhododendronflächen, darüber liegt teilweise dann noch ein 1000 m hoher Schneegürtel.

Wenn wir uns der Schönheit dieser Pflanzen erfreuen, denken nur wenige an die vielen Strapazen, Entbehrungen und Opfer, die ihre Beschaffung erfordern. Und doch hat bis in die jüngste Zeit hinein immer wieder die unberührte Natur mit Schätzen neuer Pflanzenarten und -formen die Sammler angezogen.

Nach Zentralchina hin nimmt die Zahl der Rhododendron-Wildarten ab. Große Gebiete bestehen aus Lößboden, der im Sommer ganz hart austrocknet und während der Regenzeit in zähen Schlamm verwandelt wird. Gärtnerisch interessant ist vornehmlich die Flora der Provinzen Yünnan, Szetschuan, Sinkiang, Hupeh, Schensi und Kansu. Kansu im Nordwesten wird vom trockenen, kalten und scharfen Wind des tibetanischen Hochlandes klimatisch beeinflußt. In der östlich angrenzenden Provinz Schensi ist die Flora des Tsinling-Gebirges interessant. Hier waren A. DAVID und W. LIMPRICHT neben den Russen die ersten Sammler. Szetschuan hat im Gebiet des Min-Flusses die reichste Flora. Weder der Südwestmonsun noch die trockenen Nordwestwinde können hier eindringen. Der äußerste Osten von Szetschuan und Hupeh bestehen zum größten Teil aus Kalkböden, und die Höhenlagen, in denen Rhododendron vorkommen, schwanken hier zwischen 1500 und 3300 m. Die Gehölzflora ist üppig. Die Provinzen Sinkiang und Yünnan sind pflanzengeographisch zum Teil zu Westchina zu rechnen. Aus dem nördlichen Teil von Yünnan kommen die für unsere Gärten am besten geeigneten Pflanzen; südlich des 25. Breitengrades haben die Pflanzen mehr subtropischen Charakter.

Westchina, Zentralchina und die dem Himalaja vorgelagerten Gebiete sind die eigentliche Heimat der Rhododendron, und eine Fülle von Arten ist bisher in diesem Raum gefunden worden. Zweifellos können hier noch neue Arten und Formen entdeckt werden. Die botanische Erschließung dieser Gebiete begann schon Ende des 18. Jahrhunderts und dauert bis heute. Hier können nur einige Angaben über die wichtigsten Pflanzensammler gemacht werden.

Den ersten Zeitabschnitt der Pflanzeneinführung aus diesen Gebieten kann man sehr gut als den der Ostindischen Kompanie bezeichnen. Zu dieser Zeit – Anfang bis Mitte des 19. Jahrhunderts – war sie sehr einflußreich, und die Namen der Sammler sind mehr oder weniger mit dieser Handelsgesellschaft verknüpft. Alle Rhododendron aus diesem Gebiet, die nach monatelangem Transport in jener Zeit lebend nach Europa (vor allem England) kamen, wurden nach dem Entdecker ober dem beschreibenden Autor bzw. nach Personen, die mit diesen in Beziehung standen, benannt.

Außer dem eingangs erwähnten SIR JOSEPH DALTON HOOKER, nach dem *R. hookeri* benannt wurde, wären folgende Sammler zu nennen:

F. ROYLE (1799–1858), Arzt der Ostindischen Kompanie, erster Erforscher der Himalajaflora, mehrere Veröffentlichungen über die Flora dieses Gebietes *(R. cinnabarinum* var. *roylei)*.

DAVID DON (1799–1841), Professor am Kings College London, Bearbeiter der von ROYLE gesammelten Pflanzen.

W. GRIFFITH (1810–1844), englischer Arzt in Madras; Reisen im östlichen Himalaja *(R. griffithianum)*.

NATHANIEL WALLICH (1787–1856), Arzt, stammte aus Kopenhagen. 1815 bis 1841 Leiter des Botanischen Gartens in Kalkutta. Reisen nach Nepal. Das von ihm gesammelte Pflanzenmaterial wurde von D. DON beschrieben (Prodomus Florae Nepalensis) *(R. wallichii)*.

Dr. T. NUTTALL (1786–1859), Kurator des Botanischen Gartens des Havard College, ließ 1852 seinen Neffen BOOTH Indien bereisen. Er entdeckte 22 neue Arten *(R. nuttallii, R. boothii)*.

Dr. H. FALCONER (1808–1865), Arzt, reiste in Indien, Tibet, Afghanistan und war Nachfolger von WALLICH am Botanischen Garten in Kalkutta *(R. falconeri)*.

Dr. TH. THOMSON (1817 bis 1878), Arzt. Reisen im Nordwest-Himalaja, berühmte Reise mit HOOKER *(R. thomsonii)*.

FRANK KINGDON WARD (1885–1958) war wohl der bedeutendste und einer der letzten großen Sammler in neuester Zeit. 1907 kam er nach Shanghai, und 1910 sammelte er für die Firma BEES Ltd., Liverpool. Von da an bis 1957 unternahm er viele Reisen in die Rhododendrongebiete Ostasiens. Hauptsächlich arbeitete er in Assam, Burma, Yünnan und Szetschuan. Er sammelte alles persönlich und kam auch später zwecks Überprüfung zum Fundort zurück. Einige der von ihm eingeführten Arten sind *R. calostrotum, R. hippophaeoides, R. myrtilloides* und *R. wardii*.

Als typische *Rhododendron*-Arten des Himalajagebietes einschließlich Tibet, Sikkim und Burma wären zu nennen:

R. arboreum	R. falconeri
R. artosquameum	R. flavorufum
R. barbatum	R. glaucum
R. campanulatum	R. griffithianum
R. chasmanthum	R. haemaleum
R. campylocarpum	R. keleticum
R. ciliatum	R. maddenii
R. cinnabarinum	R. radicans
R. concatenans	R. thomsonii
R. desquamatum	R. triflorum
R. dichroanthum ssp. scyphocalyx	R. wightii

Die Entdeckung der Pflanzenwelt Westchinas erfolgte verhältnismäßig spät. Die Abgelegenheit und Unzugänglichkeit dieses Pflanzenparadieses erschwerten die Erschließung. Die ersten Sammler waren französische Missionare. Ihnen verdanken wir eine Reihe ausgezeichneter Gartenpflanzen.

Mitte bis Ende des vorigen Jahrhunderts waren es vor allem die Patres A. DAVID, M. DELAVAY, P. G. FARGES, J. A. SOULIÉ und L. FARGES, die sehr viel Herbar- und Pflanzenmaterial nach Europa einführten. Teils sammelten sie von ihrem Wohnsitz aus, teils unternahmen sie auch weite, oft sehr schwierige Reisen. Einige kamen das Jangtse-Tal herauf, andere kamen von Südosten durch die tiefen und engen Schluchten zwischen Mekong und Salween-Fluß. SOULIÉ mußte seine Tätigkeit mit dem Leben bezahlen; er wurde von den Eingeborenen zu Tode gefoltert.

Die gesammelten Pflanzen wurden zum größten Teil von dem französischen Botaniker FRANCHET bearbeitet.

Einige der wichtigsten Rhododendron-Arten, die von diesen Sammlern nach Europa gebracht wurden, sind:

R. calophytum
R. decorum
R. delavayi
R. fortunei ssp. *discolor*
R. fargesii
R. lacteum
R. neriiflorum
R. oreodoxa
R. rubiginosum
R. souliei
R. sutchuenense
R. xanthostephanum

Gegen Ende des 19. Jahrhunderts beginnt eine neue Epoche in der Geschichte der Entdeckung und Einführung von Rhododendron. Bis zu diesem Zeitpunkt waren knapp 200 Arten bekannt. In den darauffolgenden Jahrzehnten erhöhte sich die Anzahl der entdeckten Arten auf etwa 800, wobei die tropischen Arten nicht mitberücksichtigt sind.

1899 sandte die Firma Veitch (England) den Sammler Ernest H. Wilson nach Westchina. Er war der erste Berufssammler und hatte sehr große Erfolge. Auf seinen ersten Reisen sammelte er hauptsächlich in der Provinz Szetschuan, und zwar östlich des Min-Flusses an den Hängen des aus Kalkstein bestehenden Omei-Berges. Auch dort fand er eine große Anzahl von Rhododendron. Er unternahm viele Reisen nach Ostasien, zuletzt im Jahre 1918. Seine Erfahrungen und Erlebnisse mit Pflanzen verstand er lebhaft zu schildern.

Ein weiterer bedeutender englischer Sammler war George Forrest. Er unternahm in den Jahren von 1904 bis 1932 insgesamt sieben Reisen nach Ostasien. Seine Sammeltätigkeit erstreckte sich auf das Salween-Mekong-Gebiet und auf das Likiang-Gebirge. Das Sammeln hatte er, so wie es heute noch vielfach üblich ist, nach geschäftlichen Gesichtspunkten aufgezogen und beschäftigte eine große Anzahl von Einheimischen. 1914 traf er im Likiang-Gebirge mit Camillo Schneider zusammen, der gemeinsam mit Handel-Mazetti von Wien aus nach Südwestchina gegangen war. Schneider mußte schon nach kurzer Zeit seine Forschungsreise infolge des Ersten Weltkrieges aufgeben. Trotzdem hat er viel Interessantes von dort berichtet. Von China reiste er nach Amerika und blieb bis 1919 im Arnold-Arboretum. Handel-Mazetti blieb in Südwestchina bis 1918, zuerst in Yünnan und später in der Provinz Kweitschou. In seinen Vegetationsbildern von Südwestchina hat er anhand von ausgezeichneten Fotos die Pflanzenwelt des Gebietes sehr lebendig dargestellt.

E. H. M. Cox unternahm 1919 zusammen mit dem bekannten Gartenschriftsteller Reginald Farrer eine Reise ins Grenzgebiet zwischen Burma und China. Farrer hatte schon fünf Jahre früher die nördliche Provinz Kansu bereist. Beide brachten neben Rhododendron-Arten auch andere wertvolle Gartenpflanzen nach England.

Besonders viele Rhododendron wurden von Joseph Rock, der hauptsächlich für Amerika sammelte, in den zwanziger Jahren eingeführt. Außer in Burma, Assam, Siam und Nordchina (Amné-Machin-Gebirge und Tebbu-Land) war er vor allem in Yünnan tätig. Allein von einer Expedition brachte er über 600 Rhododendron – überwiegend als Samenproben – nach Amerika mit, von denen eine ganze Reihe neue Arten waren.

Auch der Schwede David Hummel, der mit einer Sven-Hedin-Expedition nach Szetschuan kam, sammelte viele Rhododendronarten. Wolfgang Limpricht schrieb über seine Expedition um 1913 ein Werk über „Reisen in den Hochgebirgen Chinas und Osttibets".

Genannt werden muß hier auch Dr. Harry Smith, ein schwedischer Botaniker, der in den Jahren 1922, 1924 und 1934 Yünnan und Szetschuan bereiste und u.a. auch Rhododendron sammelte.

Einer der letzten Pflanzensammler, der Südost-Tibet bereisen konnte, war George Sherriff (1898–1967). Von seinen Expeditionen gelangte auch Rhododendron-Saatgut nach Deutschland.

Als typische westchinesische Rhododendron-Arten seien aus der Vielzahl nur folgende genannt:

R. adenogynum
R. aganniphum var. *flavorufum*
R. ambiguum
R. calophytum
R. calostrotum ssp. *keleticum*
R. campylogynum
R. chryseum
R. clementinae
R. orbiculare
R. oreodoxa
R. oreotrephes
R. orthocladum
R. racemosum
R. rigidum
R. roxieanum
R. rubiginosum
R. russatum
R. saluenense

R. decorum
R. desquamatum
R. fictolacteum
R. forrestii (var. repens)
R. griersonianum
R. haematodes
R. heliolepis
R. hippophaeoides
R. insigne
R. intricatum
R. lacteum
R. neriiflorum
R. scintillans
   (R. polycladum)
R. searsiae
R. sutchuenense
R. taliense
R. traillianum
R. triflorum
R. wardii
R. williamsianum
R. yunnanense
   (R. chartophyllum)

Weitere immergrüne Pflanzenarten dieses Gebietes sind:

Berberis julianae
Berberis verruculosa
Buxus microphylla
   var. sinica
Euonymus fortunei
Ilex pernyi
Lonicera henryi
Lonicera nitida
Lonicera pileata
Mahonia bealii
Rubus henryi
Sarcococca humilis
Stranvaesia davidiana
Viburnum davidii
Viburnum
   rhytidophyllum
Viburnum utile

Chinesisches Küstengebiet

Die küstennahen Provinzen Chinas sind klimatisch und pflanzengeographisch sehr unterschiedlich. Die drei südlichen – Kwangsi, Kwangtung mit Hongkong, Fukien und auch die Insel Taiwan – haben tropischen Charakter. In allen, auch in den nördlichen, wurden Rhododendron und Immergrüne für europäische Gärten gesammelt.

Die Einführung dieser Pflanzen ist eng mit der Erschließung des Landes für den Handel verknüpft. Anfang des 16. Jahrhunderts erschienen die Portugiesen vor Kanton. Es war zur Zeit der Ming-Dynastie (1368 bis 1643), einer Zeit der vollkommenen Isolierung des Landes. Die anfänglichen Beziehungen hörten bald auf, und die Portugiesen mußten sich auf Macao beschränken. Nur den Jesuitenmissionaren wurde es Mitte des 16. Jahrhunderts gestattet, bis zu einem gewissen Grade Fuß zu fassen. Unter ihnen war es MATHAEUS RICCI, der um 1600 großen Einfluß am Kaiserhof gewann. Die Jesuiten berichteten vieles über chinesische Pflanzen, brachten jedoch keine neuen Arten nach Europa.

Der erste Pflanzensammler an der Chinaküste war JAMES CUNNINGHAM, ein Arzt der Ostindienkompanie. Im ersten Jahrzehnt des 18. Jahrhunderts sandte er über 600 Herbarpflanzen nach England.

Mitte des 18. Jahrhunderts sammelte PETER OSBECK, ein Kaplan der Schwedischen Ostindienkompanie, Pflanzen und Samen, die er an seinen früheren Lehrer CARL VON LINNÉ schickte.

Einen wertvollen Beitrag zur Erforschung der chinesischen Pflanzenwelt leistete JOHN REEVES (1774 bis 1856). Er sandte viele Pflanzen nach England und ließ eine umfangreiche Sammlung farbiger Pflanzenbilder anfertigen. REEVES ließ Pflanzen zwei Monate vor Beginn der Seereise in Kanton in Töpfen vorkultivieren, dadurch kamen von 100 Pflanzen 90 lebend nach Europa, ein für die damalige Zeit sehr großer Erfolg. Vor allen Dingen verhalf er nach seiner Rückkehr nach England um 1830 ROBERT FORTUNE zu seinen erfolgreichen Reisen nach China und Japan.

Mitte des 19. Jahrhunderts wurden die chinesischen Häfen für den Handel geöffnet, und es ergaben sich die ersten Möglichkeiten zum systematischen Pflanzensammeln in weiteren Gebieten.

ROBERT FORTUNE war der erste gärtnerische Sammler großen Formats. Von 19 Reisen nach Asien brachte er viele Pflanzen mit nach England. Er hatte ein sehr feines Empfinden für den gärtnerischen Wert einer Pflanze. Nach ihm ist *R. fortunei* benannt.

Einer von denen, die fast ihr ganzes Leben in Asien verbrachten und neben dem eigentlichen Beruf viel für die Einfuhr neuer Pflanzen taten, war HENRY F. HANCE, der in der zweiten Hälfte des 19. Jahrhunderts Vizekonsul in Whampoo südlich von Kanton war. Ihm verdankt *R. hanceanum* seinen Namen.

Die wesentlichsten Rhododendron-Arten des chinesischen Küstengebietes sind:

R. fortunei
R. henryi
R. hongkongense
R. molle
R. ovatum
R. simsii

Ausreichend winterhart sind von diesen Arten bei uns nur *R. fortunei* und *R. molle*. *R. simsii* ist an der Züchtung der Gewächshaus-Azaleen, den Azalea-Indica-Sorten, wesentlich beteiligt gewesen. Zwar hat das chinesische Küstengebiet eine reiche Flora an immergrünen Gehölzen, doch sind diese für unsere Gärten leider nicht winterhart genug.

Nordostasien

Die Rhododendron dieses Gebietes können als letzte Ausstrahlung des eigentlichen Zentrums in Westchina betrachtet werden. Das Vorkommen erstreckt sich auf die südlichen Gebirge vom Altai bis an den Pazifischen Ozean einschließlich des Küstengebietes mit Korea und Kamtschatka. Ferner gibt es Rhododendron im Bereich der großen Flüsse Ob, Jenissej und Lena. Im Ural und im Gebiet zwischen Kaukasus und Altai findet man keine Rhododendron.

In dem kalten Gebiet um Jakutsk und Werchojansk kommen 5 Rhododendron-Arten vor:

R. aureum   *R. lapponicum*
  (= *R. chrysanthum*)   (= *R. parvifolium*)
R. dauricum   *R. primuliflorum*
  (= *R. ledebourii*)   (= *R. adamsii*)
                           R. redowskianum

Einer der ersten, die Rhododendron im Nordosten Asiens entdeckten, war der Petersburger Wissenschaftler PETER SIMON PALLAS, der Ende des 18. Jahrhunderts ausgedehnte Entdeckungsreisen unternahm. Sein Name ist mit den Arten *R. camtschaticum* und *R. aureum* (*R. chrysanthum*) aus dem Nordosten, aber auch mit *R. caucasicum* vom Kaukasus verbunden. C. MAXIMOWICZ, Konservator und später Direktor des Botanischen Gartens in Petersburg, sammelte um 1853 im Gebiete der Flüsse Amur und Ussuri. 1859 unternahm er eine zweite Reise und sammelte Wildpflanzen in Sibirien, der Mongolei und Japan.

Etwa 10 Jahre später bereiste NICOLA VON PRZEWALSKI, der in erster Linie Zoologe und Geograph war, aber auf seinen Reisen 15 000 Pflanzen in 1500 Arten sammelte, Nordmittelasien und die Mongolei. Nach ihm ist *R. przewalskii* benannt.

Nach dem Baron ALEXANDER VON SCHLIPPENBACH hat eine der schönsten Azaleenarten, *R. schlippenbachii*, die im Ussurigebiet vorkommt, ihren Namen.

Dr. H. WEYRICH (1828–1863), ein russischer Schiffsarzt, an den *R. weyrichii* erinnert, sammelte um diese Zeit Rhododendron im Amur-Gebiet.

Prof. ALEXANDER VON BUNGE, Dozent in Dorpat und Lehrer MAXIMOWICZS unternahm um die Mitte des 19. Jahrhunderts Entdeckungsreisen in die Mongolei.

R. mucronulatum, das frühblühende Rhododendron unserer Gärten, wurde von P. Y. KIRILOW, einem Mitarbeiter VON BUNGES entdeckt. KIRILOW gehörte lange Jahre der russischen kirchlichen Mission in Peking an. Eine andere bekannte, zwar nicht immergrüne, doch winterblühende Pflanze dieser Gegend, der Spreizklimmer *Jasminum nudiflorum*, wurde übrigens auch durch VON BUNGE eingeführt.

Japan

Vier große und zahllose kleine Inseln mit mehr als 800 Häfen formen zwischen dem 29. und 40. Breitengrad den etwa 2000 km langen bogenförmigen japanischen Archipel. Japan besteht zum großen Teil aus einem Gewirr von Bergen. Wohin man sich in Japan begibt – ein Berg ist immer in der Nähe. Die verschiedensten Gesteinsarten wie Granit, Schiefer und Kalkstein und insbesondere die Vulkane bilden mit ihren Verwitterungsböden die Grundlage für eine sehr üppige Vegetation, an der sowohl die Rhododendron als auch die anderen immergrünen Laubgehölze in starkem Maße beteiligt sind. Meeresklima mit feuchten Monsunwinden begünstigt noch das Gedeihen der Immergrünen. Es ist daher verständlich, daß die Gartenkultur in Japan sehr alt ist.

Schon um 1645 wurde über *R.* × *obtusum* berichtet, und Ende des 17. Jahrhunderts gab der seinerzeit sehr berühmte Gärtner IHEI ITO ein illustriertes Buch mit 450 Formen von *R.* × *obtusum* heraus. In den darauffolgenden 50 Jahren sind in Yedo, dem heutigen Tokio, viele Sorten entstanden, von denen heute noch einige in Japan zu finden sind.

Die Einführung japanischer Pflanzen nach Europa wurde lange dadurch erschwert, daß Japan von etwa 1640 bis 1854 von der Außenwelt hermetisch abgeschlossen war. Im 17. und 18. Jahrhundert hatten die Holländer als Nachfolger der Portugiesen und Engländer lediglich auf Deschima, einer kleinen künstlichen, nur 236 × 86 Schritte messenden Insel vor Nagasaki eine Handelsniederlassung. Von dort aus konnten KAEMPFER, THUNBERG und SIEBOLD in Verbindung mit ihrer ärztlichen Tätigkeit Pflanzen sammeln.

Später kamen dann die Wissenschaftler wie MAXIMOWICZ und die Sammler für den eigentlichen Gartenbau wie ROBERT FORTUNE und E. H.-. WILSON, zu deren Zeit aber das Land bereits wieder für Europäer zugänglich war. Die Biographien der einzelnen Sammler sind voller Spannung und Romantik und teils sehr umfangreich. Wir können uns hier darauf beschränken, nur die wichtigsten Namen mit einigen Daten anzugeben.

ENGELBERT KAEMPFER (1651–1716) stammte aus Lemgo und weilte von 1690 bis 1692 in Japan als Arzt der holländischen Niederlassung auf der Insel Deschima. Er war der erste Europäer, der Japan systematisch und gründlich beschrieb. Nach ihm ist *R. kaempferi (R. obtusum* var. *kaempferi)* benannt.

CARL PETER THUNBERG (1743–1828), schwedischer Arzt und Schüler LINNÉS. Wie KÄMPFER nutzte er seine Stellung als Arzt, um Pflanzenmaterial zu bekommen. 1784 gab er eine „Flora japonica" heraus.

FRANZ VON SIEBOLD (1796–1866) war 1823 bis 1830 Augenarzt im holländischen Reservat vor Nagasaki. Neben umfangreichem Herbarmaterial brachte er auch lebende Pflanzen und Zwiebeln nach Europa. Veröffentlichungen gemeinsam mit Prof. J. G. ZUCCARINI.

CARL MAXIMOWICZ (1827–1891), ein sehr bedeutender russischer Botaniker für Nordostasien, kam 1860 nach Nordjapan; 1864 kehrte er mit 72 Kisten Herbarmaterial, Samen von 300 Arten und 400 lebenden Pflanzen nach Rußland zurück. Von dem Japaner TSCHONOSKI *(R. tschonoskii)* erhielt er noch bis zum Jahre 1887 immer wieder viele Pflanzen.

ROBERT FORTUNE (1812–1880), einer der erfolgreichsten englischen Pflanzensammler, war 1860 und 1861 in Japan. Er führte viele hochwertige Gartenpflanzen ein *(R. fortunei)*.

MICHAEL ALBRECHT, russischer Schiffsarzt und 1860 Arzt am Konsulat in Hakodate, fand um 1862 *R. albrechtii*.

CHARLES MARIES (1851–1902) weilte in den Jahren 1877 bis 1879 in Japan und sammelte Gartenpflanzen für die Firma JAMES VEITCH AND SONS in Chelsea.

URBAN FAURIE (1847–1915), Missionar in Nordjapan, sammelte 1889 bis 1913 in dem Gebiet von Formosa bis Sachalin 22 500 Herbarpflanzen. Noch als 68jähriger unternahm er, wie ein Eingeborener gekleidet, ausgedehnte Wanderungen ohne Begleitung *(R. fauriei)*.

ERNEST HENRY WILSON (1876–1930) war einer der erfolgreichsten Pflanzensammler aller Zeiten. Er reiste von Süd nach Nord, der Kirschblüte folgend. Durch den Japaner SUSUKI lernte er die kleinblumigen Azaleen und später auf der Insel Kyushu die Kurume-Azaleen kennen. Er nannte die dort seit über 100 Jahren kultivierten Azaleen ein Denkmal der Geduld und Geschicklichkeit japanischer Gärtner und war von den weiten Flächen farbenprächtiger Pflanzen überwältigt.

Auch in den letzten Jahrzehnten und Jahren wurden von Europäern und Amerikanern in Japan Rhododendron gesammelt. Man versuchte dabei vor allem gute Typen der bereits bekannten Arten zu finden, doch wird es noch eine Weile dauern, bis diese Formen für unsere Gärten allgemein verfügbar sind.

Zu den in Japan beheimateten Rhododendron-Arten, die für unsere Gärten von Bedeutung sind, gehören:

R. albrechtii	*R. metternichii*
R. brachycarpum	*R. mucronatum*
R. degronianum	*R.* × *obtusum*
R. fauriei	*R. quinquefolium*
R. japonicum	*R. reticulatum*
R. kaempferi	*R. semibarbatum*
R. kiusianum	*R. tschonoskii*
R. macrosepalum	*R. yakushimanum*
R. makinoi	

Auch eine ganze Reihe sonstiger immergrüner Pflanzenarten entstammen der japanischen Pflanzenwelt:

Camellia japonica
Enkianthus campanulatus
Gaultheria itoana
Gaultheria miqueliana
Mahonia japonica
Osmanthus heterophyllus
Pachysandra terminalis
Pieris japonica
Skimmia japonica

Ferner sind in Japan Bambusarten beheimatet, wie z. B.:

Pleioplastus chino var. *viridis* f. *pumilus* (= *Sasa pumila*)
Pseudosasa japonica
Sasa palmata
Sasaella ramosa (= *Sasa pygmaea*)

Malaiischer Archipel

Die Gebirge des Malaiischen Archipels sind reich an Vertretern der *Ericaceae*, davon allein etwa 280 Rhododendron. In den Wäldern sind sie bei dem regenreichen tropischen Klima zum Teil epiphytisch, d.h. sie wachsen auf den Stämmen und Zweigen der Urwaldbäume und -sträucher, die selbst wiederum Rhododendron sein können, vor allem an Stellen, wo sich Laub und Humus angesammelt haben. Es sind keine Schmarotzerpflanzen, da sie die anderen Pflanzen nur als Standort benutzen und ihnen keine Nährstoffe entziehen. Einige sind besonders großblumig, wie z.B. *R. leucogigas*, das mit einer Korollenlänge von 18 bis 20 cm die größten Blüten der Gattung hat. Viele farbenprächtige Arten, wie das orangegelbe *R. zoelleri* oder das orangerote *R. macgregoriae*, bringt der regenfeuchte, schwer zugängliche Urwald hervor. Prof. Sleumer schildert die dortigen Verhältnisse sehr eindrucksvoll mit folgenden Worten: „Vier Tage im Urwald, drei davon im Regen. Moskitos, Blutegel, Schlangen, aber vor allem Buschmilben, die einen unerträglichen Juckreiz auf der Haut der unteren Extremitäten verursachen, hatten mir einen ersten Eindruck von dem Leben gegeben, das nun noch viele Monate so weitergehen sollte."

In höheren Lagen wird die Vegetation mehr strauch- und heideartig. Aber auch hier wachsen noch Rhododendron. Am Kinabalu auf Sumatra, mit 4096 m der höchste Berg zwischen dem asiatischen Festland und Neu-Guinea, wurden bisher 63 Ericaceenarten, davon 26 Rhododendron, gefunden. Besonders die obere Bergwaldzone ist reich an Ericaceen. Auf dem Gipfelplateau des Kinabalu in etwa 3900 m Höhe wachsen in den Spalten zwischen den Granitplatten nur noch kleine Sträucher von *R. ericoides* zusammen mit Gräsern und Seggen.

Der Formenreichtum all dieser Arten ist vielfältig und botanisch äußerst interessant. Für unsere Gärten sind sie zwar zu weich, aber es ergibt sich die Möglichkeit der Verwendung für die Züchtung; Schneider (1966) berichtet über die Bemühungen in Boskoop, bestimmte Eigenschaften dieser Arten in unser vorhandenes Rhododendronsortiment zu übertragen. Auf diesem Wege werden auch die tropischen Rhododendron des Malaiischen Archipels ihren Einzug in unsere Gärten finden. Für den Kenner von Rhododendron, der über ein Gewächshaus verfügt, sind diese Pflanzen von besonderem Reiz, wenn auch nicht ganz einfach in der Kultur.

Europa

Europa unter Einbeziehung der Küste des Schwarzen Meers hat nur neun Rhododendron-Arten aufzuweisen. Am bekanntesten sind zwei Arten unserer Alpen, *R. ferrugineum* und *R. hirsutum*. Letztere hat ihre westliche Grenze in der Schweiz, während *R. ferrugineum* in den Pyrenäen und im Apennin noch in größeren Beständen zu finden ist. Beide Arten sind wohl die zuerst in Gartenkultur genommenen Arten in Europa. In den Alpen beschränkt sich ihr Vorkommen im wesentlichen auf die Höhenlage zwischen 1200 und 2500 m, nur in kühlen Lagen steigt die rostrote Alpenrose *(R. ferrugineum)* bis an die oberitalienischen Seen hinab. Im allgemeinen wird angenommen, daß *R. ferrugineum* auf Urgestein und *R. hirsutum*, die behaarte Alpenrose, auf Kalk vorkommen. Dies trifft aber nur bedingt zu. Wesentlich ist die Stärke der Rohhumusschicht, die dem Gestein aufliegt. Im Wettersteingebirge findet man z.B. beide Arten nebeneinander. Die Begleitpflanzen sind allerdings jeweils verschieden. Neben *R. ferrugineum* wachsen Grünerle *(Alnus viri-*

dis) und neben *R. hirsutum* Latschen *(Pinus mugo)*. Ferner tritt eine Zwischenform *Rhododendron × intermedium* auf, deren Blätter sowohl beschuppt als auch behaart sind. Es ist eine seit 1891 bekannte Naturhybride.

Nach ZÖTTL (1951) wird die Entwicklung der entsprechenden Pflanzengesellschaften dadurch eingeleitet, daß sich auf dem Geröll ausgesprochen kalkliebende Schuttpflanzen ansiedeln. Hat sich die Pflanzendecke durch starke Wurzelverankerung verdichtet, dann bildet sich Rasen. Dadurch werden Bodenbeschaffenheit und Mikroklima wiederum stark verändert, und im oberen Bodenhorizont tritt Humusbildung ein. Allmählich verschwinden die Schuttpflanzen, und die Seggen stellen sich ein. Die Produktion an Rohhumus wird stärker, die Bodenreaktion wird mehr und mehr sauer, Zwergstrauchgesellschaften können gedeihen. Unter ihnen ist die Pinus-mugo-prostrata-Rhododendron-hirsutum-Gesellschaft vertreten. Der A-Horizont, d.h. die oberste Bodenschicht, ist nun kalkfrei mit saurer Reaktion und einem pH-Wert von etwa 5,5.

Geht die Entwicklung ungestört weiter, dann nimmt die Stärke der Rohhumusschicht, unterstützt von starker Moosbildung, ständig zu, und die Pflanzendecke wird ausgesprochen azidophil. Als Schlußgesellschaft dieser Entwicklung entsteht dann die Pinus-mugo-prostrata-Rhododendron-ferrugineum-Gesellschaft mit einem pH-Wert von etwa 4,1.

Diese in ganz groben Zügen geschilderte Entwicklung erstreckt sich auf eine sehr lange Zeit, und man muß bei ungestörtem Ablauf mit einem Zeitraum von etwa 200 Jahren rechnen. Die hier erörterten Verhältnisse lassen einen Vergleich der Bodenentwicklung mit dem eigentlichen Heimatgebiet der Rhododendron im südwestlichen China angebracht erscheinen.

Auf der Pyrenäenhalbinsel nordwestlich von Gibraltar und in Portugal kommt *R. ponticum* in Flußtälern unter Eichen vor. In den Karpaten und Bulgarien ist das niedrige *R. kotschyi (= R. myrtifolium)* beheimatet. Im Kaukasus mit einzelnen Ausläufern ins Istranca-Gebirge nordwestlich vom Bosporus bilden *R. ponticum*, *R. smirnowii* und *R. ungernii* zusammen mit *Ilex* und Kirschlorbeer ein immergrünes Unterholz, das von den Niederungswäldern der Küste durch die Buchen- und Nadelwälder bis an die Baumgrenze reicht.

Das gleiche Verbreitungsgebiet gilt auch für *R. luteum*, das aber auch vereinzelt im Taurus-Gebirge und in Polen vorkommt. Die eigentliche alpine Art des Kaukasus ist *R. caucasicum*. Diese Art bildet über der Baumgrenze zusammenhängende, sehr dichte Bestände, die infolge des Schneedruckes allerdings nicht höher als 1 m werden.

Geographisch ganz isoliert ist *R. lapponicum*, das in Nordskandinavien, Finnland, Grönland und Labrador vorkommt.

Fassen wir noch einmal die in Europa beheimateten Rhododendron-Arten zusammen, es sind nur wenige:

R. caucasicum   *R. lapponicum*
R. ferrugineum   *R. luteum*
R. hirsutum   *R. ponticum*
R. kotschyi   *R. smirnowii*
  (= *R. myrtifolium*) *R. ungernii*

Dagegen ist die Zahl der übrigen in Europa heimischen Immergrünen, die für unsere Gärten von Bedeutung sind, sehr viel größer:

Andromeda polifolia
Arbutus unedo
*Arctostaphylos
  uva-ursi*
*Bruckenthalia
  spiculifolia*
Buxus sempervirens
Calluna vulgaris
Cassiope tetragona
Cytisus decumbens
Cytisus scoparius
Daboecia cantabrica
Danae racemosa
Daphne cneorum
Daphne laureola
Dryas octopetala
Empetrum nigrum
Erica carnea
Erica ciliaris
Erica cinerea
Erica vagans
Genista sagittalis
Hedera colchica
Hedera helix
*Helianthemum
  nummularium*
Hypericum calycinum
Ilex aquifolium
Lavandula angustifolia
Ledum palustre
Loiseleuria procumbens
Osmanthus decorus
  (= *Phillyrea vilmoriniana*)
Phyllodoce caerulea
Polygala chamaebuxus
Prunus laurocerasus
Pyracantha coccinea
Rosmarinus officinalis
Ruscus aculeatus
Ulex europaeus
Vaccinium vitis-idaea
Vinca minor

Amerika

Nordamerika ist geographisch und klimatisch außerordentlich verschiedenartig. Das Vorkommen der Rhododendron beschränkt sich aufgrund des Trockenklimas im Innern daher meist auf die küstennahen Gebirge. Die Artenzahl ist bei weitem nicht so groß wie in Ostasien, doch sind einige der hier beheimateten Arten für die Züchtung und die Rhododendronkultur im allgemeinen von ganz besonderer Bedeutung gewesen und sind es auch heute noch.

In der Polarzone kommen außer *R. lapponicum* im östlichen Küstengebiet von Labrador und *R. camtschaticum* an der Bering-Straße und Alaska keine Rhododendron vor. In den Prärriestaaten des Mittelwestens und dem Trockengebiet am Unterlauf des Colorado gibt es keine Rhododendron. Das gleiche gilt für ganz Mittel- und Südamerika.

Die regenreichen Küstengebiete der gemäßigten und kälteren gemäßigten Zone sind die Hauptverbreitungsgebiete. Hinzu kommen noch das südliche Einzugsgebiet des Mississippi und gewisse Stellen der pazifisch beeinflußten Rocky Mountains. Im Osten liegen die jährlichen Niederschlagsmengen zwischen 1000 und 2000 mm. An der pazifischen Küste von San Francisco bis Alaska sind die Verhältnisse die gleichen mit Ausnahme der Strecke zwischen dem 50. und 60. Breitengrad, wo die Niederschlagsmenge über 2000 mm beträgt.

Die Rhododendron-Arten der atlantischen Küste, des Appalachen-Gebirges und insbesondere der Alleghanies sind:

R. arborescens	*R. minus*
R. atlanticum	*R. periclymenoides*
R. calendulaceum	(= *R. nudiflorum*)
R. canadense	*R. prinophyllum*
R. carolinianum	(= *R. roseum*)
R. catawbiense	*R. vaseyi*
R. maximum	*R. viscosum*

Diese Arten sind auf dem europäischen Kontinent alle wohlbekannt, und die meisten werden viel kultiviert. In den südlichen USA kommt vor allem an bewaldeten Berghängen und in den Uferwäldern der Flüsse noch eine Reihe von Azaleenarten vor, die in unseren Gärten allerdings kaum zu finden sind. Es handelt sich um folgende Rhododendron-Arten:

R. alabamense	*R. prunifolium*
R. austrinum	*R. serrulatum*
R. oblongifolium	*R. speciosum*

Die pazifische Küste ist nicht so artenreich wie die Ostküste. In den Rocky Mountains kommt nur die Art *R. albiflorum* vor.

Im Kaskaden-Gebirge, der Sierra Nevada und dem Küstengebirge mit Ausläufern bis Mexiko finden wir die Rhododendron-Arten:

R. occidentale	*R. macrophyllum*
R. albiflorum	

und nördlich davon in der Küstenkette Britisch-Columbiens bis Alaska:

R. glandulosum	*R. parvifolium*
R. camtschaticum	

Mit den beiden letzten Arten ergibt sich auch über Alaska der Anschluß an das nordöstliche Asien, wo sie ebenfalls vorkommen.

Wenn von der Geschichte der nordamerikanischen Rhododendron die Rede ist, denkt man nicht so sehr an die Einführung nach Europa, sondern mehr an die Bedeutung, die einige dieser Arten für die Züchtung gehabt haben und heute noch haben.

J. FRASER führte 1809 *R. catawbiense* in die Gartenkultur ein und schenkte uns damit eine der härtesten und für das kontinentale Europa züchterisch wohl wertvollsten Arten. Eine der ersten aus Amerika eingeführten Pflanzen von *R. catawbiense* steht noch in einer Baumschule Südenglands. Mitte des 18. Jahrhunderts war das spätblühende *R. maximum* nach England gekommen.

Unter den Azaleen waren es *R. calendulaceum*, *R. viscosum* und *R. periclymenoides*, die – schon Anfang des 18. Jahrhunderts nach England eingeführt – zusammen mit *R. luteum* das Ausgangsmaterial für die sogenannten Genter-Hybriden bildeten.

Folgende immergrüne Laubgehölze sind in Nordamerika beheimatet:

*Andromeda
 glaucophylla*
*Arctostaphylos
 nevadensis*
Gaultheria procumbens
Gaultheria shallon
Ilex glabra
Kalmia augustifolia
Kalmia latifolia
Kalmia polifolia
Ledum groenlandicum
*Leiophyllum
 buxifolium*
*Leucothoe walteri
 (L. fontanesiana)*
*Leucothoe walteri
 'Rollissonii'*
Mahonia aquifolium
Paxistima myrsinites
*Phyllodoce
 empetriformis*
Pieris floribunda
*Vaccinium
 macrocarpon*

Im südlichen Südamerika:

Berberis darwinii
Berberis linearifolia
Berberis × lologensis
Pernettya mucronata

Je nach geographischer Herkunft zeigen die Arten in unserem Klima unterschiedliche Winterhärte, wobei die Arten aus dem südlichen Nordamerika und Südamerika ungeschützt nicht vollkommen winterhart sind.

Allerdings gilt diese Aussage nur unter Vorbehalt, denn neuerdings hat man erkannt, daß sich auch unter Herkünften aus klimatisch günstigeren Gebieten Genotypen befanden, die die Erbanlage für größere Winterhärte in sich tragen und in unserem Klima gedeihen. Leider wurde diese Auslese für unsere Gärten bisher kaum beziehungsweise auf zu schmaler Basis aus Saatgut, das am Heimatstandort gesammelt wurde, getroffen. Die südamerikanischen Berberitzen und nordamerikanischen Azaleen warten noch immer darauf, für unsere Gärten entdeckt zu werden.

Rhododendron-Arten

Von den etwa 1000 Arten, Varietäten und Formen, die bis jetzt in den Heimatgebieten entdeckt wurden, sind nur etwa 500 bis 600 Arten in den Sammlungen und Gärten zu finden. Die übrigen sind zum Teil so schwierig zu kultivieren, daß die eingeführten Pflanzen nicht lange in den Sortimenten gehalten werden konnten. Andere wieder sind nur als Herbarbelege nach Europa gelangt, und die damaligen Fundorte, durch die Entwicklung in Asien bedingt, sind für uns heute oft nicht mehr zugänglich.

Die Rhododendron-Arten zeigen eine faszinierende Vielfalt in der Größe und Form von Pflanze, Blatt und Blüte. Einzelne Arten sind ganz auf den Standort spezialisiert und die Kultur birgt erhebliche Schwierigkeiten in sich, so z. B. bei *R. lapponicum*, das kaum in den Sammlungen Mitteleuropas zu finden ist. Als in nördlichen Breiten von Europa, Asien und Amerika wachsende Art ist sie so an die in Polargebieten herrschenden Klima- und Standortverhältnisse angepaßt, daß eine Kultur in Mitteleuropa nicht einfach ist.

Auch von den besonders schönen asiatischen Arten ist in dieser Hinsicht nicht alles Gold was glänzt. Doch reizen gerade diese Schwierigkeiten immer wieder zum Versuch der Kultur im Garten oder im kalten Gewächshaus. Gelingt die Kultur, so lohnt die Freude am guten Entwicklungszustand und an ausgefallenen Blütenfarben und -formen die Mühen dann oft reich.

Ein Blick auf die Verbreitungskarte (Seite 97) zeigt, daß einzelne Arten nur in eng begrenzten Klimagebieten, andere wieder über weite Gebiete mit unterschiedlichen Witterungseinflüssen verbreitet sind. Die Entwicklung der Gattung ist noch nicht abgeschlossen.

Bis etwa 1980 wurden die Arten in 44 Gruppen, „Series" genannt, untergliedert. Nach der jetzt allgemein gültigen Systematik stimmen die „alten" Serien weitgehend mit den „neuen" Untersektionen überein. Wichtigste Klassifikationsmerkmale, auf die hier nicht näher eingegangen werden soll, sind die Form des Blattes, Behaarung oder Beschuppung am Blatt und die Form und Farbe der Blüten. Bei einigen Untersektionen werden Arten mit übereinstimmenden Merkmalen nochmals gesondert zusammengefaßt und in Serien untergliedert. Bei den folgenden Beschreibungen der Arten in alphabetischer Reihenfolge ist angegeben, zu welcher Untersektion (= Serie oder Unterserie) die betreffende Art gezählt wird.

In den Gärten der Rhododendronliebhaber überwiegen die Hybriden (Sorten). Dies ist einfach zu erklären. Die Hybriden sind ja im Hinblick auf die Verhältnisse in den Gärten ausgelesen worden und haben meist wenig Mühe, sich den gegebenen Standortbedingungen anzupassen. Hybriden (Sorten) beginnen sehr häufig bereits als kleine Pflanzen zu blühen, und auf geeigneten Standorten ist in der Regel jedes Jahr mit einer sich steigernden Blüte zu rechnen.

Die Arten sind aber für den, der das Ursprüngliche und Außergewöhnliche sucht, wesentlich interessanter. Bei den Arten herrschen reine Blütenfarben vor; ein wirklich klares Gelb ist z. B. bis jetzt nur bei den Arten zu finden.

Die Blätter sind von großer Vielfalt in der Abstufung der Grüntöne und erreichen bei *R. campanulatum* ssp. *aeruginosum* eine eigentümliche Blaufärbung mit silbrigem Schimmer beim Austrieb. Die Behaarung und Beschuppung der Blattunterseite variiert von Art zu Art so stark, daß alle Abstufungen von einer glänzend silberfarbenen Blattunterseite bis zu weißer, gelber und brauner mehr oder weniger wollig-filziger Behaarung gefunden werden. Diese Färbung und Behaarung der Blattunterseiten ist nur bei den Arten in so ausgeprägter Weise zu finden und kann über das ganze Jahr hin Anlaß sein, sich an diesem Merkmal immer wieder zu erfreuen. Viele Arten zeigen nach der Blüte einen fast ebenso schönen, eigenartigen Austrieb, der beispielsweise bei *R. yakushimanum* fast weißgrau-filzig behaart ist oder bei *R. williamsianum* eine tief kupferbraune, glänzende Färbung haben kann. Die Variabilität in der Größe der Blätter von kaum 1 cm Blattlänge bei *R. intricatum*, 30 cm bei *R. calophytum* und 80 bis 100 cm Länge bei *R. sinograde*, um nur diese Beispiele zu erwähnen, ist sehr groß. In der Form der Blätter finden sich alle Übergänge von fast kreisrund bei *R. orbiculare* bis zu den ganz schmal-lanzettlichen Blättern von *R. makinoi*.

Je nach dem Heimatstandort, von dem die Pflanzen oder die Samen stammen, kann die Herkunft maßgeblich für den Kulturwert sein.

So gibt es z.B. von *R. fortunei* und *R. wardii* die unterschiedlichsten Herkünfte, was sich in der Winterhärte in unserem Klima nachhaltig auswirken kann. Manche Pflanzen, aus Samen gezogen, verdienen nicht den Platz, den sie jahrelang im Garten einnehmen, andere wieder sind von bezaubernder Schönheit und hohem Gartenwert. Wenn man Arten kauft, sollte man sich immer nach der Herkunft erkundigen. Die Sammelnummer und der Name des Sammlers sind ein Hinweis, ob die daraus herangezogenen Pflanzen und auch deren Nachkommenschaft unter unseren Klimaverhältnissen einigermaßen gut gedeihen werden.

Saatgut von Pflanzen, die in den Himalajatälern unter subtropischen oder gar tropischen Bedingungen wuchsen, wird häufig vorwiegend Sämlinge bringen, die bei uns schon im ersten Winter erfrieren. Saatgut von Pflanzen aus Höhenlagen oder nördlichen Teilen des Verbreitungsgebietes und besonders exponierten Standorten läßt dagegen meistens einen höheren Anteil widerstandsfähiger Sämlinge erwarten. Auch im Aussehen und in den Blüheigenschaften sind Sämlingspflanzen der Arten unter sich, je nach Streubreite der Art, mehr oder weniger variabel. Wurde das Saatgut in botanischen Gärten oder anderen Sammlungen geerntet, wo die Arten dicht nebeneinander stehen, sind Bastardierungen, d.h. Kreuzungen untereinander, nicht auszuschließen, und daraus gezogene Pflanzen werden nicht die typischen Merkmale zeigen. Will man dieses Risiko umgehen und nur ganz typische, der Art entsprechende Pflanzen in der Sammlung haben, bleibt nur der Weg, sich um ungeschlechtlich vermehrte Pflanzen (über Veredlung oder Stecklinge) zu bemühen.

Am besten ist es, Pflanzen zu erwerben, die aus am heimatlichen Standort gesammeltem Saatgut herangezogen wurden.

Jahre des Suchens in verschiedenen Baumschulen des In- und Auslandes können darüber hingehen, bis es endlich gelingt, die richtige Pflanze zu finden. Diese Suche und auch das Risiko bei der Pflanzung von Sämlingen der Arten sind immer wieder interessant, da man hoffen darf, eine besonders schöne Form mit allen guten Eigenschaften zu erhalten.

Auf den folgenden Seiten sind etwa 150 ausgewählte, für den Liebhaber besonders interessante Arten kurz beschrieben. Die unter tropischen Bedingungen im Malaiischen Archipel wachsenden Arten fehlen vollkommen, da sie kaum ohne besondere Erfahrung und nur im Gewächshaus zu halten sind.

Ausgewählt wurden nur Arten, die eigentlich regelmäßig, wenn auch verstreut in den Katalogen von deutschen und englischen Baumschulen angeboten werden, wobei nicht verschwiegen werden soll, daß es manchmal mit Schwierigkeiten verbunden ist, die eine oder andere Art zu finden.

78 der nachfolgend genannten Arten sind in Nord- und Westdeutschland als vollkommen winterhart unter günstigen, etwas windgeschützten Standortbedingungen anzusprechen, dazu kommen 38 mit dem Hinweis **„Winterschutz!"** (1 Ausrufezeichen) am Schluß des Textes versehene Arten, die bei Frösten um −15 bis 20 °C auch am guten Standort Blattschäden davontragen können. Extreme Standorte, an denen diese Pflanzen frei dem Wind ausgesetzt sind, können selbst in an sich milden Wintern zu schweren Frostschäden führen.

12 Arten sind durch **„Winterschutz!!"** (2 Ausrufezeichen) gekennzeichnet und eigentlich nur in Norddeutschland an windgeschützten, besonders günstigen Standorten im Schatten lichter Bäume mit Erfolg zu kultivieren. Im übrigen Deutschland gehören diese Arten schon

nicht mehr ins Freiland, es sei denn, man schützt sie im Winter ganz besonders gut durch Einschütten mit trockenem Laub, Überdecken mit Reisig oder Einhüllen in Folie.

Alle mit „**Winterschutz!!!**" (3 Ausrufezeichen) bezeichneten Arten, es sind insgesamt 19, sollten nur im Kalthaus kultiviert oder zum Überwintern dahin verbracht werden.

Glücklich, wer diese empfindlichen Arten in einem Kalthaus entsprechender Größe kultivieren kann. In einem soeben noch frostfrei zu haltenden Gewächshaus, das im Sommer gut zu lüften ist, können die auf Seite 256 ff. besprochenen Arten gehalten werden. Im Kalthaus läßt sich das Sortiment empfindlicher Arten auch noch um die tropischen Rhododendron erweitern. Ein vollkommen vor stärkeren Winden geschützter Standort ist für alle großblättrigen Arten zu wählen.

Bei den besprochenen Spezies ist zur Erklärung der wissenschaftlichen Artnamen jeweils die Übersetzung bzw. eine Erklärung über die Herkunft des Namens in Klammern beigefügt, oder es wird im Text darauf hingewiesen.

R. aberconwayi Cowan
Subsectio Irrorata
= Series und Subseries Irroratum

(nach Lord ABERCONWAY benannt, dem Präsidenten der RHS 1931–1953)

Das Bemerkenswerte an dieser 1 bis 2 m hoch werdenden Art sind die sehr flachen, fast tellerförmigen, weißen, zum Teil auch rot getönten Blüten. *R. aberconwayi* ist in Deutschland noch nicht lange in Kultur. Da diese Art jedoch ziemlich winterhart ist, kann sie bestens empfohlen werden, obwohl sie aus Samen gezogen recht variabel sein kann.
Das Heimatgebiet ist das östliche Yünnan. Die Blütezeit ist Mai bis Juni. Winterschutz!

R. adenogynum Diels
Subsectio Taliensia, Series Adenogyna
= Series Taliense, Subserie Adenogynum

(drüsengrifflig-bedrüster Fruchtknoten)

Voraussetzung für das gute Gedeihen dieser bis etwa 1,20 m hohen Art ist ein geschützter Standort. Interessant sind die unterseits gelblich-wolligen Blätter. Die Blüte ist im Aufbrechen dunkelrosa und verblaßt dann allmählich zu einem rosa getönten Weiß. Die Blütezeit liegt im April.

R. adenophorum ist mit *R. adenogynum* nahe verwandt. Es wird bei uns nicht ganz so hoch (etwa 1 m), ist stärker bedrüst, die Blätter sind unterseits zimtbraun oder rostrot-filzig. Sie blüht im April, und die Blüte ist im ganzen dunkler als bei *R. adenogynum*.
Immergrün, Nordwest-Yünnan, auf rasigen Hängen und steinigen Wiesen in 3000 bis 4000 m Höhe. Winterschutz!

R. aganniphum var. flavorufum (Balf. f. et Forr.) Chamberlain
Subsectio Taliensia, Serie Taliensia
= Series und Subseries Taliense

(Schneeweiß bis gelblichbraun)

Unterscheidet sich von der Art nur durch die Behaarung. Der Wert dieser aus Südost-Tibet und Yünnan stammenden Art liegt in der Belaubung. Der Wuchs des 0,50 bis 1,50 m hoch werdenden Strauches ist gedrungen, oft kugelig. Die Blätter sind unterseits rostfarbenfilzig. Auf die hellrosa getönten Blüten muß man jedoch lange warten, erst alte Pflanzen kommen im April bis Mai zur Blüte. Immergrün. Winterhart.

R. albiflorum Hooker
Sectio Candidastrum = Series Albiflorum

(weißblühend)

Die Art ist im westlichen Nordamerika in etwa 1000 m Höhe beheimatet. Sie ist jedoch in der Kultur in niedrigen Lagen schwierig, daher wohl selten anzutreffen. Die weißen, schalenförmigen Blüten erscheinen im Juni bis Juli an den vorjährigen Trieben. Der Gartenwert ist, da die Art selten gut gedeiht, gering.
Sommergrün, Nordamerika, Kanada. Winterschutz!

R. albrechtii Maxim.
Sectio Sciadorhodion
= Series Azalea, Subseries Canadense

(nach Dr. M. ALBRECHT, einem russischen Schiffsarzt, der die in Mittel- und Nordjapan vorkommende Art um 1862 entdeckte)

Diese Art ist eine der schönsten frühblühenden Azaleen. Sie wird etwa 1,50 m hoch und wächst locker buschig. Die 4 bis 12 cm langen Blätter stehen meist zu 5 an den Enden der Kurztriebe. Die rein purpurroten Blüten erscheinen im April bis Mai.
Sommergrün, Mittel und Nordjapan. Winterhart.

R. ambiguum Hemsl.
Subsectio Triflora
= Series und Subseries Triflorum

(zweifelhaft, unbeständig)

Ein Frühblüher aus dem westlichen Szetschuan. Schon im April erfreut uns der 1 bis 1,5 m hoch werdende, kleinblättrige Strauch mit seinen gelben, grüngefleckten Blüten. Die unterseits beschuppten Blätter duften aromatisch. Da Form und Farbe der Blüte variieren, achte man bei der Beschaffung auf gut ausgelesenes Pflanzenmaterial.
Immergrün. Winterhart.

R. annae Franch.
Subsectio Irrorata
= Series und Subseries Irroratum

(nach einer französischen Dame benannt)

Eine Art, die sich in unserem Klima bei etwas windgeschütztem Standort als überraschend winterhart erwiesen hat. Etwas locker und aufrecht bis 3 m hoch wachsend. Blätter glänzend grün, schmal-lanzettlich oder oblong-lanzettlich. Blüten weiß, cremefarben, teils rosa überhaucht, mit und ohne rosa bis purpurlila Flecken. Blüte Anfang bis Mitte Mai.
Immergrün, Yünnan, Kwangsi, in Gebüschen und Wäldern zwischen 1300 und 3400 m Höhe. Winterschutz nur bei empfindlichen Herkünften.

R. arborescens (Pursh) Torr.
Subsectio Lutea
= Series Azalea, Subseries Luteum

(baumartig werdend)

Der lockere Wuchs und der heliotropartige Duft der Blüten geben diesem 1,50 bis 2,50 m hoch werdenden Strauch seinen besonderen Reiz. Die sommergrünen Blätter sind 4 bis 8 cm lang.

Die weißen, rosa getönten Blüten erscheinen erst im Juni bis Juli nach dem Laubaustrieb, von dem sie zum Teil verdeckt werden. Diese Art liebt einen feuchten Standort und gedeiht gut zusammen mit Farnen und Primeln.
Sommergrün, östliches Nordamerika. Winterhart.

R. arboreum Smith
Subsectio Arborea
= Series und Subseries Arboreum

(baumartig)

Für die Züchtung ist diese Art wegen ihrer leuchendroten Blütenfarbe von großer Bedeutung gewesen. Sie ist aber bei uns nicht winterfest und nur für das Kalthaus geeignet. In der Heimat wird sie baumartig, und in Schottland kann man bis 20 m hohe Exemplare sehen. Die Blätter sind 10 bis 20 cm lang und unterseits weißlichbraun behaart oder filzig. Die zu etwa 20 in einem traubigen Blütenstand sitzenden Blüten sind meist dunkelrot mit fast schwarzer Zeichnung. Im übrigen ist die Blütenfarbe veränderlich, und es gibt mehrere Farbformen, von denen die weißblühenden wesentlich härter sind und noch in Südengland im Freien aushalten. Blüte im Gewächshaus ab Februar bis April.
Immergrün, Kaschmir, Nepal, Bhutan, Ceylon, zwischen 1500 und 3000 m Höhe. Winterschutz!!!

R. argyrophyllum Franchet
Subsectio Argyrophylla
= Series Arboreum, Subseries Argyrophyllum

(silberblättrig)   (Abb. Seite 114)

Diese langsamwachsende Art wird bei uns im Freien 0,50 bis 1 m hoch. In Ausnahmefällen kann sie bei sehr geschütztem Standort in hohem Alter bis zu 2 m hoch werden. Die 6 bis 13 cm langen Blätter sind unterseits weiß-filzig. Die weißen, rosa getönten, aber auch rosa mit dunklem Fleck gefärbten Blüten erscheinen im April.
Immergrün, westliches Szetschuan, in 2000 bis 3000 m Höhe beheimatet. Winterschutz!

R. arizelum siehe *R. rex* ssp. *arizelum*
R. astrocalyx siehe *R. wardii*

R. atlanticum (Ashe) Rehd.
Subsectio Lutea
= Series Azalea, Subseries Luteum

(von der atlantischen Küste)

Eine sommergrüne Art und typische Waldrandpflanze der nordamerikanischen Ostküste. Sie wird etwa 0,60 m hoch, ist ausläufertreibend und in einzelnen Formen spätblühend (Juni). Die zu 4 bis 10 sitzenden Blüten erscheinen normalerweise mit oder kurz nach dem Laubaustrieb im Mai und Juni und sind weiß mit leicht rosa Tönung. Die Blüte ist stark duftend. Winterhart.

R. augustinii Hemsley
Subsectio Yunnanensia
= Series Triflorum, Subseries Augustinii

(nach AUGUSTINE HERNY, Arzt in chinesischen Diensten, später Professor für Forstbotanik in Dublin)

Von dieser 1,50 bis 2 m hoch werdenden Art gibt es wundervolle, fast rein blau blühende Formen, die denen mit violetten Blüten vorzuziehen sind. Blütezeit April bis Mai. Die 4 bis 12 cm langen Blätter sind unterseits bedrüst, als besonderes Merkmal ist noch die behaarte Mittelrippe zu erwähnen. Die niedrigwachsende Kreuzung *R. augustinii* × *impeditum* = 'Blue Tit' ist als Unterpflanzung für höhere Arten recht geeignet und härter als die Art.
Immergrün, Szetschuan, Hupeh, 1500 bis 4000 m. Winterhart, jedoch für einen geschützten Standort dankbar.

R. aureum Georgi
Subsectio Caucasica
= Series Ponticum, Subseries Caucasicum

(goldgelb)

Die flachkriechende Art wird nur 30 cm hoch und hat hellgelbe Blüten. Sie ist besonders für den Steingarten oder das Alpinum zu empfehlen. Sie liebt einen feuchten Standort aber durchlässigen Boden mit Steinen im Untergrund. Die Art ist nicht einfach zu kultivieren und wird daher im Handel kaum angeboten. Blütezeit Mai bis Juni.
Immergrün, Sibirien, Nordost-Asien, Nordjapan. Winterhart.

R. barbatum Wall ex G. Don
Subsectio Barbata
= Series und Subseries Barbatum

(bärtig, hier steifhaarig)

Das leuchtende Scharlach der Blüten schien für die Züchtung von großer Bedeutung zu sein, doch sind Barbatum-Hybriden für unser Klima nicht hart genug. Das in Nepal und Sikkim baumartig wachsende *R. barbatum* ist für unser Klima zu weich. Allenfalls kann man es im Kalthaus überwintern oder kultivieren. Blütezeit März.
Immergrün. Winterschutz!!!

R. brachyanthum Franch.
Subsectio Glauca
= Series und Subseries Glaucophyllum

(mit kurzen Blüten)

Ist für den kleinen Garten so recht geeignet. Besonders reizvoll sind die blaßgelben, schalenförmigen Blüten, die erst im Juni erscheinen. Der Wuchs ist niedrig, die Pflanzen werden selten höher als 0,50 m. Mitunter läßt die Belaubung etwas zu wünschen übrig. Am besten pflanzt man *R. brachyanthum* in den Steingarten.
Immergrün, Yünnan. Winterhart.

R. brachyanthum ssp. *hypolepidotum* ist eine Form, deren Blattunterseite sehr dicht beschuppt ist.

R. brachycarpum D. Don ex G. Don
Subsectio Taliensia, Series Lactea
= Series Ponticum, Subseries Caucasium

(kurzfrüchtig)

Diese erst im Juni, also spätblühende, 2 bis 3 m hoch werdende Art ist in erster Linie für größere Gärten und Parkanlagen geeignet. Die Blätter sind unterseits dünn braun-filzig. Die Blütenfarbe variiert zwischen Rahmgelb mit grünen Flecken und Weiß mit rosa Tönung.
Immergrün, Japan. Winterhart.

R. calendulaceum (Michx.) Torr.
Subsectio Lutea
= Series Azalea, Subseries Luteum

(Blütenfarbe wie Calendula)

Schon Ende des 18. Jahrhunderts wurde diese sommergrüne, bis 1,50 m hoch wachsende Art im Staate New York entdeckt, doch erstreckt sich das Verbreitungsgebiet von Pennsylvanien bis Georgia. Absolute Winterhärte in unserem Klima und ihre von Gelb bis Orange variierende Blütenfarbe waren Anlaß, die Art immer wieder als Kreuzungspartner zu benutzen. Man darf annehmen, daß sie mit in die Genter- und Knap-Hill-Hybriden eingekreuzt wurde. Aufgrund ihrer guten Eigenschaften ist sie sehr für die Pflanzung im Garten zu empfehlen. Blütezeit Mai bis Juni.

R. californicum siehe *R. macrophyllum*

R. callimorphum Balf. f. et. W. W. Sm.
Subsectio Campylocarpa
= Series Thomsonii, Subseries Campylocarpum

(schön gewachsen)

An einem geschützten Standort gedeiht diese Art gut. Man wird an den rundlich breiten Blättern und breit glockenförmigen rosafarbenen Blüten seine Freude haben. Von dieser Art gibt es mehrere Typen, die von Ende April bis Juni blühen.
Immergrün, Yünnan, Nordost-Burma, etwa 3000 m. Winterschutz!

R. calophytum Franchet
Subsectio Fortunea, Series Calophyta
= Series Fortunei, Subseries Calophytum

(schöne Pflanze)   (Abb. Seite 114)

Der Reiz dieser Art liegt in ihrer fast exotisch erscheinenden Belaubung und in dem Austrieb. Die Blätter werden bis zu 30 cm lang, und der helle Austrieb mit den roten Knospenschuppen ist besonders dekorativ. Bei uns wird diese nicht ganz winterharte Art wohl nur 1 bis 1,50 m hoch. Da es schwierig ist, solche weichen Arten unbeschadet durch den Winter zu bringen, sollten sie durch jährlichen Rückschnitt kurz nach der Blüte, jedoch vor dem Austrieb, klein gehalten werden. Es ist aber darauf zu achten, daß die Pflanze ihre Form behält. Besser ist es, die Pflanzen im Winter zu überbauen. Die Blütezeit liegt schon im April, daher ist im Freien ein sehr geschützter Standort erforderlich. Die Blüte ist weißrosa bis lila.

Immergrün, Szetschuan, 2000 bis 3000 m. Winterschutz!!

R. calostrotum Balf. f. et Ward
Subsectio Saluenensia
= Series Saluenense

(mit schönem Überzug)

Eine schwachwüchsige alpine Art, die am besten im Steingarten auf ziemlich feuchtem, aber leicht schattigem Standort gedeiht. Sie wird etwa 0,30 m hoch, die 3 cm langen Blätter sind oben und unten bewarzt. Die meist zu zweien stehenden, breit-trichterförmigen, purpurvioletten Blüten erscheinen im Mai.
Immergrün. Nordost-Burma, 3000 bis 4000 m. Winterschutz!

R. calostrotum ssp. *keleticum* siehe *R. keleticum* und *R. radicans*

R. campanulatum D. Don
Subsectio Campanulata
= Series Campanulatum

(nach den breitglockigen Blüten)

Die Blütenfarbe variiert zwischen Weiß, Hellpurpur und Purpurrosa. Blütezeit ist April bis Mai. In der Jugend ist diese Art ziemlich blühfaul. Sie hat ihren Reiz in der schönen Belaubung. Die Blätter sind unterseits braun-filzig. In England ausgelesene Formen wie z. B. 'Knap Hill' (blau), 'Roland Cooper' (malvenfarbig) und 'Waxen Bell' (purpurfarben) haben in die deutschen Gärten noch keinen Eingang gefunden. Bei der Form *R. campanulatum* ssp. *aeruginosum* ist der Austrieb silbrig, während die älteren Blätter blau bereift sind.
Immergrün, Kaschmir, Nepal, Bhutan, 3000 bis 4000 m. Winterhart.

R. campylocarpum Hooker f.
Subsectio Campylocarpa
= Series Thomsonii, Subseries Campylocarpum

(krummfrüchtig)

Die 1851 von HOOKER eingeführte Art wächst in Gebirgsschluchten Ost-Nepals und Sikkims in 4000 m Höhe. KINGDON WARD nennt sie, die blaßgelb mit roter Zeichnung blüht, eine der köstlichsten Gaben Sikkims. Die Art wird neuerdings viel in England kultiviert und zu Kreu-

R. argyrophyllum

zungen verwandt. Es gibt zwei Typen, eine niedrig und gedrungen wachsende Form mit ausgesprochen gelben Blüten und eine kräftig wachsende Form mit etwas blasseren Blüten. Letztere blüht zeitweise so stark, daß sie zusätzlich gedüngt werden muß. Leider dominiert die gelbe Farbe bei der Kreuzung nicht.
Immergrün. Winterschutz!

R. campylogynum Franchet
Subsectio Campylogyna
= Series Campylogynum

(Fruchtknoten gebogen)

Diese Art ist außerordentlich variabel. Die Wuchsform kann flachkriechend sein, einige Formen wachsen aufrecht und werden bis zu 1 m hoch. Auch die Blütenfarbe ist sehr veränderlich, von blassem Purpurrosa bis Karmin. Am besten eignet sich die Art für den Steingarten. Blütezeit Mai bis Juni.
Immergrün, Yünnan, Südost-Tibet, 4000 m. Winterschutz!

R. camtschaticum Pall.
Subgenus Therorhodion
= Series Camtschaticum

(aus Kamtschatka)

Eine sommergrüne, nur 0,10 bis 0,20 m hoch

R. calophytum

werdende subpolare Art. Sie fühlt sich am wohlsten, wenn sie hinter einen Findling, den sie mit der Zeit überwuchern kann, gepflanzt wird. Diese Art hat die besondere Eigenschaft, daß sie fast den ganzen Sommer über immer wieder neue, meist einzeln stehende, dunkelpurpurviolette Blüten hervorbringt. In feuchten, kühlen Felslagen verträgt sie auch volle Sonne und ist dann eine ideale Steingartenpflanze. Blütezeit Juni bis September.
Kamtschatka, Alaska. Winterhart.

R. camtschaticum

R. catawbiense

R. canadense (L.) Torr.
Subsectio Canadensia
= Series Azalea, Subseries Canadense

(aus Kanada)

Das Eigenartige an dieser sommergrünen Azalee sind die vor den Blättern im April und Mai erscheinenden grazilen purpurfarbenen Blüten mit ihren ganz tief geschlitzten Petalen. Die aus dem nordöstlichen Amerika (bis Labrador) stammende Art wächst an Flußufern und feuchten Stellen. 1 bis 1,20 m hoch, aufrechter Wuchs, Blattränder bewimpert. Liebt feuchten Standort, jedoch keine stauende Nässe. Winterhart.

R. canadense f. *albiflorum* ist eine weißblühende Form.
R. cantabile siehe *R. russatum*

R. carolinianum Rehd.
Subsectio Caroliniana
= Series Carolinianum

(aus Carolina)

Ist für den größeren Garten geeignet. Die Art wächst bei uns nicht so üppig wie im östlichen Nordamerika, wo sie beheimatet ist. In Deutschland wird sie meistens nicht höher als 1,50 bis 2 m. Die immergrünen elliptischen Blätter werden 6 bis 10 cm lang, die hellpurpurrosafarbenen Blüten kommen im Mai bis Juni, etwas früher als bei *R. catawbiense*. Winterhart.
R. catawbiense und *R. carolinianum* kommen übrigens in höheren Lagen vor, während zwei andere nordamerikanische Arten, *R. minus* und *R. maximum*, in tieferen Lagen, meist an Fluß-

ufern wachsen und später blühen. Im Rhododendronpark in Bremen wurde beobachtet, daß *R. carolinianum* am besten gedeiht, wenn man es als Jungpflanze pflanzt. Ältere Exemplare lassen sich nur schlecht verpflanzen. Die Art hat Ähnlichkeit mit *R. minus*, das jedoch gekräuselte, außen beschuppte Blütenblätter hat.

R. carolinianum f. *album*, die weißblühende Form, hat als Gartenpflanze die gleichen guten Eigenschaften wie die Art.

R. catawbiense Michx.
Subsectio Pontica
= Series und Subseries Ponticum   (Abb. S. 115)

(vom Catawbafluß in North-Carolina)

Es handelt sich um eine der winterfestesten Arten. Ebenso wie in den Alleghanies, einem Gebirge im Osten Nordamerikas, ihrer eigentlichen Heimat, wird sie bei uns 2 bis 5 m hoch. Ihre besonderen Vorzüge sind gedrungener, dichter Wuchs (Windschutz für andere, empfindliche Arten!), gesundes Laub und geschlossener traubiger Blütenstand. Pflanzt man die Art im größeren Garten oder Park mit Sorten wie 'Album Novum' und 'Madame Carvalho' zusammen, dann wirkt sie trotz der lila Blütenfarbe ausgezeichnet. Es ist eine der meistkultivierten Arten, von der sehr viele großblumige Sorten, wie z. B. 'Madame Carvalho', 'Bibber', 'Leopold' und andere abstammen. Die Blüte ist purpurlila mit grünlicher oder orangefarbener Zeichnung. In den Baumschulen wird die weißblühende Sorte 'Catawbiense Album' angeboten, die in Wuchs und Härte der Art gleichwertig ist. Weitere weißblühende Formen sind bei uns im Handel noch selten zu finden, z. B. 'Glass White' und 'Catalgla'. Blütezeit Ende Mai bis Anfang Juni. Die Art gab den vielen großblumigen Catawbiense-Hybriden den Namen.
Immergrün, Nordamerika. Vollkommen winterhart.

R. caucasicum Pall.
Subsectio Caucasica
= Series Ponticum, Subseries Caucasicum

(aus dem Kaukasus)

In der Kultur oft recht schwierig, was aber einen Sammler von reinen Arten sicher nicht von der Pflanzung abhalten wird. Im allgemeinen ist man besser daran, eine der Hybriden von *R. caucasicum* zu pflanzen, wie z. B. 'Jacksonii' oder 'Melpomene'. Sie blühen ebenso schön und gedeihen besser. Je nach der Höhenlage, aus der die im Kaukasus beheimatete Art stammt, sind die Blüten weißlichrosa oder gelblich. Blütezeit Anfang Mai. Die Art hat einen gedrungenen Wuchs und wird etwa 1,50 m hoch. Immergrün. Winterhart.

R. charianthum siehe *R. davidsonianum*
R. chartophyllum siehe *R. yunnanense*
R. chrysanthum siehe *R. aureum*

R. chryseum Balf. f. et Forr.
Subsectio Lapponica
= Series Lapponicum

(goldgelb)

Wie der Name sagt, sind die goldgelben Blüten das Reizvolle dieser Art, die ausgezeichnet zu den niedrigen blaublühenden Zwergrhododendron, wie z. B. *R. impeditum* und 'Blue Tit', paßt. Die Art wird 0,30 bis 0,60 m hoch und ist in normalen Wintern hart. Bei starkem Frost verlangt sie etwas Schutz. Blütezeit April bis Mai.
Immergrün, Yünnan, Mekong-Salween-Gebiet, auf offenen Grashängen in 4000 m Höhe.

R. ciliatum Hooker f.
Subsectio Ciliicalyces
= Series Maddenii, Subseries Ciliicalyx

(bewimpert)

Diese Art ist bei uns leider nicht winterhart, man kann sie nur im Kalthaus kultivieren. Für die Züchtung war *R. ciliatum* jedoch von Bedeutung. Die bekannte frühblühende Sorte 'Praecox' ist aus *R. ciliatum* × *R. dauricum* entstanden und hat zum Glück nicht die Frostempfindlichkeit von *R. ciliatum* geerbt.
Immergrün, Sikkim, Südost-Tibet, 3000 bis 4000 m, Blüten hellrosa, Blütezeit April. Winterschutz!!!

R. cinnabarinum Hooker f.
Sectio Keysia
= Series Cinnabarinum

(zinnoberrot) (Abb. Seite 118)

Trotz ihrer Empfindlichkeit ist diese Art für den Liebhaber wegen der schönen langen Glockenblüten den Versuch einer Pflanzung wert. Windgeschützter Standort ist allerdings erforderlich. Die im Mai bis Juni blühende Art wird bei uns etwa 1,50 m hoch, hat 7 bis 9 cm lange Blätter und zinnoberrote Blüten.
Ausgelesene Formen, z.B. var. *blandfordiiflorum*, var. *roylei* werden neuerdings auch als Blandfordiiflorum- und Royleigruppe bezeichnet, mit zwei- und dreifarbigen bzw. blauroten Blüten. Sie sind besonders schön, aber auch empfindlicher und werden in Deutschland kaum angeboten.
Immergrün, Sikkim-Himalaja, 3000 bis 4000 m. Winterschutz!!

R. cinnabarinum ssp. *xanthocodon* siehe *R. xanthocodon*

R. clementinae Forrest
Subsectio Taliensia, Series Taliensia
= Series und Subseries Taliense

(nach Clementine, der Frau des Pflanzensammlers G. Forrest)

Hauptsächlich wegen des schönen Laubes geschätzt. Die Art wird 1 bis 2 m hoch, die Blüten sind weiß mit rosa Tönung mit dunkler Zeichnung und erscheinen im April bis Mai. Junge Pflanzen sind meist blühfaul.
Immergrün, Yünnan, Szetschuan, 4000 m. Winterhart.

R. concatenans Hutch.
Sectio Keysia
= Series Cinnabarinum

(ineinander wachsend) (Abb. Seite 119)

Nahe verwandt mit *R. cinnabarinum*, der sie einige Autoren als ssp. *xanthocodon* zuordnen, jedoch sind die langen, glockenförmigen Blüten nicht so schön in der Farbe, die von Orange bis Gelb variiert. Dunkelgelbe Formen sollen aber besonders wertvoll sein. Die Art wird 1,50 m hoch, blüht im April bis Mai und ist bei uns nicht ganz winterhart.

Immergrün, Szetschuan, Südost-Tibet, 3000 bis 4000 m. Winterschutz!!

R. concinnum Hemsley
Subsectio Yunnanensia
= Series Triflorum, Subseries Yunnanense

(hübsch)

Die Art ist eine sehr gute Gartenpflanze. Da es mehrere Formen mit unschöner Blütenfarbe gibt, versuche man beim Einkauf einen Typ von guter Farbe zu erlangen. Am besten sind die kräftig purpurviolett oder purpurfarben blühenden, während die helleren Farben leicht verwaschen wirken. Die Art ist außerordentlich reichblühend. Ein Liebhaber zählte an einer 30 Jahre alten Pflanze etwa 5600 Blüten. Unter den Sämlingspflanzen befinden sich häufig empfindliche Typen. Die Auslese bei der Anzucht ist zu gering, um vollkommen harte Pflanzen in den Handel zu geben.
Immergrün, Szetschuan, 1500 bis 4000 m, Blütezeit Mai. Winterschutz!

R. concinnum var. *pseudoyanthinum* ist eine dunkelrot blühende Form mit oft größeren Blättern als die Art.

R. cuneatum W.W.Sm.
Subsectio Lapponica
= Series Lapponicum, Subseries Cuneatum

(keilförmig)

Diese Art hat wenig gemeinsam mit den anderen Arten der Subsectio Lapponica und fällt durch Wuchsform und Blattgröße aus dem Rahmen. Es ist eine alpine Art, die in Yünnan in 3000 m bis 4000 m Höhe vorkommt. Bei uns wird sie etwa 0,50 m, in der Natur 0,30 bis 3,70 m hoch. Sie ist für den Steingarten geeignet. Die dicht beschuppten Blätter sind 1,5 bis 2 cm lang, die Blüte ist purpurrosa. Blütezeit Mai.
Immergrün, interessante, winterharte Art.

R. croceum siehe *R. wardii*

R. dauricum L.
Subsectio Rhodorastra
= Series Dauricum

(aus Sibirien)

Im Handel befinden sich kaum typische Formen

Variationen und Sorten von *R. cinnabarinum* (oben links), 'Mount Everest' (oben rechts), 'Lady Chamberlain' (unten links).

dieser Art. Meistens sind es Kreuzungen zwischen *R. dauricum* und *R. mucronulatum*. Die reinen Typen unterscheiden sich dadurch, daß *R. dauricum* gedrungener und sparriger wächst, kleinere Blätter hat und etwa 8 Tage später blüht als *R. mucronulatum*. Im übrigen ist *R. dauricum* ganz winterhart. Aus einer Kreuzung mit *R. ciliatum* entstand die bekannte Sorte 'Praecox'.
Immergrün, Nordasien, Altai bis Korea, 1 m hoch, Blüten zu 1 bis 2, purpurrosa, blüht im März.

R. davidsonianum Rehd. et Wils.
Subsectio Yunnanensia
= Series Triflorum, Subseries Yunnanense

(nach Dr. W. H. DAVIDSON, einem Quäker, der als Missionar in China tätig war)

Die Art ist bei uns nur für sehr geschützte Lagen, am besten für das Kalthaus, geeignet. Von den selektierten Formen gehen in England die besseren unter der Bezeichnung 'Pink Triflorum'. *R. charianthum* wird heute zu *R. davidsonianum* gezählt.
Immergrün, Szetschuan und Yünnan, 2000 bis 3000 m, 1,5 m hoch, Blüte rosa, im April bis Mai. Winterschutz!!!

R. decorum Franch.
Subsectio Fortunea, Series Fortunea
= Series und Subseries Fortunei

(dekorativ, schön)

Ist im allgemeinen in Deutschland nicht ganz winterhart. Von Aussaaten konnten in Bremen jedoch einzelne Pflanzen beobachtet werden, die ganz gut durchhielten. Ein Zeichen, daß bei Aussaaten Pflanzen unterschiedlicher Härte gefunden werden können. Geschützter Standort ist jedenfalls empfehlenswert. Bei uns wird die Art 1,50 bis 2 m hoch. Die Blätter sind 10 bis 15 cm lang, oberseits wachsartig bereift. Die großen trichterförmigen Blüten sind weißlich bis hellrosa und erscheinen im April bis Mai.
Immergrün, Yünnan, Szetschuan, 2500 bis 3000 m. Winterschutz!–!!!

R. degronianum Carr.
Subsectio Caucasica
= Series Ponticum, Subseries Caucasicum

(nach M. DEGRON, Direktor einer franz. Niederlassung in Yokohama, 1869)

Anfang bis Mitte April blüht diese etwa 1 m hoch werdende Art mit zartrosa, dunkelrot gerippten Blüten. Die 10 bis 15 cm langen Blätter haben einen eingerollten Rand und sind unterseits hellgelb-filzig. Ihr gedrungener Wuchs und die gesunde Belaubung machen die Art für Vorpflanzungen im größeren Garten sehr geeignet. Sie kann auch einen mäßig trockenen Standort ganz gut vertragen und wirkt gut zusammen mit graulaubigen, bodendeckenden Stauden.
Immergrün, Japan. Winterhart.

R. desquamatum Balf. f. et Forrest
Subsectio Heliolepida
= Series Heliolepis

(ungleichartig beschuppt)

Eng verwandt mit *R. rubiginosum*, dem es auch zugeordnet wird, obwohl es sich von diesem in Habitus, Blatt, Blüte und Chromosomenzahl unterscheidet. In der Heimat 6 bis 7 m hoch wachsend, wird es bei uns nur 1,50 bis 2 m hoch. Die Blütenfarbe fällt sehr verschieden aus. Einige Typen sind blaßlila, während andere mehr rötlich, ja weiß gefärbt sind, dazwischen finden sich alle Übergänge. Blütezeit ist April bis Mai. Die länglich elliptischen Blätter sind unterseits mit ungleich großen Schuppen besetzt.
Immergrün, Yünnan, Nord-Burma, 3000 bis 4000 m. Winterschutz!

R. dichroanthum Diels
Subsectio Sanguinea
= Series Neriiflorum, Subseries Sanguineum

(mit zweifarbigen Blüten)

Besonders reizvoll und auffallend an dieser Art sind die orange und rot oder rosa gefärbten Blüten, die im Mai bis Juni erscheinen, daher wurde sie auch viel zu Kreuzungen verwendet. Sie wird 1 bis 1,50 m hoch, die Blätter haben eine Länge von 5 bis 10 cm. Die Jungtriebe sind weiß behaart, auch der Fruchtknoten hat dichte Behaarung. *R. dichroanthum* ist sehr variabel. Als Subspecies werden in den Baumschulkatalogen noch aufgeführt: *R. dichroanthum* ssp. *apodectum* und ssp. *scyphocalyx*. Da Sämlingspflanzen oft unterschiedlich winterhart sind, ist ein etwas geschützter Standort bei diesen Unterarten empfehlenswert.
Immergrün, Yünnan, 3000 bis 4000 m. Winterschutz!

R. didymum siehe *R. sanguineum* ssp. *didymum*

R. discolor Franch.
Subsectio Fortunea, Series Fortunea
= Series und Subseries Fortunei

(verschiedenfarbig)

Wertvoll an dieser 1,50 bis 2 m hohen, in der Heimat bis 6 m hoch werdenden Art ist die späte Blüte. An einem etwas geschützten Standort sind die Pflanzen bei uns winterhart. *R. discolor* wächst straff aufrecht, so daß man es am besten in eine Gruppe von halbhohen Rhododendron oder Sträuchern pflanzt. Blattlänge 10 bis 20 cm. Die weißen bis zartrosafarbenen, später weißen Blüten werden bis zu 10 cm breit, sind duftend und erscheinen Ende Juni bis Anfang

R. concatenans

Juli. 'Inamorata', eine Kreuzung von *R. discolor* × *R. wardii* ist im Blatt kleiner und etwas gesünder, doch in Habitus und Blüte wie die Art. Die Angliederung von *R. discolor* als Unterart von *R. fortunei* – *R. fortunei* ssp. *discolor* – wird sich wohl kaum halten lassen, da die Unterschiede in Habitus, Blatt, Blüte und Blütezeit doch sehr deutlich sind.
Immergrün, Szetschuan, Hupeh, in Wäldern in 1500 bis 2000 m. Winterschutz!

R. edgarianum Rehd. et Wils.
Subsectio Lapponica
= Series Lapponicum

(nach Rev. J. H. Edgar, China Mission)

Es ist für Steingärten gut geeignet und wird bis zu 0,90 m hoch, hat 1 cm lange, breit elliptische Blätter, die beiderseits dicht beschuppt sind und entständige, purpurrosa gefärbte Blüten. Blütezeit ist Mai. Die Art ist für den versierten Liebhaber und Kultivateur geeignet, während der Anfänger besser *R. russatum* wählt.
Immergrün, West-Szetschuan, 4000 bis 5000 m. Winterschutz!

R. edgeworthii Hooker f.
Sectio Bullatorhodion
= Series Edgeworthii

(nach M. P. Edgeworth, 1812–1881)

Diese Art ist bei uns nicht winterhart und nur als Kalthauspflanze zu kultivieren. In der Heimat wächst sie epiphytisch auf alten Bäumen. Kultiviert ist die Pflanze ein sparrig lockerer Busch mit oben runzeligen und unten braunfilzigen 5 bis 10 cm langen Blättern. Im April bis Mai erschienen die weißen bis zartrosafarbenen Blüten.
Immergrün, Sikkim, Bhutan, 2000 bis 3000 m. Winterschutz!!!

R. euchaites siehe *R. neriiflorum* ssp. *euchaites*
R. exquisitum siehe *R. oreotrephes*

R. falconeri Hooker f.
Sectio Falconera, Series Falconera
= Series Falconeri

(nach H. Falconer, 1805–1866, Bot. Garten Kalkutta)

Die Art ist in Deutschland nur für ganz geschützte Lagen oder besser für das Kalthaus geeignet. Im Freien wird sie meist nur 0,50 m hoch, kann aber im Kalthaus 2 m erreichen, eine geringe Höhe gegenüber 12 bis 15 m am natürlichen Standort. Eine Art deren Kultur sehr viel Geduld erfordert, aber der Rhododendronfreund wird an den 20 bis 30 cm langen Blättern und den im April erscheinenden blaßgelben Blüten mit den roten Flecken seine Freude haben. *R. falconeri* wurde Mitte des vorigen Jahrhunderts von Hooker aus dem Himalaja eingeführt.
Immergrün. Winterschutz!!!

R. fargesii Franch.
Subsectio Oreodoxa, Series Oreodoxa
= Series Fortunei, Subseries Oreodoxa

(nach Farges, französischer Missionar in China)

Eine 1 bis 2 m hoch werdende Art mit weißen, rot getönten oder auch hellrosafarbenen, glockenförmigen Blüten mit elliptischen 5 bis 8 cm langen Blättern. Sie hat viel Ähnlichkeit mit *R. oreodoxa* und wird auch als Varietät dieser Art zugeordnet, blüht jedoch im April, schöner und reicher.
Immergrün, Szetschuan, Hupeh, 2000 bis 3000 m. Winterschutz!

R. fastigiatum Franch.
Subsectio Lapponica
= Series Lapponicum

(aufrechtwachsend)

Eine etwa 0,5 m hoch werdende, straff aufrechtwachsende Art, die häufig mit *R. impeditum* verwechselt wird. Blüten zu 4 bis 5, hellpurpur bis blauviolett, 10 Staubgefäße, Kelch außen beschuppt und weich bewimpert, April bis Anfang Mai blühend. Die Blätter sind 1 cm lang und beiderseits dicht beschuppt.
Immergrün, Yünnan, 4000 m. Winterhart.

R. ferrugineum L.
Subsectio Ferruginea
= Series Ferrugineum

(rostrot)   (Abb. Seite 122)

Unsere heimische Alpenrose, benannt nach der rostfarbenen Blattunterseite, gedeiht im Garten nicht so gut wie in den Alpen, wo die Pflan-

zen im Humus zwischen Geröll gut durchlüfteten und doch feuchten Wurzelraum finden. Hinzu kommt dort der natürliche Winterschutz einer dicken Schneedecke, die in den Gärten des Flachlandes meist fehlt. Die Art wird 1 m hoch. Blätter 3 bis 5 cm lang. Blüten zu vielen in endständiger Traube, röhrenförmig, 2 cm lang, purpurrosa; es ist aber auch eine weiße Form bekannt. Spät (Juni) blühend, kleinblättrig. Die Pflanze kann 100 Jahre alt werden.
Immergrün. Winterschutz!

R. fictolacteum siehe *R. rex* ssp. *fictolacteum*
R. flavorufum siehe *R. aganniphum*
var. *flavorufum*, *R. flavum* siehe *R. luteum*

R. forrestii Diels
var. **repens** (Balf. f. et Forrest) Cowan et Davidian
Subsectio Neriiflora, Series Forrestia
= Series Neriiflorum, Subseries Forrestii

(benannt nach G. Forrest, 1873–1932)

R. forrestii var. *repens* ist unter dem Namen *R. repens* wohl am bekanntesten, doch ist nach der neuesten Nomenklatur dieser Name nicht richtig, und *R. forrestii* var. *repens* soll ebenfalls in *R. forrestii* ssp. *forrestii* geändert werden. Die Art *R. forrestii* selbst ist im Handel kaum erhältlich. Die Varietät ist in den letzten Jahrzehnten für die Züchtung schwachwüchsiger Gartensorten – den Repens-Hybriden – von besonderer Bedeutung gewesen. Der mehr oder weniger kriechende Wuchs und die leuchtend rote Blütenfarbe machte sie dafür besonders geeignet. D. Hobbie, Linswege, und auch die Engländer haben viel mit dieser Varietät, die sich vor allem für den kleinen Garten und den Steingarten eignet, gekreuzt. Blätter 1 bis 3 cm lang, rundlich, Blüten schmal glockig, karminrot, 3,5 cm lang, im April blühend, Wuchs meist kriechend, 0,15 m hoch.
Immergrün, Nordwest-Yünnan, Südost-Tibet, auf feuchten steinigen Bergwiesen in 4000 m. Schutz gegen Spätfröste. Winterschutz!

R. fortunei Lindley
Subsectio Fortunea, Series Fortunea
= Series und Subseries Fortunei

(nach dem Pflanzensammler Robert Fortune, 1812–1880, benannt, der in China sammelte)

Wird 3 bis 4 m hoch und braucht viel Platz zur Entwicklung. Besonders reizvoll sind die gelblichrosa getönten, siebenzipfeligen Blüten mit ihrer porzellanartigen Struktur und dem intensiven Duft. Es gibt unterschiedlich winterharte Formen, im allgemeinen sind sie aber winterfest. Bekannte Sorten, aus Kreuzungen dieser Art entstanden, sind 'Duke of York' und 'Direktor E. Hjelm'. Blätter 10 bis 17 cm lang, Blüten 7 bis 9 cm breit. Blütezeit Mai.
Immergrün, Chekiang, 1000 m.

R. fortunei ssp. *discolor* siehe *R. discolor*

R. fulgens Hooker f.
Subsectio Campanulata
= Series Campanulatum

(leuchtend, glänzend)

Ist eine schwachwüchsige Art, die durch die schöne Belaubung und den kugeligen Wuchs interessant ist. Bei uns erreichen die Pflanzen wohl selten mehr als 1 m Höhe. Sie ist für den Liebhaber und Sammler wertvoll. Blätter 6 bis 11 cm lang, oberseits glänzend, unterseits braun-filzig, Blüte röhrig bis glockig, 3 cm lang, dunkelrot, Blütezeit März bis April.
Immergrün, Sikkim, Nepal, als dichter geschlossener Bestand an Abhängen in 3000 bis 4000 m. Winterschutz!–!!

R. glaucophyllum Rheder
Subsectio Glauca
= Series und Subseries Glaucophyllum

(mit blaugrauem Laub)

Wird 0,60 bis 1 m hoch und ist für einen geschützten Standort, z. B. auf einer Rabatte im kleinen Garten, gut geeignet. Die 3 bis 7 cm langen Blätter sind unterseits weißlich behaart und sehr aromatisch duftend. Blüten glockenförmig, etwa 2,5 cm lang und breit. Blütezeit im Mai. Die Blüten sind rosa, die Kelchzipfel sind lang zugespitzt.
Immergrün, Sikkim, Bhutan, Südost-Tibet, 3000 bis 4000 m. Winterschutz!–!!

R. griersonianum Balf. f. et. Forrest
Subsectio Griersoniana
= Series Griersonianum

(benannt nach R. C. Grierson, einem Freund und Helfer von Forrest, der die Art einführte)

R. hirsutum

R. griersonianum, das wegen der scharlachroten Blütenfarbe viel zu Kreuzungen verwendet wurde, ist bei uns nicht winterhart und muß im Kalthaus überwintert oder kultiviert werden.

Nur an ganz geschützten Standorten gedeiht *R. griersonianum* draußen, dann muß man es allerdings durch Rückschnitt klein halten, was nicht die typische Wuchsform entstehen läßt. Blätter 10 bis 20 cm lang, unten weiß bis hellbraun-filzig, Blüten trichterförmig, leuchtend scharlachrot, innen gefleckt. Blütezeit Mai bis Juni.
Immergrün, West-Yünnan, 2000 bis 3000 m. Winterschutz!!!

R. griffithianum Wight
Subsectio Davidia, Series Griffithiana
= Series Fortunei, Subseries Griffithianum

(1849 nach England eingeführt, benannt nach W. Griffith, Bot. Garten, Kalkutta)

Eine der Himalaja-Arten mit den größten Blüten und in der Heimat 6 m hochwerdend, Blätter 10 bis 30 cm lang, Blütenkrone fünfblättrig, Blüten 12 bis 15 cm breit, weiß mit rosa Tönung, Blütezeit Mai. Bei uns am besten als Kalthauspflanze zu kultivieren. Aus *R. griffithianum* entstand eine große Anzahl unserer großblumigen Gartenhybriden, wie z.B. 'Pink Pearl', 'Prof. Hugo de Vries' u.a.
Immergrün, Sikkim, Bhutan, 2500 bis 3000 m. Winterschutz!!!

R. haematodes Franchet
Subsectio Neriiflora, Series Haematodia
= Series Neriiflorum, Subseries Haematodes

(blutrot)

Eine schwachwüchsige Art, die für den Steingarten und die schmale Rabatte geeignet ist und eigentlich nur in die Hände eines erfahrenen Kenners oder Sammlers gehört. Für den Garten „ohne Pflegeaufwand" wären eher Haematodes-Hybriden, wie z.B. 'Bremen' und 'Gnom' zu empfehlen. Sie wachsen etwas kräftiger, blühen besser und sind auch härter. Die Art ist breitwachsend, 0,30 bis 0,60 m hoch, Blätter 4 bis 8 cm lang, Blüten röhrigglockig, dunkelrot, 5 cm lang, Blütezeit Mai.
Immergrün, Yünnan, offene Berghänge, 4000 m. Winterschutz!–!!

R. heliolepis Franchet
Subsectio Heliolepida
= Series Heliolepis

(mit glänzenden Schuppen)

In einem Garten, in dem der Art ein gut geschützter Standort gegeben werden kann, wird der aufrechtwachsende Strauch etwa 1 m hoch,

R. ferrugineum

R. impeditum

R. insigne

Blätter eilanzettlich, 9 bis 12 cm lang, unten beschuppt und aromatisch duftend. Blüten zu 4 bis 5, breit trichterförmig, 3 cm lang, rosa bis purpurrosa, erscheinen im Mai bis Juni. Immergrün, Yünnan, 3000 bis 4000 m. Winterschutz!–!!

R. hippophaeoides Balf. f. et Smith
Subsectio Lapponica
= Series Lapponicum

(sanddornähnlich)

Liebt einen Standort in feuchter Lage. Der Strauch ist aufrechtwachsend und wird 0,60 bis 1 m hoch. Die 3 bis 4 cm langen Blätter sind am ganzen Trieb verteilt, beiderseits beschuppt. Blüten mit tellerförmig abstehendem Saum, 3 cm breit, lila gefärbt, in einem dichten traubigen Stand, der einer verkleinerten Ausgabe von *R. catawbiense* ähnelt.
Immergrün, Yünnan, 3000 m, auf sumpfigem Gelände. Winterhart.

R. hirsutum L.
Subsectio Ferruginea
= Series Ferrugineum

(behaart)

Die heimische Art, unser Almenrausch, ist genauso wie die auf Urgestein in den Alpen wachsende Alpenrose *(R. ferrugineum)* im Garten oft etwas schwierig. Sie kommt in den Kalkalpen Europas vor, und es wird behauptet, daß sie kalkverträglich sei. Am heimatlichen Standort wächst sie jedoch in Rohhumusauflagerungen (pH-Wert 5,5). Wuchs gedrungen 0,50 bis 0,80 m hoch, Blätter bis 3 cm lang, am Rand bewimpert, Blüten zu 3 bis 10, glockig, purpurrosa, etwas heller als *R. ferrugineum*, innen kurz weißhaarig. Blütezeit Anfang Juni. Es ist auch eine weißblühende Form in Kultur.
Immergrün. Winterhart.

R. hirtipes Tagg
Subsectio Selensia, Series Thomsonii, Subseries Selense
= Series Barbatum, Subseries Glischrum

(zottig)

Wächst in seiner Heimat Südost-Tibet, wo es in bewaldeten Schluchten in etwa 4000 m Höhe vorkommt, als ein 5 bis 7 m hoher kleiner Baum. Bei uns wird die Art nur 1 bis 1,50 m hoch und verlangt einen geschützten Standort. Die 7 bis 12 cm langen Blätter sind unterseits auf der Mittelrippe drüsig behaart. Die etwa 6 cm langen Blüten sind weiß, rosa getönt, außen teilweise mit rosa Streifen. Blütezeit Februar, März, April.
Immergrün. Winterschutz!–!!

R. hormophorum Balf. f. et Forr.
Subsectio Yunnanensia
= Series Triflorum, Subseries Yunnanense

(Halsband tragend)

Am geschützten Standort im Garten eine interessante Art für den Sammler, den die hellen, zart rosa bis lilafarbenen, leicht dunkler getönten Blüten bei ihrem Erscheinen im Mai immer wieder entzücken. Die Art wird bei uns 0,80 bis 1 m hoch. Blätter lanzettlich geformt, 4 bis 6 cm lang, mit weichen Haaren bewimpert. Wird auch bei *R. yunnanense* eingegliedert.
Laubabwerfend, Südwest-Szetschuan, in 3000 bis 4000 m Höhe, auf trockenen steinigen Wiesen. Winterschutz!–!!

R. houlstonii Hemsl. et Wils.
Subsectio Fortunea, Series Fortunea
= Series und Subseries Fortunei

(nach G. HOULSTON, Freund und Mitarbeiter von WILSON in China)

Das Interessanteste an dieser Art ist der prachtvolle rote Blattaustrieb. Im Garten bis 2 m hoch wachsend, ist sie nur für Standorte geeignet, wo sie sich voll entfalten kann. Wuchs und Blüten haben viel Ähnlichkeit mit *R. fortunei*, jedoch sind die im Mai bis Juni erscheinenden Blüten zartlila, rosa oder weiß, außen grün gefärbt, zum Teil rot gestreift. Wird auch bei *R. fortunei* ssp. *discolor* eingegliedert.
Immergrün, Hupeh, Ost-Szetschuan. Winterschutz!

R. hypolepidotum siehe *R. brachyanthum* ssp. *hypolepidotum*

R. impeditum
Subsectio Lapponica   (Abb. Seite 123)
= Series Lapponicum

(dicht wachsend, schwer zugänglich)

Von dieser Art gibt es verschiedene Wuchsformen, breit-flach bis aufrecht wachsend, zwischen 0,30 bis 0,60 m hoch werdend. Es ist eine ausgezeichnete Art für den Steingarten oder die schmale Rabatte. Die Blätter sind graugrün gefärbt, 1 bis 1,5 cm lang und beiderseits dicht beschuppt. Im April bis Mai erscheinen die hellpurpurvioletten, offen trichterförmigen Blüten zu 1 bis 2. Leichter im Garten zu kultivieren ist die härtere und höher werdende, ähnlich aussehende, aber leider manche Jahre wenig blühende Hybride 'Blue Tit'.
Immergrün, Yünnan, in 4000 bis 5000 m Höhe auf offenen, aber feuchten Grasfluren. Winterschutz!

R. indicum (L.) Sweet
Subsectio Obtusa
= Series Azalea, Subseries Obtusum

(ostindisch)

Die Blüte der in Südjapan heimischen und dort 1,50 m hoch werdenden Art zeigt eine Farbskala von Scharlachrot über Rot, Rotgelb nach Rosa. Sie hat 5 Staubgefäße und ist dadurch von *R. simsii* (10 Staubgefäße), das noch empfindlicher ist und als eine der Stammformen unserer Topf-Azaleen gilt, zu trennen. *R. indicum* läßt sich auch nicht treiben und blüht verhältnismäßig spät (Juni).
Rh. indicum f. *balsaminaeflorum* ist eine doppelblütige Form.
Die Pflanzen der Art sollen im Kalthaus überwintert werden oder fordern im Freien guten Winterschutz!!!

R. insigne Hemsl. et Wils.
Subsectio Argyrophylla
= Series Arboreum, Subseries Argyrophyllum

(ausgezeichnet)   (Abb. Seite 123)

Besonderes Merkmal dieser wirklich „ausgezeichneten" Art ist das dekorative Laub. Die 7 bis 13 cm langen Blätter sind oberseits dunkelgrün, die Unterseite ist silbrig, mitunter auch kupfrig glänzend. Die zartrosafarbenen, teils dunkelrosa getönten oder gefleckten, im April erscheinenden Blüten sind breitglockig in dichtem Blütenstand. Da die Blüte erst bei älteren Exemplaren einsetzt, ist es ratsam, Veredlungen zu pflanzen, die aus Reisern von alten blühfähigen Pflanzen herangezogen wurden. Der Wuchs ist gedrungen, nach langen Jahren erreichen die Pflanzen etwa 1,20 m Höhe. Eine wirklich zu empfehlende Art.
Immergrün, Szetschuan, 3000 m. Winterhart.

R. intricatum Franch.
Subsectio Lapponica
= Series Lapponicum

(sparrig, verworren)

Eine für den Steingarten sehr gut geeignete, etwa 0,30 m hoch wachsende Art. Aus Samen

gezogene Pflanzen sind im Wuchs variabel, blühen aber bereits als kleine Pflanzen. Die 1 cm langen Blätter sind beiderseits beschuppt. Anfang April erscheinen die endständigen, lilafarbenen, schmal röhrenförmigen Blüten.
Immergrün, West-Szetschuan, 4000 bis 5000 m. Winterhart.

R. japonicum (A. Gray) Suringar ex Wils.
Subsectio Lutea
= Series Azalea, Subseries Luteum

(aus Japan)

Die Art lief früher unter dem Namen *Azalea mollis* und wird wohl auch heute noch in einigen Baumschulen in der Umgangssprache so genannt. Sie wird 1 bis 2 m hoch, die Schuppen der Winterknospen sind fein bewimpert (Erkennungsmerkmal im winterlichen Zustand). Die 6 bis 10 cm langen Blätter färben sich im Herbst gelb bis leuchtend rot. Die Blüte erscheint im April bis Mai vor den Blättern und variiert von Gelb bis Dunkelrot, was durch die in den Zellen enthaltenen roten und gelben Farbstoffe zu erklären ist. Im Laufe der Zeit sind aus Kreuzungen mit dieser Art viele Sorten entstanden. Neuerdings werden auch Sämlingspflanzen nach Farben sortiert angeboten. Sie sind billiger, wüchsiger und oft schöner als benannte Sorten. In Bezug auf die Farbe muß man allerdings einige Überraschungen in Kauf nehmen, die aber dank der meist zarten Tönungen im allgemeinen eher angenehm ausfallen.
Sommergrün, Nord- und Mitteljapan. Winterhart.

R. kaempferi Planch.
Subsectio Obtusa
= Series Azalea, Subseries Obtusum

(nach E. Kaempfer, 1651–1716)

Eine in der Blütenfarbe sehr variable Art mit von rosa über purpur bis orangefarbenen Blüten. Da die Art, mit überwiegend sommergrüner Belaubung (die Triebspitzen behalten auch im Winter meistens kleine Blätter, die aber dann im folgenden Frühjahr abfallen und als wintergrün anzusprechen sind), sich als gut winterhart zeigte, wurde sie viel zu Kreuzungen benutzt. Sie wird bei uns etwa 1 m hoch. Die 3 bis 5 cm langen Blätter sind beiderseits etwas behaart. Die breitglockigen Blüten erscheinen Mitte Mai.
Mittel- und Nordjapan. Winterhart.

R. keiskei Miquel
Subsectio Triflora
= Series und Subseries Triflorum

(nach Ito Keisuke, 1803–1900, japanischer Botaniker)

Im Hinblick auf die Blütenfarbe handelt es sich um eine recht variable Art. Bei der typischen Art sind die Blüten zitronengelb und ungefleckt. Niedriger Wuchs, höchstens 1 m hoch. Die Blätter sind 3 bis 8 cm lang und unterseits beschuppt, die zu 3 bis 5 sitzenden Blüten sind etwa 4 cm breit, außen beschuppt und erscheinen im April bis Mai. Flach und gedrungen wachsend, reichblühend cremegelb ist die Sorte 'Yaku Fairy'.
Immergrün, Japan, leichter Schutz empfehlenswert. Winterschutz!

R. keleticum Balf. f. et Forrest
Subsectio Saluenensia
= Series Saluenense

(reizend)

Eine für den Steingarten und schmale Rabatten sehr gut geeignete Art. Sie wächst teppichförmig und wird selten höher als 0,15 m. Die etwa 1 cm langen Blätter sind bewimpert und unten dicht beschuppt. Die Blüten sind breit-trichterförmig, purpurviolett mit dunkler Zeichnung und erscheinen im April. (= *R. calostrotum* ssp. *keleticum*)
Immergrün, Südost-Tibet, Yünnan, 3000 m. Winterhart.

R. kiusianum Makino
Subsectio Obtusa
= Series Azalea, Subseries Obtusum

(von der Insel Kyushu, Japan)   (Abb. Seite 126)

In den Baumschulen wird diese Art wenig geführt. Sie ist aber zusammen mit *R. kaempferi* für die Züchtung von großer Bedeutung gewesen. Aus diesen beiden Arten und deren Varietäten entstanden zur Hauptsache die Kurume-Azaleen. Die bekannten Sorten 'Hatsugiri' und 'Hinomayo' sind z. B. selektierte Klone von

R. kiusianum

R. kiusianum. Der breitwachsende Strauch wird 0,60 bis 0,80 m hoch. Wie die meisten Japanischen Azaleen dieser Gruppe hat er Frühjahrs- und Sommerblätter und ist wintergrün. Die Sommerblätter sind beiderseits behaart. Die rosa- bis karminfarbenen Blüten erscheinen im Mai bis Juni.
Japan, meist an den Abhängen der Berge auf Kyushu, in 1000 m Höhe. Winterschutz!

R. kotschyi Simonk.
Subsectio Ferruginea
= Series Ferrugineum

nach Th. Kotschy, 1813–1866, österreichischer Botaniker)

Die auf dem Balkan beheimatete Art wird etwa 0,50 m hoch und hat einen kugeligen Wuchs. Sie ist besonders für den Steingarten und schmale Rabatten geeignet, wird aber im Handel sehr selten angeboten. Die im Mai erscheinenden endständigen Blüten sind zu einem 5 bis 8traubigen Blütenstand zusammengefaßt. Sie sind rosafarben, selten weiß, nur zart lilarosa angehaucht und am Grund röhrenförmig und im oberen Teil auf etwa 1 cm Durchmesser erweitert. Die Blätter sind 1,5 bis 2 cm lang und unterseits dicht beschuppt. *(= R. myrtifolium)*

Immergrün, auf Bergen in 1500 bis 2500 m Höhe. Winterhart.

R. lacteum Franchet
Subsectio Taliensia, Series Lactea
= Series Lacteum

(milchig)

Wird in der Heimat baumartig, bei uns jedoch nur 1,50 m hoch. Es ist ein Waldrhododendron aus Yünnan und verlangt dementsprechend einen windgeschützten halbschattigen Standort. Die Blätter sind 10 bis 16 cm lang und unterseits dünn hellbraun behaart. Die breitglockigen hellgelben, aber auch rosa getönten Blüten sitzen zu 20 und mehr in einer 15 bis 20 cm breiten Doldentraube und erscheinen im April bis Mai. Obgleich mit zu den besten gelbblühenden Rhododendron zählend, wächst die Art in Kultur sehr schlecht, ist kurzlebig und kann nur einem versierten Sammler empfohlen werden.
Immergrün, Yünnan, 3500 m. Winterschutz!

R. lapponicum (L.) Wahlenb.
Subsectio Lapponica
= Series Lapponicum

(aus Lappland)

In der Kultur bei uns sehr schwierig und deshalb in Baumschulen und Gärten kaum anzutreffen. Der schlechte Wuchs wird damit begründet, daß die Art sich ganz auf die subpolaren Verhältnisse spezialisiert hat, die im Garten einfach nicht geboten werden können. Da es sich um eine der wenigen europäischen Arten handelt, sei sie dennoch kurz beschrieben. Der in Lappland, aber auch in den arktischen Regionen von Asien und Nordamerika verbreitete, auf Felsen vorkommende Zwergstrauch wird nicht höher als 0,25 m. Die an den Triebenden gehäuften Blätter sind etwa 1 cm lang und unterseits beschuppt. Die kleinen trichterförmigen Blüten sind purpurrot und blühen erst im Juni und Juli.
Immergrün.

R. lepidostylum Balf. f. et Forrest
Subsectio Trichoclada
= Series Trichocladum

(Griffel beschuppt)

R. luteum und *R. japonicum* in Leonardslee Gardens, England.

Diese Art verlangt zwar einen etwas geschützten Standort, doch ist ihre Verwendung lohnend, weil sie, wie *R. campanulatum* var. *aeruginosum*, auffallend schönes blaugrünes Laub hat. Sie wird bei uns nicht höher als 0,50 m und ist nur für Pflanzung im Steingarten zu empfehlen, da sie die Nähe von Steinen im Boden für gutes Wachstum braucht. Die hellgelben Blüten sind meistens im Laub versteckt. Wintergrün, West-Yünnan, 3000 bis 4000 m. Winterschutz!

R. linearifolium siehe *R. macrosepalum* var. *linearifolium*

R. litangense Balf. f. ex. Hutch.
Subsectio Lapponica
= Series Lapponicum

(vom Litang-Gebirge in Südwest-Szetschuan)

Ein niedriger 0,30 bis 0,50 m hoch werdender Strauch, der für den Steingarten geeignet ist. Die 1,5 cm langen Blätter sind beiderseits beschuppt. Die zu 2 bis 4 sitzenden Blüten sind breit-trichterförmig und blühen im April bis Mai purpurviolett. Diese Art unter *R. impeditum* einzuordnen wird wohl nicht haltbar sein. Immergrün. Winterhart.

R. litiense siehe *R. wardii*

R. longesquamatum Schneider
Subsectio Maculifera
= Series Barbatum, Subseries Maculiferum

(mit langen Schuppen)

Für eine Art aus der Subsectio Maculifera ist *R. longesquamatum* recht widerstandsfähig. Der Strauch wächst gedrungen und langsam, nicht höher als 1,20 m. Die Blätter sind etwa 10 cm lang und haben unterseits eine bräunlich behaarte Mittelrippe. Im Mai öffnen sich die zu 6 bis 12 zusammenstehenden glockenförmigen, rosafarbenen Blüten.
Immergrün, Szetschuan, 3000 bis 4000 m. Winterschutz!

R. lutescens Franchet
Subsectio Triflora
= Series und Subseries Triflorum

(gelb werdend)

Wird etwa 1,50 m hoch und ist als Frühblüher für den größeren Garten geeignet, insbesondere als Zwischenpflanzung bei höher wachsenden Rhododendron, da es lichten Schatten liebt, die Blätter sind etwa 5 cm hoch und leicht beschuppt. Die breittrichterförmigen Blüten sitzen zu 3 bis 6, sind hellgelb mit kleinen grünlichen Flecken gefärbt und werden am Schluß der Blütezeit im März bis April fast weiß; Blüte stets frostgefährdet.
Immergrün, West-Szetschuan und Yünnan, 3000 m. Winterhart, doch unter Sämlingen immer einige weiche Exemplare zu erwarten.

R. luteum Sweet
Subsectio Lutea
= Series Azalea, Subseries Luteum

(gelb) (Abb. Seite 127)

Diese Art wurde früher *Azalea pontica* genannt und wird auch heute noch in den Baumschulen oft unter dieser Bezeichnung oder auch als *R. flavum* geführt. Sämlinge werden als Unterlagen für Veredlungen von Azaleen-Sorten, z. B. der Genter(Pontica)-, Mollis- und Knap-Hill-Hybriden benutzt. Robuster Wuchs, kräftige gelbe Blütenfarbe und starker Duft sind die besonderen Kennzeichen dieser im Kaukasus beheimateten und vereinzelt auch in Polen vorkommenden Art. *R. luteum* ist die Stammart vieler Züchtungen, so der Gruppe der Genter-Hybriden. Die Art ist geeignet für den größeren Garten und weiträumige Parkanlagen. Von überraschender Wirkung in Verbindung mit *R. smirnowii*. Einzelpflanzen werden 2 bis 3 m hoch und breit. Die Blätter sind länglich-lanzettlich, bewimpert, beiderseits mit verstreuten angedrückten Drüsenborsten, in der Jugend grauzottig behaart. Die trichterförmigen, bis 6 cm breiten, goldgelben Blüten öffnen sich im Mai.
Sommergrün. Winterhart.

R. macabeanum Watt ex Balf. f.
Subsectio Falconera, Series Grandia
= Series Grande

(nach Mr. McCabe)

Die Art wird in ihrer Heimat bis 12 m hoch und wächst baumartig. Sie ist zwar die härteste Art der Series Grandia, doch für unsere Verhältnisse ist die Kultur oder Überwinterung im Kalthaus immer empfehlenswert. Die bis zu 25 cm langen Blätter sind besonders dekorativ, ihre Unterseite ist hellgrau-filzig. Die glockig ausgebauchten, etwa 6 cm langen hell- bis dunkelgelben Blüten erscheinen im April und Mai. Dieses bemerkenswerte, ausgesprochene Waldrhododendron, das in Indien, Manipur beheimatet ist, wächst an der Westküste Schottlands im Einflußbereich des Golfstroms in großen schönen Exemplaren.
Immergrün. Winterschutz!!!

R. macrophyllum D. Don ex G. Don
Subsectio Pontica
= Series und Subseries Ponticum

(großblättrig)

Wurde früher *R. californicum* genannt und ist an der Westküste Nordamerikas beheimatet. Es entspricht dem *R. catawbiense* der Ostküste, ist jedoch im Laub etwas größer. Leider aber in den in Europa vorhandenen Typen nicht so winterfest. Die purpurroten, gelb gefleckten Blüten sind breitglockig und erscheinen im Mai bis Juni. Es gibt auch eine rosa blühende, sehr gut wirkende Form. *R. macrophyllum* var. *album* wirkt durch kleine Blüten und große Blätter nicht sehr harmonisch.
Immergrün. Winterschutz!

R. macrosepalum Maxim. 'Linearifolium'
Subsectio Obtusa
= Series Azalea, Subseries Obtusum

(linearblättrig)

Eine in Japan viel kultivierte monströse Form oder besser Sorte von *R. macrosepalum*, die durch ihre lanzettlichen Blütenblätter auffällt. Früher wurde sie als eigene Art *(R. linearifolium)* angesehen. Der Strauch wird etwa 60 cm hoch, die Blüten sind rosa und duftend. Die Blütezeit ist April bis Mai. Nur für den Sammler interessant. Der Gartenwert ist umstritten. Die eigentliche Art *R. macrosepalum* ist kaum in Kultur.
Wintergrün. Winterschutz!

R. maddenii Hooker f.
Subsectio Maddenia
= Series und Subseries Maddenii

(nach dem Indienreisenden Lt. Col. E. MADDEN)

In einer Baumschule dürfte diese Art schwerlich zu haben sein, sie ist nicht winterhart und nur im Kalthaus zu kultivieren. Wer aber schon einmal diese großen weißen, innen leicht grünlichgelb, am Grunde gepunkteten Blüten gesehen und den zarten Duft gespürt hat, möchte sicher selbst versuchen, diese Art aus Samen zu ziehen. Als Kübelpflanze wird sie etwa 1 m hoch. Die Blätter sind bewarzt und bewimpert. Im Freien blüht die Art spät, da sie aber im Haus überwintert oder besser dauernd ausgepflanzt kultiviert werden muß, erscheint die Blüte schon Ende März.
Immergrün, Sikkim, Bhutan, 2000 bis 3000 m. Winterschutz!!!

R. makinoi Tagg
Subsectio Caucasica
= Series Ponticum, Subseries Caucasicum

(nach T. MAKINO, einem japanischen Botaniker)

Diese 1 bis 1,50 m hoch werdende, kugelig wachsende Art ist durch ihre eigenartige Belaubung besonders interessant und reizvoll. Die bis zu 16 cm langen, nur 1 bis 2 cm breiten Blätter haben eingerollte Ränder und sind auf der Unterseite dicht weiß-filzig behaart. Nach der Blüte sind die jungen Triebe wegen Form und Färbung eine weitere Zierde der Pflanze.
Immergrün, Japan. Winterhart.

R. maximum L.
Subsectio Pontica
= Series und Subseries Ponticum

(sehr groß)

Im nördlichen Amerika wird diese Art etwa 1 m hoch, während sie weiter nach Süden (Carolina) bis zu 5 m Höhe erreichen kann. In ihrer Heimat, den östlichen Staaten von Nordamerika, ist sie weit verbreitet. Aber der Gartenwert ist für uns trotz der sehr späten Blüte (Juni bis Juli) nicht sehr groß. Einmal ist die Art vor allem in der Jugend etwas blühfaul, zum anderen sind die hell- oder rosalilafarbenen Blüten zum Teil durch den neuen Austrieb verdeckt. Versuche, die Art wegen der späten Blütezeit für Züchtungszwecke zu verwenden, wurden schon im vorigen Jahrhundert vorgenommen. Sie blieben jedoch ziemlich erfolglos, da *R. maximum* nicht das intensive Rot anderer Rhododendron-Arten annehmen wollte.
Immergrün, östliches Nordamerika. Winterhart.

R. metternichii Sieb. et Zucc.
Subsectio Caucasica
= Series Ponticum, Subseries Caucasicum

(nach Fürst METTERNICH, österr. Diplomat, 1772–1859)

Die typische Form von *R. metternichii* ist in Europa kaum in Kultur. Botanisches Hauptmerkmal ist die siebenzipfelige Blütenkrone. Pflanzen der Art werden bei uns etwa 1,5 m hoch, sind sehr kompakt aufgebaut und langsamwachsend, aber je nach Herkunft auch recht wüchsig. Die 10 bis 15 cm langen Blätter sind unterseits mit hellrötlichem Filz überzogen. Im Mai erscheinen die hellrosafarbenen Blüten. Für den kleinen Hausgarten sehr gut geeignet.
Immergrün. Japan. Winterhart.

R. micranthum Turcz.
Sectio Microrhodion
= Series Micranthum

(kleinblumig)   (Abb. Seite 130)

Im Juni und Juli erscheinen etwa 2 cm breite glockige Blüten. Wie schon der Name sagt, ist diese Art kleinblumig. Sie entschädigt aber durch die Fülle der kleinen weißen, auf den ersten Blick an eine Spiräe erinnernden, end-

R. micranthum

ständigen Blüten. Reichblütigkeit, Winterhärte und niedriger, kompakter Wuchs der Pflanzen, die etwa 1 bis 1,50 m hoch werden, ergeben eine gute Art für den kleinen Garten. Die 2 bis 5 cm langen Blätter sind auf der Unterseite dicht beschuppt.
Immergrün, Nord- und Westchina. Winterhart.

R. minus Michx.
Subsectio Caroliniana
= Series Carolinianum
(kleiner)

Hat eigentlich nicht den richtigen Namen, denn es wächst stärker als das nächstverwandte *R. carolinianum*. In den südöstlichen Staaten seiner nordamerikanischen Heimat wird es bis zu 9 m, in der Kultur dagegen nur 1,50 bis 2 m hoch. Es hat den besonderen Vorzug, daß es mehr Schatten verträgt als ähnliche Arten und Sorten. Als Schutz für empfindliche Pflanzen ist diese locker wachsende Art sehr geeignet. Die 4 bis 8 cm langen Blätter sind an beiden Enden zugespitzt. In der Blütenfarbe ist die Art variabel, meist jedoch purpurrosa blühend. Blütezeit Juni, etwa 4 bis 6 Wochen später als *R. carolinianum*.
Immergrün. Winterhart.

R. minus var. *minus* siehe *R. carolinianum*

R. molle (Blume) G. Don
Subsectio Lutea
= Series Azalea, Subseries Luteum
(weich)

Diese aus dem östlichen China stammende Art, die „Chinesische Azalee", ist in Europa sehr selten in Kultur. Obwohl nicht ganz winterhart, wurde sie früher viel für Züchtungszwecke verwendet. Sie darf nicht mit *Azalea mollis* = *R. japonicum* verwechselt werden. An der Entwicklung der Mollis-Hybriden sind beide Arten beteiligt gewesen. In der Heimat wird diese Art 1 bis 3 m hoch. Die jungen Blätter sind dicht weißlich behaart. Blüte breit-trichterförmig, goldgelb gefärbt mit grünem Fleck, vor dem Blattaustrieb erscheinend. Blütezeit Ende Mai. Laubabwerfend. Winterschutz!

R. mucronatum G. Don
Subsectio Obtusa
= Series Azalea, Subseries Obtusum
(stachelspitzig)

Als Wildpflanze kommt diese wintergrüne, aus Japan stammende Art nicht mehr vor; sie wird auch oft als eine über 300 Jahre alte japanische Gartenhybride unsicherer Herkunft angesehen. Die etwa 6 cm breiten, weißen duftenden Blüten und der gedrungene Wuchs ergeben eine gute Gartenpflanze. Bei uns wird sie etwa 1 m hoch. Blütezeit Mai. Früher war diese Art unter dem Namen *Azalea ledifolia* bekannt. Eine

R. nakaharae

R. orbiculare

großblumige, äußerst winterharte Form, besser Sorte, wird im Handel als *R. mucronatum* 'Noordtiana' bezeichnet.
Wintergrün und als ältere Pflanze gut winterhart.

R. mucronulatum Turcz.
Subsectio Rhodorastra
= Series Dauricum

(mit kleiner Stachelspitze)

Im Februar, wenn noch Schnee liegt, zeigt diese Art oft schon ihre purpurrosafarbenen, endständigen Blüten und gehört zu den ersten Blühern des Jahres. Bei uns wird die in Nordasien und Japan beheimatete sommergrüne Art 1 bis 1,50 m hoch. Wie schon bei *R. dauricum* erwähnt wurde, werden im Handel meist Kreuzungen beider Arten angeboten.

Winterhart, doch wird die frühe Blüte leider häufig durch Fröste vernichtet.

R. myrtifolium siehe *R. kotschyi*

R. nakaharae Hayata
Sectio Tsutsutsi, Subsectio Obtusa
= Series Azalea, Subseries Obtusum

(nach G. NAKAHARA, einem japanischen Pflanzensammler, benannt)

Wertvoll ist diese niedrige, fast kriechend wachsende Art, die nur etwa 30 cm hoch wird, durch ihre späte Blüte im Juni, die sich bei ausgelesenen Formen bis Juli/August hinziehen kann. Man sollte sie separat von den anderen Japanischen Azaleen zwischen Steine oder an eine niedrige Mauer pflanzen, damit die Zweige sich daran anlehnen oder darüberhän-

gen können. Bei etwas Schutz gegen Kahlfröste und Sonne im Spätwinter hat sich die Art im Rhododendron-Park Bremen seit zwanzig Jahren in einem Innenhof als winterhart erwiesen. Blüten zu 2 bis 3 zusammenstehend, rosa, bis dunkel-ziegelrot. Als ausgelesene Sorten seien die Klone 'Mariko' und 'Mount Seven Star' genannt. Inzwischen werden weitere Sorten in Spezialbaumschulen angeboten.
Immergrün, Formosa. Winterschutz!

R. neriiflorum
Subsectio Neriiflora, Series Neriiflora
= Series und Subseries Neriiflorum

(oleanderblütig, eigentlich müßte es neriifolium = oleanderblättrig heißen)

Diese nicht ganz winterharte Art ist wegen der schönen leuchtend roten Blüten, die im April bis Mai erscheinen, in England viel für Kreuzungen verwendet worden. Sie ist in Yünnan, wo sie auf Geröllboden in Tälern der Nadelwälder in 3000 bis 4000 m Höhe vorkommt, beheimatet. Bei uns wird die Art im Freien selten höher als 0,50 m. Viele Formen mit unterschiedlicher Winterhärte sind unter den Sämlingen zu finden. Vorsorglich im Gewächshaus überwintern.
Immergrün. Winterschutz!–!!
Was als *R. neriiflorum* ssp. *euchaites* in Kultur ist, wird als eine höher wachsende Waldform von *R. neriiflorum* angesehen. Die Blätter sind unterseits bläulich, die Blüten scharlachrot und etwas größer als bei der eigentlichen Art. Winterschutz!!!

R. nudiflorum siehe *R. periclymenoides*

R. obtusum (Lindl.) Planch.
Subsectio Obtusa
= Series Azalea, Subseries Obtusum

(stumpf)

Diese kleinblumige, aus Japan stammende Azalee weist mehrere verschiedene Formen auf, die teils als eigene Arten geführt wurden und alle am Entstehen der Japanischen Azaleen, vor allem und zuerst der Kurume-Azaleen, beteiligt waren. Schon 1645 wurden davon in Japan 322 Sorten gezählt. Nach neuen Erkenntnissen (HEURSEL 1987) ist es eine Naturhybride von *R. kaempferi* × *R. kiusianum*, die recht häufig auf der Insel Kyushu vorkommt und zahlreiche Übergangsformen zwischen beiden Arten zeigt, daher die Formenvielfalt. Zusammen mit *R. kaempferi*, *R. kiusianum*, *R. sataense* (das bei uns kaum in Kultur ist und dessen taxonomischer Status noch nicht festliegt) und *R.* × *obtusum* ergaben Kreuzungen, die so viel bewunderten „Japanischen Azaleen".
Die Blüten von *R.* × *obtusum* sind sehr variabel, meist purpurrosa bis purpurviolett, selten weiß. Höhe 0,5 bis 1 m. *R.* × *obtusum* und seine Formen haben verschiedene Blätter: die Frühjahrsblätter sind 2 bis 4 cm lang, die kleineren und derben Sommerblätter bleiben den Winter über grün. Blütezeit April bis Mai.
Halbimmergrün. Winterhart

R. occidentale A. Gray
Subsectio Lutea
= Series Azalea, Subseries Luteum

(aus dem Westen)

Kreuzungen mit dieser Art ergaben eine ganze Anzahl schönblühender, harter Gartenhybriden: die Gruppe der Occidentale-Hybriden. Aber auch die sommergrüne, 1,50 m hoch werdende Art selbst mit ihren weiß, cremegelb bis hellrosafarbenen, gelbgefleckten Blüten ist sehr schön und viel zu wenig bekannt. Blütezeit Mai. Eine zusätzliche Zierde ist die gelb bis karminrote Herbstfärbung.
Westliches Nordamerika. Winterhart.

R. orbiculare Decne.
Subsectio Oreodoxa, Series Orbicularia
= Series Fortunei, Subseries Orbiculare

(kreisförmig)   (Abb. Seite 131)

Das Bemerkenswerte an dieser Art sind die fast kreisrunden Blätter und die breitglockigen, 7lappigen, karminrosa gefärbten Blüten, die im April erscheinen. *R. orbiculare* wächst zu einem dichten runden Busch heran und erreicht bei uns eine Höhe von etwa 1 m. Die Art ist recht variabel, und nicht immer erhält man beim Einkauf vollkommen winterfeste und blühwillige Typen.
Immergrün, West-Szetschuan, in Wäldern und Dickichten zwischen 2500 und 3000 m. Winterhart.

R. oreodoxa Franch.
Subsectio Oreodoxa, Series Oreodoxa
= Series Fortunei, Subseries Oreodoxa

(Zierde der Berge)

Diese Art ist starkwüchsig und auf die Dauer nur für den größeren Park oder für öffentliche Anlagen geeignet. In der Heimat bis 6 m hoch, erreicht sie bei uns eine Höhe von 3 m. Da bereits im März und April blühend, ist wegen der Gefahr, daß die Blüte erfriert, ein geschützter Standort empfehlenswert. Der Wuchs ist aufrecht, im Alter wie ein kleiner Baum, unten werden die Zweige leicht kahl, so daß man rechtzeitig für geeignete Nachbarpflanzen sorgen muß. Die glockigen Blüten sind hellpurpurrosa. Die Oreodoxa-Hybriden 'Ronsdorfer Frühblühende' (Züchter G. ARENDS, Ronsdorf) sind als Gartenpflanzen dankbarer, benötigen aber auch viel Platz.
Immergrün, West-Szetschuan. Winterhart.

R. oreodoxa var. *fargesii* siehe *R. fargesii*

R. oreotrephes W. W. Sm.
Subsectio Yunnanensia
= Series Triflorum, Subseries Yunnanense

(auf Bergen wachsend)

Wenn ein geschützter Standort geboten werden kann, ist *R. oreotrephes* eine der schönsten Arten für den kleinen Garten. Es wird etwa 1,50 m hoch. Die breit-trichterförmigen Blüten sind hellila, Blütezeit Mai. Die 4 bis 7 cm langen Blätter sind an beiden Enden abgerundet.
Die früher als eigene Arten benannten *R. exquisitum* und *R. timeteum* werden jetzt als Synonyme zu *R. oreotrephes* gerechnet, wobei *R. exquisitum* besonders schön ist.
Immergrün, Yünnan und Südost-Tibet, 3000 bis 4000 m. Blütenknospen etwas frostempfindlich. Winterschutz!

R. orthocladum Balf. f. et Forr.
Subsectio Lapponica
= Series Lapponicum

(geradezweigig)

Diese selten höher als 0,60 m werdende, feinverzweigt wachsende Art ist besonders für den Steingarten geeignet. Die beiderseits beschuppten, lanzettlichen Blätter sind etwa 1,5 cm lang.
Sie blüht mit offenen, trichterförmigen lila Blüten Ende April bis Anfang Mai.
Immergrün, Nord-Yünnan auf Kalkfelsen, 3000 bis 4000 m. Winterhart.

R. parvifolium Adams
Subsectio Lapponica
= Series Lapponicum

(kleinblättrig)

R. parvifolium wird bei der Revision der Section von PHILIPSON und PHILIPSON (1975) als Synonym von *R. lapponicum* betrachtet, DAVIDIAN (1982) bleibt bei *R. parvifolium*, und COX (1985) behält den Namen „Parvifolium-Gruppe" unter *R. lapponicum* bei. Man sieht hier wie an vielen anderen Beispielen: Die systematische Gliederung und Benennung der Rhododendron-Arten ist noch lange nicht abgeschlossen.
Für den Steingarten und die schmale Rabatte sehr gut geeignet. Niedriger Wuchs, bis höchstens 0,50 m, und die kleinen, nur etwa 1,5 cm langen Blätter ergeben zusammen mit den im April erscheinenden, hell lilarosafarbenen Blüten eine gute Gartenpflanze. Diese immergrüne Art vertritt in Nordostasien, Korea und Nordjapan *R. lapponicum*, ohne dessen schlechte Kultureigenschaften zu besitzen.
Winterhart.

R. pentaphyllum Maxim.
Sectio Sciadorhodion
= Series Azalea, Subseries Canadense

(fünfblättrig)

An den Triebenden wie in Quirlen zu 5 stehende Blätter lassen diese Art besonders dekorativ und interessant erscheinen. Die 4 bis 7 cm langen Blätter sind sommergrün und verfärben sich im Herbst vor dem Laubfall dunkelgelb bis karminrot. Ende April bis Mai erscheinen die bis zu 6 cm breiten, leuchtend hellrosa bis purpurrosafarbenen Blüten vor dem Laubaustrieb. (Das sehr ähnliche *R. quinquefolium* blüht weiß nach dem Laubaustrieb.) *R. pentaphyllum* kann man, einmal als größere Pflanze blühend gesehen, nicht vergessen. Leider in der Anzucht schwierig.
Heimat Mittel- bis Südjapan, dort über 3 m hoch, bei uns etwa 1 m erreichend und winterhart.

R. ponticum, Stämme und Zweige lassen ahnen, wie es in den „Pontischen Urwäldern" aussieht.

R. ponticum, Blüte
Das Farbenspiel reicht von hell lila bis violett.

R. periclymenoides (Michx.) Shinners
Subsectio Lutea
= Series Azalea, Subseries Luteum

(geißblattähnlich)

Erst Mitte bis Ende Mai blühende, laubabwerfende, im östlichen Nordamerika beheimatete Art. Die stark verzweigten Büsche erreichen bei uns eine Höhe von 1,50 m. Saum und Mittelrippe der 4 bis 10 cm langen Blätter sind meist borstig behaart. Die Art hat röhrig-trichterförmige, duftende Blüten, hellrosa bis weißlich. Winterhart.

R. polycladum siehe *R. scintillans*

R. ponticum L.
Subsectio Pontica
= Series und Subseries Ponticum

(aus Kleinasien)

Im Kaukasus, aber auch in Spanien und Portugal wird diese Rhododendronart gefunden. Sie erreicht auch bei uns eine Höhe von etwa 4 bis 5 m. In England sieht man sie häufig als Schutzpflanzung und in Wäldern verwildert, wo sie fast undurchdringliche Dickichte bildet und zum „Forstunkraut" wurde. Bei uns ist die Art jedoch nicht ganz winterfest. Aufgrund des starken Wuchses ist sie nur für größere Park- und Gartenanlagen geeignet. In den Baumschulen war *R. ponticum* früher die Veredlungsunterlage für Hybriden. Die lanzettlichen Blätter sind 10 bis 15 cm lang, und die hellpurpurvioletten Blüten stehen zu 10 bis 15 in lockeren traubigen Blütenständen. Blütezeit Mai bis Juni.
Immergrün. Winterschutz!

R. poukhanense (Levl.) Nakai
Subsectio Obtusa
= Series Azalea, Subseries Obtusum

(nach dem Mt. Poukhan, einem Berg in Korea)

Ein niedriger, ausgebreitet und kompakt wachsender Strauch. In mildem Klima immergrün, doch bei uns überwiegend das Laub verlierend. Die Blüten sind lilarosa gefärbt, dunkel punktiert und breit-trichterförmig, sie erscheinen im Mai. In strengen Wintern ist etwas Schutz anzuraten. Die Art wurde lange Zeit als *R. yedoense* var. *poukhanense* geführt. Man hatte eine vorher eingeführte Gartenform mit gefüllten Blüten *R. yedoense* benannt und die später entdeckte Art als Varietät bezeichnet.
Sommergrün. Mittel-Südkorea. Winterschutz!

R. yedoense Maxim.
(von Yedo, jetzt Tokio)
Es ist eine in Japan und Korea bekannte Kulturform, die vor der eigentlichen Wildart entdeckt wurde. Lange Zeit wurde dann die eigentliche Art *R. poukhanense* als *R. yedoense* var. *poukhanense* bezeichnet. *R. yedoense* ist identisch mit der Hybride 'Yodogawa', die wegen der gefüllten Blüte (ohne Staubgefäße) von vielen Gartenliebhabern geschätzt wird. Die Blütenfarbe ist ein zartes Lilarosa. Blütezeit Mai. Der Strauch wird bei uns etwa 1 m hoch.
Sommergrün. Winterhart.

R. prostratum W. W. Sm
Subsectio Saluenensia
= Series Saluenense

(niederliegend)

Ähnelt *R. saluenense* und *R. chameunum* und soll daher als Unterart *R. saluenense* ssp. *chameunum* eingruppiert werden. Diese Art ist eine ausgesprochene Liebhaberpflanze und für den Steingarten geeignet. Im Himalajagebiet wächst sie bis an die Schneegrenze und wird nur 0,10 bis 0,30 m hoch. Die Blätter sind 1 bis 2 cm lang und unterseits beschuppt. Die breittrichterförmigen, karmin- bis purpurrosafarbenen Blüten erscheinen im April und Mai.
Immergrün, Yünnan, Szetschuan, Tibet, etwa 5000 m. Winterhart.

R. przewalskii Maxim.
Subsectio Taliensia, Series Lactea
= Series Lacteum

(nach N. M. PRZEWALSKI, einem russischen Geographen, 1839–1888)

Der gedrungene dichte Wuchs der etwa 1 m hohen Pflanzen und die 5 bis 10 cm langen, unterseits braun-filzigen Blätter sind sehr dekorativ. Die 3 bis 4 cm langen Blüten sind weißrosa. Blütezeit April bis Mai. Da erst alte Pflanzen blühen, empfiehlt es sich, Veredlungen zu pflanzen, deren Reiser von blühfähigen Pflanzen stammen.
Immergrün, Nordwest-China, Tibet, Szetschuan, 3000 bis 4000 . Winterhart.

R. pseudoyanthinum siehe *R. concinnum* var. *pseudoyanthinum*

R. periclymenoides

R. puralbum Balf. f. et W. W. Sm.
Subsectio Campylocarpa
= Series Thomsonii, Subseries Souliei

(reinweiß)

Ist nach CHAMBERLAIN (1982) *R. wardii* var. *puralbum*, also nur eine weißblühende Varietät. Durch die breit-schalenförmigen, reinweißen Blüten bekommt diese 1 bis 2 m hoch werdende Art, die in ihren anderen Eigenschaften, abgesehen von der Blütenfarbe, an *R. wardii* erinnert, ihren besonderen Gartenwert. Blütezeit Mai. Die 5 bis 12 cm langen immergrünen Blätter sind unterseits bläulichgrün.
Immergrün, Yünnan, 4000 m. Winterhart.

R. quinquefolium Bisset et Moore
Sectio Sciadorhodion
= Series Azalea, Subseries Schlippenbachii

(fünfblättrig)

Charakteristisch für die 1 bis 1,50 m hoch werdende Art sind die an den Triebenden zu 4 bis 5 stehenden rautenförmigen, 4 bis 6 cm langen, sommergrünen Blätter. Im April bis Mai erscheinen, leider zum Teil zusammen mit dem Laubaustrieb, die weißen, grüngefleckten Blüten und kommen, da teilweise verdeckt, nicht voll zur Wirkung. Die Herbstfärbung ist sehr schön. *R. quinquefolium* verlangt Halbschatten und Schutz gegen kalte Winde, nicht so hart wie das ähnlich aussehende *R. pentaphyllum*.
Mitteljapan. Winterschutz!

R. racemosum Franch.
Sectio Trachyrhodion
= Series Scabrifolium

(traubenblütig)

Diese Art ist besonders für den Steingarten geeignet. Der Wuchs ist niedrig, höchstens 0,50 m hoch, teils niederliegend. Die Blätter sind 2 bis 5 cm lang und unten bläulichgrün. Interessant sind die am ganzen Trieb entlang in den Blattachseln stehenden hellrosafarbenen Blüten. Blütezeit Anfang Mai. Die Art ist nicht ganz winterhart, treibt aber willig wieder aus, wenn sie einmal zurückfrieren sollte. Von den Pflanzensammlern sind verschiedene Typen unterschiedlicher Härte nach Europa gebracht worden, die aber bis auf Ausnahmen in England bei uns noch nicht im Handel erhältlich sind.
Immergrün, Yünnan, 2500 bis 3000 m. Winterschutz!

R. radicans Balf. f. et Forr.
Subsectio Saluenensia
= Series Saluenense

(wurzelnd)

Soll nach CULLEN (1978) keine eigene Art mehr sein, sondern zu *R. calostrotum* ssp. *keleticum* gehören. DAVIDIAN (1982) bleibt bei *R. radicans*! Benannt nach der Eigenschaft, an den niederliegenden Trieben Wurzeln zu bilden, ist diese Art eines der niedrigsten Rhododendron und ausgezeichnet im Steingarten verwendbar. Sie ist teppichbildend und 5, höchstens 10 cm hoch. Die 1 bis 1,5 cm langen Blätter sind beschuppt und behaart. Blüten einzeln, lila gefärbt. Blütezeit Ende Mai bis Juni, später als die meisten alpinen Arten.
Immergrün, Südost-Tibet, 4000 bis 5000 m. Winterhart.

R. ravum siehe *R. cuneatum*
R. repens siehe *R. forrestii* var. *repens*

R. reticulatum D. Don ex G. Don
Subsectio Brachycalyces
= Series Azalea, Subseries Schlippenbachii

(netzartig)   (Abb. Seite 138)

Die lila- bis purpurrosafarbenen, bei einer Form auch weißen Blüten des etwa 1 bis 1,50 m hoch werdenden sommergrünen Strauches erscheinen im April bis Mai vor den endständigen, rautenförmigen Blättern. *R. reticulatum* verträgt auch einen offenen Standort, bildet dann einen dichten Busch aus, während die Pflanzen im Schatten locker wachsen und nur blasse Blütenfarben zeigen. Es ist vollkommen winterhart und daher eigentlich eine ideale Anfängerpflanze. Eine in Japan auf vulkanischer Asche weit verbreitete Art.

R. rex Lévl.
Subsectio Falconera, Series Falconera
= Series Falconeri

(König)

Das aus Nordost-Yünnan stammende und dort bis 12 m hoch werdende Waldrhododendron ist bei uns im Freien nur an ganz geschützten Standorten winterhart, wird sich aber auch da nur unvollkommen entwickeln. Besser dürfte die Kultur oder Überwinterung im Kalthaus sein. Interessant und auffallend sind die großen, unterseits filzigen, bis 25 cm langen Blätter. Die rosafarbenen und dunkel gefleckten Blüten erscheinen im April bis Mai.
Immergrün. Winterschutz!–!!!

R. rex ssp. **arizelum**
(Balf. f. et. Forr.) Chamberlain
Subsectio Falconera, Series Falconera
= Series Falconeri

(bemerkenswert)

Ist eine in West-Yünnan und Oberburma vorkommende Unterart, die früher als eigene Art geführt wurde und mit *R. falconeri* nahe verwandt ist, aber *R. rex* als ssp. *arizelum* zugeordnet wurde. Wie *R. falconeri* und *R. rex* ist sie bei uns nur bedingt winterhart und muß gegebenenfalls im Kalthaus überwintert werden. Es ist in erster Linie eine sehr schöne Blattpflanze mit immergrünen, unterseits mit einem dichten braunen Filz versehenen Blättern. Sehr dekorativ sind auch die weißen bis cremefarbenen, im April erscheinenden Blüten.
Winterschutz!!!

R. rex ssp. **fictolacteum**
(Balf. f.) Chamberlain
Subsectio Falconera, Series Falconera
= Series Falconeri

(falsches *R. lacteum*)

Wächst im milden Klima, zum Beispiel in Schottland oder Oberitalien, zu Pflanzen von zauberhafter Schönheit heran. Besonders interessant sind die großen 15 bis 30 cm langen, unten rostbraun-filzigen Blätter und die 6,5 cm breiten, rahmweißen, oft rosa getönten Blüten im Mai. Bemerkenswert ist der dunkelrote Basalfleck der Blüte. Leider ist diese Art bei uns nicht winterhart, und nur der Sammler oder Liebhaber, der in seinem Garten über einen sehr geschützten Standort verfügt, sollte sie pflanzen. Außerdem blüht *R. rex* ssp. *fictolacteum* erst als ältere Pflanze. Es wurde und wird teils als eigene Art *R. fictolacteum* geführt.
Immergrün, Yünnan, 3000 bis 4000 m. Winterschutz!!!

R. rigidum Franch.
Subsectio Yunnanensia
= Series Triflorum, Subseries Yunnanense

(steif)

Eine aufrechtwachsende, 1 bis 1,50 m hoch werdende Art mit 4 bis 6 cm langen Blättern, aber bei uns nicht ganz winterfest. An einem sehr geschützten Standort ist sie ein dankbarer Blüher. Die im Mai erscheinenden Blüten sind blaßrosa mit karminroter Zeichnung.
Immergrün, Yünnan, auf Felsen in 2500 bis 3000 m Höhe. Winterschutz!!

R. roxieanum Forr. (Abb. Seite 138)
Subsectio Taliensia, Series Roxieana
= Series Taliense, Subseries Roxieanum

(nach Mrs. ROXIE HANNA OF TALI-FU, China)

Diese Art ist interessant durch die schmalen, 5 bis 10 cm langen Blätter mit auffällig eingerolltem Rand und rostfarbener, wollfilziger Unterseite. Sie ist schwachwüchsig und wird bei uns wohl selten höher als 0,40 m. Die glockenförmigen weißen, rosa getönten Blüten erscheinen im April bis Mai. Im ganzen ist die Art recht variabel, die Pflanzen blühen erst, wenn sie ein gewisses Alter erreicht haben. Man sollte die Art deshalb bald erwerben, denn auf Blüten muß man oft Jahrzehnte warten. Eine Pflanze für den Steingarten.
Immergrün, Yünnan, zwischen Felsen auf offenen, feuchten Gebirgswiesen in 4000 m Höhe. Winterhart.

R. rubiginosum Franch.
Subsectio Heliolepida
= Series Heliolepis

(rostbraun)

R. rubiginosum ist eine recht variable Art, besonders auch in bezug auf die Winterhärte. Sie kommt in verschiedenen Höhenlagen zwischen 2000 bis 4500 m in offenen Waldlagen in Yünnan vor. Untersuchungen haben gezeigt, daß die Chromosomensätze der einzelnen Typen verschieden sein können, entweder tetraploid oder hexaploid. Beim Einkauf verlange man einen winterfesten Typ. Die aufrechtwachsende Art wird im Verbreitungsgebiet bis 9 m, bei uns leider nur 1 bis 1,50 m hoch, hat etwa 7 cm lange, unterseits rostbraun beschuppte Blätter und blüht überaus reich im April bis Mai, hellrot, rosa oder lilarosa mit kleinen braunen Flecken. In lockerem Boden vertragen die Pflanzen noch pH-Werte um 6,0. In einem windgeschützten Garten sollte die Art nicht fehlen.
Immergrün. In exponierter Lage Winterschutz!

R. rupicola var. *chryseum* siehe *R. chryseum*

R. russatum Balf. f. et Forr.
Subsectio Lapponica
= Series Lapponicum

(rot gefärbt)

Dies ist eine der dankbarsten Arten für den Steingarten, aber auch flächige Pflanzungen sind von ausgezeichneter Wirkung. Sie wird 0,50 bis 0,80 m hoch, hat 3 cm lange, beiderseits beschuppte Blätter und blüht im April bis Mai dunkelviolett mit hellem Schlund. Aufgrund der eindrucksvollen Schönheit der Blüte und der ausdauernden Entwicklung der Pflanze sollte diese Art in keinem Garten eines Rhododendronliebhabers fehlen.
Immergrün, Nordwest-Yünnan, offene, steinige, feuchte Grashänge in 4000 m Höhe. Winterhart.

R. saluenense Franch.
Subsectio Saluenensia
= Series Saluenense

(nach dem Saluenfluß)

Dieser Strauch ist in der Kultur etwas schwierig, wächst aber stärker als die anderen Arten

R. reticulatum

dieser Subsection, wird etwa 1 m hoch und ist ziemlich hart. Die Blätter sind 3 cm lang und unterseits beschuppt. Wertvoll ist die Art durch die verhältnismäßig großen Blüten, die breitglockig geformt zu 2 bis 3 endständig beisammensitzen und im April bis Mai purpurrot blühen.
Immergrün, Yünnan, offene feuchte Gebirgswiesen zwischen Felsen in 4000 m Höhe.

R. saluenense ssp. *chameunum* siehe *R. prostratum*

R. sanguineum Franch.
Subsectio Sanguinea
= Series Neriiflorum, Subseries Sanguineum

(blutrot)

Eine in Yünnan und Südost-Tibet in etwa 4000 m Höhe vorkommende sehr variable Art. In der englischen Literatur sind 10 Subspecies aufgeführt, von denen hier zwei genannt seien: *R. sanguineum* spp. *didymum* mit dunkelkarminroten und *R. sanguineum* var. *haemaleum* mit tief dunkelroten Blüten. Die eigentliche Art wird etwa 70 cm hoch, hat 4 bis 6 cm lange, unten grauweiß-filzige Blätter und blüht leuchtend karminrot im Mai. Die Blütenkrone ist schmal-glockig und etwas fleischig. Es ist eine langsamwachsende und spät zur Blüte kommende Art, die zum guten Gedeihen einen schattigen, windgeschützten Standort fordert. Immergrün. Winterschutz!

R. sataense Nakai
Sectio Tsutsutsi, Subsectio Obtusa
= Series Azalea, Subseries Obtusum

(Sata-Azalee)

Nach Meinung japanischer Botaniker eine eigene Art, die sehr stark an der Entwicklung der uns bekannten Japanischen Azaleen-Sorten beteiligt gewesen sein soll.
Die Art wächst lockerer als *R. kiusianum*; sie hat dunkelgrüne, glänzende und größere Blätter als dieses. Die purpurroten, karminroten oder roten Blüten, abweichend von den orangefarbenen bis lachsroten Tönen von *R. kaempferi*, stehen dicht gedrängt am Ende der Triebe und stimmen auffallend überein mit den uns bekannten Japanischen Azaleen-Sorten.
Noch sehr selten in den Sammlungen und neuerdings als *R. kaempferi* var. *sataense* (Nakai) Chamb. bezeichnet, in OHWI's „Flora of Japan" (1965) aber als *R. kiusianum* erfaßt.
Japan, Süd-Kyushu, in 600 bis 800 m Höhe. Winterschutz!

R. scabrum G. Don
Subsectio Obtusa
= Series Azalea, Subseries Obtusum

(scharf)

R. roxieanum

R. smirnowii

1915 sandte WILSON Pflanzen dieser schon seit 250 Jahren in Japan kultivierten Art an das Arnold-Arboretum. Sie stammt von den Ryukyu-Inseln (Okinawa), die noch etwa 500 km südlicher als die japanische Hauptinsel Kyushu liegen.
In Deutschland ist diese Art nicht winterhart. Blüten karminrot, doch mehrere Formen eingeführt. Blütezeit April. *R. scabrum* ist die großblumigste der Japanischen Azaleen. Auch die wintergrünen Blätter sind verhältnismäßig groß.
Winterschutz!!!

R. schlippenbachii Maxim.
Sectio Sciadorhodion
= Series Azalea, Subseries Schlippenbachii

(nach BARON VON SCHLIPPENBACH)

Dies ist wohl eine der schönsten sommergrünen Azaleen. In Japan, Korea und der Nordost-Mandschurei kommt die Art in lichten Wäldern vor und erreicht bei uns eine Höhe von etwa 2 m. Die 6 bis 10 cm langen Blätter stehen in Quirlen an den Enden der Kurztriebe. Blüte im April bis Mai in einem hellen oder dunklen Rosa mit breit-trichterförmiger Blütenkrone. Die Art ist vollkommen winterhart und kann für jeden Garten empfohlen werden.

R. scintillans Balf. f. et W. W. Sm.
Subsectio Lapponica
= Series Lapponicum

(funkelnd)

Die im Likiang-Gebirge (Yünnan) beheimatete, in 4000 bis 4500 m Höhe auf offenen Rasenhän-

gen und Klippen vorkommende Art ist vor allem für den Steingarten und die schmale Rabatte geeignet. Sie wird 0,50 bis 0,70 m hoch, wächst aufrecht und hat etwa 1,5 cm lange beschuppte Blätter. Die Blütenfarbe variiert von Purpurrosa bis Lavendelblau. Es ist wichtig, beim Kauf dieses wunderschönen alpinen Rhododendron auf die Blütenfarbe zu achten. Bei Sämlingen sind Pflanzen mit verwaschenen Mischfarben sehr häufig. Blütezeit April bis Mai.
Immergrün. Winterhart.
Nach DAVIDIAN (1982) ist das Herbariummaterial zu *R. polycladum* sehr dürftig und unzureichend; deshalb sollte *R. scintillans* nicht wie von PHILIPSON und PHILIPSON (1975) vorgeschlagen zu einem Synonym von *R. polycladum* verwiesen werden.

R. scyphocalyx siehe *R. dichroanthum* spp. *scyphocalyx*

R. searsiae Rehd. et Wils.
Subsectio Yunnanensia
= Series Triflorum, Subseries Yunnanense

(nach S. G. SEARS)

R. searsiae ist nahe verwandt mit *R. concinnum* und wie dieses auch in der Blütenfarbe recht variabel. Der Strauch wird bei uns etwa 1,50 bis 2 m hoch und trägt etwa 7 cm lange und beschuppte Blätter. Die weißen, aber auch zartrosa und lila gefärbten Blüten erscheinen im April bis Mai.
Immergrün, West-Szetschuan, 2500 bis 3000 m. Winterschutz!

R. semibarbatum Maxim.
Subgenus Mumeazalea
= Series Semibarbatum

(teilweise bärtig)

An diesem Rhododendron ist weniger die Blüte als die sehr schöne Herbstfärbung des Laubes wertvoll. Die gelblichweißen, zum Teil auch rosa getönten Blüten geben der Art insofern ihren Namen, als nur 2 der 5 Staubfäden behaart sind. Leider werden die Blüten meist vom vorzeitig erscheinenden Laub verdeckt. Blütezeit Mai. In den Bergen Mittel- und Südjapans beheimatet, wird der breitwachsende Strauch etwa 1,50 m hoch und ist als Vorpflanzung für größere Gruppen recht gut geeignet.
Sommergrün. Winterhart.

R. smirnowii Trautv. (Abb. Seite 139)
Subsectio Caucasica
= Series Ponticum, Subseries Caucasicum

(nach M. SMIRNOW, einem Freund von BARON UNGERN-STERNBERG, dem Entdecker dieser Art)

R. smirnowii wird etwa 2 bis 3 m hoch und ist für große Gärten, Parkanlagen und als Schutzpflanzung für empfindlichere Rhododendron geeignet. Winterhärte, guter Wuchs, weißgraue Belaubung, vor allem am Jungtrieb, und die purpurrosafarbenen Blüten, die im Mai erscheinen, geben der Art den besonderen Gartenwert. Von SEIDEL wurde sie aufgrund der großen Winterhärte auch im Kontinentalklima viel zu Kreuzungen verwendet.
Immergrün, Kaukasus, 1500 bis 2500 m. Winterhart.

R. souliei Franch. (Abb. Seite 142)
Subsectio Campylocarpa
= Series Thomsonii, Subseries Souliei

(nach Pater J. A. SOULIÉ, 1858–1905)

Die 5 cm breiten, schalenförmigen, weißrosafarbenen Blüten sind zur Blütezeit im Mai so schön, daß man diese Art trotz einer gewissen Frostempfindlichkeit für den Liebhaber nur empfehlen kann. Bei uns wird *R. souliei* 0,50 bis 1 m hoch, hat rundliche, 3 bis 7 cm lange, auf der Oberseite metallischgrün glänzende, unterseits bläuliche Blätter.
Immergrün, West-Szetschuan, in Wäldern und Dickichten in 3000 bis 5000 m Höhe. Winterschutz!

R. sutchuenense Franch.
Subsectio Davidia, Series Davidia
= Series Fortunei, Subseries Davidii

(aus Szetschuan)

Schon Ende März und Anfang April blüht diese in erster Linie für größere Parkanlagen geeignete Art. Im Bremer Rhododendronpark stehen einige etwa 50 Jahre alte Exemplare, die inzwischen 4,50 m hoch und 4 bis 5 m breit geworden sind. Wer also Platz im Garten hat, sollte dieses in Form, Blatt und Blüte imposante Rhododendron pflanzen. Die frühe Blüte ist zwar durch Spätfröste etwas gefährdet, Schäden sind jedoch selten, und wenn, dann entschädigt ein grauweißfilziger, sehr dekorativer Laubaustrieb. Die Blüten sind reinweiß mit rosa Tönung. Die Naturhybride *R.* × *geraldii* (Hutchinson) Ivens *(R. sutchuenense* × *R. praevernum)* hat einen dunkelroten Fleck an der Blütenbasis.

Immergrün, Szetschuan, Hupeh, in 2000 bis 2500 m Höhe, in Wäldern. Winterhart.

R. taliense Franch.
Subsectio Taliensia, Series Taliensia
= Series und Subseries Taliense

(vom Tali-Gebirge)

Der gedrungene Wuchs und die schöne Belaubung dieser Art haben ebenfalls einen besonderen Gartenwert. Bei uns wird sie etwa 1 m hoch. Die 4 bis 10 cm langen Blätter sind unterseits braunfilzig, die Blütenfarbe ist ein zuweilen rosa getöntes Reinweiß. Blüte im Mai. Es dauert viele Jahre, bis Sämlingspflanzen blühen, doch entschädigt bis dahin der weiße, braunfilzig behaarte und auffallende Austrieb.

Immergrün, West-Yünnan, offene Lage in 3500 bis 4000 m Höhe. Winterhart.

R. tapetiforme Balf. f. et Ward
Subsectio Lapponica
= Series Lapponicum

(teppichbildend)

Diese etwas seltene Art ist, wie fast alle Arten der Subsectio Lapponica, vorzüglich zur Verwendung im Steingarten geeignet. Sie wird 0,20, höchstens 0,30 m hoch, hat 1,5 cm, lange, beiderseits beschuppte Blätter und blüht im April bis Mai hell-lilarosa. Man pflanze am besten mehrere in einer Gruppe, damit sich bald ein Teppich bilden kann.

Immergrün, an der Grenze von Tibet und Yünnan, 5000 m. Winterhart.

R. thomsonii Hooker f. (Abb. Seite 142)
Subsectio Thomsonia
= Series und Subseries Thomsonii

(nach Th. Thomson, Direktor des Bot. Gartens Kalkutta, 1817–1878)

Bei uns wird die Art etwa 1 m hoch, erreicht aber am natürlichen Standort bis 6 m Höhe. Leider ist der Wuchs bei vielen Pflanzen sehr locker, was aber die an älteren Trieben abblätternde Rinde nur hervorhebt. Charakteristisch sind die rundlichen, 4 bis 8 cm langen, dunkelgrünen, beim Austrieb bläulichen Blätter. Im April blühend mit dunkelroten, glockigen, wachsartigen Blüten. Sie blüht erst als ältere Pflanze, dann jedoch sehr üppig. Es sind viele Typen im Handel, die die Schönheit ausgelesener Formen nur ahnen lassen.

In England wurde *R. thomsonii* viel für Kreuzungen benutzt. Die entstandenen Sorten dürften aber für unsere Verhältnisse zu empfindlich sein, da das Zuchtziel Winterhärte keine Rolle spielte.

Diese immergrüne Art ist bei uns nicht vollkommen winterhart. Heimat Sikkim, Nepal, 3500 bis 4500 m. Winterschutz!

R. timeteum siehe *R. oreotrephes*

R. traillianum Forr. et W. W. Sm.
Subsectio Taliensia, Series Lactea
= Series Lacteum

(nach Prof. G. W. Trail, Algenforscher, 1836–1897)

In seiner Heimat in den Rhododendronwäldern von Nordost-Yünnan wird diese Art bis zu 10 m hoch, bei uns erreicht sie leider nur 2 bis 2,50 m Höhe. Die 6 bis 11 cm langen und 2 bis 4 cm breiten Blätter (schmaler als bei *R. lacteum*) sind unterseits gelbbraun bis dunkelbraun-filzig und duften aromatisch. Weiße, karmin gepunktete Blüten sitzen zu 10 bis 15 m in Doldentrauben. Die Blütezeit ist April bis Mai. Immergrün. Winterhart.

R. triflorum Hooker f.
Subsectio Triflora
= Series und Subseries Triflorum

(dreiblütig)

Aussaaten von *R. triflorum* sind im Ergebnis meist voller Überraschungen. Die Blüten der typischen Art sind hellgelb mit grüner Zeichnung. Oft kommt aber ein Farbenspiel von Hellgrün bis Lila heraus. Genauso ist es mit der stark schwankenden Winterhärte, so daß man

R. souliei

R. vaseyi

R. thomsonii

R. tschonoskii Maxim.
Subsectio Obtusa
= Series Azalea, Subseries Obtusum

(nach TSCHONOSKI, einem japanischen Pflanzensammler)

Besonders reizvoll an dieser 1 bis 1,50 m hoch werdenden, in Japan und Südkorea beheimateten Art ist die wundervolle, karminorangerote Herbstfärbung. Aber auch die nur kleinen weißen, röhrigen, mit abstehendem Saum versehenen Blüten sind von eigenartiger Schönheit. Blütezeit Mai. Die etwa 2 cm langen Blätter stehen an den Triebenden gehäuft. Eine Art für den Sammler, der nicht nur das Auffallende sucht.
Immergrün. Winterhart.

R. ungernii Trautv.
Subsectio Caucasica
= Series Ponticum, Subseries Caucasicum

(nach BARON UNGERN-STERNBERG, Professor in Dorpat)

Bemerkenswert ist die aus 10 bis 15 cm langen, unterseits grau- bis hellbraunfilzigen Blättern bestehende Belaubung sowie auch die spätere Blütezeit (Juni bis Juli). Allerdings kommt es je nach Witterung vor, daß der Austrieb die zu 20 bis 30 in lockeren Doldentrauben stehenden blaßrosa Blüten verdeckt. Die Art wächst nur

von Glück reden kann, wenn man einmal eine härtere Pflanze besitzt. Die Art wird bei uns 1,50 m hoch, hat 3 bis 7 cm lange Blätter und blüht im Mai. Von allen Arten der Subsectio Triflora ist *R. triflorum* am wenigsten wertvoll als Blütenpflanze, aber dafür ausgezeichnet durch eine im Sonnenlicht auffallende dunkelrote, abblätternde Rinde. Sonst ist die Art eigentlich nur für den enthusiastischen Sammler von größerem Interesse.
Immergrün, Tibet, Burma, 3000 bis 4000 m. Winterhart – Winterschutz!!

langsam, sie ist kaum in Kultur (meist mit *R. brachycarpum* verwechselt).
Immergrün, Kaukasus, 1500 bis 2000 m. Winterschutz!!!

R. vaseyi A. Gray
Subsectio Canadensia
= Series Azalea, Subseries Canadense

(nach G.S. VASEY, 1822–1893, der diese Art 1878 in North-Carolina entdeckte)

Eine Art, der alle denkbaren guten Garteneigenschaften zugesprochen werden können. Sie wächst üppig, aber für den Privatgarten nicht zu stark, ist ganz winterhart, hat eine sehr schöne Blütenfarbe und ist auch zum Schnitt geeignet, wo schon ein einzelner Zweig die ganze Schönheit darbietet. Bei uns erreichen die Pflanzen 1,50 bis 2 m Höhe, und die Blätter sind 6 bis 10 cm lang und an den Rändern etwas gewellt. Die hellrosafarbenen Blüten erscheinen Ende April bis Anfang Mai. Auch zartrosa und reinweiße Formen sind im Handel.
Sommergrün, Nordamerika.

R. vernicosum Franch.
Subsectio Fortunea, Series Fortunea
= Series und Subseries Fortunei

(lackiert, d.h. die Blattoberseite wird bei Erwärmung lackglänzend)

An geschützten Stellen in größeren Gartenanlagen wirkt diese Art sehr gut, sie kann aber auch, da sie bei uns nur 1,50 bis 2,50 m hoch wird, im Hausgarten einen Platz finden. Die etwa 10 cm langen, unterseits bläulichen Blätter stehen ziemlich dicht; sie sind glanzlos, aber mit Wachs bedeckt, wodurch bei Reiben und Erwärmen eine glänzende Oberfläche entsteht. Die weißrosafarbene Blüte kommt im Mai. Ein weiteres typisches Merkmal sind die roten Stieldrüsen auf der ganzen Länge des Griffels.
Immergrün, Yünnan, Szetschuan, 3000 bis 4000 m. Winterschutz!

R. viscosum (L.) Torr.
Subsectio Lutea
= Series Azalea, Subseries Luteum

(klebrig)

Leider wird der Gartenwert dieser Art dadurch etwas gemindert, daß die Blüte erst nach der

R. yakushimanum

R. yedoense

Laubentfaltung im Juli erscheint. Der Wuchs ist kräftig und die Pflanzen werden bei uns 1,50 m hoch. Die Blätter sind 3 bis 6 cm lang, unten am Stiel rauh behaart. Die röhrenförmigen Blüten, mit abstehendem Saum, weiß bis rosafarben, duften angenehm nach Nelken. Die Art wurde schon früh zu Kreuzungen verwendet. Aus der Kreuzung *R. molle* × *R. viscosum*, die den Namen *R.* × *viscosepalum* erhielt, wurde u.a. die sehr schöne Azaleensorte 'Daviesii'

als Klon ausgelesen, die man heute in vielen Gärten bewundern kann.
Sommergrün, Vorkommen in Sumpfgebieten an der Ostküste von Nordamerika. Winterhart.

R. wallichii Hooker f.
Subsectio Campanulata
= Series Campanulatum

(nach N. WALLICH, Bot. Garten Kalkutta, 1786–1854)

R. wallichii ist sehr nahe verwandt mit *R. campanulatum*. Es unterscheidet sich von diesem durch die verstreuten Haarbüschel auf der Blattunterseite, die keine zusammenhängende Decke wie bei *R. campanulatum* bilden. Im Handel und in der Systematik wird *R. wallichii* trotz der minimalen Unterschiede aber noch immer als eigene Art geführt. Sie hat 7 bis 10 cm lange Blätter, wird 1,50 bis 2 m hoch und blüht lilarosa im April bis Mai.
Immergrün, Sikkim, Bhutan, 3000 bis 4000 m. Winterhart.

R. wardii W. W. Sm.
Subsectio Campylocarpa
= Series Thomsonii, Subseries Souliei

(nach F. KINGDON WARD, Pflanzensammler und Forscher, 1885–1958)

R. wardii ist eine der schönsten, wenn nicht sogar die beste der gelbblühenden Arten für unseren Klimabereich; in den letzten Jahren viel für Kreuzungen verwendet. Bei uns wird sie etwa 2 m hoch. Die Blätter sind 5 bis 10 cm lang und 2 bis 5 cm breit, und die reingelben, etwas fleischigen, schalenförmigen Blüten erscheinen im Mai. Fruchtknoten und Griffel sind bedrüst. Bei strengem Frost ist ein leichter Winterschutz empfehlenswert. Die Art ist etwas variabel sowohl im Habitus, Blütenfarbe (Gelbtöne) als auch in der Winterhärte. *R. astrocalyx*, *R. croceum* und *R. litiense* mit länglichen, unterseits bläulichen, wachsartigen Blättern, die früher als eigene Arten angesehen wurden, sind Synonyme zu *R. wardii*. *R. wardii* bekommt oft hellgrüne bis gelbe Blätter, die Magnesium-Mangel anzeigen. Man sollte diese Art deshalb zweimal jährlich mit 5 bis 10 l Bittersalzlösung (2 g/l Wasser) gießen.

Immergrün, Yünnan, Szetschuan, Südost-Tibet, 4000 bis 4500 m. Winterschutz!

R. wardii var. *puralbum* siehe *R. puralbum*

R. wightii Hooker f.
Subsectio Taliensia, Series Lactea
= Series Lactum

(nach ROBERT WIGHT, Bot. Garten Madras, 1796–1872)

Diese Art ist vor allem wegen ihrer großen dekorativen Blätter interessant; diese sind 12 bis 18 cm lang, unterseits erst weißfilzig, später rot- oder braunfilzig werdend. Das Laub ist zwar etwas empfindlich, aber an vor Ostwind und Wintersonne geschütztem Standort doch leidlich winterfest. Die Ende April erscheinenden hellgelben, zuweilen rosa getönten Blüten leiden jedoch meistens unter Spätfrösten.
Immergrün, Sikkim, Bhutan, 3000 bis 4500 m. Winterschutz!!

R. williamsianum Rehd. et Wils.
Subsectio Williamsiana
= Series Thomsonii, Subseries Williamsianum

(nach J. C. WILLIAMS, 1861–1939)

R. williamsianum ist mit seinen breit-eiförmigen Blättern und dem kugeligen Wuchs eine überaus interessante Blattpflanze, die in jeder Pflanzung auch außerhalb der Blütezeit auffällt und besonders die Vielfalt der Blattformen bei den Arten dokumentiert. Aber auch die glockenförmig, rosafarbene Einzelblüte ist sehr schön, leider sind erst ältere Pflanzen einigermaßen reichblühend. Blütezeit im April bis Mai. Der eigentliche Gartenwert liegt vor allem in der Verwendung als Kreuzungspartner. Dies sollte aber nicht hindern, sich auch der Art selbst anzunehmen, aus Sämlingen robuste, reichblühende Typen zu selektieren und zu vermehren. Der Züchter D. HOBBIE, Linswege, hat diese Art viel für Zuchtzwecke verwendet. Er kreuzte mit großblumigen Gartenhybriden und erhielt Sorten, die sich durch niedrigen kugeligen Wuchs und leuchtende Blütenfarben auszeichnen und besonders für den kleineren und mittelgroßen Garten geeignet sind.
Immergrün, Szetschuan, 2500 bis 3000 m. Winterschutz!

R. xanthocodon Hutch.
Sectio Keysia
= Series Cinnabarinum

(gelbe Glocke)

Von *R. cinnabarinum*, mit dem diese Art so nahe verwandt ist, daß sie von Cullen (1980) als Unterart *R. cinnabarinum* ssp. *xanthocodon* angesehen wird, während sie nach Davidian (1982) ein separate Art ist, unterscheidet sie sich im Blatt und vor allem durch die reingelbe Blütenfarbe. Blütezeit Mai. Der Wuchs ist aufrecht, in der Heimat bis 5 m, bei uns nur 1 m hoch, die Blätter sind 4 bis 7 cm lang. Nur für gut geschützten Standort oder das Kalthaus geeignet.
Immergrün, Südost-Tibet, Bhutan, 3000 bis 4000 m. Winterschutz!!–!!!

R. yakushimanum Nakai   (Abb. Seite 143)
Subsectio Caucasica
= Series Ponticum, Subseries Caucasicum

(nur in den Bergen der kleinen Insel Yaku Shima beheimatet)

In England und Amerika war diese relativ seltene Art bei Sammlern und Liebhabern von Arten sehr begehrt und hoch im Preis. Wegen ihrer Reichblütigkeit, dem eigenartigen Blatt und der gedrungenen, dichten Wuchsform wurde diese Art in den letzten Jahren viel zu Kreuzungen verwendet. Sie wird bei uns 1,0 bis 1,5 m hoch und 2,0 bis 2,5 m breit. Der Austrieb ist allseits weißgrau behaart, auffallend und dekorativ. Die Blätter sind 5 bis 10 cm lang mit eingerolltem Rand und voll ausgebildet, unterseits hellbraun-filzig dicht behaart. Aus den im Aufblühen karminrosa Knospen entfalten sich im Mai die zuerst zartrosa, später und im Verblühen weißen Blüten. Es ist eine sehr blühwillige, attraktive und an gegen Ostwind geschützten Stellen ganz winterharte Art.
Immergrün, Südjapan, nur auf der Insel Yaku-Shima vorkommend.

R. yanthinum siehe *R. concinnum*
R. yedoense siehe *R. poukhanense*

R. yunnanense Franch.
Subsectio Yunnanensia
= Series Triflorum, Subseries Yunnanense

(aus Yünnan)

Graziöser Bau und Reichblütigkeit geben dieser Art den besonderen Reiz. Sie verlangt allerdings einen ziemlich geschützten Standort und wird bei uns etwa 1,50 m hoch. Die Blätter sind 5 bis 8 cm lang, in der Jugend bewimpert. Sie blüht im Mai weißrosa mit roten Punkten. *R. yunnanense* ist stark variabel, nicht nur in Wuchs und Blüte, sondern mehr noch in der Winterhärte. Mehrere Formen bzw. Bezeichnungen wie *R. aechmophyllum*, *R. chartophyllum*, *R. suberosum* u. a., die früher als einzelne Arten geführt wurden, müssen als Synonyme von *R. yunnanense* angesehen werden.
Wintergrün, seltener und nur an ausgesprochen geschützten Standorten immergrün, Yünnan, Tibet, Szetschuan, 2000 bis 4000 m Höhe. Winterschutz!

Rhododendron-Hybriden

In der gärtnerischen Kultur unterscheidet man zwischen Arten, auch häufig Wildarten genannt, und Hybriden oder Sorten, also gärtnerischen Züchtungen. Die Arten sind von den Einflüssen des ursprünglichen Standortes in den Heimatgebieten geprägt.

Im vorangegangenen Kapitel wurden die Eigenschaften der verschiedenen Wildarten und vor allem ihre Eignung für den durchschnittlichen Garten besprochen.

Abgesehen von ganz wenigen, in der Natur entstandenen Hybriden, die Eingang in unsere Gärten gefunden haben, sind die Sorten ein Produkt der mehr oder weniger planvollen Züchtung und Auslese durch den Menschen. Entstehung und Geschichte von Sorten (Hybriden) und Sortengruppen wurden im Kapitel Züchtung näher beschrieben.

Seit Mitte des vorigen Jahrhunderts haben bei den Rhododendron Art und Sorte – Ursprüngliches und vom Menschen Gewolltes – um die Gunst des Gartenliebhabers geworben. Heute ist es wohl so, daß die Sorte zumindest die größere wirtschaftliche Bedeutung erlangt hat und in Millionen Stückzahlen als Pflanzen zwischen 30 und 60 cm Höhe aus den Baumschulen den Weg in die Gärten nimmt.

Leider ist es nur ganz wenigen Pflanzen davon bestimmt, sich zu großen Exemplaren zu entwickeln und von der Schönheit alter Rhododendronpflanzen zu zeugen.

Die meisten der jungen Pflanzen gehen in den Gärten aus Unkenntnis der Pflegemaßnahmen, falscher Standortauswahl und an den leider oft im Gefolge davon auftretenden Krankheiten zugrunde. Ein weiteres Hemmnis ist, daß die meisten Gärten nur für eine Generation angelegt werden und die gepflanzten Rhododendron sich nicht zu voller Größe auswachsen können oder aus den dann zu klein gewordenen Gärten vorzeitig entfernt werden müssen.

Aber noch immer erregen gesunde, große Rhododendron vor allem zur Blütezeit Bewunderung in den Gärten und Parkanlagen.

Von wenigen Ausnahmen abgesehen, handelt es sich bei diesen Exemplaren um Hybriden. Es besteht hier ein großer Unterschied zu den alten Garten- und Parkanlagen Englands und Schottlands, wo man mit Staunen vor den Exemplaren jener Arten steht, die seit Beginn des vorigen Jahrhunderts dank den Pflanzensammlern ihren Weg in die Gärten fanden.

Der Grund dafür, daß in den Gärten der deutschen Rhododendronliebhaber überwiegend Sorten zu finden sind, liegt darin, daß einmal aus mangelnder Verbindung Arten schwierig zu erhalten waren und zum anderen die Sorten besser mit den normalerweise im Garten herrschenden Verhältnissen fertig werden.

Die in Deutschland absolut winterharten Arten wurden an Schönheit und Wuchsform sehr bald schon von den ersten Hybriden übertroffen.

Bei der Züchtung angestrebte und erreichte Eigenschaften, wie zum Beispiel Winterhärte, Wuchsfreudigkeit, Blühwilligkeit, schöne Blütenfarbe und -form, gute Belaubung und Unempfindlichkeit gegenüber ungünstigem Standort und Krankheiten und bestimmen den Gartenwert einer Sorte.

Je mehr von diesen und anderen guten Eigenschaften in einer Sorte vereinigt sind, desto eher wird sie den Anfänger unter den Rhododendronfreunden nicht enttäuschen und zu weiteren Versuchen auch mit etwas diffizileren Sorten anregen.

Wie bereits im Kapitel über Heimatgebiete erwähnt, gibt es etwa 1000 Arten. Das Internationale Sortenregister in Edinburgh nennt bis 1958 etwa 3600 Rhododendron- und 4800 Azaleen-Sorten. Allerdings sind in der letzten Zahl die sogenannten Indica-Sorten der bei uns im

Gewächshaus kultivierten Azaleen, teilweise mit enthalten. Zu den etwa 3600 Rhododendron-Sorten kommt noch eine ganze Anzahl, die im Register fehlt. Von 1958–1989 sind allein etwa 4300 neue Sorten, vor allem von amerikanischen Züchtern, im Register angemeldet und mit Namen versehen worden, ohne jemals die Aussicht zu haben, nach Europa zu gelangen oder gar weiter bekannt zu werden.

Man wird nicht fehlgehen, wenn man von rund 12 000 benannten und registrierten Sorten spricht. Aber nur ganz wenige davon sind in den Gärten, in denen Rhododendron gedeihen können, allgemein zu finden.

Eine Auslese nach merkantilen Gesichtspunkten trennt sehr bald, ob eine Sorte weiter Verbreitung findet oder nur ein Dasein in Sortimentsgärten oder gar ausschließlich im Sortenregister fristet. Nur was sich in den Gärten bewährt hat und sich in großen Stückzahlen vermehren läßt, bleibt über Jahrzehnte auf dem Markt.

Sind in den „vergessenen" Sorten wertvolle Eigenschaften zu finden, zum Beispiel ausgefallene, seltene Blütenfarben und -formen, bestimmte Blühtermine, besondere Blattformen oder vielleicht extreme Winterhärte, so können diese Sorten örtliche oder regionale Bedeutung erlangen. Als Beispiele seien nur die vielen gelbblühenden neueren Hybriden genannt, die, in England viel bewundert, bei uns nicht winterhart genug sind und häufig auch in Blatt und Pflanzenaufbau nicht befriedigen. Die von dem Rhododendron-Züchter T. J. R. SEIDEL in Sachsen unter kontinentalklimatischen Verhältnissen extrem winterharten „Seidelschen Hybriden" (Sortiment SEIDEL) werden in England nicht als kulturwürdig beurteilt. In Skandinavien und anderen kalten Gebieten zählen sie aber zu den wenigen ausreichend harten Sorten, wobei man über Mängel in der Blütenfarbe und -form hinwegsieht.

Die Baumschulkataloge führen mehr oder weniger umfangreiche Sortimente, und in den meisten Katalogen sind die zur Zeit besten Sorten besonders gekennzeichnet.

Es kann nicht Aufgabe dieses Buches sein, eine vollständige Liste der heute bekannten Sorten zu liefern. Einen Überblick über das gesamte Sortiment bis zum Stand 1958 gibt „The International Rhododendron Register", The Royal Horticultural Society, London und die bis 1989 veröffentlichten 29 Ergänzungen der Royal Horticultural Society, London.

Wir wollen uns hier auf eine Zusammenstellung und Auswahl nach unserer Ansicht guter, erprobter Sorten für möglichst viele verschiedene Verwendungsmöglichkeiten beschränken.

Am bekanntesten sind die großblumigen Hybriden, die im allgemeinen eine Höhe zwischen 2 und 5 m erreichen. Am Schluß der Besprechung der Sorteneigenschaften ist jeweils die Höhe angegeben, die Exemplare der betreffenden Sorte in 15 Jahren auf gutem Standort bei organischer Düngung (Kuhdung) im Rhododendronpark Bremen erreichten.

Nach den großblumigen Hybriden folgen schwächer wachsende und niedrige Rhododendronsorten, die bei beschränkten Standortverhältnissen im kleinen Garten besonders zu empfehlen sind. Besondere Beachtung sollten dabei die Williamsianum- und Repens-Hybriden von D. HOBBIE, Linswege/Oldenburg, finden. Die hier genannten Sorten der Williamsianum-Hybriden sind im lichten Schatten ausreichend winterhart. Sie bringen mit ihren runden Büschen und glockigen Blüten eine neue Note und Abwechslung in die Pflanzung.

Offenere Standorte und bei ausreichender Feuchtigkeit auch volle Sonne werden von den sehr flachwachsenden Repens-Hybriden vertragen, deren scharlachrote, in der Frühlingssonne leuchtende Blüten sehr dekorativ sind.

Die neuen Sorten haben noch keine langjährige Prüfungszeit in den Gärten hinter sich. Es ist schwer, hier die Auswahl zu treffen oder eine Empfehlung zu geben. Man sollte aber auf jeden Fall, wenn die hier genannten Sorten sich im Garten gut entwickeln, auch den Neuheiten Beachtung schenken. Neue Erkenntnisse lohnen den Mut zum Risiko.

Aus den neueren Hybriden-Gruppen seien die Wardii-Hybriden von D. HOBBIE und H. HACHMANN genannt, mit denen bessere Gelbtöne in die Gärten kommen. Eine Verlängerung der Blütezeit bis Ende Juni–Anfang Juli werden sicher die Discolor-Hybriden bringen.

Große Hoffnungen sind mit den Yakushimanum-Hybriden verbunden, die erwarten lassen, daß viele neue Sorten mit niedrigem, geschlossenem Wuchs und vollkommenen Blüten ihren Weg in die Gärten finden werden. Vor allem H. HACHMANN, Barmstedt/Holstein, hat in den vergangenen 20 Jahren immer schönere Yakushimanum-Hybriden gezüchtet, die einen festen Platz in den Gärten finden werden. Wer das Neueste begehrt, wird es zu finden wissen.

Blütezeitangaben bei Rhododendron-Hybriden: sehr früh = Anfang–Mitte April; früh = Ende April–Anfang Mai; mittel = Mitte Mai; spät = Ende Mai–Anfang Juni; sehr spät = Mitte–Ende Juni.

Stärker wachsende, hohe Rhododendron-Hybriden
(meist großblumig, Höhen 2 bis 5 m)

Weiß und helle Farbtöne

'Album Novum' (Catawbiense-Hybride)
Weiß, im Aufblühen hellpurpur mit hellgrüner bis rotgelber Zeichnung; Blütezeit mittel, wüchsig, winterhart, 3,50 bis 4 m.

'Belle Heller'
('Catawbiense Album' × weißer *R. catawbiense*-Sämling)
Züchter: SHAMARELLO, USA. Diese reinweiße, in kugelförmigem Stutz blühende und durch den goldgelben Fleck in den Einzelblüten sehr ausdrucksvolle Sorte hat in den letzten Jahren die Aufmerksamkeit der Baumschulen gefunden. Blütezeit mittel. Der Wuchs ist kräftig bei geschlossenem Habitus. Die Blätter sind dunkelgrün und gesund. Winterhart.

'Bismarck' ('Viola' × *R. catawbiense*)
Weiß, im Aufblühen hellpurpurrosa, rötlichbraune Zeichnung; früh, wüchsig, winterhart, Sortiment SEIDEL, 2,50 bis 3 m.

'Brigitte' (*R. insigne* × 'Mrs. J. G. Millais') (Abb. Seite 150)
H. HACHMANN ist der Züchter dieser Sorte, die 1982 benannt wurde. Blüte weiß mit rosa Rand, auffallend gelbgrüne Zeichnung. Wuchs breit und dicht geschlossen, Blätter glänzend dunkelgrün, schmal elliptisch, deren Form die Herkunft von *R. insigne* zeigen. Blütezeit mittel.

'Catawbiense Album' (Catawbiense-Hybride)
Es wird auch angenommen, daß es sich um eine ausgelesene Form von *R. catawbiense* var. *album* handelt. Weiß, im Aufblühen schwach lilarosa getönt, schwache gelbgrüne oder braune Zeichnung. Narbe karminrot; spät, winterhart, 2,50 bis 3 m.

'Cunningham's White' (Abb. Seite 150)
(*R. caucasicum* × *R. ponticum* var. *album*)
Weiß mit zartgelber Zeichnung, im Aufblühen hellrosa; früh, gedrungener Wuchs, winterhart, 3,50 bis 4 m.

'Eidam' (*R. metternichii* × 'Alexander Adie')
Weiß mit rosa Tönung und gelbbrauner Zeichnung; Blütezeit mittel, gedrungender Wuchs, winterhart, Sortiment SEIDEL, 1,50 bis 2 m.

'Elfe' ('China' × 'Bremen')
Cremefarben mit rotem Basalfleck, früh. Züchter J. BRUNS, Baumschulen 1958.

'Genoveva' (Catawbiense-Hybride)
Hellila mit gelbgrüner Zeichnung; spät, winterhart, Sortiment SEIDEL, 2,50 bis 3 m.

'Gomer Waterer' (Catawbiense-Hybride)
Weiß, im Aufblühen lilarosa, gelbgrüne Zeichnung; spät, winterhart, breit und hoch, 1,50 m in 10 Jahren.

'Gudrun' ('Eggebrechtii' × 'Madame Linden')
Weiß mit zartpurpur Tönung und dunkelbraunroter Zeichnung; Blütezeit mittel, winterhart, Sortiment SEIDEL, 1,50 bis 2 m.

'Inamorata' (*R. wardii* × *R. discolor*)
Weiß, creme bis schwefelgelb mit roter Mitte, in der Knospe gelblich; sehr spät, winterhart, 2,50 bis 3 m. Diese Sorte wächst straff aufrecht und sollte mit frühblühenden Rhododendron zusammengepflanzt werden, um die Blütenwirkung nicht durch benachbarte verblühende Sorten zu mindern.

'Leopardi' (Arboreum-Hybride)
Entstanden 1868/69 in Edinburgh bei T. METHVEN & SON. Die Sorte kann nur für einen geschützten, halbsonnigen Standort empfohlen

werden. In voller Sonne und ungünstigen Verhältnissen werden die Pflanzen leicht von der Rhododendron-Hautwanze befallen. Blüte weiß mit schwach purpur Tönung und kräftig rotbrauner Zeichnung.
Blütezeit mittel, Winterschutz! 2 bis 2,30 m.

'Madame Carvalho' (Catawbiense-Hybride)
Weiß mit gelbgrüner Zeichnung, im Aufblühen lila getönt (Knospen heller als 'Gomer Waterer', Zeichnung mehr grün); spät, winterhart, 3 bis 3,50 m.

'Madame Masson'
(R. catawbiense × R. ponticum)
Weiß mit gelbem Fleck, im Aufblühen hellviolett getönt; spät, in strengen Wintern leichter Blattschaden möglich, 2,50 bis 3 m.

'Mrs. J. G. Millais', (= 'Mrs. John Millais')
(Herkunft unbekannt)
Züchter A. WATERER, England. Blüte cremefarben mit ausdrucksvollem dunkelgelbem Fleck. Blütezeit spät. Diese Sorte wurde 1954 zugunsten von 'Madame Masson' aus dem Sortiment gestrichen, doch der Kenner möchte sicher beide nicht missen.

'Nymphenburg' *(R. discolor × R. decorum)*
Eine Mitte Juni, also sehr spät blühende Sorte, die wie alle späten Sorten einen gegen die heiße Mittags- und Nachmittagssonne geschützten Standort verlangt, damit die Blüten nicht bereits beim Aufblühen „verbrennen".
Sehr große Blüten weiß mit gelbem Schlund. Züchter D. HOBBIE 1983.

'Rosa Regen'
(Astrocalyx *(= R. wardii)*-Hybride)
Aufgeblüht blaß grünlichgelb, die Knospen der locker im Stutz stehenden, rosa aufblühenden Einzelblüten ähneln großen Tropfen. Bei D. HOBBIE vor 1970 entstanden. Wuchs dicht, aufrecht. Gut aus Stecklingen zu vermehren. Die Form der gesunden, tiefdunkelgrünen kleinen Blätter und der Blüten zeigt die Abstammung der Sorte von *R. astrocalyx (= R. wardii)*. Blütezeit mittel.

'Sappho' (Ursprung unbekannt)
Durch die Eigenart der Blütenzeichnung immer wieder auffallende Sorte. In den Baumschulen wird diese alte, vor 1867 bei A. WATERER (England) entstandene Sorte nur noch selten angeboten, da sie schon in der Jugend recht sparrig wächst, was sich mit zunehmendem Alter der Pflanzen verstärkt und sie für Solitärstellung ungeeignet macht. Blüte weiß mit kräftiger schwarzroter Zeichnung. Blütezeit mittel, geschützter Standort empfehlenswert, Winterschutz! 1,50 m.

'Schneebukett'
('Mrs. J. G. Millais' × 'Bismarck')
H. HACHMANN ist Züchter dieser reinweißen, im Aufblühen zart lila getönten, spätblühenden Sorte. Die aus einzelnen, dunkel-purpurroten Punkten bestehende Zeichnung belebt und steigert die Wirkung der Blüten. Seit 1979 im Handel; man wird so leicht keine bessere weißblühende Sorte finden.
Pflanze etwas locker, mit zunehmender Größe geschlossener, dicht und rundlich wachsend.

Gelb

'Bernstein'
('Goldsworth Orange' × 'Mrs. J. G. Millais')
Bernsteinfarben, also gelblichorange mit auffallend orangerotem Fleck und blaßrosa Rand, ist die Blüte dieser neuen Sorte von 1978 des Züchters H. HACHMANN. Wuchs aufrecht, etwas locker. Blatt lanzettlich, klein.

'China' *(R. wightii × R. fortunei)*
Eine etwas ausgefallenere Sorte mit großen Blättern. Blüte rahm- bis rötlichgelb mit rotem Schlund. Früh bis mittel. Sparrig aufrechtwachsend. Verlangt Schatten und Winterschutz!

'Ehrengold' (Astrocalyx *(= R. wardii)*-Hybride)
Seit etwa 1970 als „Astrocalyx-Hybride" im Handel, erhielt die von dem Züchter D. HOBBIE ausgelesene Sorte 1982 von der Baumschule von Ehren ihren Namen. Die Blüte, in der Knospe rötlich, orangefarben aufblühend, ist vollblühend hellgelb. Blütenstutz mehr breit als hoch mit 10 bis 15 Einzelblüten, die sich lange halten. Blütezeit mittel (Abb. Seite 150).

'Brigitte'

'Cunningham's White'

'Ehrengold'

'Ann Lindsay'

Wuchs zuerst aufrecht, später breit und dicht mit glänzendgrünen Blättern.

'Elsie Straver' (Campylocarpum-Hybride)
Züchter STRAVER, Boskoop, Holland. Blüten zu 12 bis 16 im Stutz, glockenförmig, cremegelb mit dunkelrotem Fleck im Grund der Blüte, Blütezeit mittel. Blätter gelblichgrün und runzlig. Geschützter Standort und Winterschutz ist zu empfehlen.

'Gloria'
('Professor F. Bettex' × 'Goldsworth Orange')
Gelblich-cremefarben mit rosa Tönung, grünlich-orangegelbe Zeichnung. Blütezeit mittel. Gezüchtet in der Baumschule J. BRUNS und seit 1980 im Handel. Wuchs geschlossen, breit-aufrecht. Eine sehr gute Sorte.

'Goldfort' (*R. fortunei* × 'Goldsworth Yellow')
Züchter W. C. SLOCOCK, Woking, England; 1937 in den Handel gegeben. Blütenfarbe im Aufblühen hellgelb, rosa getönt, später cremefarben mit grünlicher Zeichnung. Blütenstutz locker mit 10 bis 13 Einzelblüten, Blütezeit früh bis mittel. Wuchs sehr kräftig, breit und locker. 'Goldfort' ist besser als die relativ harte, bewährte 'Goldsworth Yellow'.

'Goldsworth Yellow'
(*R. caucasicum* × *R. campylocarpum*)
Zitronengelb mit gelbgrüner Zeichnung, in der Knospe rosa getönt; früh, bisher härteste gelbe

'Diadem'

Sorte, die am besten im lichten Schatten gedeiht, bei sonnigem Stand leicht Befall durch Rhododendronwanze. Winterschutz! 1,20 bis 1,50 m.

'Cynthia'

'Lachsgold' (Astrocalyx *(= R. wardii)*-Hybride)
Aus der gleichen Aussaat wie die Sorte 'Ehrengold' bei D. HOBBIE ausgelesen und 1982 von der Baumschule von Ehren benannt. Blüte robust und ausdauernd, innen hellgelb, aber durch die rosa Außenseite und den zartrosa Rand im Aufblühen deutlich lachsrosa, aufgeblüht rein cremegelb. Blätter hellgrün, flach und in der Form deutlich die Herkunft von *R. wardii* zeigend.

'Marina' ('Omega' × *R. wardii*)
= 'Hachmann's Marina'
Für eine hell-zitronengelb blühende Sorte recht winterhart, spät. Stutz locker mit 10 bis 15 etwas überhängenden Einzelblüten.
Züchter H. HACHMANN, 1978. Erst größere Pflanzen reichblühend, aber es lohnt sich zu warten. Wuchs mittelstark.

'Norfolk Candy' ('Milkmaid' × 'Marmora')
Eine Sorte, die ihrer Herkunft nach frostempfindlich sein müßte, sich aber bei geschütztem Standort als gut winterhart erwiesen hat. Wertvoll durch auffallend hellgelb-orange Blüten mit braunorangem Fleck - eine ungewöhnliche Farbkombination! Blütezeit mittel, bei warmer Herbstwitterung vorblühend. Eine englische Sorte von J. RUSSELL, 1972. Wuchs aufrecht mit glänzender Belaubung.

'Rothenburg' (Williamsianum-Hybride)
Im Aufblühen zitronengelb, später cremeweiß; starker Wuchs, große, dunkelgrüne, rundovale, gewölbte Blätter; halbschattiger Standort, Winterschutz! Züchter V. von MARTIN.

'Stadt Westerstede'
('Letty Edwards' × Wardii-Hybride)
Diese Sorte, entstanden in der Baumschule G.D. BÖHLJE, ist seit 1982 im Handel. Blüten hellgelb mit grünlichgelber Zeichnung, zu 10 bis 13 im lockeren Stutz. Wuchs geschlossen, aufrecht. Blätter glänzend hellgrün, breit-oval.

'Viscy' ('Diane' × *R. viscidifolium*)
Aufblühend orangefarben, voll erblüht kupfriggelb mit deutlich dunkelroter Zeichnung ist die Blüte dieser 1980 benannten, früh bis mittel blühenden Sorte. Gezüchtet wurde sie von H. ROBENEK, der viele Jahre Obergärtner bei D.G. HOBBIE in Linswege war. Farblich in Gruppen schwierig einzuordnen. Verlangt etwas geschützten Standort.

Rosa

'Albert Schweizer' (Herkunft unbekannt)
Gezüchtet wurde diese Sorte von ADR. VAN NES, Boskoop, Holland. Eine neuere Sorte, die blaß-

rosa (Bengalrosa) mit rötlichem (Johannisbeerrot) Fleck blüht. Die Einzelblüten stehen in einem großen pyramidalen Stutz zu 13 bis 14 zusammen. Die Winterhärte ist an etwas geschütztem Standort gut und diese schöne Sorte kann nur empfohlen werden.

'Ann Lindsay' (Abb. Seite 150)
('Blinklicht' × ('Mars' × *R. yakushimanum* 'Koichiro Wada'))
Weiß mit auffallend leuchtendrotem Rand; Außenseite der Blüten tiefrot; Blätter breit-oval, dunkelgrün. Nur der gedrungene Wuchs deutet auf den Einfluß von *R. yakushimanum* hin. Diese vorzügliche Sorte des Züchters H. HACHMANN wurde 1984 benannt und ist in Farbe und Wuchs besser als die ähnliche 'Louis Pasteur'.

'Antoon van Welie' (Griffithianum-Hybride)
Rosa mit rotbrauner Zeichnung auf hellem Grund; Blütezeit mittel, Winterschutz! 1,50 bis 1,80 m.

'Betty Wormald' (Griffithianum-Hybride)
Rosa, Ränder etwas dunkel, braunrote Zeichnung auf hellem Grund; Blütezeit mittel, Winterschutz! 1,50 bis 1,80 m.

'Catharine von Tol' (Catawbiense-Hybride)
Rubinrosa mit gelbgrüner Zeichnung auf hellem Grund, weit hervorragender Griffel; Blütezeit mittel, gedrungener Wuchs, winterhart, 1,80 bis 2,30 m.

'Cynthia' (*R. catawbiense* × *R. griffithianum?*)
Rosa mit schwach dunkelbrauner Zeichnung; Blütezeit mittel, Winterschutz! 1,50 bis 1,80 m.

'Dagmar' (*R. decorum* × 'Pink Pearl')
Leuchtend hellrosa, im Verblühen weiß ist diese 1965 von DR. KAVKA in Pruhonitz (Tschechoslowakei) benannte, leicht duftende Sorte. Wuchs dicht geschlossen mit glänzend dunkelgrünen Blättern. Blütezeit mittel.

'Diadem' (Abb. Seite 151)
('Hachmann's Ornament' × 'Furnivall's Daughter') = 'Hachmann's Diadem'
Hellrosa mit lila Schimmer, auffallend braundunkelroter Fleck, Blütenrand leicht gekräuselt. Blütezeit mittel. Wuchs kompakt, mehr breit als hoch. Blatt glänzend dunkelgrün, Nerven wie eingeprägt erscheinend, dadurch auffallende Blattoberfläche. Züchter H. HACHMANN, 1985. Eine hervorragende Sorte mit großer Zukunft.

'Dietrich' ('Mrs. Milner' × *R. smirnowii*)
Hellpurpurrosa mit schwach gelbbrauner Zeichnung, mittelspät, winterhart, Sortiment SEIDEL, 2,50 bis 3 m.

'Direktör E. Hjelm' (Fortunei-Hybride)
Rosarot mit zart bräunlichgrüner Zeichnung; früh, gesundes Laub, aufrechter lockerer Wuchs, winterhart, 2 bis 2,50 m.

'Florence Sarah Smith'
(Catawbiense-Hybride?)
Diese Sorte wurde von der englischen Baumschule JAMES SMITH & SONS, Darley Dale bei Matlock, in den Handel gebracht und ist nachweislich seit 1916 in Boskoop in Kultur. In den letzten Jahren wurde diese keinesfalls neue Sorte gelegentlich empfohlen, da rein rosa blühende und gut winterharte Sorten nur wenige in Kultur sind. Die Blüte ist kräftig rosafarben und am Saum der Blütenblätter gewellt. Im oberen Blütenblatt ist eine feine rotbraune bis grünliche Zeichnung. Blütezeit mittel bis spät. Blatt, auf Einkreuzung mit *R. catawbiense* hindeutend, kräftig und robust. Wuchs mehr breit als hoch, geschlossen.

'Furnivall's Daughter' (Abb. Seite 154)
(Herkunft nicht bekannt)
Von der Knap-Hill-Nursery, Woking, England, ausgelesen und benannt. Diese leuchtende hellrosafarbene Sorte, mit auffallendem braunrot gefärbtem Farbfleck in der Einzelblüte, übertrifft mit kräftigem Wuchs, leicht gewellten, großen Blättern und Blüten die in England bereits hochbewertete, bei uns fast unbekannte Sorte 'Mrs. Furnival'. Der Blütenstutz ist schmal, geschlossen und domförmig gewölbt. Blütezeit mittel. Wuchs mehr breit als hoch, geschlossen. Die bisher gemachten Erfahrungen lassen hoffen, daß die Sorte in Deutschland winterhart ist. Durch die aparte, auffallende Zeichnung wird diese reinrosa Sorte, trotz des

etwas ungewöhnlichen Namens, sicher die Gunst der Pflanzenliebhaber finden.

'Holbein' ('Alexander Adie' × 'Carl Mette')
Rubinrosa mit schwach rotbrauner Zeichnung auf hellem Grund; Blütezeit mittel, Sortiment Seidel, Winterschutz! 2 bis 2,30 m.

'Homer' ('Kaiser Wilhelm' × 'Agnes')
Rosa mit ganz schwacher rotbrauner Zeichnung; Blütezeit mittel, Sortiment Seidel, Winterschutz! 2 bis 2,50 m. (Abb. Seite 154)

'Jacksonii' (*R. caucasicum* × 'Nobleanum')
Hellrosa mit gelber Zeichnung, außen dunkel gestreift, im Aufblühen dunkler; sehr früh, gedrungener Wuchs, winterhart.

'Johann Bruns'
((*R. insigne* × 'Graf Zeppelin') × (*R. wardii* × Discolor-Hybride))
Rosa mit zartlila Schimmer blüht diese breit und aufrecht wachsende Sorte. In der Baumschule Joh. Bruns entstanden, erhielt die Sorte 1986 ihren Namen.

'Kokardia' ('Humboldt' × 'Direktör E. Hjelm')
Blüten leuchtend rubinrosa mit schwarzrotem Fleck, 10 bis 16 bilden einen pyramidalen geschlossenen Stutz. Wuchs dicht, mehr breit als hoch, Blätter breit-lanzettlich, dunkelgrün. Blütezeit mittel. Züchter H. Hachmann 1978. Sortenschutz! (Abb. Seite 154)

'Lady Annette de Trafford'
(Maximum-Hybride)
Eine von A. Waterer (England) gezüchtete Sorte, die bereits seit 1874 im Handel ist. Blüte hellrosa mit schwarzbrauner bis schwarzroter Zeichnung, aufrechtwachsend; als kleine Pflanze wenig blühend, sehr spät, winterhart, 2,50 bis 2,80 m.

'Lavender Girl'
(*R. fortunei* × 'Lady Grey Egerton')
Als diese Sorte vom Züchter Slocock 1950 in England ausgestellt wurde, erhielt sie sofort eine Auszeichnung. Die Farbe ist zart lilarosa mit purpurroter und brauner Zeichnung, nach innen zu weiß aufhellend. Stutz geschlossen und hoch. Eine stark wachsende, mit großen flachen Blättern wirkungsvolle Sorte, die 3 m hoch und breit werden kann. Winterhart.

'Louis Pasteur'
('Mrs. Tritton' × 'Viscount Powerscourt')
Weiß mit rotem Rand und schwach gelber oder roter Zeichnung, außen rubinrot; spät, sparriger Wuchs, nicht ganz winterhart, Winterschutz! 1,20 bis 1,50 m.

'Marchioness of Lansdowne'
(Maximum-Hybride)
Eine von A. Waterer, Woking, England, vor 1915 geschaffene Sorte, die hellrosa mit lila Schimmer blüht und besonders durch einen kräftig dunkelroten Fleck ausgezeichnet ist. Blütezeit: spät. Es ist eine mehr breit als hoch wachsende Sorte, die zum guten Gedeihen Halbschatten und besonders in der Blütezeit Sonnenschutz verlangt. 2 m.

'Monika' (Orbiculare-Hybride)
Die Sorte erinnert mit ihren runden Blättern an die Art *R. orbiculare*, die sicher an der Züchtung beteiligt war. Sie entstand 1968 in der Baumschule Joh. Bruns und fällt durch die Blattform in jeder Sortensammlung auf. Blüte leuchtend reinrosa, Stutz locker, 9 bis 15 Einzelblüten. Blütezeit mittel.

'Ornament' ('Humboldt' × 'Direktör E. Hjelm')
= 'Hachmann's Ornament'
Auffallend lilarosa blühende Sorte mit dunkel purpurrotem, fast schwarz wirkendem Fleck. Die guten Eigenschaften beider Elternsorten sind hier in der Blüte vereint. Blütezeit mittel. Seit 1978 im Handel, gezüchtet von H. Hachmann. Wuchs dicht geschlossen, mittelstark.

'Picturatum'
('Altaclarense' × Maximum-Hybride)
Von A. Waterer, Bagshot, England, wurde diese von Standish & Noble um 1850 gezüchtete Sorte verbreitet. Sie blüht hellrosa und fällt besonders durch einen intensiv braunrot gefärbten Fleck in der Blüte auf. Blütezeit spät. Wuchs aufrecht und locker. 2 bis 2,5 m.

'Furnivall's Daughter'

'Homer'

'Kokardia'

'Pink Pearl' ('George Hardy' × 'Broughtonii')
Diese Sorte galt lange Zeit in England als Höhepunkt der Züchtung. Bei uns wird sie auch als Grifithianum-Hybride geführt, ist aber leider nicht absolut winterhart, was aber nicht abhalten sollte, die Sorte an windgeschütztem Standort zu versuchen. Hellrosa mit purpur Tönung und schwacher rotbrauner Zeichnung, sehr großblumig und schon als kleine Pflanze reichblühend, Blütezeit mittel. Winterschutz! 1,80 bis 2 m.

'Ponticum Roseum', syn. 'Maximum Roseum' (Ponticum-Sorte)
Eine alte Sorte unbekannten Ursprungs, doch deuten Blattform und Blüten auf eine ausgelesene Form aus *R. ponticum*-Sämlingen hin. Blüten rosalila in lockerem, *R. ponticum* ähnlichen Stutz. Blütezeit sehr spät. Mit dieser Sorte geht Mitte bis Ende Juni die Blütezeit der Freilandrhododendron zu Ende. Nichts für Sammler von Sorten mit möglichst großen Blüten und auffallenden Farben, doch im Naturgarten unentbehrlich. (Der große Gartengestalter Prof. H. WIEPKING wußte, warum er u. a. gerade diese Sorte besonders schätzte.) Winterschutz! 2,50 bis 3 m.

'Prinses Marijke'
(genaue Herkunft nicht registriert)
1948 von FELIX & DIJKHUIS, Boskoop, in den Handel gebracht. Blüte leuchtend rosa, innen heller, außen dunkler gefärbt. Ansprechende dunkelgrüne Belaubung. Wuchs mehr breit als hoch, 2,50 bis 3 m. Winterhärte befriedigend.

'Professor Hugo de Vries'
('Pink Pearl' × 'Doncaster')
Hellrosa mit rotbrauner Zeichnung auf hellem Grund, insgesamt jedoch etwas dunkler als 'Pink Pearl'; Blütezeit mittel, verlangt geschützten Standort, Winterschutz! 2 bis 2,50 m.

'Progres' (Caucasicum-Hybride)
Unter beschränkten Platzverhältnissen sind Caucasicum-Hybriden in Verbindung mit Repens- und Williamsianum-Hybriden von guter Gartenwirkung. Die Sorte blüht hellrosa mit dunkelpurpur Zeichnung, Blütenrand gekräuselt; früh, winterhart, 1,50 m.

'Britannia'

'Nova Zembla'

'Queen Mary'
('Marion' × 'Mrs. C. S. Sargent')
Von der Baumschule FELIX & DIJKHUIS, Boskoop, Holland, wurde diese Sorte gezüchtet und 1950 in den Handel gegeben. Blüte dunkelrosa, großer geschlossener Stutz. Blütezeit mittel. Wuchs stark, aufrecht, 2,50 bis 3 m. Eine gut winterharte Sorte, die zunehmend Beachtung findet.

'Redwood' (Insigne-Hybride)
Den Namen erhielt diese Sorte nach den einjährigen Trieben, die intensiv rot gefärbt sind. Blüte rosalila mit grüner Zeichnung, siebenzipfelig. Züchter D. HOBBIE, von der Baumschule W. WÜSTEMEYER 1981 in den Handel gebracht. Blütezeit mittel. Auffallend ist das lederartige, schmal-elliptische und glänzend grüne Blatt, das auf die Abstammung von R. insigne hinweist.

'Ronsdorfer Frühblühende'
(Oreodoxa-Hybride; R. oreodoxa × rot blühende Hybride)
Es gibt mehrere Sorten und Formen in den Farben Hellrosa bis Rubin und Purpur; sehr früh, winterhart, jedoch kann die Blüte durch Spätfröste gefährdet sein; für größere Gärten für Gruppenpflanzungen sehr gut geeignet, bis 4 m.

'Scintillation'
(Fortunei-Hybride)
Züchter: CHARLES O. DEXTER, USA. Eintragung in das Sortenregister 1973. Seit 1959 in den USA im Handel. Bekannteste Sorte der in Amerika beliebten Dexter-Hybriden, die vermutlich durch Kreuzungen mit R. fortunei etwa ab 1925 entstanden sind und um 1950 ausgelesen wurden. 'Scintillation' blüht hellila-rosa und ist auf den oberen Blütenblättern gelbgrün gefleckt. Die Einzelblüten sind groß und von guter Substanz. Blütezeit früh bis mittel. Belaubung glänzend grün und großblättrig. Eine winterharte robuste Sorte, doch an trockenen Standorten ist lichter Schatten erforderlich. Wuchs mittelhoch.

'Souvenir de Dr. S. Endtz'
('Pink Pearl' × 'John Walter')
Kräftig rosa mit dunkelroter Zeichnung, dunkler als 'Pink Pearl', Blütezeit mittel, Winterschutz!

'Spring Glory'
('Cunningham's White' × rote Catawbiense-Hybride)
Der amerikanische Baumschulbesitzer A. M. SHAMARELLO züchtete die „Shamarello-Hybriden" und gab diese Sorte ab 1955 in den Handel. Blüte hellrosa mit großem scharlachroten Fleck. Blütezeit früh. Wuchs dicht geschlossen mit gesunder Belaubung. Gut winterhart.

'Vernus'
('Cunningham's White' × rote Catawbiense-Hybride)
Gezüchtet von A. M. SHAMARELLO; eingeführt 1962 von DAVID G. LEACH, Pennsylvania, USA. Eine der von LEACH ausgelesenen, harten Sorten. Blüte leuchtend rosa mit dunkler Mitte. Reichblühend mit geschlossenem Stutz. Blütezeit früh. Guter Habitus. Es bleibt abzuwarten, ob diese in den USA hervorragend beurteilte Sorte Eingang in unsere Gärten finden wird.

Rot

'America' (Catawbiense-Hybride; 'Parson's Grandiflorum' × ?)
Rubin- bis purpurrot mit rotbrauner Zeichnung; Blütezeit mittel, winterhart, etwas locker und sparrig wachsend, 1,80 bis 2 m.

'Berliner Liebe' ('El Alamein' × *R. insigne*)
1985 wurde diese Züchtung der Baumschule JOH. BRUNS in den Handel gegeben. Es ist eine Sorte mit Zukunft. Der große, kompakte und doch hohe Blütenstutz mit 18 bis 22 leuchtend roten Einzelblüten mit dunkelroter Zeichnung steht perfekt in Form und Farbe über großen lanzettlichen, dunkelgrünen Blättern, deren Form deutlich die Einkreuzung von *R. insigne* erkennen läßt. Der Wuchs ist kräftig und dicht geschlossen – eine Top-Pflanze für kleine und große Gärten, bei der es sich lohnt, auf die von Jahr zu Jahr reichere Blüte zu warten. Kann als Jungpflanze je nach Standort etwas blühfaul sein, ein Erbe von *R. insigne*. Blütezeit mittel.

'Bibber' ('Mrs. Milner' × *R. catawbiense*)
Karminrot mit schwach dunkelbrauner Zeichnung; Blütezeit mittel, winterhart, Sortiment SEIDEL, 1,80 bis 2 m.

'Blinklicht' ('Nova Zembla' × 'Mars')
Leuchtend reinrot mit schwacher gelbgrüner Zeichnung blüht diese 1982 von H. HACHMANN benannte Sorte. Wuchs kräftig aufrecht; Blatt mit deutlich ausgeprägten Blattnerven. Blütezeit mittel. Sortenschutz!

'Britannia' (Abb. Seite 155)
('Stanley Davis' × 'Queen Wilhelmina')
Leuchtend scharlachrot bis karminrot mit schwach brauner Zeichnung, breitwachsend, Blütezeit mittel, als Griffithianum-Hybride verlangt die Sorte einen geschützten Standort; im Laub etwas gelblichgrün, doch aufgrund der reinen roten Blütenfarben zu empfehlen, Winterschutz! 1,20 m.

'Burgemeester Aarts'
(*R. maximum* × 'L. L. Liebig')
Rubinrot, zart rotbraune Zeichnung, Blütenränder etwas gekräuselt; früh, hochwachsend, winterhart, 1,50 bis 1,80 m.

'Doctor Tjebbes' (Herkunft unbekannt)
Züchter: C. A. VAN DEN AKKER, Boskoop. Als diese großlaubige Sorte erstmals ausgestellt wurde, erregte sie allgemeine Aufmerksamkeit und erhielt 1967 ein Wertzeugnis in Boskoop. Die großen, intensiv karminroten Blüten bilden zu 14 bis 16 einen geschlossenen Blütenstutz. Blütezeit spät, winterhart, 1,80 bis 2 m.

'Doncaster' (Arboreum-Hybride)
Eine etwa hundert Jahre alte englische Sorte von lockerem, mehr ausgebreitetem Wuchs, Blüte tief dunkelrot mit dunkler Zeichnung; spät, etwas empfindlich, Winterschutz! 1,20 bis 1,50 m.

'Dr. H. C. Dresselhuys' ('Atrosanguineum' × 'Doncaster')
Purpurrot mit brauner Zeichnung; Blütezeit mittel bis spät, Wuchs aufrecht, winterhart, 3 bis 3,50 m.

'Dr. V. H. Rutgers' ('Charles Dickens' × 'Lord Roberts')
Rubinrot mit dunkelbrauner Zeichnung; Blütezeit mittel, winterhart, 1,80 bis 2 m.

'Edward S. Rand' (Catawbiense-Hybride)
1870 wurde diese Sorte bereits von A. WATERER (England) in den Handel gebracht. Über 100 Jahre alt und bei uns noch immer eine Hauptsorte – spricht für ihren Wert. Blüte rubin- bis purpurrot mit grünbrauner Zeichnung; Blütezeit mittel bis spät, Wuchs gedrungen, 2 bis 2,50 m.
Diese und die beiden vorgenannten Sorten können als wirklich winterharte, gute rote Sorten empfohlen werden.

'General Eisenhower'
(Griffithianum-Hybride)
Eine bei A. KLUIS, Boskoop, 1946 benannte Sorte, die leuchtend dunkelkarminrot mit sehr großen, geschlossenen Blütendolden blüht. Blütezeit mittel bis spät. Wuchs mehr breit als hoch. Winterschutz!

'Hachmann's Feuerschein'
('Nova Zembla' × 'Mars')
Dunkelrot aufblühend, später reinrot ist diese kompakt wachsende Sorte eine deutliche Verbesserung der winterharten roten Sorten des Sortiments. Blütezeit spät. Züchter H. HACHMANN 1978. Sortenschutz!

'Hugh Koster'
('Doncaster'-Hybride × 'George Hardy')
Bei dieser Sorte sind *R. catawbiense*, *R. arboreum* und *R. griffithianum* eingekreuzt worden. Blüte dunkelrot mit rotbrauner Zeichnung; Blütezeit mittel, verlangt geschützten Standort, Winterschutz! 2 bis 2,50 m.

'James Marshall Brooks' (Arboreum-Hybride)
Aufgrund verschiedener Merkmale darf angenommen werden, daß bei der Kreuzung dieser 1870 bei A. WATERER (England) entstandenen Sorte *R. arboreum* beteiligt war. Blüte dunkelrubinrot mit brauner bis olivgrüner Zeichnung auf hellem Grund; spät, winterhart, 2 bis 2,20 m.

'Kluis Sensation'
('Britannia' × unbekannter Sämling)
Diese Sorte wurde von A. KLUIS, Boskoop, benannt. Sie blüht mit großen Blüten leuchtend scharlachrot und ist schwach mit dunklen roten Punkten gezeichnet. Blütezeit spät. Wuchs dichtbuschig und mittelstark. Winterschutz!

'Kluis Triumph' (Griffithianum-Hybride)
Züchter A. KLUIS, Boskoop, Holland. Blüte dunkelrot, braunrot gezeichnet. Blütezeit mittel bis spät. Winterschutz! Diese Sorte ist wegen ihrer aparten Blütenfarbe noch im Sortiment einer führenden deutschen Baumschule. In Holland nicht mehr empfohlen, da Blüten in der Sonne zu schnell verblassen.

'Madame de Bruin'
('Prometheus' × 'Doncaster')
Von *R. arboreum* hat diese Sorte die Blütenfarbe, aber leider auch die Frostempfindlichkeit geerbt. Blüte leuchtend dunkelrot mit schwach brauner Zeichnung auf hellem Grund; Blütezeit mittel, Wuchs im Alter breit ausladend, verlangt geschützten Standort, Winterschutz! 1,50 m.

'Mrs. P. den Ouden'
('Atrosanguineum' × 'Doncaster')
Dunkelrubinrot mit hellgrüner und auch brauner Zeichnung; Blütezeit mittel bis spät, winterhart, 2 bis 2,50 m.

'Mrs. R. S. Holford' (Catawbiense-Hybride)
Auch von dieser über 100 Jahre alten Sorte, 1866 von A. WATERER (England) gezüchtet, sind die Kreuzungspartner nicht bekannt. Blüte karminrosa mit rotbrauner Zeichnung. Blütezeit mittel bis spät, winterhart, 2,50 bis 3 m.

'Nofretete' ('El Alamein' × *R. insigne*)
Gezüchtet in der Baumschule JOH. BRUNS und seit 1983 im Handel. Blütenstutz kompakt, groß; Blüte leuchtend rot mit heller Mitte und schwarzroter Zeichnung, Blütezeit mittel. Wuchs sehr kompakt, lanzettliches Blatt.

'Nova Zembla' (Abb. Seite 155)
('Parson's Grandiflorum' × harte rote Hybride)
Die Kreuzung dieser Sorte erfolgte 1902 in der Baumschule M. KOSTER & SÖHNE, Boskoop, Holland. Es ist eine dunkelrote, genau gesagt dunkelrubinrote Sorte mit einer tief dunkelroten Zeichnung auf dem oberen Blütenblatt. Blütezeit mittel bis spät. Wuchs kräftig, aufrecht, bis

3 m. 1954 wurde diese Sorte von den Spezialisten aus dem Sortiment gestrichen, „da entbehrlich neben der gesünderen, im Laub ähnlichen 'America'". Weil sie leicht aus Stecklingen zu vermehren und sehr winterhart ist, ist es heute neben der „blaustichigen" 'Caractacus' *die* rote Sorte in den Anzuchten.

'Oberbürgermeister Janssen'
('May Day' × 'Goldsworth Orange')
Die Sorte wurde von der Baumschule JOH. BRUNS 1975 benannt. Blüten leuchtend reinrot mit dunkelbrauner Zeichnung, Blütezeit mittel. Wuchs flach, kompakt, bis 1 m hoch, Blatt breit lanzettlich, spitz. Winterschutz!

'Oldewig' (Catawbiense-Hybride)
Wie die folgende Sorte eine Züchtung des deutschen Rhododendronzüchters T. J. R. SEIDEL. Blüte rubinrot mit heller Mitte und rotbrauner Zeichnung auf hellem Grund; spät, winterhart, 1,50 bis 2 m.

'Omega' (Catawbiense-Hybride)
Hellrubinrot mit rotbrauner oder gelbgrüner Zeichnung auf hellem Grund; spät, winterhart, 1,50 bis 2 m.

'Professor F. Bettex'
('Atrosanguineum' × 'Doncaster')
Eine Sorte, gezüchtet um 1912 von H. DEN OUDEN & SOHN, Boskoop, die etwa seit 1925 im Handel ist. Man hielt sie Anfang der fünfziger Jahre für entbehrlich neben 'William Austin', doch die später, mit prächtigen dunkelroten Blüten blühende Sorte hielt sich in den Anzuchten bis jetzt! Wuchs mittelstark, 2 m. Verlangt etwas geschützten Stand.

'Professor J. H. Zaayer'
('Pink Pearl' × rote Catawbiense-Hybride)
Leider hat diese großblumige Hybride von 'Pink Pearl' zwar Form und Größe der Blüte, doch auch die Kälteempfindlichkeit erhalten. Blüte dunkelrubinrosa mit dunkelbrauner Zeichnung; Blütezeit mittel, verlangt geschützten Standort, Winterschutz! 1,20 bis 1,50 m.

'Raphael' (Catawbiense-Hybride)
Dunkelrubinrot mit dunkelbrauner Zeichnung; Blütezeit mittel, winterhart, eine Sorte unbekannten Ursprungs von T. J. R. SEIDEL, 2 bis 2,50 m.

'Rosarka' (*R. insigne* × 'Spitfire')
= 'Hachmann's Rosarka'
Blüten hellkarminrot, 11 bis 14 Einzelblüten im Stutz; Wuchs breit, dicht geschlossene Büsche bildend. Blütezeit mittel. Züchter H. HACHMANN 1987.

'Sammetglut' ('Mars' × 'Nova Zembla')
Diese Sorte hat wirklich rein dunkel-blutrote Blüten ohne jeglichen bläulichen Schimmer der älteren winterharten rotblühenden Sorten. Auffallend sind die weißen Staubgefäße, die sich von der wie aus Samt wirkenden Blumenkrone kontrastreich abheben. Blütezeit mittel bis spät. Züchter H. HACHMANN 1977. Wuchs aufrecht, etwas locker, was aber nicht nachteilig ist.

'Scharnhorst' (Catawbiense-Hybride)
Dunkelrubin bis purpurrot mit dunkelbrauner Zeichnung, Rand gekräuselt; Blütezeit mittel, winterhart, 2 bis 2,50 m.

'Van der Hoop'
('Atrosanguineum' × 'Doncaster')
Bereits 1912 gezüchtet und 1922 in den Handel gebracht, zählt diese Sorte mit zu den altbewährten Hybriden. Blüte purpurrot mit schwach rotbrauner oder gelber Zeichnung auf weißem Grund, mehr breit als hochwachsend; spät, winterhart, 1,50 bis 2 m.

'Van Weerden Poelman'
('Charles Dickens' × 'Lord Roberts')
Vom gleichen Züchter H. DEN OUDEN & SONS (Holland) und im gleichen Jahr wie die vorige Sorte entstanden. Blüte rubin bis purpurrot mit kräftig brauner Zeichnung auf hellem Grund; Blütezeit mittel, winterhart, 1,30 bis 1,50 m.

'Wilgens Ruby' (Herkunft nicht bekannt)
Eine Sorte, die 1951 von A. C. VAN WILGEN, Boskoop, Holland, in den Handel gebracht wurde. Blüten außen leuchtend tiefrot, innen rosarot gefärbt und mit dunkelbraunem Fleck gezeichnet. Blütezeit früh bis mittel. Ziemlich flachwachsend, 1,50 m.

'William Austin' (Catawbiense-Hybride)
J. Waterer (England) erzielte diese Sorte bereits vor 1915. Blüte tief dunkelrubinrot mit schwarzbrauner Zeichnung, Staubbeutel weißgelb; Blütezeit früh bis mittel, winterhart, geschützter Standort jedoch empfehlenswert. Im Wuchs etwas locker und breit, alte Pflanzen gut im Aufbau, 1,50 bis 1,70 m.

Purpur

'Allah' (Catawbiense-Hybride)
Hellpurpurrosa mit gelber Zeichnung auf hellem Grund; Blütezeit mittel bis spät, winterhart.

'Caractacus' (Catawbiense-Hybride)
Eine sehr alte Sorte, die bereits 1865 ein Wertzeugnis der Royal Horticultural Society, London, erhielt. Obgleich mit einem etwas ins Bläuliche gehenden Ton, vor allem beim Verblühen, noch immer eine der bei uns bekanntesten „roten" Sorten. Blüte purpur mit heller Mitte und schwach rotbrauner Zeichnung; spät, winterhart, Wuchs mehr breit als hoch, 2 bis 2,50 m.

'Everestianum' (Catawbiense-Hybride)
Gesunder Wuchs und dunkle glänzende Belaubung sind zusätzlich zur ansprechenden Blüte ein Grund, daß sich diese vor 1850 bei A. Waterer (England) entstandene Sorte noch immer neben den „Neuheiten" hält. Blüte hellpurpurviolett mit gelbgrüner oder rotbrauner Zeichnung, Blütenrand stark gekräuselt; spät, Wuchs aufrecht, winterhart, 1,80 bis 2,30 m.

'Holger' ('Madame Linden' × 'Eggebrechtii')
T. J. R. Seidel züchtete diese Sorte 1906. Blüte hellpurpurviolett mit gelbgrüner oder rotbrauner Zeichnung; spät, winterhart, 2 bis 2,20 m.

'Humboldt' (Catawbiense-Hybride)
Man kann diese Sorte aufgrund ihrer Winterhärte und Schönheit der Blüte nicht genug empfehlen. Die Blütenfarbe ist ein leuchtendes Hellpurpurviolett mit tief dunkelrotem Fleck und fällt durch diese Zeichnung besonders auf. Aus Stecklingen nur schwer zu vermehren; in der Jugend mehr flach, im Alter mehr hoch aufrechtwachsend; ohne daß die Pflanzen an Form

'Humboldt'

verlieren; Blütezeit mittel bis spät, Sortiment Seidel, 2 bis 2,50 m.

'Purpureum Elegans' (Catawbiense-Hybride)
Eine alte, vor 1850 in England entstandene Sorte. Blüte purpurviolett bis lila mit brauner Zeichnung, Blütezeit mittel, winterhart, 1,50 bis 2 m.

'Roseum Elegans' (Catawbiense-Hybride)
Eine, wenn nicht die bekannteste, außerordentlich harte Sorte aus der Gruppe der Catawbiense-Hybriden. Sie ist bei A. Waterer (England) bereits vor 1851 entstanden, und es gibt mehrere Formen, wobei die sogenannte 'English Roseum' die beste ist und in den Baumschulen allgemein kultiviert wird. Die Blüte ist purpurrosa bis hellpurpurviolett mit schwach ausgeprägter rotbrauner Zeichnung; spät, winterhart, 2,50 bis 3 m.

'Von Oheimb Woislowitz' (Catawbiense-Hybride)
1929 von T. J. R. Seidel in den Handel gebracht. Blüte hellpurpurrosa mit gelbgrüner Zeichnung; spät, winterhart, 1,80 bis 2 m.

Violett

'Azurro' ('Doncaster' × 'Purple Splendour')
Dunkelviolette, innen rötlichviolette, am Rand gekräuselte Blüte mit auffallendem schwarzem Fleck. Soll härter als die ihr ähnliche 'Purple Splendour' sein. Seit 1986 im Handel, Züchter H. Hachmann. 'Rasputin' ist eine Auslese aus der gleichen Kreuzung mit ähnlichen Blüten.

'Old Port' (Catawbiense-Hybride)
Entstanden 1805 bei A. WATERER (England). Dunkelpurpurviolett mit tief dunkelbrauner Zeichnung; Blütezeit mittel bis spät, Wuchs bei alten Pflanzen etwas locker und sparrig, an ungünstigen Standorten leidet die Sorte unter Blattschäden, winterhart, 2,30 bis 2,50 m.

'Purple Splendour' (Ponticum-Hybride)
Bereits 1931 erhielt diese vor 1900 bei A. WATERER (England) entstandene Sorte ein Wertzeugnis der Royal Horticultural Society, London. Blattform und Empfindlichkeit der Blätter gegen Frostschäden zeigen den Einfluß von *R. ponticum*. Blüte leuchtendviolett mit kräftig dunkler Zeichnung; mittel bis spät, verlangt geschützten Standort, Winterschutz! 1,20 bis 1,40 m.

Lila

'A. Bedford' (= 'Arthur Bedford')
(malvenfarbiger Sämling × *R. ponticum*)
Züchter: LOWINSKY, Tittenhurst, England. Blaulila (fliederfarben) mit auffallend dunklem, fast schwarzem Fleck blühende Sorte, deren Einzelblüten sehr ausdrucksvoll sind und zu 14 bis 16 in einem geschlossenen, aufrecht kegelförmigen Stutz stehen. Blütezeit mittel bis spät. Die Blätter sind besonders groß und breit, dabei glänzend dunkelgrün. Im Wuchs fast straff aufrecht, sollte die Sorte hinter niedriger und mehr breitwachsende Rhododendron gepflanzt werden. Winterhärte gut.

'Albert' ('Viola' × 'Everestianum')
T. J. R. SEIDEL schuf 1899 diese Sorte durch Kreuzung zweier Hybriden, die u. a. aus *R. catawbiense* und *R. caucasicum* entstanden waren. Nach den vorherrschenden Merkmalen ist es eine Catawbiense-Hybride. Blüte hellila mit schwach- bis dunkelbrauner Zeichnung, Blütezeit mittel, winterhart, 1,50 bis 1,70 m.

'Alfred' ('Everestianum' × 'Everestianum')
Vom gleichen Jahr und Züchter wie die vorige Sorte stammt diese Catawbiense-Hybride. Blüte lila, schwach grüngelbe Zeichnung auf hellem Grund, Blütenrand stark gekräuselt; Blütezeit mittel, winterhart, 1,80 bis 2 m.

'Blue Ensign' (Herkunft unbekannt)
Diese blaß lavendelblau mit auffallend dunklem, fast schwarzem Fleck gezeichnet blühende Sorte wurde 1934 von W. C. SLOCOCK, Goldsworth Nursery, Woking, England, ausgelesen. Sie wächst kräftig und ist gut winterhart.

'Blue Peter' (Herkunft unbekannt)
Züchter ist die Baumschule WATERER, SONS & CRISP., Bagshot, England. Kobaltblau mit violettem Ton kommt diese und die etwas heller blühende 'Susan' von den unbeschuppten Rhododendron-Sorten einem reinen Blauton am nächsten. Im Schlund ist die Einzelblüte fast weiß gefärbt, am oberen Blütenblatt bräunlich purpur gezeichnet und die Blütenblätter sind am Rand gefranst. Der große Blütenstutz wird von etwa 15 trichterförmigen Einzelblüten gebildet. Blütezeit spät. Gesunde Belaubung, mehr breit als hoher Wuchs und ausreichende Winterhärte kennzeichnen diese etwa 2,50 m hoch wachsende Sorte.

'Catawbiense Boursault'
(Catawbiense-Hybride)
Ob Hybride oder besonders gute ausgelesene Form der Art ist nicht geklärt. Blüten hellila mit schwach grüngelber Zeichnung, größer als bei *R. catawbiense*; Blütezeit mittel bis spät, winterhart, 3 bis 3,50 m.

'Catawbiense Grandiflorum'
(Catawbiense-Hybride) (Abb. Seite 235)
Diese Sorte ist, wie die vorige auch, wahrscheinlich ein ausgelesener, besonders guter „Typ" der Art. Blüten größer, hellila mit gelbroter Zeichnung und die einzelnen Blütenblätter mehr abgerundet als bei *R. catawbiense*. Blütezeit mittel bis spät, 3,50 bis 4 m.

'Effner' ('Alfred' × 'Everestianum')
Lila mit grüngelber Zeichnung auf hellem Grund; Blütezeit mittel bis spät, winterhart, Sortiment SEIDEL, 1,80 bis 2 m.

'Fastuosum Flore Pleno'
(R. catawbiense × R. ponticum)
Wahrscheinlich schon vor 1846 entstanden. Züchter: Gebrüder FRANÇOIS, Gent, Belgien. Bei uns wird diese Sorte meistens inkorrekt unter der Bezeichnung 'Fastuosum Plenum' geführt. Es ist eine sehr alte, aber liebenswerte Sorte. Blüte lila, halbgefüllt mit schwach purpurner Tönung und grüngelber Zeichnung. Blütezeit mittelspät. Es ist noch immer die einzig „gefüllte" (halbgefüllte!) Sorte, und auch eine „Sortimentsbereinigung" der Baumschulen Anfang der fünfziger Jahre konnte die robuste, kräftig und aufrecht wachsende Sorte nicht aus den Herzen der Rhododendronliebhaber verdrängen.

'Gina Lollobrigida'
('Marion' × 'Mrs. C. S. Sargent')
Züchter: FELIX & DIJKHUIS, Boskoop. Im Sortenregister 1965 registriert. Eine vielversprechende Sorte, die orchideenlila mit bräunlicher Fleckung auf dem oberen Blütenblatt blüht. Geschlossener, hochgewölbter Stutz von etwa 20 cm Durchmesser und 14 bis 15 Einzelblüten. Belaubung gesund. Winterhärte gut.

'Hans-André Schultz' (Fortunei-Hybride)
Zartlila mit schwach gelbgrüner Zeichnung. Blütezeit mittel. Gezüchtet von VICTOR VON MARTIN 1944, erhielt diese Sorte nach langer Beobachtungszeit 1988 ihren Namen. Erst mit zunehmender Größe und als ältere Pflanze entfaltet sich ihre volle Schönheit.

'Holstein'
('Humboldt' × 'Catawbiense Grandiflorum')
Hellila mit schwarzrotem Fleck, Blütezeit mittel. Eine Sorte von H. HACHMANN, die seit 1978 im Handel ist. Ähnlich 'Humboldt', ob besser, wird die Zukunft zeigen. Wuchs kräftig, flach; Blatt breit-oval.

'Hymen' (Catawbiense-Hybride)
Hellila mit gelbbrauner oder grünbrauner Zeichnung; Blütezeit mittel, gedrungener, niedriger Wuchs, winterhart, Sortiment SEIDEL, 1,20 bis 1,50 m.

'Johann C. H. Berg' (Fortunei-Hybride)
In der sich öffnenden Knospe lilarosa; Blüte hellilarosa, mit dunkelrotem Fleck und Punkten gezeichnet. Die hochwachsende Sorte, die im Rhododendron-Park Bremen gefunden wurde, erhielt nach jahrzehntelanger Beobachtung 1989 ihren Namen. Blütezeit mittel, leicht duftend.

'Lee's Dark Purple' (Catawbiense-Hybride)
Eine unserer in der Blüte sehr dunkel, purpurviolett bis lila mit gelbbrauner oder gelbgrüner Zeichnung gefärbten Sorten, die von LEE (England) vor 1851 gezüchtet wurde; spät, winterhart, 2 bis 2,50 m.

'Leopold' ('Mira' × *R. catawbiense*)
Purpurviolett bis lila mit gelbbrauner Zeichnung; Blütezeit mittel, winterhart, Sortiment SEIDEL, 1,50 bis 1,70 m.

'Parson's Gloriosum' (Catawbiense-Hybride)
Eine alte, um 1860 bei A. WATERER (England) entstandene Sorte. Blüte zart purpurviolett bis lilarosa mit gelbgrüner Zeichnung; Blütezeit spät, winterhart, 2,30 bis 2,50 m.

'Susan' *(R. campanulatum × R. fortunei)*
Diese Sorte, die 1930 und 1948 in England Wertzeugnisse und 1954 die höchste Auszeichnung der Royal Horticultural Society erhielt, kann nur empfohlen werden. Von allen großblumigen Sorten in der Blütenfarbe durch ein seltenes Hellblau, violett gepunktet, ausgezeichnet. Blütezeit früh bis mittel, gesundes Laub, winterhart, am besten ein Standort in lichtem Schatten, 1,50 bis 1,70 m.

'Violetta' (*R. decorum* × 'Caractacus')
Die Sorte wurde von Dr. KAVKA 1929 in Pruhonitz (Tschechoslowakei) gezüchtet. Wuchs regelmäßig, dicht verzweigt und belaubt. Blätter 10 bis 18 cm lang, tiefgrün. Blütenstutz mit großen, etwa 8 cm breiten, trichterförmigen Blüten, hellila-violett mit heller Mitte und bräunlichgrünen zerstreuten Flecken, stark duftend. Blütezeit mittel. Winterhart.

Blüten mit dunklem Fleck oder kräftiger Zeichnung

Sorte	Blütenfarbe	Fleck oder Zeichnung
'Belle Heller'	weiß	goldgelb
'Blue Ensign'	hellila	braunlila
'Blue Peter'	blau-violett	braun-purpur
'Furnivall's Daughter'	rosa	braun-rot
'Gudrun'	weiß	braunrot
'Holstein'	hellila	schwarzrot
'Humboldt'	hellpurpurviolett	tiefdunkelrot
'Kokardia'	rubinrosa	schwarzrot
'Lady Annette de Trafford'	hellrosa	schwarz-braunrot
'Leopardi'	weiß	rotbraun
'Madame Masson'	weiß	gelb
'Marchioness of Lansdowne'	rosa	dunkelrot
'Mrs. J. G. Millais'	cremefarben	dunkelgelb
'Picturatum'	hellrosa	dunkelbraunrot
'Progres'	hellrosa	dunkelpurpur
'Sappho'	weiß	schwarzrot

Unüberschaubar ist die Sortenvielfalt inzwischen geworden. Jedes Jahr werden von den Züchtern neue Sorten geschaffen und die besten davon auch in den Baumschulen angeboten.

Aus der Fülle des Angebotes folgt hier eine Zusammenstellung neuer, aber auch einiger bereits älterer Sorten, die sich gut für den Garten eignen.

Stärker wachsende, hohe Rhododendron-Hybriden

Name	Farbe	Blütezeit	Eltern	Züchter	Bemerkungen
'Admiral Vanessa'	zart lilarosa, kräftige schwarzrote Zeichnung	spät	*R. discolor* × 'Marie Stuart'	D. Hobbie, W. Wüstemeyer, um 1980	spätblühende, auffallende Sorte
'Alena'	Knospen zartrosa, aufgeblüht reinweiß, Duft	früh	Decorum-Hybride	J. Kyndl, 1970	Wuchs mehr breit als hoch, glänzend tiefgrüne Blätter
'Amaretto'	Blüten innen hell orangecremefarben-kupfrig-lachskaramel, Außenseite kupfrigrosa getönt	mittel	Wardii-Hybride	H. Hachmann, 1987	Wuchs kompakt, dunkelgrüne Belaubung Eine Sorte für den, der außergewöhnliche Farben sucht
'Ammerland'	zartrosa mit dunkel-schwarzroter Zeichnung	spät	unbekannt	Anton Backhus, vor 1972	sehr großblumig
'Anna Rose Whitney'	leuchtend rosa mit brauner Zeichnung, große Blüten	mittel	*R. griersonianum* × 'Countess of Derby'	W. Whitney, T. Van Veen, 1954	kräftiger Wuchs, große dunkelgrüne Blätter, sehr große Blütendolden, lange blühend im lichten Schatten

Stärker wachsende, hohe Rhododendron-Hybriden

Name	Farbe	Blütezeit	Eltern	Züchter	Bemerkungen
'Belkanto'	goldgelb, orangeroter Schimmer	mittel	'Mrs. J. G. Millais' × 'Golddekor'	H. Hachmann, 1988	Wuchs breit, gedrungen Sortenschutz!
'Blueshine Girl'	gelb-cremefarben, rosa getönt, dunkelroter Basalfleck	mittel	'Soulkew' × *R. wardii*	D. Hobbie, W. Wüstemeyer, 1980	aufrecht wachsend, Blätter blaugrün, Knospen und Blattstiele auffallend blauviolett, zeigen Einfluß von *R. wardii*, 1 bis 5 Wochen dauernde Blütezeit
'Blutopia'	violett mit olivgrünem Fleck	mittel	'Catawbiense Grandiflorum' × 'A. Bedford'	H. Hachmann, 1988	Wuchs breit-aufrecht mit großen dunkelgrünen Blättern
'Brasilia'	orangegelb mit roten Staubgefäßen, außen orange und rosa geflammt, verblühend cremeorange	mittel	('Omega' × *R. wardii*) × (*R. wardii* × 'Alice Street')	H. Hachmann, 1982	geschlossen, aufrechter Wuchs; keine einfach im Garten einzuordnende Sorte; dreifarbige, auffallende Blüte; Winterschutz!
'Brown Eyes'	hellrosa mit großem braunrot-goldgelbem Fleck	mittel	Fortunei-Hybride	C. Dexter / P. Bosley, 1956	starkwüchsig, zeigt erst ab 1 m Höhe ihre volle Schönheit, große mittelgrüne Blätter
'Claudine'	rosa mit schmalem weißem Saum, Rand gewellt	spät	'Sammetglut' × 'Daisy'	H. Hachmann, 1987	breit aufrecht wachsend, etwas locker, Blätter hellgrün Eine Sorte für Kenner!
'Diana'	leuchtend lachsrosa, rote Zeichnung	mittel	'Professor J. H. Zaayer' × 'Goldsworth Orange'	Joh. Bruns, Baumschulen 1975	breitrund, geschlossener Busch, dunkelgrüne Blätter
'Duke of York'	zartrosa, innen fast weiß, braun gefleckt	mittel	*R. fortunei* × 'Scipio'	G. Paul, vor 1894	Wuchs locker, aufrecht, großes Blatt; alte Sorte, aber härter und besser als manche „moderne"
'Elfenfee'	elfenbeinfarben	mittel	'Letty Edwards' × ?	G. D. Böhlje, 1966/1967	kompakt, mehr breit als hoch wachsend
'Erato'	rein leuchtend-dunkelrot, Knospe schwarzrot	spät	'Oratorium' × 'Hachmann's Feuerschein'	H. Hachmann, 1988	Wuchs breit-aufrecht, geschlossen, Blätter elliptisch, gewölbt, hellgrün, Sortenschutz!
'Felicitas'	hellgelb-rosa-orange	mittel	'Goldkrone' × 'Perlina' ('Ornament' × Furnivall's Daughter')	H. Hachmann, 1988	Wuchs gedrungen, Blätter mittelgrün, oval, leicht gewellt

Stärker wachsende, hohe Rhododendron-Hybriden

Name	Farbe	Blütezeit	Eltern	Züchter	Bemerkungen
'Germania'	rosarot	mittelfrüh	'Antoon van Welie' × 'Catharine van Tol'	D. Hobbie, 1983	auffallend großblättrig, breitwachsend, Sortenschutz!
'Gi-Gi'	leuchtend dunkelrot, alle Blütenblätter lilarosa gefleckt	mittel	Fortunei-Hybride	C. Dexter, S. Burns, 1973	kompakt, geschlossen wachsend, Blatt gelblichgrün, etwas gedreht, auch gut in voller Sonne; weit verbreitete, harte Dexter-Hybride
'Goldflimmer'	lila	mittelspät	$R.\ catawbiense \times R.\ ponticum$?	D. Hobbie, 1955	Blattplanze mit gelbgrün marmorierter Belaubung
'Goldjuwel'	leuchtendgelb, dunkelroter Basalfleck	mittelspät	'Letty Edwards' × Wardii-Hybride	G. D. Böhlje, 1986	breit, locker wachsend, mittelstark, geschützter Standort
'Grace Seabrook'	intensiv leuchtendes Rot	früh	'Jean Marie de Montague' × $R.\ strigillosum$	C. Seabrook, 1967	aufrecht, locker wachsend, Blatt groß, dick, dunkelgrün, unterseits leicht behaart, grüne Knospen. 'Taurus' aus gleicher Kreuzung: rote Knospen; nur für ganz geschützten Standort; Winterschutz!!
'Graf Lennart'	leuchtendgelb-zitronengelb	mittel	$R.\ wardii$ × 'Alice Street'	H. Hachmann, 1983	Wuchs breit, dicht
'Hachmann's Charmant'	weiß mit hellrotem Rand, dunkelroter Fleck	spät	'Diadem' × 'Holger'	H. Hachmann, 1991	breit-aufrecht wachsend, auffallende zweifarbige Blüten
'Herzas'	cremegelb mit roter Zeichnung	mittelspät	'Mrs. R. S. Holford' × $R.\ wardii$	D. Hobbie, 1986	breit und dicht wachsend, schöne Belaubung
'Hultschin'	hellrosa mit braunroter Zeichnung	mittel	$R.\ insigne \times R.\ williamsianum$	D. Hobbie, 1976	Wuchs breit-aufrecht, auffallend dunkelgrünes Blatt
'Hyperion'	weiß, zartlila getönt, auffallend großer schwarzrotbrauner Fleck	mittel	unbekannt – Hybride mit oder Schwestersorte von 'Sappho'	A. Waterer, vor 1921	locker, ausgebreitet wachsend, große, dunkelgrüne Blätter, ähnlich 'Sappho', aber größerer Fleck
'James Burchett'	hellrosa bis weiß mit grünbrauner Zeichnung, Duft!	sehr spät	Discolor-Hybride	W. C. Slocock, 1958	mehr breit als hoch wachsend, dicht geschlossen, wertvoll durch späte Blüte

Stärker wachsende, hohe Rhododendron-Hybriden

Name	Farbe	Blütezeit	Eltern	Züchter	Bemerkungen
'Janet Blair'	hellrosa mit gewelltem Rand, kräftig grün-gold-bronze gefleckt, Duft!	mittel	Dexter-Hybride (unbekannt)	C. Dexter, D. Leach, 1962	Wuchs kräftig, breiter als hoch, geschlossene dunkelgrüne glänzende Blätter, an 'Scintillation' erinnernd; große Blüten und Blütendolden, reichblühend
'Junifeuer'	innen rosaweiß mit gelbbrauner Zeichnung, Außenseite der Blüte und Saum leuchtend blutrot	sehr spät	'Mary Waterer' × 'Moser's Maroon'	H. Hachmann, 1983	breit-aufrecht wachsend, junger Austrieb auffallend rötliche Blätter, später dunkelgrün; Blüte erst im Juni
'Katherine Dalton'	leuchtend rosa Knospen, erblüht blaß lavendelrosa bis lila	mittel	*R. discolor* × *R. smirnowii*	J. Gable, 1937	Wuchs dicht und geschlossen, Blätter leicht behaart
'Ladybird'	korallenrosa mit dunklem Fleck auf gelbem Grund	sehr spät	*R. discolor* × 'Corona'	Rothschild, vor 1933	kräftig, hochwachsend, dunkelgrüne, glänzende Blätter, sehr große Blütendolden und Blüten. Keine „Allerweltssorte"!
'Lilofee'	purpurlila-rubinrot, am Rand stark gewellt, weiße Staubgefäße	mittel	'Nova Zembla' × 'Purple Splendour'	H. Hachmann 1990	breit und dicht im Wuchs, Blatt glänzend dunkelgrün
'Linsweger Gold'	rein leuchtendgelb	mittel-spät	'Koster's Cream' × *R. wardii*	D. Hobbie, 1984	kompakter Wuchs, verlangt geschützten Standort; Winterschutz!
'Madame Jules Porges'	hellila mit rosa Schimmer, großer goldgelb-grüngoldener Fleck	spät	Herkunft unbekannt	Moser & Fils, vor 1900	locker aufrecht wachsend, glänzende Blätter, sehr große Blütendolden
'Margret'	lachsrosa, grünlich-gelbbraune Zeichnung	mittel	Smirnowii-Hybride	D. Heinje, Baumschule, 1954	breit und aufrecht, dicht geschlossen wachsend; Blatt graugrün, unterseits weißfilzig
'Marianne von Weizsäcker'	leuchtendrot, dunkelrote Zeichnung	mittel	'Kluis Triumph' × *R. insigne*	Joh. Bruns, Baumschulen, 1990	breit und geschlossen wachsend, Blatt zeigt die Herkunft von *R. insigne*
'Meadowbrook'	leuchtendrosa mit weißem Fleck und grüner Zeichnung, Rand gekräuselt	mittel	'Mrs. C. S. Sargent' × 'Everestianum'	P. Vossberg, 1958	Wuchs hoch und breit, geschlossen, eine vielversprechende Sorte

Stärker wachsende, hohe Rhododendron-Hybriden

Name	Farbe	Blütezeit	Eltern	Züchter	Bemerkungen
'Polarnacht'	tief dunkelviolett mit schwarz-violetter Zeichnung	spät	'Turkana' × 'Purple Splendour'	H. Hachmann, 1987	Wuchs dicht, kompakt, dunkelgrünes Blatt
'Priska'	zart lavendelfarben, schwarzrote Zeichnung	mittel	unbekannt	Victor von Martin, Rhododendron-Park Bremen, 1984	Wuchs hoch und breit, kleine Pflanzen etwas blühfaul
'Rasputin'	hellviolettblau, Rand gekräuselt, mit dunkelviolettem Fleck	spät	('Nova Zembla' × 'Purple Splendour') × 'Purple Splendour'	H. Hachmann, 1986	breit-aufrecht wachsend, Schwestersorte der dunkleren 'Azurro'
'Rijneveld'	korallenrosa	mittelfrüh	'Metternianus' × Griersonianum-Hybride	D. Hobbie / Vuyk van Nes, 1966	breit-runder Wuchs, schmale Blätter, Winterschutz!
'Rosabella'	leuchtend karminrosa mit gekräuseltem Blütenrand	spät	'Donar' × 'Furnivall's Daughter'	H. Hachmann, 1987	breit und dicht wachsend, glänzendes mittel- bis dunkelgrünes Blatt
'Rosa Traum'	rosa mit gelber Zeichnung, Duft	sehr spät	'Catharine van Tol' × *R. discolor*	D. Hobbie, 1939	als junge Pflanze starkwüchsig, eine übersehene Schönheit
'Ruby F. Bowman' (= 'Ruby Bowman')	kräftig rosa mit blutrotem Fleck	mittel	*R. fortunei* × 'Lady Blight'	P. Bowman, J. Druecker, 1953	kräftig, locker, aufrecht wachsend, Laub glänzend gelblichgrün, reichblühend, sonniger Standort
'Sapporo'	weiß mit großem, auffallend dunkelbraunrotem Fleck	spät	'Diadem' × 'Hyperion'	H. Hachmann, 1991	breit-kompakt wachsend, Blatt länglich-oval, dunkelgrün, soll besser als die alte Sorte 'Sappho' sein
'Schneeauge'	reinweiß mit weinrotem Fleck	früh	'Holstein' × 'Progres'	H. Hachmann, 1971	kräftig, als Jungpflanze locker, später mehr geschlossen wachsend, tiefgrünes Blatt; noch vor 'Cunningham's White' blühend
'Schneewittchen'	weiß, zartlilarosa getönt, dunkelrote Zeichnung	spät	'Goldsworth Yellow' × *R. insigne*	Joh. Bruns, Baumschulen 1975	breit-aufrecht, geschlossen wachsend, Blatt mittelgrün
'Seestadt Bremerhaven'	hellrosa, mit gelbgrüner Zeichnung	mittel	'Graf Zeppelin' × *R. insigne*	H. Nosbüsch, Joh. Bruns Baumschulen, 1983	breit und geschlossen wachsend, Blatt glänzend grün

Stärker wachsende, hohe Rhododendron-Hybriden

Name	Farbe	Blütezeit	Eltern	Züchter	Bemerkungen
'Silvia'	zartrosa mit gelbem Schimmer und Zeichnung	spät	'Goldsworth Orange' × 'Van Weerden Poelman'	Joh. Bruns, Baumschulen 1973	Wuchs mehr breit als hoch, geschlossen
'Simona'	cremefarben, hell-lilarosa Rand, gelbe und dunkelrote Zeichnung	früh bis mittel	'Harvest Moon' × 'Letty Edwards'	H. Hachmann, 1978	breit-aufrecht, etwas locker wachsend, auffallend große Blütenknospen
'Spätlese'	hellrosa mit roten Punkten	sehr spät	Discolor-Hybride	G. D. Böhlje, 1977	starkwüchsig, große Blütendolden und Einzelblüten
'Tamarindos'	purpurviolett, Rand dunkelviolett, gewellt, Fleck gelbgrün-goldbraun	mittel	'Blue Bell' × 'Purple Splendour'	H. Hachmann, 1987	Wuchs dicht geschlossen, dunkelgrünes Blatt
'Tarantella'	tief dunkelrot, Rand stark gewellt	spät	'Oratorium' × 'Hachmann's Feuerschein'	H. Hachmann, 1988	Wuchs breit und kompakt, Blatt mittelgrün, leicht glänzend, etwas gewellt, Sortenschutz!
'Taurus'	siehe 'Grace Seabrook'	früh	siehe 'Grace Seabrook'	F. Mossman, 1972	Winterschutz!!
'Trude Webster'	intensiv rosa, dunkler gefleckt, perfekter Stutz	mittel	'Countess of Derby' × 'Countess of Derby'	H. Greer, 1961/62	kräftiger, aufrechter Wuchs, im Alter dicht geschlossen, gesundes Laub, wird in den U.S.A. sehr hoch bewertet
'Wilhelm Schacht'	hellrosa	mittel-spät	R. discolor × 'Professor Hugo de Vries'	D. Hobbie, 1973	starker, aufrechter Wuchs, sehr große Blütendolden; Winterschutz!

Schwächer wachsende, niedrige Rhododendron-Hybriden

Auch unter den älteren Hybriden hat es schwächer wachsende Sorten, wie z. B. die Caucasicum-Hybriden, gegeben. Bei der Größe der älteren Garten- und Parkanlagen bestand aber eigentlich keine Notwendigkeit, auf Schwachwüchsigkeit zu züchten. Erst die kleinen Hausgärten und der Wunsch, auch hier Rhododendron zu pflanzen, ließ die Züchter nach Sorten suchen, die nur langsam wachsen und niedrig bleiben.

Kreuzungen mit schwachwüchsigen Arten, wie z. B. *R. ferrugineum, R. forrestii* var. *repens, R. haematodes, R. williamsianum, R. yakushimanum* und Arten der Subsectio Lapponica (Lapponicum-Series) brachten neue Sorten, die diesem Wunsch entsprechen. Weitere Verbreitung haben davon die Repens- und Williamsianum-Hybriden gefunden. Die neuen Wardii- und Yakushimanum-Hybriden werden folgen.

Weiß und helle Farbtöne

'Dora Amateis' (*R. carolinianum* × *R. ciliatum*)
Züchter: EDMOND AMATEIS, USA. Blüte weiß mit grünen Flecken gesprenkelt, frühblühend. Belaubung glänzend dunkelgrün mit würzig aromatischem Duft. Wuchs ziemlich gedrungen, doch kräftig und gesund. Obgleich ein Elternteil – *R. ciliatum* – der Subsectio Maddenia (Maddenii-Series) zugehörig ist, die keine winterharten Arten umfaßt, hat sich diese Sorte gut im Freiland gehalten.

'Gartendirektor Rieger'
('Adriaan Koster' × *R. williamsianum*)
Züchtung von DIETRICH G. HOBBIE, Linswege. Eine cremegelbe, recht großblütige Sorte. Blütezeit früh bis mittel. Mittelstark wachsend. Sollte in keiner Gruppe von Williamsianum-Sorten fehlen, da von weiß und gelbblühenden Sorten die dunkleren rot und rosa Farbtöne zum Leuchten gebracht und besser hervorgehoben werden.

'Marlis'
('Mars' × *R. yakushimanum* 'Koichiro Wada')
Blüte außen hellrosa, innen vom Grund in die Zipfel der Blütenblätter ausstrahlend weiß-rosa. Großer Blütenstutz. Blütezeit mittel. Wuchs breit, kompakt. Austrieb und auch Blattunterseite dünn hellgrau behaart. Gut sonnenverträglich. Züchter H. HACHMANN 1985.

'Porzellan' ('Mrs. J. G. Millais' × *R. yakushimanum* 'Koichiro Wada')
= 'Hachmann's Porzellan'
Die Sorte trägt ihren Namen zu Recht. Reinweiß mit gold- und grüngelber Zeichnung. Blütezeit mittel. Wuchs breit und rund. Blätter unterseits mit dünnem braunem Indumentum. Züchter H. HACHMANN 1982.

'Schneekoppe'
(*R. carolinianum* var. *album* × *R. ciliatum*)
Rein weiße Blüten ohne Zeichnung; ähnlich 'Dora Amateis', aber niedriger wachsend. Gut winterhart! Blüht früh, gleichzeitig mit den Repens-Hybriden. Züchter D. HOBBIE, 1983.

'Schneespiegel' ('Babette' × 'Perlina')
Die sich weit öffnenden Blüten dieser Sorte von 1988, die von H. HACHMANN gezüchtet wurde, sind von reinstem, blendendem Weiß. Der Rand der Blüte ist leicht gewellt, der Basalfleck leuchtendrot. Blütezeit mittel. Wuchs breit geschlossen, Blätter glänzend tiefdunkelgrün. Eine der zur Zeit besten, relativ schwachwachsenden weißblühenden Sorten. Sortenschutz!

'Schneewolke' ('Mrs. J. G. Millais' × *R. yakushimanum* 'Koichiro Wada')
Weiß, im Aufblühen zart lilarosa getönt, mit gelbgrüner Zeichnung und kleinem rotem Fleck. Blütenrand gewellt, reichblühend. Blütezeit mittel bis spät. Breit und in der Jugend etwas locker, später kompakt wachsend. Gewölbtes dunkelgrünes Blatt. Züchter H. HACHMANN, 1982.

'Silberwolke' (*R. yakushimanum* 'Koichiro Wada' × 'Album Novum')
Hell lilarosa aufblühend, wechselt die Farbe in cremeweiß mit silbrigem Schimmer; schwache gelbgrüne Zeichnung. Blütezeit mittel. 1978 vom Züchter H. HACHMANN benannt. Wuchs kompakt, breit-aufrecht, Blätter auffallend dick, robust und dunkelgrün.

'Gartendirektor Rieger'   'Flava'

'Silberwolke'   'Goldkrone'

Gelb

'Flava' (*R. yakushimanum* F.C.C.
× *R. wardii* L. & S. 5679) = 'Volker'
Sämlinge dieser Kreuzung von D. Hobbie sind seit fast 30 Jahren im Handel. Alle benannten Sorten wie 'Flava', 'Volker', 'Lackblatt' sind sich in der Blüte sehr ähnlich, hellgelb, mit oder ohne roten Basalfleck. Blütenstutz locker, bis zu 14 Einzelblüten. Blütezeit mittel. Wuchs geschlossen mit gesundem Laub, mehr die Merkmale von *R. wardii* als von *R. yakushimanum* zeigend. Gut winterhart.

'Goldbukett' ('Scintillation' × *R. wardii*)
Blüten hellgelb mit auffallend dunkelroter Zeichnung, außen mit rosa Schimmer, 8 bis 14 bilden einen runden Stutz. Blütezeit mittel, später als 'Goldkrone'. Wuchs breit, kompakt. Blatt glänzend grün, an 'Scintillation' erinnernd, nur kleiner. Eine gute und recht winterharte Sorte von H. Hachmann, 1980.

'Goldkrone' ((*R. wardii* × 'Alice Street')
× 'Hachmann's Marina')
Die erste wirklich intensiv gelbe Rhododendronsorte, für den Züchter H. Hachmann ein

ganz großer Erfolg. Seit 1981 im Sortiment. Blüte reingelb mit aus zahlreichen dunkelroten Punkten bestehender Zeichnung; Stutz rund und locker mit 16 bis 18 Einzelblüten. Blütezeit mittel. Blätter in Form und Farbe deutlich die Abstammung von R. wardii zeigend.
Bei trockenem, sonnigem Standort oft von der Rhododendron-Hautwanze befallen – also Halbschatten und Windschutz, dann auch gut winterhart. Sortenschutz!

'**Goldrausch**' ('Hachmann's Marina' × (R. wardii × 'Alice Street'))
Auch eine der neuen, intensiv gelbblühenden Sorten des Züchters H. HACHMANN aus dem Jahr 1983. Blüte mit tiefdunkelroter Zeichnung, außen orangefarben getönt, Blütezeit mittel. Winterschutz!

'**Mancando**' (('Omega' × R. wardii) × (R. wardii × 'Alice Street'))
Die Blütenfarbe dieser Sorte, vom Züchter H. HACHMANN 1985 als pastellrosa mit lachsgelber Tönung angegeben, aber auch als gelborange mit hellrosa Rand anzusprechen, ist so fremdartig und interessant, daß man den Standort mit Bedacht auswählen sollte. Am besten Einzelstellung!
Blütezeit mittel. Wuchs mehr breit als hoch, gesundes, dunkelgrünes Blatt.

'**Marietta**'
('Tosca' × R. yakushimanum 'Koichiro Wada')
Aufblühend hell cremegelb mit rötlichem Schimmer, sind die Blüten später leuchtend hellgelb, Rand gekräuselt. Blütezeit mittel bis spät. Wuchs dicht geschlossen, sehr flach; tief dunkelgrünes Blatt. Eine vortreffliche Sorte von H. HACHMANN, 1986.

'**Orangina**' ((R. discolor × 'John Walter') × R. dichroanthum ssp. scyphocalyx)
Bei dem Züchter D. HOBBIE entstand bereits etwa 1955 diese Sorte von ungewöhnlicher Farbe, die man bisher nur bei den Azaleen kannte. Ähnlich 'Norfolk Candy'. Hellorangefarbene Blüten, gelb und rot getönt mit schwacher grüngelber Zeichnung. Blütezeit mittel. Wuchs breit und dicht.

Rosa und lilarosa Farbtöne

'Anna Baldsiefen'
('Pioneer' × 'Pioneer') ('Pioneer' = R. mucronulatum × R. racemosum)
Züchter dieser Sorte ist WARREN BALDSIEFEN, USA, 1970. Blüte hellrosa, am Rand dunkler rosa gefärbt. Blütenstände an den Triebenden dicht gehäuft zusammenstehend, was auf Einfluß von R. racemosum hindeutet. Blütezeit früh bis mittel. Die Pflanzen wachsen gedrungen und haben kleine, etwa 2,5 cm lange und 1 bis 1,5 cm breite frischgrüne Blätter. Eine Sorte für Steingärten, schmale Rabatten, kleine Gärten allgemein. Windgeschützten Standort wählen. Winterschutz.

'Annuschka'
('Sammetglut' × R. yakushimanum 'Koichiro Wada')
Rand und Außenseite der Blüte kräftig rosarot, innen zum Schlund hin aufhellend, fast weiß, Wuchs flach, Blatt breit-oval, unten bräunlich. Züchter H. HACHMANN, 1982.

'April Glow', syn. 'April Shower'
('Wilgens Ruby' × R. williamsianum)
Züchter A. C. WILGEN, Boskoop, Holland. In Boskoop 1966 ausgezeichnet. Blüte glockenförmig, dunkelrosa, früh. Austrieb rötlich getönt, später vergrünend. Wuchs dicht, buschig, runde Büsche bildend.

'August Lamken'
('Dr. V. H. Rutgers' × R. williamsianum)
DIETRICH G. HOBBIE, Linswege/Oldenburg, züchtete diese Sorte, die er nach langjähriger Beobachtung in den Handel gab. Sie blüht dunkelrosa, früh bis mittel und zeichnet sich unter den Williamsianum-Hybriden durch besonders gute Winterhärte aus.

'Bad Zwischenahn'
('Catharine van Tol' × (R. yakushimanum × 'Doncaster'))
Hellrosa blühende Sorte mit dunkelroter Zeichnung. Züchtung der Baumschule JOH. BRUNS, 1981. Wuchs breit und kompakt. Blütezeit mittel.

'Bashful' (*R. yakushimanum* × 'Doncaster')
Eine schon 1971 von der Baumschule WATERER, SONS AND CRISP., England benannte Sorte und damit eine der ersten Yakushimanum-Hybriden. Blüten hellrosa mit großem, rötlichbraunem Fleck, im Verblühen fast weiß. Blatt schmal-lanzettlich, schwach behaart. Wuchs kräftig und etwas locker. Blütezeit mittel. Kleine Pflanzen Winterschutz!

'Berlin' (Williamsianum-Hybride)
Züchtung von D. HOBBIE, von der Baumschule JOH. BRUNS, Bad Zwischenahn, 1964 in den Handel gebracht. Blüte rosa, glockig in lockeren, etwas hängenden Blütenständen, was typisch für die Gruppe der Williamsianum-Hybriden ist. Frühblühend; im Wuchs kugelig und geschlossen, etwa 1,50 m hoch werdend. Da der Austrieb während oder nach der Blüte sehr früh kommt, ist Schutz vor Spätfrösten geboten. Winterschutz!

'Bow Bells' ('Corona' × *R. williamsianum*)
Es ist eine der frühen 1934 von LORD ROTHSCHILD, Exbury, England, geschaffenen Williamsianum-Hybriden. Blüten glockenförmig, zartrosa in lockerem Stutz. Blütezeit früh bis mittel. Nach dem Verblühen sehr zierender kupferfarbiger Austrieb. Im Gegensatz zu den „typisch englischen" sehr kompakt und geschlossen wachsenden Kreuzungen mit *R. williamsianum* ist die Verzweigung recht locker. Verlangt windgeschützten Standort und wird etwa 1,20 m hoch.

'Daniela'
('Samtkrone' × ('Mars' × *R. yakushimanum* 'Koichiro Wada))
Leuchtend rosarot blühende Sorte, zum Innern der Blüte aufgehellt, Rand rötlich. Blütezeit mittel. Wuchs sehr flach, gedrungen. Züchter H. HACHMANN, 1984.

'Fantastica'
('Mars' × *R. yakushimanum* 'Koichiro Wada')
Eine der besten Sorten, die bisher aus Kreuzungen mit *R. yakushimanum* ausgelesen wurden. Blütenrand und -außenseite intensiv leuchtend rosarot. Innenseite zartrosa, im Zentrum fast in Weiß übergehend. Stutz sehr groß mit 12 bis 23 Einzelblüten, Blütezeit mittel. Wuchs geschlossen, halbrund, tiefgrüne Belaubung. Züchter H. HACHMANN, 1983.

'Frühlingsanfang'
('Albert Schweitzer' × *R. yakushimanum* 'Koichiro Wada')
Intensiv rosa, im Zentrum aufgehellt und mit dunkelroter Zeichnung blüht diese 1986 benannte Sorte der Baumschule JOH. BRUNS. Blütezeit mittel. Wuchs breit, rund und geschlossen.

'Gartendirektor Glocker'
('Doncaster' × *R. williamsianum*)
Züchter: DIETRICH G. HOBBIE, Linswege/Oldenburg. Es ist eine der besten Williamsianum-Hybriden, die mit ansprechend kräftig rosa gefärbten in lockerem Stutz stehenden Blüten im Mai überreich blüht. Der Austrieb ist auffallend bronzerot, doch färben sich die voll ausgebildet leicht welligen Blätter später glänzend dunkelgrün, zu denen die rötlich getönten, dunkelbraunen Blatt- und Blütenknospen in Kontrast stehen. Wuchs halbrund und geschlossen. Gut winterhart.

'Görlitz' ('Rinaldo' × *R. williamsianum*)
Diese rein rosa blühende Sorte züchtete VICTOR VON MARTIN, und die Baumschule JOH. BRUNS brachte sie in den Handel. Blütezeit früh bis mittel. Wuchs aufrecht.

'Graf Anton Günther'
(*R. yakushimanum* × 'Britannia')
Blüte außen rosarot, innen rosa aufgehellt mit roter Zeichnung auf weißem Grund. Blütezeit mittel. Diese Sorte entstand in der Baumschule G. D. BÖHLJE und ist seit 1982 im Sortiment. Breitwachsend mit gesunder Belaubung.

'Hoppy' (*R. yakushimanum* × 'Doncaster') F_2
Mit eine der ersten Yakushimanum-Hybriden der Baumschule WATERER, SONS & CRISP., England und bereits seit 1972 im Sortiment. Blüten blaß lilarosa mit bläulichem Schimmer aufblühend, später in Weiß übergehend. Blütezeit mittel. Wuchs ziemlich aufrecht und locker. Lange, dünne, dunkelgrüne Blätter. Junge Pflanzen Winterschutz!

'Morgenrot'

'Humming Bird'
(*R. haematodes* × *R. williamsianum*)

Eine Kreuzung von J.C. WILLIAMS (England) und bereits seit 1933 im Handel. Rosablühend, mit wenigen Einzelblüten im Blütenstand, dafür sind die glockigen überhängenden Blüten recht groß und von guter Wirkung. Blütezeit und Austrieb früh, daher Schutz vor Spätfrösten erforderlich. Verhältnismäßig flach wachsend, 0,50 bis 0,80 m hoch.

Bei Gegenüberstellung dieser Sorte und zum Beispiel der Sorten 'Gartendirektor Rieger' und 'Görlitz' sind recht deutlich die Unterschiede zwischen den in England und Deutschland entstandenen Williamsianum-Hybriden erkennbar. Die englischen Hybriden zeigen noch ganz deutlich in Blattform und Wuchs die typischen Merkmale von *R. williamsianum*, wie das rundliche kleine Blatt und den gedrungenen, flachen kugeligen Wuchs. Die deutschen Hybriden wachsen im allgemeinen kräftiger und zeigen die Merkmale in vergrößerter und teils abgewandelter Form, z.B. ist das Blatt mehr rund-oval und der Wuchs mehr locker, aufrecht.

Allen Williamsianum-Hybriden gemeinsam ist die frühe Blüte und der Wunsch nach einem leicht schattigen, windgeschützten Standort.

'Intermedium' = *R.* × *intermedium*
(*R. ferrugineum* × *R. hirsutum*)

Diese seit 1891 bekannte Naturhybride, d.h. eine in der Natur, ohne Zutun des Menschen, entstandene Kreuzung zwischen unseren heimischen Alpenrosen, läßt sich besser im Garten kultivieren als die eigentlichen Arten. Blüte rosa, spätblühend. Die Sorte erreicht dieselbe Höhe wie die Arten, 0,60 bis 0,80 m, und ist vollkommen winterfest.

'Jackwill' ('Jacksonii' × *R. williamsianum*)

Zartrosa blüht diese von D.G. HOBBIE, Linswege/Oldenburg, gezüchtete Sorte schon Ende April. Durch den mehr breiten als hohen Wuchs hebt sie sich im Habitus von den meisten halbrund wachsenden Williamsianum-Sorten ab.

'Kalinka'
('Morgenrot' × ('Mars' × *R. yakushimanum* 'Koichiro Wada'))

Hellrosa mit kräftig rosafarbenem gekräuseltem Band und gelblichgrüner bis brauner Zeichnung. Außenseite der Blüten hellpurpurrot. Blütezeit mittel. Wuchs breit-rund, dicht. Dunkelgrünes Blatt. Züchter H. HACHMANN, 1983.

'Karin' ('Britannia' × *R. williamsianum*)

Von der Prüfstation in Boskoop wurde diese hellrosa blühende Williamsianum-Hybride 1969 in den Handel gegeben. Die schüsselförmigen Blüten stehen zu 8 bis 9 in einem lockeren Stutz, Blütezeit Anfang bis Mitte Mai. Der Wuchs ist halbkugelförmig, geschlossen und mittelstark. Winterschutz!

'Lampion'
('Bad Eilsen' × *R. yakushimanum* 'Koichiro Wada')

Aufblühend leuchtend rot werden die Blüten voll erblüht hellrosa, um fast weiß zu verblühen. Blütezeit früh bis mittel. Eine auffallende, 1985 benannte Sorte des Züchters H. HACHMANN. Blüte, Wuchsform und Blatt zeigen deutlich den Einfluß der Repens-Hybride 'Bad Eilsen'. Sehr flach wachsend, kaum über 0,5 m hoch. Auffallend sind die braunroten Blütenknospen. Sehr ähnlich, nur noch flacher wachsend, ist die Schwestersorte 'Bambola'.

'Lavendula'
((*R. russatum* × *R. saluenense*)
× *R. rubiginosum*)
Bei D. G. Hobbie, Linswege/Oldenburg, 1952 entstandene Sorte. Blüten lavendelrosa, 5 bis 6 cm Durchmesser, zu 3 bis 5 in lockerem Stutz. Blütezeit früh bis mittel. Belaubung angenehm und würzig duftend, im Winter bronzefarben. Wuchs langsam, niedrig und kompakt. Winterhart. Eine Sorte, die man nur empfehlen kann.

'Linda' ('Britannia' × *R. williamsianum*)
In der Prüfstation Boskoop, Holland, gezüchtete Sorte. Die Farbe ist ein reines Dunkelrosa und es stehen 7 bis 8 Einzelblüten in einem lockeren Stutz. Blütezeit mittel. Wuchs halbkugelförmig, mittelstark und geschlossen. Windschutz ist zu empfehlen.

'Morgenrot'
(*R. yakushimanum* 'Koichiro Wada' × 'Spitfire')
Aus dunkelroten Knospen über hellrot zu rosarot aufblühend, Rand gewellt, Blütezeit mittel. Diese sehr gute, 1983 registrierte Sorte des Züchters H. Hachmann blüht schon als Jungpflanze üppig. Wuchs breit aufrecht, geschlossen. Dunkelgrüne Blätter, unterseits dünn hellbraun behaart.

'Oldenburg' (*R. discolor* × *R. williamsianum*)
Von D. Hobbie gezüchtet und 1953 benannt, war die Sorte als sogenannte Grex-Sorte in den Handel gebracht worden und umfaßt alle Säm-

'Vater Böhlje'

lingsformen der Kreuzung, von denen für die Weitervermehrung nur die besten ausgelesen wurden. Blüte rosa, früh; Austrieb bronzefarben, Höhe bis 2 m bei kugeligem Wuchs und damit die am stärksten wachsende Williamsianum-Hybride, verlangt geschützten Standort. Winterschutz!

'Opal' (Hippophaeoides-Hybride)
Diese Sorte wurde von G. Arends, Ronsdorf, gezüchtet und zeigt ganz die Merkmale von *R. hippophaeoides*. Blüte lilarosa, früh. Belaubung graugrün. Wuchshöhe 0,80 bis 1 m, winterhart.

'Polaris'
(*R. yakushimanum* 'Koichiro Wada' × 'Omega')
= 'Hachmann's Polaris'
Unter den vielen neuen Yakushimanum-Hybriden ist diese bis jetzt eine der schönsten. Züchter H. Hachmann, 1978. Die rubinrosa, innen zartrosa Blüten mit leicht gewelltem Rand verblassen im Verblühen nur wenig. Bereits kleinste Pflanzen blühen überreich aus bis zu drei Knospen je Trieb. Blütezeit mittel bis spät. Aufgrund der starken Blüte nur langsam zu breiten kompakten Pflanzen heranwachsend, die volle Sonne und Wind vertragen.

'Rendezvous'

'Praecox' *(R. ciliatum × R. dauricum)*
Als Vorfrühlingsblüher im März und April sehr wertvoll. Erstmals als Sorte 1860 von dem Züchter Davies (England) ausgestellt und 1926 mit einem Wertzeugnis der Royal Horticultural Society in England ausgezeichnet. Diese Sorte blüht leuchtend lilarosa, wird 1,20 bis 1,50 m hoch und ist vollkommen winterhart. Leider werden die Blüten häufig durch Frost nach dem Aufblühen zerstört und die Pflanze selbst von Wildkaninchen stark verbissen, was nur durch Eindrahten verhindert werden kann.

'Puncta' *(R. ferrugineum × R. minus)*
Von dieser Sorte werden in den Baumschulen mehrere Typen angeboten, die praktisch kaum zu unterscheiden sind. Die Sorte wird im Handel auch als 'Arbutifolium', 'Daphnoides' oder aber als *R. punctatum* angeboten. Blüte lilarosa kleinblumig und spätblühend. Die Pflanzen werden ganz selten über 1,50 m hoch und sind vollkommen winterhart.

'Rendevous'
('Marinus Koster' × *R. yakushimanum* 'Koichiro Wada') (Abb. Seite 173)
Rein rosarote Blüten, zum Grund hin über hellrosa bis fast weiß aufhellend. Züchter H. Hachmann, 1983. Zeichnung aus vielen kleinen, dunkelroten Punkten bestehend, im Verblühen zartrosa, Blütezeit mittel. Wuchs ganz flach, Blätter dunkelgrün, beim Austrieb wochenlang auffallend silbrig-filzig behaart.

'Renoir' *(R. yakushimanum × 'Pauline')*
Im Garten der Royal Horticultural Society in Wisley, England, gezüchtete und 1961 mit einem Wertzeugnis ausgezeichnete Sorte. Blüte hellrosa, im Grund der Blüte weiß, dunkelrot punktiert auf dem oberen Blütenblatt, im Verblühen fast weiß. Etwa 11 tief glockenförmige Blüten bilden einen runden Blütenstutz. Reichblühend schon als kleine Pflanze. Wuchs niedrig, breit. 1,20 bis 1,50 m. Windgeschützter Standort wird empfohlen.

'Rosa Perle' ('Kluis Triumph' × *R. makinoi*)
Auffallend intensiv rosa blühend ist diese 1975 eingeführte Sorte der Baumschule Joh. Bruns. Blütezeit mittel. Sehr dicht und flach wachsend mit langen, noch schmaleren Blättern als bei 'Diamant' – ein Erbe von *R. makinoi*.

'Rosa Wolke'
((*R. yakushimanum* × 'Doncaster') × 'Catherine van Tol')
Diese zart rosaviolett blühende, 1983 benannte Sorte wurde in der Baumschule Joh. Bruns gezüchtet. Wuchs für eine Yakushimanum-Hybride ziemlich kräftig, breit und geschlossen.

'Satin' ('Dr. V. H. Rutgers' × *R. forrestii* var. *repens*)
Abweichend von den bis jetzt weit verbreiteten Repens-Hybriden dunkelrosa und sehr frühblühend. D. Hobbie, 1974.

'Sneezy' (*R. yakushimanum* × 'Doncaster')
Eine der ersten Yakushimanum-Hybriden der Baumschule Waterer, Sons and Crisp., England, seit 1971 im Sortiment. Blüten aufblühend hellrot, voll erblüht in rosa übergehend, im Verblühen blaßrosa. Blütezeit mittel. Wuchs anfangs hoch, doch mit zunehmendem Alter breiter werdend. Junge Pflanzen Winterschutz!

'Stockholm' (Williamsianum-Hybride)
Diese zartrosa mit lockeren Blütendolden blühende Sorte ist eine Züchtung von Victor von Martin und wurde von der Baumschule Joh. Bruns, Bad Zwischenahn, benannt. Sie hat kleine rundliche Blätter und wird, dicht und kompakt wachsend, etwa 1,50 m hoch. Gute Winterhärte!

'Temple Belle'
(*R. orbiculare × R. williamsianum*)
Eine Sorte, die 1916 in Kew Gardens, London, von Osborn gezüchtet wurde und bei uns leider nur an einem geschützten Standort sich gut entwickeln wird. Die Pflanze blüht zartrosa, früh und wächst ganz flach und niedrig, etwa bis 0,50 m hoch. Winterschutz!

'Vater Böhlje'
('Catawbiense Compactum' × *R. williamsianum*) (Abb. Seite 173)
Von D. Hobbie, Linswege, wurde diese Sorte gezüchtet und ausgelesen. Sie blüht zart lilarosa Anfang Mai. Belaubung gesund, dunkelgrün.

Wuchs kompakt, buschig und halbkugelförmig. Eine winterharte und daher besonders wertvolle Williamsianum-Hybride.

Rot

'Bad Eilsen'
('Essex Scarlet' × *R. forrestii* var. *repens*)
D. HOBBIE, Linswege/Oldenburg, züchtete diese niedrigwachsende Sorte, die ein Wertzeugnis in England erhielt. Die schön glockenförmig geformten Blüten sind leuchtend blutrot und erscheinen jedes Jahr überreich zu 4 bis 5 Blüten im lockeren Stutz. Wuchs aufrecht, dicht geschlossen; Blätter gesund, dunkelgrün. 1,20 m.

'Baden-Baden'
('Essex Scarlet' × *R. forrestii* var. *repens*)
Eine Züchtung von D. HOBBIE, Linswege. Blüht leuchtend dunkelscharlachrot und früh, etwa Mitte April. Wie bisher alle Repens-Hybriden ist sie in der Blüte gegen Spätfröste etwas empfindlich und verlangt einen geschützten Standort bzw. einen Platz im Garten, wo durch Überdecken mit Hilfe einer Matte oder Folie Nachtfröste zur Zeit der Vollblüte abgewehrt werden können. Bei ausreichender Bodenfeuchtigkeit auch gut in voller Sonne zu halten. Wuchs flach kugelig, zum Teil etwas kriechend und etwa 0,60 m hoch werdend. Laub dunkelgrün und etwas gedreht, was als typisch für diese Sorte gelten kann. Mit eine der besten Repens-Hybriden und bei guter Ernährung reichblühend. Winterschutz!

'Bremen'
(*R. haematodes* × rote Catawbiense-Hybride)
G. ARENDS, Ronsdorf, züchtete diese Sorte, die 1962 in den Handel kam. Sie blüht hellrot, Ende April bis Anfang Mai. Kräftiges, dunkelgrünes, verhältnismäßig schmales Blatt und gedrungener Wuchs sind mit guter Winterhärte der Pflanze verbunden. Wuchshöhe etwa 1 m. Die Blüte muß gegen Spätfröste geschützt werden.

'China Boy'
(*R. haematodes* × rote Catawbiense-Hybride)
Von gleicher Herkunft und vom gleichen Züchter wie die vorige, kam diese ebenfalls frühblühende Sorte 1962 in den Handel. 14 bis 16 leuchtend rote Einzelblüten stehen in einem ziemlich geschlossenen Blütenstand (Stutz) zusammen. Derbe dunkelgrüne, gesunde Blätter, ein gedrungener Wuchs und die Winterhärte sind weitere Vorteile dieser Haematodes-Hybride. Die Blüte muß vor Spätfrösten geschützt werden.

'Diamant' (Scyphocalyx-Hybride × *R. makinoi*)
Hellrot mit leicht purpurrotem Schimmer und dunklem Basalfleck, eine Sorte aus der Baumschule JOH. BRUNS, 1985. Blütezeit mittel. Flacher Wuchs und schmal-lanzettliches Blatt deuten auf die Herkunft von *R. makinoi* hin.

'Elisabeth Hobbie'
('Essex Scarlet' × *R. forrestii* var. *repens*)
Als D. HOBBIE, Linswege, seine Repens-Hybriden benannte, war dies eine der ersten Sorten, die 1945 auf den Markt kam. Frühe, dunkel scharlachrote Blüte und niedriger, dicht geschlossener, fast kriechender Wuchs sind Kennzeichen dieser Repens-Hybride, von der anfangs mehrere Formen in den Handel gebracht wurden. Was unter dem Sortennamen heute in den Baumschulen geführt wird, ist ein ausgelesener, einheitlicher Typ mit 6 bis 10 Einzelblüten im lockeren Blütenstand (Stutz). Schutz vor Spätfrösten in der Blütezeit erforderlich.

'Frühlingszauber'
('Essex Scarlet × *R. forrestii* var. *repens*)
Züchter ist D. HOBBIE, in den Handel gebracht wurde die Sorte 1962 von der Baumschule JOH. BRUNS, Bad Zwischenahn. Eine Sorte mit leuchtend scharlachroten Blüten, frühblühend. Die Pflanzen wachsen in der Jugend flach, später kugelförmig aufrecht. Das Laub ist gesund, verträgt etwas Sonne. Die Winterhärte ist am geschützten Standort gut, jedoch Schutz vor Spätfrösten in der Blütezeit erforderlich. Winterschutz!

'Gertrud Schäle'
(*R. forestii* var. *repens* × 'Prometheus')
Auch diese von D. HOBBIE, Linswege, gezüchtete Repens-Hybride blüht früh, hat die allen diesen Sorten eigene scharlachrote Blütenfarbe und ist flachwachsend. Schutz vor Spätfrösten zur Zeit der Blüte notwendig. Winterschutz!

'Gnom' (*R. haematodes* × rote Catawbiense-Hybride)
Eine Züchtung von G. ARENDS, Ronsdorf, und von der Baumschule G. D. BÖHLJE, Westerstede, seit 1959 verbreitet. Blüte leuchtend scharlachrot und früh, daher Schutz vor Spätfrost ratsam. Im Wuchs gedrungen und fast kugelig wachsend. Gesundes derbes Laub und gut winterhart, wie die anderen Sorten 'Bremen' und 'China Boy' der Haematodes-Hybriden auch.

'Gräfin Kirchbach'
('Scharnhorst' × *R. forrestii* var. *repens*)
Gezüchtet von VICTOR VON MARTIN, wurde diese scharlachrot blühende Sorte 1972 im Sortenregister angemeldet. Sie wird von der Baumschule JOH. BRUNS, Bad Zwischenahn, vermehrt und angeboten. Blütezeit früh bis mittel. Wuchs dicht, geschlossen.

'Lissabon' (Williamsianum-Hybride)
VICTOR VON MARTIN züchtete diese Sorte, die von der Baumschule JOH. BRUNS, Bad Zwischenahn, 1964 in den Handel gebracht wurde. Die Blüte ist karminrot und früh, Ende April bis Anfang Mai. Im Wuchs gedrungen und kugelig, stellt die Sorte gleiche Ansprüche wie die anderen Williamsianum-Hybriden auch, d. h. windgeschützter Standort in lichtem Schatten. Winterschutz!

'Mannheim'
('Essex Scarlet' × *R. forrestii* var. *repens*)
Über drei Jahrzehnte wurde diese von D. HOBBIE ausgelesene und 1975 benannte Sorte beobachtet. Blüte dunkelrot, Ende Mai (für eine Repens-Hybride sehr spät). Wuchs aufrecht, dicht kugelig. Erwies sich als gut winterhart.

'Red Carpet'
('America' × *R. forrestii* var. *repens*)
1967 erhielt diese sehr schöne, leuchtend reinrot blühende Sorte von D. HOBBIE ihren Namen. Bereits als kleine Pflanze jedes Jahr reichblühend, winterhart; breit und kaum höher als 0,5 m wachsend, bildet schon Anfang Mai einen „roten Teppich" von Blüten. Ansprechend auch die vom Spätsommer bis zum Frühjahr rotbraunen Blatt- und Blütenknospen über gesundem dunkelgrünem Laub.

'Gnom'

'Salute'
('Essex Scarlet' × *R. forrestii* var. *repens*)
Züchter D. HOBBIE, Linswege/Oldenburg. Eine Sorte mit dunkel blutroten Blüten, deren Leuchtkraft besonders im Gegenlicht von großer Wirkung ist. Blütezeit früh bis mittel. Die Pflanzen sind winterhart, haben gesunden kompakten Wuchs und eine frischgrüne Belaubung, von der sich die hellbraunen Blütenknospen gut abheben. 1 bis 1,20 m.

'Scarlet Wonder'
('Essex Scarlet' × *R. forrestii* var. *repens*)
Ein Sämling aus 'Elisabeth Hobbie' grex, der von DIETRICH G. HOBBIE gezüchtet und von der Baumschule LE FEBER & CO., Boskoop, ausgelesen und in den Handel gebracht worden ist. In Holland hochbewertet und ausgezeichnet. Blüten bis 7,5 cm lang zu 5 bis 6 im Stutz, kirschrot gefärbt mit undeutlichem Fleck. Blütezeit früh. Blätter dunkelgrün, ziemlich runzlig, von denen sich die rotbraunen Blütenknospen zierend abheben. Heute ist dieser niedrigwachsende Klon eine der am meisten vermehrten Repens-Hybriden, der auch recht gut winterhart ist. 0,80 bis 1 m.

Purpur

'Imbricatum' (Ponticum-Hybride)
Blüte purpurviolett und spät, Anfang Juni. Die Blätter sind dunkelgrün und stehen sehr dicht übereinander. Die Sorte – man nimmt auch an, daß es eine Form von *R. ponticum* ist – verlangt einen geschützten Standort und ist nicht absolut winterfest, vor allem als kleinere Pflanze. Der gedrungene, bis 2 m hohe Wuchs und die sehr späte Blüte sind Vorteile dieser in neuerer Zeit von den Baumschulen abgelehnten Sorte.

'Laetevirens'
(*R. carolinianum* × *R. ferrugineum*)
In manchen Baumschulen wird diese hellpurpurrosa und spät blühende Sorte noch unter dem Namen 'Wilsoni' geführt. Die Herkunft ist nicht absolut sicher anzugeben, man vermutet auch, daß es eine Kreuzung mit *R. minus* ist. Der Wuchs ist breit und buschig, die Pflanze wird nicht mehr als 1,50 m hoch und ist vollkommen winterhart. Blätter unterseits beschuppt. Blüten leider häufig vom Austrieb verdeckt und wenig auffallend. Als Vor- und Zwischenpflanzung ist diese Pflanze aufgrund ihrer Winterhärte und glänzenden Belaubung besonders geeignet und immer gut aussehend.

'Pink Drift' (*R. calostrotum* × *R. scintillans*)
Von H. WHITE, Sunningdale, England, gezüchtet und ab 1955 von den Sunningdale Nurseries verbreitet. Bei uns ist diese ausgezeichnete Sorte noch kaum bekannt. Die leuchtend rosa (magentarosa) Blüten bedecken Anfang Mai die Pflanzen vollkommen. Wuchs ganz kompakt. Eine Pflanze, die man etwas geschützt auf die schmale Rabatte pflanzen sollte. Winterschutz!

'Radistrotum' (*R. radicans* × *R. calostrotum*)
Aus einer Kreuzung von niedrigen Arten entstand diese Hybride mit purpurroter Blüte; sie blüht früh und wird nicht höher als 0,30 m. Die Sorte ist vor allem für den Steingarten geeignet und hat den großen Vorteil, daß sie widerstandsfähiger als die Ausgangsarten mit ihren speziellen Ansprüchen ist. Eine Kreuzung von G. ARENDS, Ronsdorf, die 1940 in den Handel gekommen ist, doch leider noch nicht die ihrem Wert entsprechende Verbreitung gefunden hat.

Lila, Violett und Blau

'Amethyst' (Impeditum-Hybride)
Diese Kreuzung mit *R. impeditum*, die genaue Abstammung wurde vom Züchter G. ARENDS, Ronsdorf, nicht bekannt gegeben, blüht lilablau und früh. Die Pflanzen werden 0,40 bis 0,50 m hoch, sind kleinblättrig, gut winterhart und für die schmale Rabatte und den Steingarten geeignet. Eine alte Hybride gleichen Namens, die 1931 in England ein Wertzeugnis erhielt, ist bei uns nicht in Kultur. Die Gefahr von Verwechslungen mit der hier beschriebenen Sorte ist daher bei uns kaum gegeben.

'Azurika' (*R. russatum* × *R. impeditum*)
Leuchtend dunkellila blühende Sorte für den kleinen Garten, Steingarten oder Tröge. Blütezeit früh bis mittel. Flachwachsend, 0,6 m hoch und gut belaubt. Eine Sorte von H. HACHMANN 1983, die man mit jedem Jahr im Garten mehr zu schätzen weiß.

'Azurwolke' (*R. russatum* × 'Blue Diamond')
(Abb. Seite 178)
H. HACHMANN ist Züchter dieser 1983 registrierten Sorte. Blüte leuchtet lilablau. 5 bis 8 Einzelblüten im Stutz, Blütezeit früh bis mittel. Im Schatten ziemlich locker und kräftig, in 20 Jahren bis 2 m hoch wachsend, bildet die Pflanze in voller Sonne dichte kompakte Büsche. Ein Rhododendron für Kenner, die im Frühling von einer „blauen Stunde" träumen wollen.

'Blue Diamond' ('Intrifast' × *R. augustinii*)
CROSFIELD (England) züchtete diese sehr gute, violettblau blühende Augustinii-Hybride, die bei uns 1 bis 1,20 m Höhe erreicht und somit kleiner als *R. augustinii* bleibt. Blütezeit früh, kleinblättrig und winterhart. Bereits 1935 und 1939 erhielt diese Sorte die höchsten Wertzeugnisse der Royal Horticultural Society. Für den größeren Steingarten gut geeignet.

'Blurettia'
('Blue Peter' × *R. yakushimanum* 'Koichiro Wada')   (Abb. Seite 179)
Seit 1983 ist diese Sorte von H. HACHMANN im Sortiment. Blüte rosaviolett, nach innen aufge-

hellt, Blütenrand gekräuselt, Blütezeit mittel. Pflanze breit kompakt wachsend. Triebe rötlich, Blätter oval, hellgrün, unterseits schwach behaart.

'Blue Tit' *(R. impeditum × R. augustinii)*
Von allen Impeditum-Hybriden ist diese allgemein bekannt. Hellblaue leuchtende Blüte Ende April bis Anfang Mai, ein gedrungener Wuchs und gute Winterhärte waren einer weiten Verbreitung sehr dienlich. Das kleine Blatt deutet auf die Abstammung von *R. impeditum*, doch wächst die Sorte stärker als die Art und wird bis 1,20 m hoch. Eine ideale Sorte für Steingarten und Vorpflanzung auf erhöhter Rabatte.

'Blue Wonder' *(R. russatum × R. augustinii)*
Eine von DIETRICH G. HOBBIE, Linswege/Oldenburg, ausgelesene Sorte, die dunkelblau im April bis Mai blüht. Wuchs niedrig, robust und gesund. Man sollte sie mit anderen blau blühenden Sorten zusammen pflanzen.

'Gletschernacht'
(R. russatum × 'Blue Diamond')
Locker und aufrecht im Schatten wachsend, sollte man diese Sorte mit tief dunkelviolettblauen Blüten mehr in die Sonne pflanzen. Blütezeit früh bis mittel. Züchter H. HACHMANN 1983. Diese „Schwestersorte" von 'Azurwolke' wird man in Zukunft sicher auch viel in den Gärten finden.

'Moerheim' (Impeditum-Hybride)
Auch diese Sorte ist im Wuchs stärker als *R. impeditum*, von dem sie abstammt. Blüte violett und früher als bei der Art, ist aber nicht so hart und verlangt daher einen geschützten Standort. Von J. D. RUYS (Holland) 1950 in den Handel gebracht und für den Steingarten geeignet.

'Prostigiatum'
(R. prostratum × R. fastigiatum)
Schon im Wuchs, der zwergig und gedrungen ist, zeigt sich diese kleinblättrige Sorte als ganz besonders gut für den Steingarten verwendbar. Blüte violett, früh. Eine Züchtung von MAGOR (England). Entstanden 1916 und seit 1924 im Handel, ist diese Sorte trotz Winterhärte, aber

'Azurwolke'

aufgrund des langsamen Wachstums, noch wenig verbreitet und als ausgesprochene Liebhabersorte anzusehen.

'Ramapo' *(R. fastigiatum × R. carolinianum)*
GUY NEARING, Ramsey, New Jersey, USA, ist Züchter dieser 1940 erstmals ausgestellten Sorte, die in Nordamerika bis Südkanada sich als völlig winterhart erwiesen hat. Sie blüht leuchtend blauviolett mit rosa Schimmer Anfang Mai. Die Blätter sind etwa 2,5 cm lang, immergrün mit ansprechendem Grauton. Breitwachsend, gedrungen, in 10 Jahren etwa 60 cm Höhe erreichend.

'Saint Breward' *(R. augustinii × R. impeditum)*
Obwohl sie in England 1962 mit dem höchsten Wertzeugnis ausgezeichnet wurde, hat man die Sorte bei uns bisher übersehen. Blüte leuchtend violettblau, reichblühend, früh. Wuchs dicht, geschlossen, bis etwa 1,5 m hoch. Gezüchtet von E. MAGOR, eingeführt 1962 von E. HARRISON. 'Saint Tudy', aus der gleichen Kreuzung stammend, erhielt 1973 ebenfalls das höchste Wertzeugnis F. C. C., ist ihrer Schwestersorte in der Farbe ziemlich ähnlich, aber noch höher und mehr sparrig wachsend.

'Saint Merryn' *(R. impeditum × 'Saint Tudy')*
Dunkel violettblaue Blüten, gesundes Laub und

'Blurettia'

Die schwächer wachsenden niedrigen Rhododendron-Hybriden stellen eine recht gemischte Gesellschaft dar, sind aber insgesamt gesehen für den heute weit verbreiteten kleinen Garten bis etwa 300 m² Fläche besser geeignet als die stärker wachsenden hohen Rhododendron-Hybriden. Man sollte bei den niedrigen Sorten die Repens-, Williamsianum- und Yakushimanum-Hybriden von den kleinblättrigen Sorten trennen. Diese kleinblättrigen Sorten aus Kreuzungen zum Beispiel mit *R. augustinii, R. carolingianum, R. dauricum, R. fastigiatum, R. ferrugineum, R. hirsutum, R. hippophaeoides, R. impeditum, R. racemosum* und anderen Arten wirken in kleinen Gärten viel besser und sind zu schade, um als „Unter- und Zwischenpflanzung" bei großblättrigen oder hochwachsenden Rhododendron unterdrückt zu werden oder als „Füll- und Vorpflanzung" ein Schattendasein zu führen. Sie bleiben am besten unter sich oder zusammen mit den Arten, aus denen sie entstanden sind, denn ihre Farben lassen sich nicht leicht mit anderen Rhododendron kombinieren, es sei denn, die Blüte erscheint sehr früh, wie zum Beispiel bei *Rhododendron* 'Praecox', das zwischen Japanischen Azaleen sehr hübsch wirkt. Die leuchtenden reinen Rottöne der Repens-Sorten vertragen eigentlich als Nachbarfarben nur Weiß und Gelb. Man muß sich beim Pflanzen immer wieder die Farbwirkung überlegen – die Gefahr des „Bonbon-Effekts" ist bei den niedrigen Rhododendron noch mehr als bei den hochwachsenden Sorten gegeben.

flacher Wuchs zeichnen diese frühe Sorte aus. In 10 Jahren wird sie bis 0,6 m hoch. 1971 von E. HARRISON, England, benannt und 1986 mit einem F.C.C. ausgezeichnet. Die Sorte ist noch wenig verbreitet.

'Violetta' *(R. russatum × R. impeditum)*
= 'Hachmann's Violetta'
Blüte früh, intensiv violett mit braunen Staubfäden, 16 bis 22 Einzelblüten im Stutz. Wuchs kugelig, mehr breit als hoch, in 10 Jahren etwa 0,7 m hoch und 1,2 m breit wachsend; gezüchtet von H. HACHMANN 1977. Eine Sorte gleichen Namens wird auf Seite 161 beschrieben.

Schwächer wachsende, niedrige Rhododendron-Hybriden

Name	Farbe	Blütezeit	Eltern	Züchter	Bemerkungen
'Abendsonne' (='Vorwerk Abendsonne')	orangerot-hellrot	mittel	'John Walter' × R. scyphocalyx	D. Hobbie, K.-H. Albertzard 1976	Wuchs breit-aufrecht, geschlossen, bis etwa 2 m hoch Sortenschutz!
'Aksel Olsen'	blutrot	früh	'Essex Scarlet' × R. forrestii var. repens	D. Hobbie, 1964	unregelmäßig flach und aufrecht wachsend, Blatt gewölbt
'Antje'	blutrot	früh	'Essex Scarlet' × R. forrestii var. repens	D. Hobbie, 1965	kugelförmig-aufrecht wachsend
'Astrid'	intensiv reinrot, nicht verblassend, Saum gewellt	spät	'Fantastica' × 'Hachmann's Feuerschein'	H. Hachmann, 1991	Wuchs gedrungen, breit, wohl die beste rote Yakushimanum-Sorte
'Augfast'	dunkel lavendelblau	früh	R. augustinii × R. fastigatum	E. Magor, 1921	Wuchs gedrungen, gut in voller Sonne! Gesunde Belaubung
'Bad Sassendorf'	rosarot, aufgeblüht rosa	mittel	'Madame de Bruin' × R. yakushimanum	Joh. Bruns, 1988	kompakt, niedrig, mehr in die Breite wachsend, Laub lebhaft grün, lang-oval, scharf zugespitzt
'Balalaika'	orange-rosarot	spät	'Omega' × Scyphocalyx-Hybride	H. Hachmann, 1987	niedrigwachsend
'Barmstedt'	rosarot, aufgeblüht blaßrosa	mittel	'Sammetglut' × R. yakushimanum 'Koichiro Wada'	H. Hachmann, 1983	Wuchs flach und kompakt, Austrieb über Wochen auffallend weißfilzig
'Bengal'	scharlachrot	sehr früh	'Essex Scarlet' × R. forrestii var. repens	D. Hobbie, 1960	flachwachsend, mit bogenförmigen, am Boden liegenden Trieben
'Brickdust'	leuchtend lachsrosa mit rotem Schimmer, Rand gekräuselt	früh	R. williamsianum × 'Dido'	R. Henny, 1959	kräftig, aber gedrungen wachsend, reichblühend, ungewöhnliche Farbe für eine Williamsianum-Hybride
'Caroline Allbrook'	lilarosa, gekräuselter Rand, blaßlila verblühend	mittel	R. yakushimanum × 'Purple Splendour'	Hydon Nurseries, 1975	Wuchs niedrig, kompakt; Blatt lang, am Rand eingerollt, dunkelgrün
'Emanuela'	leuchtend rosa, im Zentrum hellrosaweiß, zartrosa verblühend	mittel	'Mars' × R. yakushimanum 'Koichiro Wada'	H. Hachmann, 1985	flach kompakt wachsend, „Schwestersorte" von 'Fantastica'

Schwächer wachsende, niedrige Rhododendron-Hybriden

Name	Farbe	Blütezeit	Eltern	Züchter	Bemerkungen
'Friedrich Deus'	scharlachrot	früh	'Essex Scarlet' × *R. forrestii* var. *repens*	D. Hobbie, um 1960	Wuchs niedrig, kompakt
'Frühlingsleuchten'	hellrosa, Außenseite dunkelrosa, dunkelrot gepunktet, roter Basalfleck	sehr früh	*R. degronianum* × ?	G. D. Böhlje, 1987	Wuchs buschig, kompakt, Blätter hellbraun behaarte Unterseite
'Golden Torch'	Knospen lachsrosa, gelb aufblühend, im Verblühen blaßgelb	mittel	'Bambi' × Griersonianum-Hybride (?)	John Waterer, Sons & Crisp., 1972	aufrecht und geschlossen wachsend, geschützter Standort erforderlich
'Gristede'	blaulila	früh	Impeditum-Hybride	Joh. Bruns, vor 1977	niedrigwachsend, Blätter gesund, Pflanzen immer gesund aussehend, reichblühend
'Grugaperle'	zartrosa-weiß	mittelspät	*R. insigne* × *R. williamsianum*	D. Hobbie, 1952	breitrund, kompakter Wuchs, bereits als kleine Pflanze reichblühend
'Hultchin'	rosa-pastellfarben	mittelspät	*R. insigne* × *R. williamsianum*	D. Hobbie, H. Robenek, 1976	dicht geschlossen, breitaufrecht wachsend, glänzende Blätter
'Irmelies'	leuchtend rubinrosa	früh	'Oudijk's Sensation' × 'Marinus Koster'	H. Hachmann, 1987	Blätter rundoval, zeigen den Einfluß von *R. williamsianum*
'Lugano'	hellviolett-purpurrosa, mit auffallend dunkelrot-violettem Fleck	spät	'Fantastica' × 'Perlina'	H. Hachmann, 1990	flach und breit wachsend, Blütenform und -farbe ähnlich 'Humboldt', Sortenschutz!
'Marlis'	kräftig rosa, innen zartrosa	spät	'Mars' × *R. yakushimanum* 'Koichiro Wada'	H. Hachmann, 1985	breit-rund wachsend, Austrieb silbriggrau, auffallend (Indumentum); später dunkelgrüne Blätter
'Nicoletta'	hellrosa mit brombeerfarbenem Fleck, voll erblüht weiß	mittel	'Fantastica' × 'Perlina'	H. Hachmann, 1990	flach, dicht geschlossen wachsend Sortenschutz!
'Osmar'	lilarosa	früh bis mittel	Williamsianum-Hybride	Van Gelderen & de Wilde, 1981	Wuchs breit-aufrecht, dicht geschlossen, Belaubung gesund, dunkelgrün, rundovale Blätter; reichblühend, vielversprechend

Schwächer wachsende, niedrige Rhododendron-Hybriden

Name	Farbe	Blütezeit	Eltern	Züchter	Bemerkungen
'Percy Wiseman'	hellgelb, lachsrosa Tönung, cremegelb verblühend	mittel	*R. yakushimanum* × 'Fabia Tangerine'	John Waterer, Sons & Crisp Ltd., 1971	breit und rundlich wachsend, dunkelgrünes Blatt, kleine Pflanzen, frostempfindlich, Winterschutz!
'Pink Cherub'	lachsrosa Knospen, erblüht rosa-lila, am Rand dunkler	mittel	*R. yakushimanum* × 'Doncaster'	John Waterer, Sons & Crisp, 1969	aufrecht, aber kompakt wachsend, Blätter dunkelgrün, in Form und Farbe an 'Doncaster' erinnernd; recht gut winterhart
'P. J. M.' (= 'P. J. Mezitt')	lilarosa	früh	*R. carolinianum* × *R. dauricum*	P. Mezitt, 1967	Wuchs breit aufrecht, dicht, kompakt, kleine Blätter, im Winter mahagonifarben, reichblühend; gegen Sonne, Trockenheit und Wind unempfindlich; sehr hart
'Sacko'	blaulila	mittel	*R. russatum* × 'Moerheim'	Vliet, vor 1977	eine beachtenswerte Sorte, Belaubung gesund
'Schneekrone'	reinweiß, zartrosa aufblühend	mittel	'Humboldt' × *R. yakushimanum* 'Koichiro Wada'	H. Hachmann, 1982	flach und dicht geschlossen wachsend
'Schwanensee'	reinweiß	spät	'Mrs. J. G. Millais' × *R. yakushimanum* 'Koichiro Wada'	H. Hachmann, 1987	Wuchs in der Jugend kräftig, später dicht, halbrund
'Seven Stars'	zart lilarosa, kräftig karminrot getönt, weiß verblühend	mittel	'Loderi Sir Joseph Hooker' × *R. yakushimanum*	Crown Estate Windsor, 1966	Als Yakushimanum-Hybride sehr kräftig, geschlossener und dichter Wuchs, Blatt gewölbt, dunkelgrün; lange Blütezeit
'Stadt Essen'	rein rosa, heller im Zentrum	mittel bis spät	*R. williamsianum* × 'Louis Pasteur'	D. Hobbie, 1976	niedrig, flachrund, gesundes dunkelgrünes ovalrundes Blatt; eine beachtenswerte Sorte
'Tatjana'	karminrosa, innen hell rubinrosa	spät	('Nova Zembla' × 'Mars') × ('Mars' × *R. yakushimanum* 'Koichiro Wada')	H. Hachmann, 1983	Wuchs sehr niedrig, flach
'Windbeam'	hellrosa-aprikosenfarben, voll erblüht weiß	früh	'Conestoga' × ?	G. Nearing, 1958	mehr breit als hochwachsend, sparrig, am besten in voller Sonne

Azaleen-Hybriden

Die Azaleen gehören, wie schon auf Seite 9 ausgeführt wurde, botanisch gesehen zu der Gattung *Rhododendron*.

LINNÉ hatte in seiner „Species Plantarum" 1753 die damals bekannten Azaleen, die alle laubabwerfend und mit nur 5 Staubgefäßen versehen waren, als besondere Gattung *Azalea* von den immergrünen, durch 10 Staubgefäße gekennzeichneten *Rhododendron* abgetrennt. Als danach und besonders zu Beginn des 19. Jahrhunderts immer mehr Rhododendron und vor allem auch immergrüne Azaleen in Asien entdeckt wurden, ließ sich die Trennung in Rhododendron und Azaleen botanisch nicht mehr aufrecht erhalten, und G. DON vereinigte 1834 die Azaleen mit der Gattung *Rhododendron*, in der sie in einer besonderen Serie zusammengefaßt sind. Es gibt zum Beispiel eine ganze Reihe von Rhododendron-Arten in den Untersektionen Rhodorastra (Series Dauricum), Trichoclada (Series Trichocladum) und Yunnanensia (Series Triflorum), die mehr Ähnlichkeit in Aussehen und Ansprüchen mit den Azaleen als mit den Rhododendron haben. Die frühblühenden Arten *R. dauricum* und *R. mucronulatum* zum Beispiel sollten daher auch besser mit Azaleen-Arten und -Hybriden zusammengepflanzt werden. Den Gartenfreund werden diese botanischen „Finessen" wenig interessieren. Wenn bei ihm von Azaleen gesprochen wird, dann sind damit vor allem Arten und Sorten gemeint, die auch heute noch in den Baumschulen unter dem Begriff „Azaleen" angeboten werden.

Die meisten der Azaleen-Hybriden sind sommergrün, d. h. sie verlieren im Winter ihr Laub, oder wintergrün, d. h. das Laub bleibt bis Ende des Winters und fällt erst bei Beginn des neuen Austriebes ab.

Bei den Azaleen-Hybriden ist zumindest bei den alten Sortengruppen die Abstammung noch klarer erkenntlich als bei den eigentlichen Rhododendron-Hybriden, so daß sich ohne weiteres mehrere Sortengruppen ergeben.

Es sind dies die Genter-Hybriden, die Mollis-Hybriden, die Rustica-Hybriden, die Occidentale-Hybriden, die Knap-Hill-Hybriden und die große Gruppe von Hybriden unterschiedlicher Herkunft, die unter dem Begriff „Japanische Azaleen" in Wuchsform, Blüte und Verwendung eine gewisse Sonderstellung einnimmt.

Blütezeitangaben bei Azaleen-Hybriden:
früh   = Anfang Mai
mittel = Mitte Mai
spät   = Ende Mai bis Anfang Juni.
Je nach Witterung können sich die Termine um etwa eine Woche verschieben.

Genter-Hybriden

Diese Hybriden werden auch als Azalea-pontica-Hybriden bezeichnet und sind häufig unter diesem Namen in den Baumschulkatalogen zu finden. Es sind Sorten, die aus Kreuzungen zwischen *R. luteum* (Azalea pontica) und amerikanischen Arten, wie *R. calendulaceum*, *R. periclymenoides*, *R. viscosum* u. a. entstanden sind. Auch das in China beheimatete *R. molle* ist an den Kreuzungen beteiligt. Die Hybriden-Gruppe hat ihren Ursprung in Gent, Belgien, wo ab 1820 P. MORTIER die ersten Kreuzungen ausführte.

Die Genter-Hybriden sind frohwüchsig und außerordentlich blühwillig. Die Blüten kommen etwas später als bei den nachfolgend beschriebenen Mollis-Hybriden, sind etwas kleiner, ihr Farbenspiel ist jedoch reicher; es hat mehr Pastellcharakter als das der immergrünen Hybriden und reicht von Hellgelb bis Dunkelkarminrot. Die Blüten können, je nach Sorte, sowohl einfach als auch gefüllt sein. Die Pflanzen wachsen recht kräftig und aufrecht und werden im Alter bei 2 bis 3 m Höhe auch ziemlich breit.

Die Genter-Hybriden sind außerordentlich winterhart. Beim Kauf sollte man wurzelechte Pflanzen den veredelten auf jeden Fall vorziehen.

'Bouquet de Flore'
Blüten karminrosa mit weißen Streifen und gelber Zeichnung, Blütezeit spät; aufrechter Wuchs.

'Coccinea Speciosa'
Blüten dunkelorangerot mit roten Staubfäden, Blütezeit spät; gedrungener Wuchs.

'Corneille'
Blüten hellrosa mit Weiß, Blütenröhre außen rot, Griffel rot, gefüllt, Blütezeit mittel.

'Daviesii' (Abb. Seite 186)
Blüten elfenbeinfarben mit gelber Zeichnung und schwach roter Tönung, Blütezeit mittel; aufrechter Wuchs.

'Goldlack' (Abb. Seite 186)
Blüten gelborange mit schwach rosa Tönung, Blütezeit mittel.

'Ignea Nova'
Blüten orangerot mit gelborangefarbener Zeichnung. Blütezeit spät; aufrechter Wuchs.

'Joseph Baumann'
Blüten lachsrosa mit schwach gelber Zeichnung, Blütezeit spät.

'Nancy Waterer'
Blüten ziemlich groß, goldgelb mit dunkelorange Zeichnung, Blütezeit mittel.

'Narcissiflora'
Blüten hellgelb mit goldgelbem Fleck, gefüllt, duftend, Blütezeit mittel; aufrechter Wuchs.

'Pallas'
Blüten einfach, lachsrosa mit orange Zeichnung, Blütezeit mittel; aufrechter Wuchs.

'Pucella' (= 'Fanny')
Blüten rosa mit gelber Zeichnung, Blütezeit mittel; aufrechter Wuchs.

'Sang de Gentbrugge'
Blüten einfach, dunkelkarminrot mit orangefarbener Zeichnung, Blütezeit spät; aufrechter Wuchs.

'Unique'
Blüten gelborange mit rosa Tönung und orangefarbener Zeichnung, Blütezeit mittel; aufrechter Wuchs.

'Willem III.'
Blüten orangegelb, kräftig orangerot gefleckter Kronenzipfel, Blütezeit mittel.

Mollis-Hybriden

Die Mollis-Hybriden entstanden aus Kreuzungen zwischen *R. japonicum* (Heimat Japan), das früher auch *Azalea mollis* genannt wurde und der Sortengruppe den Namen gab, und dem in China beheimateten *R. molle*, früher *Azalea sinensis*. Man nimmt an, daß auch *R. viscosum*, wenn auch in geringerem Maße, mit an der Entstehung der Sorten beteiligt ist. Ferner wurden immer wieder gute Sämlinge von *R. japonicum* ausgelesen und miteinander wieder gekreuzt, das gleiche geschah mit *R. molle*. Durch Kreuzen ausgelesener Linien von *R. japonicum (Azalea mollis)* und *R. molle (Azalea sinensis)* entstanden die Mollis × Sinensis-Hybriden.

Sehr großblumige Sämlinge von großer Einheitlichkeit aus Kreuzungen von selektierten Mutterpflanzen, die von den Baumschulen unter Farbangabe (gelb, orangegelb, orange, rosa und tief orangerot) und der Bezeichnung Kosterianum-Sämlinge geliefert werden – sie wurden erstmals von der Baumschule M. KOSTER & SÖHNE, Boskoop, in den Handel gebracht –, sind wüchsiger als Mollis-Hybriden mit Sortennamen.

Die Züchtung der Mollis-Hybriden begann um 1870 in Belgien und Holland. Mollis-Hybriden wachsen langsamer und schwächer als die Genter-Hybriden und werden etwa 1,50 m hoch. Bei Veredlungen sterben besonders bei älteren Pflanzen einzelne Zweigpartien ab, wodurch das „Durchtreiben" aus der Veredlungsunterlage gefördert wird. Werden diese Wildtriebe nicht zurückgeschnitten, dann besteht die Gefahr, daß die eigentliche Sorte im Laufe der Jahre vollkommen von der Unterlage überwuchert wird. Man kann nur empfehlen, solche Pflanzen zu kaufen, die durch Senker oder Stecklinge vermehrt wurden. Leider führen nur wenige Baumschulen auf diese Weise vermehrte Pflanzen, und es sei in diesem Zusammenhang nochmals auf die Vorteile der Kosterianum-Sämlinge hingewiesen. Mollis-Hybriden sind vollkommen winterhart.

'Adriaan Koster'
Blüten reingelb, auf dem oberen Blütenblatt orange gefleckt, groß- und reichblühend. Blütezeit mittel.

'Chevalier de Reali'
Blüten hellgelb mit goldgelber Zeichnung, im Verblühen weiß werdend, Blütezeit früh.

'Christopher Wren' (Abb. Seite 187)
Blüten orangegelb, rötlich überhaucht und tief orangebraun gefleckt. Große Einzelblüten in großen Dolden zusammenstehend, Blütezeit mittel. Sehr gute Sorte!

'Consul Pecher'
Blüten lachsrosa mit hellorange Zeichnung. Blütezeit früh.

'Dinie Metselaar'
Blüten sehr groß, rosa. Blütezeit mittel. Eine neue und sehr schöne Sorte, doch im Angebot noch sehr selten.

'Directeur Moerlands'
Blüten goldgelb, innen intensiver, zart olivbraune Zeichnung, Blütezeit mittel.

'Dr. M. Oosthoek'
Blüten dunkelzinnoberrot mit heller Mitte, Blütezeit mittel.

'Florodora'
Blüten hellorangerot mit dunkelscharlachfarbener Zeichnung, Blütezeit spät.

'Hamlet'
Blüten dunkel lachsrosa, dunkelrote Zeichnung, Blütezeit mittel.

'Hortulanus H. Witte'
Blüten gelborange mit lachsrosa Tönung und orangefarbener Zeichnung, Blütezeit mittel.

'Hugo Hardijzer'
Blüten lachsrosa mit dunkelzinnoberfarbener Zeichnung, Blütezeit mittel.

'Koningin Emma' (= 'Queen Emma')
Blüten orange bis aprikosenfarben mit dunklerer Tönung der oberen Blütenzipfel, Blütezeit mittel.

'Koster's Brilliant Red'
Blüten zinnoberrot mit dunkler Zeichnung, Blütezeit früh.

'Koster's Yellow'
Blüten dunkelgoldgelb, Blütezeit mittel.

'Marconi'
Blüten karmin-scharlachrot, dunkelgelborange gezeichnet, Blütezeit mittel.

'Nicolaas Beets'
Blüten gelborange mit zinnoberfarbener Tönung und schwacher dunkelorangefarbener Zeichnung, Blütezeit mittel.

'Polly Claessens'
Blüten sehr groß, rein orangefarben, Blütezeit mittel. Wertvolle Sorte, die an Schönheit in diesem Farbton kaum noch zu überbieten ist.

'Salmon Queen'
Blüte aprikosengelb mit lachsrosafarbigem Rand. Blütezeit mittel.

'Winston Churchill'
Blüten zinnoberrot mit dunklem Fleck, Blütezeit mittel.

'Goldlack'

Rustica-Hybriden

Diese Hybriden-Gruppe ist den Genter-Hybriden nahe verwandt und stammt wie diese aus Belgien. Die ersten Hybriden wurden von CHARLES VULSTEKE um 1890 in den Handel gebracht. Es darf angenommen werden, daß es Auslesen aus Kreuzungen von gefülltblühenden Genter-Azaleen mit *Rhododendron japonicum* sind. Das besondere Kennzeichen der Rustica-Hybriden ist die gefüllte Blüte, die deutlich auf die Abstammung von Genter-Hybriden hindeutet. Eine frühere Bezeichnung war Azalea rustica flore pleno oder Rustica-Flore-Pleno-Hybriden. Sie sind winterhart und blühen zur gleichen Zeit wie die Genter-Hybriden, denen sie im aufrechten Wuchs und Höhe gleichfalls sehr ähneln.

'Freya'
Blüten gelb, rosa getönt, Blütezeit mittel.

'Il Tasso'
Blüten rosa, Blütezeit mittel.

'Norma'
Blüten lachsrosa; aufrechter Wuchs, Blütezeit mittel.

'Phebe'
Blüten goldgelb mit rosa Tönung, Blütezeit mittel.

'Phidias'
Blüten elfenbeinfarben mit gelber und rosa Tönung, Blütezeit mittel.

'Velasquez'
Blüten rosaweiß, im Verblühen fast weiß werdend, Blütezeit mittel.

Occidentale-Hybriden

Rhododendron occidentale, eine im westlichen Nordamerika heimische Art, gab den Namen für diese Gruppe, die zwischen 1895 und 1900 in England und Holland entstand.

Mollis-Hybriden wurden mit *R. occidentale* gekreuzt, und die daraus entstandenen Sorten sind sehr wüchsig (bis 2,50 m hoch) und großblumig; ihre Blüten haben den gelben von *R. occidentale* geerbten Fleck, ein reiches Farbenspiel und einen angenehmen Duft. Die Blütezeit liegt später als bei den vorgenannten Gruppen. Alle genanten Hybriden sind winterhart.

'Exquisita'
Blüten weiß, rosa Tönung, gelborangefarbene Zeichnung, Mittelnerven außen lachsrosa.

'Daviesii'

'Christopher Wren'

'Irene Koster'
Blüten rosa, gelborangefarbene Zeichnung, Mittelnerven und Blütenröhre außen kräftig karmin.

'Magnifica'
Blüten weiß, rosa Tönung, gelborangefarbene Zeichnung, Mittelnerven zum Teil kräftig karmin.

Knap-Hill-Hybriden

Die Azaleengruppe hat ihren Namen nach den heute nicht mehr bestehenden Knap-Hill-Nurseries in Surrey (England). Um 1870 begann ANTHONY WATERER in Knap Hill mit den ersten Kreuzungen, an denen die Arten *R. molle*, *R. occidentale*, *R. arborescens*, *R. calendulaceum* und Hybriden von *R. occidentale* × *R. molle* (den aus den Sortimenten verschwundenen Albicans-Hybriden) beteiligt gewesen sein sollen. Es erscheint dabei nach den heutigen Erkenntnissen zweifelhaft, daß *R. calendulaceum*, eine normalerweise tetraploide Art, mit eingekreuzt werden konnte.

Später wurde dann noch an anderen Orten weitergezüchtet, doch werden heute alle diese Hybriden (Exbury-, Ilam-Azaleen) in die Gruppe der Knap-Hill-Hybriden eingeordnet.

Die ersten Sorten wurden nach dem 2. Weltkrieg in den Handel gebracht, und seitdem kommt ein ständiger Strom von Neuheiten aus dieser Gruppe in den Handel. Auch H. HACHMANN, Barmstedt, kreuzte mit Knap-Hill-Hybriden weiter, um noch schönere und bessere zu finden. Neue Farbtöne bei großen, weit geöffneten Blüten, die überreich fast jedes Jahr erscheinen, sind Kennzeichen der Sortengruppe. Wüchsigkeit und Winterhärte sicherten das Interesse der Pflanzenliebhaber an diesen in den letzten Jahrzehnten entstandenen Sorten.

'Balzac'
Blüten dunkelorangerot mit gefranstem Rand, leicht duftend, Blütezeit mittel.

'Berry Rose'
Blüten orangerot mit gelbem Fleck, Blütezeit mittel bis spät.

'Buttercup'
Blüten intensiv reingelb, leuchtend, Blütezeit mittel.

'Cecile' (Abb. Seite 190)
Blüten dunkelrosa mit orangegelber Zeichnung, Blütezeit spät.

'Exbury White'
Blüten reinweiß mit orangegelber Zeichnung, Blütezeit mittel. Die Wirkung dieser Sorte zwischen dunkelfarbig blühenden Azaleen ist nicht mehr zu steigern.

'Fanal' ('Satan' × 'Gibraltar')
Blüten hell orangerot, Rand leicht gewellt, kräftig orangerot. Eine Farbe die nicht mehr zu überbieten ist. Blütezeit mittel bis spät. Züchter H. HACHMANN, 1976.

'Fasching' ('Royal Command' × 'Gibraltar')
Blüten leuchtend orangerot, Rand gekräuselt. Blütezeit mittel. Züchter H. HACHMANN, 1978.

'Firecracker'
Blüten leuchtend johannisbeerrot; Blütezeit mittel.

'Gibraltar' (Abb. Seite 190)
Blüten lachsrosa mit gelber und roter Tönung, Blütenrand stark gefranst, Blütezeit mittel.

'Golden Sunset'
Blüten dunkelgelb mit orange Zeichnung, die die Farbe noch intensiver erscheinen läßt, sehr große Blüten, Blütezeit spät.

'Goldpracht' ('Limona' × 'Marion Merriman')
Blüten rein leuchtend goldgelb mit dunkelgelbem Fleck. Blütezeit mittel. Züchter H. HACHMANN, 1983.

'Goldtopas' ('Limona' × 'Marion Merriman')
Blüten leuchtend gelb mit orangefarbenem Fleck. Blütenstand etwas locker; breitwachsend. Blütezeit mittel. Züchter H. HACHMANN, 1983.

'Harvest Moon'
Blüten zitronengelb mit dunkelgelbem Fleck, Blütezeit mittel.

'Homebush' (Abb. Seite 190)
Blüten halbgefüllt, kräftig rosa, kleinblütig, doch die runden, geschlossenen Blütendolden sind sehr auffallend, Blütezeit mittel bis spät.

'Hotspur Red'
Blüten rotorange, Blütezeit mittel.

'Klondyke'
Blüten gelb mit orangefarbenem Schimmer, kräftig orangefarbener Fleck, Blütezeit mittel; rote Herbstfärbung des Laubes.

'Marion Merriman'
Blüten sehr groß, intensiv gelb mit orangegelbem Schimmer und orangem Fleck. Blütezeit mittel.

'Oxydol'
Blüten reinweiß mit kräftig gelbem Fleck. Blütezeit mittel.

'Persil'
Blüten weiß mit kräftig gelber Zeichnung, Blütezeit mittel.

'Pink Delight'
Blüten mittelgroß, rosa mit gelber Zeichnung, Blütezeit spät.

'Pompadour'
Blüten in verschiedenen hellrosa Tönen abgestuft, dazu ein intensiv orangefarbener Fleck geben eine kaum zu überbietende Farbwirkung. Wuchs aufrecht, Blütezeit mittel.

'Royal Command'
Blüten zinnoberrot, auffallend, Blütezeit spät.

'Satan'
Blüten scharlachrot, Blütezeit spät.

'Seville'
Blüten orange, Blütezeit mittel bis spät.

'Silver Slipper'
Blüten sehr groß, rahmweiß, leicht rosalila getönt und mit gelber Zeichnung. Blütezeit mittel bis spät. Eine Sorte von eigenartigem Reiz!

'Sun Chariot'
Blüten sehr groß, dunkelgoldgelb mit gefranstem Rand, Blütezeit spät. Eine ausgesprochen dekorative Sort.

'Sylphides'
Sehr große hellrosa Blüten mit gelbem Fleck, duftend, in dichten Blütenständen, Blütezeit früh bis mittel.

'Tunis'
Blüten dunkel orangerot mit leuchtend orangefarbenem Fleck, Blütezeit mittel.

In den vergangenen drei Jahrzehnten wurden im Gegensatz zu den immergrünen Rhododendron in den klassischen Ländern der Rhododendron-Züchtung – Belgien, Holland und England – wenig neue laubabwerfende Azaleen-Sorten gezüchtet. In Deutschland dagegen waren C. FLEISCHMANN und H. HACHMANN mit den vorhandenen Knap-Hill-Hybriden nicht zufrieden, sie wollten noch schönere Züchtungen.

Ab 1970 wurden die ersten deutschen Sorten der Knap-Hill-Azaleen-Gruppe in den Baumschulen angeboten. Da es keine wirklich schlechten Knap-Hill-Azaleen gibt, hat man nur die Wahl zwischen schönen, schöneren und allerschönsten Azaleen-Sorten. Welches die «allerschönsten» sind, muß der Gartenfreund alldings selbst entscheiden – es wird nicht einfach sein!

Knap-Hill-Azaleen

Sorte	Farbe	Züchter
'Bakkarat'	intensiv reinorange	H. Hachmann, 1977
'Doloroso'	dunkelrot	H. Hachmann, 1987
'Friedjof Nansen'	leuchtend orangerot	C. Fleischmann, 1971
'Friedrich Wöhler'	rein orangefarben goldorange getönt	C. Fleischmann, 1971
'Gemini'	goldorange	C. Fleischmann, vor 1970
'Giant Fireglow'	orange, rote Zeichnung	Joh. Wieting, 1987
'Goldflamme'	goldorange, rötlich getönt	H. Hachmann, 1979
'Harlekin'	tieforange, rot geflammt	H. Hachmann, 1979
'Juanita'	dunkelrosa, goldgelber Fleck	H. Hachmann, 1979
'Möwe'	reinweiß, rosa Tönung	D. Hobbie, Joh. Wieting, 1981
'Nabucco' (Abb. Seite 190)	dunkelrot, schwarzrot	H. Hachmann, 1987
'Otto Hahn'	karmin-orangerosa goldorange Fleck	C. Fleischmann, vor 1971
'Parkfeuer'	reinrot	H. Hachmann, 1983
'Raimunde' (Abb. Seite 190)	hell-dunkelrosa, gelb-orangefarbener Fleck, Duft	H. Hachmann, 1987
'Sarina'	lachsorange-zartrosa, goldorangefarbener Fleck	H. Hachmann, 1980
'Satomi'	hellrosa, Außenseite und Rand weiß	H. Hachmann, 1990
'Schneegold' (Abb. Seite 190)	weiß, goldgelber Fleck	H. Hachmann, 1983
'Wilhelm Röntgen'	karminrosa, rötlichorange Tönung	C. Fleischmann, vor 1971

'Cecile'

'Nabucco'

'Gibraltar'

'Raimunde'

'Homebush'

'Schneegold'

'White Swan'
Blüten im Aufblühen zartrosa, später rahmweiß mit gelber Zeichnung, Blütezeit mittel.

'Whitethroat'
Silbrigweiße, leuchtende gefüllte Blüten; gedrungen, mehr breitwachsend, Blütezeit mittel bis spät.

'Wye'
Blüten kräftig leuchtend, reingelb, Wuchs breitaufrecht, Blütezeit mittel. Diese Sorte mit 'Pompadour' zusammengepflanzt – man sollte es wagen!

Viscosa-Hybriden

Rhododendron viscosum, eine laubabwerfende, stark verzweigt wachsende und im östlichen Nordamerika heimische Art, gab dieser Azaleen-Gruppe den Namen. Die Art blüht sehr spät (Ende Juni bis Mitte Juli) mit kleinen, röhrenförmigen Blüten, die intensiv, aber angenehm und süß nach Nelken duften.

B.B.C. Felix, Boskoop, Holland, kreuzte 1938 *R. viscosum* mit Mollis-Azaleen, u.a. der Sorte 'Koster's Brilliant Red'.

Einen Teil der Sämlinge behielt die Baumschule Felix & Dijkhuis, Boskoop, den anderen erhielt die Prüfstation (Proefstation voor de Boomkwekerij) in Boskoop zur weiteren Beobachtung und Selektion. Alle in den Handel gegebenen Sorten sind reichblühend und haben kleine, wohlriechende, an *R. viscosum* erinnernde Blüten. Die Blütezeit ist spät, etwa Ende Mai bis Anfang Juni.

Diese Viscosa-Hybriden können und sollen auch nicht mit den großblütigen Sorten der Mollis- und Knap-Hill-Azaleen wetteifern, und man sollte sie getrennt von diesen anpflanzen, um nicht von ihrer eigenartigen Schönheit und ihrem Duft abgelenkt zu werden.

'Antilope'
Blüten rosa, lachsfarbiger Schimmer, duftend.

'Arpege'
Blüten dunkelgelb, lachsrosa getönt, stark duftend. Wuchs kräftig und aufrecht.

'Chanel'
Blüten gelb, außen rosa getönt, duftend.

'Diorama'
Blüten lang, trichterförmig, hellrot mit orangefarbenem Schimmer und orange Fleck, duftend.

'Rosata'
Blüten dunkelkarminrosa, duftend, Wuchs breit-aufrecht.

'Soir de Paris'
Blüten intensiv lachsrosa mit orange Fleck, duftend.

Alle genannten Sorten sind auf Ausstellungen zum Teil mehrfach ausgezeichnet worden und sollten viel mehr Beachtung in den Gärten finden.

Japanische Azaleen

Unter diesem Sammelbegriff wird eine Fülle von Hybriden zusammengefaßt. Es sind niedrig-, oft flachwachsende Azaleen, die selten über 1 m hoch werden. Die Belaubung ist wintergrün bzw. halbimmergrün.

Im allgemeinen sind die nachfolgend genannten Sorten als winterhart zu bezeichnen, es ist jedoch vor allem bei jungen Pflanzen empfehlenswert, sie vor Wintersonne und insbesondere vor rauhen Winden zu schützen. Es sind geradezu ideale Pflanzen für den kleinen Garten, wenn man ihre Standortansprüche berücksichtigt.

Je nach Abstammung können diese Azaleen in mehrere Gruppen aufgeteilt werden, doch sind die Grenzen zwischen den Gruppen zum Teil willkürlich und vom Wuchs und der Blüte her gesehen auch für den Fachmann nicht leicht erkennbar. Bei den neuen Sorten vermischen sich die Unterschiede zwischen den Gruppen, und es erscheint daher sinnvoll, die Sorten in Zukunft in Großblumige (Blütendurchmesser über 50 mm) und Kleinblumige (Blütendurchmesser unter 50 mm) Japanische Azaleen einzuteilen.

Man unterscheidet: Amoena-, Kurume-, Malvatica-, Kaempferi-, Malvatica × Kaempferi-,

Mucronatum-, Arendsii-, Aronense- und Vuykiana-Hybriden.

Es gibt noch eine Reihe weiterer Gruppen von Japanischen Azaleen, doch sind deren Sorten in unserem Klima im Freiland auf die Dauer nicht zu halten.

Die Angaben bei den einzelnen Sorten verweisen auf die Leitarten der betreffenden Gruppe in dem Kapitel „Züchtung". Die Blütezeit liegt Anfang bis Mitte Mai.

Geschichte und Entwicklung der Japanischen Azaleen sind, bedingt durch die Beteiligung mehrerer Wildarten und vieler Formen, ziemlich verwickelt. Interessenten seien deshalb auf die am Schluß des Buches genannte Spezialliteratur verwiesen.

Über die Geschichte nur kurz folgendes: 1843 wurden von ROBERT FORTUNE aus chinesischen Gärten in Shanghai *R. obtusum* und Gartenformen dieser Art nach England eingeführt. Vorher wurde 1703 von ENGELBERT KAEMPFER, einem deutschen Arzt im Dienst der Holländischen Ostindien-Companie, die nach ihm benannte *Azalea kaempferi* (heute: *R. kaempferi*) in Japan entdeckt.

Die Japanischen Azaleen entstanden aus Kreuzungen der Arten *R. kaempferi, R. kiusianum* und *R. sataense. R. obtusum*, zuerst als Art beschrieben, erwies sich später als Naturhybride zwischen *R. kaempferi* × *R. kiusianum* mit allen möglichen Variationen einer Kreuzung beider Arten, die ausgelesen und vermehrt als Kurume-Azaleen bezeichnet werden.

Die Kurume-Azaleen sind in Japan seit Jahrhunderten als Gartenpflanzen in Kultur und erfreuen sich großer Beliebtheit. E. H. WILSON (USA) hat das Verdienst, von Kurume, einer Stadt in Japan, wo diese Pflanzen hauptsächlich kultiviert wurden, eine größere Anzahl Sorten 1917 nach Amerika eingeführt zu haben, von wo aus sie ihren Weg nach England und Holland nahmen. Etwa zur gleichen Zeit begann man in Holland, mit aus Japan importierten Kurume-Azaleen und Formen von *R. kaempferi* zu züchten. Es entstanden die Malvatica- und Kaempferi-Hybriden.

Ab 1927 gab der Baumschulbesitzer JOSEPH B. GABLE, Stewartstown, Pennsylvania (USA), von ihm gezüchtete Azaleen in Amerika in den Handel. Er kreuzte vor allem mit *R. poukhanense* und *R. kaempferi*, aber auch anderen Azaleen-Arten und japanischen Azaleen-Sorten und schuf daraus die „Gable-Hybriden". Sie sind in Habitus und Blüte sehr unterschiedlich, doch recht winterhart. Einige dieser Sorten sind in den letzten Jahren auch nach Europa eingeführt worden, und die im Sortiment genannten Sorten sind bereits in einigen Baumschulen erhältlich.

In Deutschland ist es das Verdienst von G. ARENDS, Ronsdorf, mit den Arendsii- und Aronense-Hybriden nach dem 2. Weltkrieg gut winterharte Sorten in den Handel gebracht zu haben. Leider hat man aus unerfindlichen Gründen die Aronense-Hybriden in „Geisha-Azaleen" umbenannt.

C. FLEISCHMANN, Wiesmoor, kreuzte nach 1945 *R.* 'Multiflorum' mit *R. kiusianum*-Hybriden und benannte die gegenüber den Aronense-Hybriden durch den noch niedrigeren, geschlossenen Wuchs und große Winterhärte ausgezeichneten Sorten als „Diamant-Azaleen". H. HACHMANN, Barmstedt, ist dabei, bessere winterharte Sorten von Japanischen Azaleen zu züchten. In Zukunft werden von ihm, aber auch anderen deutschen Züchtern, neue Sorten zu erwarten sein.

Großblumige Sorten – Blütendurchmesser über 50 mm

'Addy Wery'
Kurume-Hybride, leuchtend, scharlachrot, Blütezeit mittel; lockerer Wuchs, bis 1,20 m hoch.

'Adonis'
Kurume-Hybride, weiß, doppelt (hose-in-hose), Saum gefranst, Blütezeit mittel, Wuchs breit.

'Agger'
Arendsii-Hybride, hellila, Blütezeit mittel; Wuchs gedrungen.

'Aladdin'
Kurume-Hybride, scharlachrot, Blütezeit mittel; Wuchs gedrungen.

'Alice'
Malvatica-Hybride, orangerot mit dunklerem Fleck, Blütezeit mittel, Wuchs aufrecht.

'Beethoven'
Vuykiana-Hybride, purpurrosa, großblumig, Blütenrand gewellt, Blütezeit mittel; breiter Wuchs.

'Betty'
Malvatica-Hybride, rosa mit rotbrauner Zeichnung, Blütezeit früh; aufrechter Wuchs.

'Bever'
Arendsii-Hybride, hellpurpurviolett, Blütezeit mittel.

'Blaauw's Pink'
Kurume-Hybride, lachsorange mit hellrosa Schimmer, Blütezeit früh, Wuchs aufrecht und dicht.

'Blue Danube' (= 'Blaue Donau')
Herkunft unbekannt, Züchter ALBERT VAN HEKKE, Belgien, 1970. Intensiv purpurviolett, dunkelste Sorte der Japanischen Azaleen, spätblühend, kräftig, breit und aufrecht wachsend.

'Campfire'
Gable-Hybride, rot, dunkler gefleckt, doppelt (hose-in-hose), hochwachsend, Blütezeit mittel.

'Canzonetta' ('Signalglühen' × ('Rubinetta' × 'Vuyk's Scarlet'))
Züchter H. HACHMANN, 1987. Karminrot bis rosarot, spät, Wuchs flach und dicht. Gute Winterhärte.

'Diemel'
Arendsii-Hybride, helllilarosa, Blütezeit mittel.

'Eder'
Arendsii-Hybride, lilarosa, mit lachsfarbenem Schein. Wuchs dicht, breit, niederliegende Triebe. Blütezeit mittel.

'Favorite'
Kaempferi-Hybride, rubinrosa, schwach rotbraune Zeichnung, Blütensaum etwas gekräuselt, Blütezeit früh.

'Fedora' (Abb. Seite 194)
Kaempferi-Hybride, rosa, Blütezeit früh bis mittel, aufrechter Wuchs.

'Florida'
Vuykiana-Hybride, dunkelrot, gefüllt, Blütezeit mittel, Wuchs dicht gedrungen.

'Gretchen'
Kaempferi-Hybride, purpurviolett, Blütezeit früh.

'Herbert'
Gable-Hybride, orchideenlila, dunkler Fleck (hose-in-hose), Rand gekräuselt, Blütezeit früh, breitwachsend.

'John Cairns'
Kaempferi-Hybride, scharlachrot mit schwacher dunkler Zeichnung, auch in voller Sonne Blüten nicht verblassend, Blütezeit mittel; gedrungener Wuchs.

'Joseph Haydn'
Vuykiana-Hybride, hellila mit dunkler Zeichnung, Blütezeit früh; aufrechter Wuchs.

'Kathleen'
Kaempferi-Hybride, leuchtend rot mit schwach rotbrauner Zeichnung, Blütezeit mittel; aufrechter Wuchs.

'Lister'
Arendsii-Hybride, rubinrot, Blütezeit mittel; gedrungener Wuchs.

'Madame Albert van Hecke' ('Willy' × ?)
ALBERT VAN HECKE, Belgien 1960. Karminrot, frühblühend. Aufrechter Wuchs, gut winterhart.

'Muttertag' ('Mother's Day')
Kurume-Hybride, leuchtend rot, etwas gefüllt, Blütezeit mittel; niedrigwachsend.

'Noordtiana'
Mucronatum-Hybride, weiß, großblumig, zuweilen mit etwas lila Tönung, Blütezeit mittel; gedrungener Wuchs.

'Oester'
Arendsii-Hybride, purpurrosa, Blütezeit mittel; 0,60 bis 0,80 m hoch wachsend.

'Fedora'

'Allotria'

'Signalglühen'

'Palestrina'
Vuykiana-Hybride, weiß, hellgrüne Zeichnung, Blütezeit mittel; aufrechter Wuchs.

'Purple Triumph'
Vuykiana-Hybride, dunkelpurpur, Blütezeit mittel, breiter Wuchs.

'Schubert'
Vuykiana-Hybride, hellrubinrosa mit roter Zeichnung, Blütezeit mittel; breiter Wuchs.

'Signalglühen'
('Vuyk's Scarlet' × ('John Cairns' × 'Muttertag'))
Züchter H. Hachmann, 1979. Leuchtendrot, Blütezeit mittel, breit und geschlossen wachsend. In lichtem Schatten Blüte besonders schön.

'Sorpe'
Arendsii-Hybride, purpurviolett, Blütezeit mittel; gedrungener Wuchs.

'Stewartstonian',
(= 'Stewartstownian', 'Stewartsoniana')
Gable-Hybride. Diese Sorte hat sich sehr bewährt und blüht in einem reinen leuchtenden Rot. Belaubung im Winter weinrot, sehr hart. Blütezeit mittel.

'Vuyk's Rosyred'
Vuykiana-Hybride, leuchtend rosarot, Blütezeit spät; breiter Wuchs. Verlangt geschützten Standort, Winterschutz!

'Vuyk's Scarlet'
Vuykiana-Hybride, leuchtend dunkelrot, Blütezeit mittel; breiter Wuchs. Winterschutz!

'Willy'
Kaempferi-Hybride, hellrot, schwach braune Zeichnung, Blütezeit früh bis mittel; breiter Wuchs.

Kleinblumige Sorten – Blütendurchmesser unter 50 mm

'Allotria' ('Rubinetta' × 'Vuyk's Scarlet')
Züchter H. Hachmann, 1981. Tief rosarot, innen

'Rubinetta'

hellrot, Blütezeit mittel. Breit-aufrechter Wuchs.

'Anne Frank' ('Muttertag' × 'Multiflorum') Züchter W. Nagel, um 1970. Leuchtend reinrosa, Blütezeit früh bis mittel, Wuchs flach.

'Diamant'
Lachs, purpur, rosa, rot, dunkellila, hellila, lachsviolett, weiß. Blüten klein und die Pflanzen während der Blütezeit vollkommen bedeckend. Wuchs ganz niedrig und gedrungen, Blütezeit mittel. Die unter dem Sortennamen 'Diamant' mit Farbbezeichnung in den Handel gebrachten Azaleen wurden von C. Fleischmann, Wiesmoor, durch Kreuzung von 'Multiflorum' mit R. kiusianum-Hybriden gezüchtet. Es sind die Azaleen für den ganz kleinen Garten, was aber nicht heißen soll, daß man die kleinen „Diamanten" nur dort verwenden könnte.

Selbst an vollsonniger Stelle gepflanzt, blühen diese Azaleen in Bremen jedes Jahr überreich und zeigten keinerlei Schäden. Nur zuviel Schatten wollen sie nicht! Sortenschutz!

'Fridoline' ('Signalglühen' × ('Rubinetta' × 'Vuyk's Scarlet'))
Züchter H. Hachmann, 1987. Kräftig leuchtend rot, Blütezeit mittel. Schwach und sehr dicht wachsend.

'Gabriele' (= 'Hachmann's Gabriele') ('Muttertag' × 'Kermesina')
Züchter H. Hachmann, 1979. Leuchtend rosarot, auch in voller Sonne nicht verblassend, Blütezeit spät. Wuchs breit-aufrecht.

'Hanako'
Aronense-Hybride, lilarosa, Blütezeit spät, zwergiger Wuchs.

'Hatsugiri'
Kurume-Hybride, purpur, Blütezeit früh; gedrungener Wuchs. Eine der bekanntesten Sorten.

'Hino-crimson'
Kurume-Hybride, karminrot, überreich blühend, Blütezeit früh, Wuchs gedrungen.

'Hinodegiri'
Kurume-Hybride, rubin- bis karminrot, Blütezeit früh; im Wuchs wie 'Hatsugiri', jedoch empfindlicher. Winterschutz!

'Hinomayo'
Kurume-Hybride, reinrosa, schwach rote Zeichnung, Blütezeit früh.

'Hiroko'
Aronense-Hybride, purpurrosa, Blütezeit spät; flacher Wuchs, nur 0,20 bis 0,30 m hoch wachsend.

'Kazuko'
Aronense-Hybride, purpurrot, Blütezeit spät; nur 0,20 bis 0,30 m hoch wachsend.

'Kermesina'
Aronense-Hybride, vor 1950. Karminrot, grüner Kelch, mittel- bis spätblühend. Flacher Wuchs. Aus der Sorte wurden mehrere Sports (Mutationen) ausgelesen und als Sorten benannt: 'Kermesina Alba', weiß; 'Kermesina Rosé', rosa mit weißem Rand.

'Lily Marleen' (= 'Marlene Vuyk')
('Little Ruby' × 'Doctor W. F. Wery')
Züchter A. Vuyk van Nes, Holland, 1965. Karminrot, Blütezeit früh, flacher und breiter Wuchs.

'Mahler'
Vuykiana-Hybride, fliederfarben mit dunklerem Fleck, Blüte spät und gut farbbeständig, gesunde Belaubung, Wuchs flach, fast niederliegend.

'Multiflorum'
Arendsii-Hybride, hellpurpur, Blütezeit mittel; niedriger Wuchs.

'Noriko'
Aronense-Hybride, karmin, halb gefüllt, Blütezeit spät; nur 0,20 bis 0,30 m hoch wachsend; intensive Herbstfärbung des Laubes.

'Orange Beauty'
Kaempferi-Hybride, scharlachrot, Blütezeit früh, Blüte wird durch Sonne und Regen leicht verwaschen; gedrungener Wuchs.

'Rokoko' (= 'Hachmann's Rokoko')
('Nordia' × 'Johanna')
Züchter H. Hachmann, 1987. Karminrosa, auffallend gefüllt, Blütezeit mittel, breit und niedrig wachsend.

'Rosalind' (= 'Hachmann's Rosalind')
('Kermesina' × 'Jeanette')
Züchter H. Hachmann, 1975. Karminrot mit bräunlicher Zeichnung, mittel- bis spätblühend, breit und aufrecht wachsend. Winterschutz!

'Rubinetta' ('Muttertag' × 'Kermesina')
Züchter H. Hachmann, 1974. Leuchtend dunkelrosa, Blütezeit mittel bis spät. Wuchs breit, dicht geschlossen, Blätter im Winter bronzefarben. (Abb. Seite 195)

'Schneeglanz' ('Kermesina' × 'John Cairns')
Züchter H. Hachmann, 1978. Reinweiß mit grüngelber Zeichnung, Rand leicht gewellt, Blütezeit mittel, sehr reichblühend. Breitaufrecht und locker wachsend.

'Silvester'
Kurume-Hybride, hellrosa-lila, Blütezeit früh. Eine Sorte, die in Holland noch bewertet wurde.

'Toreador'
Eine sehr alte Sorte unbekannter Herkunft. Blüte karminrot, Blütezeit früh. Winterblätter kräftig grün bleibend.

Japanische Azaleen sollten nur mit den Arten, aus denen die Sorten entstanden sind, zusammengepflanzt werden. Die hier genannten Sorten dürften auch für einen anspruchsvollen Azaleenfreund ausreichen, seinen Garten geschmackvoll zu bepflanzen.

Japanische Azaleen müssen immer etwas windgeschützt stehen. Die Blüte wirkt vor einer immergrünen Hecke besonders gut und dauert im lichten Schatten von Kiefern auch länger als bei Stand in voller Sonne. Die Aronense-Sorten und die noch niedrigeren „Diamant-Azaleen" sind auf kleinster Pflanzfläche und in Steintrögen blühend kaum von anderen Pflanzen an Schönheit zu übertreffen. Alle Japanischen Azaleen brauchen bis mindestens 30 cm Höhe vorbeugenden Winterschutz und vor allem Schutz gegen Früh- und Spätfröste. Die kleine Mühe, in Frostnächten im April, Mai und September, Oktober die Pflanzen mit Folie, Schattenleinen etc. abzudecken, wird meist gescheut oder vergessen. Das ist der wahre Grund dafür, daß man in unseren Hausgärten so wenig große Pflanzen von Japanischen Azaleen sieht!

Die empfohlenen groß- und kleinblumigen Japanischen Azaleen sind für die Sammlung eines Rhododendronfreundes mehr als ausreichend. Aber auch hier sind neue Sorten gezüchtet worden, wobei sich die „Neuheiten" aus Sachsen (Dr. DÄNHARDT) und vor allem aus der Tschechoslowakei (Prof. JELINEK) durch kompakten Wuchs und große Winterhärte auszeichnen.

In der Aufstellung finden sich auch zwei ältere Sorten, die eigentlich mehr Beachtung verdienen.

Japanische Azaleen: Großblumige Sorten – Blütendurchmesser über 50 mm

Name	Farbe	Blütezeit	Eltern	Züchter	Bemerkungen
'Bigge'	lila	mittel	R. mucronatum × ?	Georg Arends, 1951	
'Ledikanense'	hellila, weinrot gezeichnet	mittel	R. poukhanense × R. mucronatum	B. Kavka / M. Opatrná, 1945	Wuchs locker, aufrecht, im Winter fast kahl; reichblühend und sehr winterhart
'Luzi'	reinweiß	mittel	R. kaempferi × (Malvatica-Hybride × Obtusum-Sorte)	G. Mittendorf, 1975	aufrecht, buschig
'Nordlicht'	rot-orangefarben	mittel	'Vuyk's Scarlet' × 'Aladdin'	H. Hachmann, 1977	Wuchs breit und gedrungen

Japanische Azaleen: Kleinblumige Sorten – Blütendurchmesser unter 50 mm.

Name	Farbe	Blütezeit	Eltern	Züchter	Bemerkungen
'Amoenum' (= 'Amoena')	purpurfarben	mittel	als erste Kurume-Azalee nach England eingeführt; als R. obtusum beschrieben	R. Fortune, 1850/51	Wuchs breit-aufrecht; Winterschutz!
'Blanice'	karminrosa	mittel	'Amoenum' × R. poukhanense	Dr. B. Kavka, 1969	flach ausgebreitet, sehr winterhart
'Estrella'	rein leuchtend rot	spät	'Signalglühen' × ('Rubinetta' × 'Vuyk's Scarlet')	H. Hachmann, 1987	schwach kissenförmig wachsend, Blätter glänzend grün, ausdauernd, Schwestersorte von 'Fridolin'

Japanische Azaleen: Kleinblumige Sorten – Blütendurchmesser unter 50 mm

Name	Farbe	Blütezeit	Eltern	Züchter	Bemerkungen
'Falkenstein'	leuchtendrosa	mittel	Kiusianum-Hybride	Dr. W. Dähnhardt, 1984	Wuchs breit, kompakt, wintergrün
'Granada'	rubinrosa-rubinrot, halbgefüllt	mittel	'Rubinstern' × ('Red Pimpernel' × 'Kermesina')	H. Hachmann, 1982	Wuchs kissenförmig, dicht geschlossen, Laub im Winter bronzefarben
R. kiusianum 'Albiflorum'	reinweiß	spät	*R. kiusianum*-Sorte		dicht kissenförmig wachsend wie die Art. Alle Sorten und Varietäten (bei Spezialbaumschulen) ideal für den Steingarten geeignet
'Königstein'	lila-violett	mittel	Kiusianum-Hybride	Dr. W. Dähnhardt, 1978	breit-buschig, locker, großlaubig
'Labe'	karminrot	spät	'Amoenum' × *R. poukhanense*	Dr. B. Kavka, 1979	dicht kissenförmig wachsend, besonders reichblühend
'Lilienstein'	hellila	mittel	Kiusianum-Hybride	Dr. W. Dähnhardt, 1978	breit wachsend
'Maruschka'	karminrot	mittel	'Nordia' × 'Johanna'	H. Hachmann, 1988	kompakt, dunkelgrün, im Winter bronzefarbene Blätter, Sortenschutz!
'Mysik' (= 'Boubin')	hellrosa	früh	'Amoenum' × *R. poukhanense*	Prof. Jelinek, 1966	Wuchs flach, sehr dicht
'Oslava'	rosa	spät	'Amoenum' × *R. poukhanense*	Prof. J. Jelinek, 1969	Wuchs geschlossen, breit und rund, sehr winterhart
'Otava'	hellila, innen dunkelviolett	spät	'Amoenum' × *R. poukhanense*	Prof. J. Jelinek, 1962	Wuchs dicht, gedrungen, Blatt mattgrün, wenig belaubt im Winter
'Panda'	reinweiß	mittel	'Everest' × *R. kiusianum* (weißblühende Form)	P. A. Cox, 1982	Wuchs niedrig, gedrungen, glänzend grüne Blätter
'Patricia Barmold'	weiß	mittel	'Kermesina' × 'Blue Danube' (?)	H. Meyer, Uchte, 1978	gedrungener Wuchs
'Rauschenstein'	zartrosa, helle Staubgefäße	mittel	Kiusianum-Hybride	Dr. W. Dähnhardt, 1978	schwachwüchsig, gedrungen, kleinblütig, geschützter Standort
'Rotstein'	ziegelrot	mittel	Kiusianum-Hybride	Dr. W. Dähnhardt, 1986	gedrungener, dichter Wuchs, wintergrün, bronzefarben
'Rubinstein'	rubinrot-dunkelrosa, sternförmige Blüten	mittel	'Muttertag' × 'Kermesina'	H. Hachmann, 1975	schwachwüchsig, niedrig und breit. Reichblühend!

Japanische Azaleen: Kleinblumige Sorten – Blütendurchmesser unter 50 mm

Name	Farbe	Blütezeit	Eltern	Züchter	Bemerkungen
'Schneewittchen'	reinweiß, schwach grüngelb gezeichnet	mittel	'Kermesina' × 'John Cairns'	H. Hachmann, 1980	Wuchs breit, kompakt, hellgrüne Belaubung, zur Blütezeit völlig mit Blüten bedeckt
'Schrammstein'	dunkellila, „hose-in-hose" (doppelkronig)	mittel	Kiusianum-Hybride	Dr. W. Dänhardt, 1982	wintergrün und bronzefarben
'Sophie Scholl'	lachsrosa	mittel	'Muttertag' × 'Multiflorum'	Walter Nagel, 1980	flachwachsend, gut winterhart
'Stopplicht'	karminrot	mittel	'Vuyk's Scarlet'-Sämlinge × ?	Urban Schumacher, 1971	gedrungener Wuchs
'Vltava'	karminrosa, voll erblüht hellrosa	früh	'Amoenum' × *R. poukhanense*	Prof. Jelinek, 1962	flach und breit-kissenförmig dicht, sehr winterhart
'Weesenstein'	leuchtend karminrot, „hose-in-hose"	mittel	Kiusianum-Hybride	Dr. W. Dänhardt, 1982	wintergrün
'Wildenstein'	leuchtend zinnoberrot, orange Schimmer	mittel	Kiusianum-Hybride	Dr. W. Dänhardt, 1978	Wuchs sehr dicht, kissenförmig, reichblühend
'Winterstein'	weiß	mittel	Kiusianum-Hybride	Dr. W. Dänhardt, 1986	im Winter fast kahl

Indische Azaleen

Indische Azaleen, in England und Amerika Indian Hybrids, Belgian Hybrids, Belgian Evergreen Hybrids genannt, sind bei uns nicht winterhart.

Da sie überwiegend als Topfpflanzen kultiviert und gehandelt werden, nennt man sie in Deutschland auch Topfazaleen. Die Indische Azalee ist die wichtigste blühende Topfpflanze der Wintermonate; 1989 wurden in Belgien über 40, in Deutschland etwa 30 und in den Niederlanden 5 Millionen Pflanzen produziert.

Die Indischen Azaleen werden nach dem Verblühen weggeworfen, und nur ganz wenige Exemplare dieser Millionen Azaleen blühen nach Verkauf beim Endverbraucher ein Jahr später nochmals oder erreichen gar bei Pflanzenfreunden ein Alter von mehreren Jahren und respektable Größe.

Die Entwicklung – und Verwirrung – bei den Indischen Azaleen begann 1808, als Kapitän WELLBANK Pflanzen von *R. simsii* Planch. unter dem Namen *Azalea indica* L. in den Botanischen Garten von Kew (England) brachte. Die Verwechslung von *R. simsii* mit *R. indicum* (L.) Sweet (Syn. *Azalea indica* L.) führte dazu, daß die Topfazaleen zwar „Indische Azaleen" genannt werden, obwohl sie eigentlich *R. simsii*-Hybriden sind. Die Heimat der Indischen Azaleen ist nicht Indien, sondern China, Formosa und Japan. Bereits um 1680 kamen Exemplare von *R. indicum* nach Holland, gingen aber verloren. Nachkommen der 1808 nach Kew eingeführten Pflanzen kamen 1815 nach Frankreich, 1818 nach Belgien und wahrscheinlich auch nach Deutschland.

Bei der Züchtung von Indischen Azaleen sind neben *R. simsii* vermutlich auch die Arten *R. indicum*, *R. tamurae*, *R. mucronatum*, *R. scabrum* und im Laufe von über 150 Jahren Züchtung auch die Arten und Sorten „Japanischer Azaleen" wie *R. kaempferi*, *R. kiusianum* und deren Naturhybride *R.* × *obtusum* eingekreuzt worden. Erste Sorten wurden bereits 1825 von SMITH und KNIGHT & PERRY ausgelesen und be-

Übersicht über die Blütezeitgruppen der Sorten Indischer Azaleen

Blütezeit ab ab Monat Sorte Blütenfarbe	ab September	ab Oktober	November Dezember	ab Januar	ab Februar	ab März
rot	'Charly' 'Hellmut Vogel'	'Ambrosiana' 'Hellmut Vogel'	'Ambrosiana' 'Nazarena'	'Friedhelm Scherrer' 'Reinhold Ambrosius'	'Euratom' 'Dr. P. Köster'	'Gustav Hacker' 'Knut Erwén'
rosa	'Inga' 'Luci'	'Dr. Arnold' 'Rosafolia'	'Heinz Lund' 'Werner Mukkel'	'Heinz Lund' 'Rosa Perle'	'Georg Struppek' 'St. Valentin'	'Coelestine' 'Rosali'
bunt	'Inga' 'Nicolette Keesen'	'Dicky' 'Nicolette Keesen'	'Dicky' 'Doberlug'	'Doberlug' 'Leopold-Astrid'	'Mevrouw Roger de Loose' 'Leopold-Astrid'	'Memoria Karl Glaser' 'De Waele's Favorite'
violett	'Flamenco'	'Flamenco'	'Adonia' 'Flamenco'	'Mevrouw Jozef Heursel' 'Violacea'	'Mevrouw Jozef Heursel' 'Violacea'	'Mevrouw Jozef Heursel' 'Violacea'
lachs	'Ganda'	'Ganda'	'Paul Schäme' 'Rex'	'Rex'	'Ostarix'	'Wilhelm Keim'
weiß	'Paloma'	'Paloma'	'Weiße Schäme'	'Weiße Schäme'	'Madame de Waele'	'White Lady'

nannt. 1833 erhielt in Belgien die Sorte 'Violacea', die nicht identisch mit der im heutigen Sortiment ist, eine Auszeichnung.

Die Sorte 'Concinna', noch immer als Veredlungsunterlage nicht zu entbehren, wenn man Hochstämme von Indischen Azaleen anziehen will, entstand 1849 bei SMITH in England.

Ende des vorigen Jahrhunderts waren in Dresdener Gärtnereien etwa 400 Sorten in Kultur.

Im Laufe von über 150 Jahren sind mehrere Tausend Sorten entstanden, von denen in den Gärtnereien etwa 100 Sorten kultiviert werden.

Die Namen erfolgreicher Züchter in England, Belgien, Frankreich, Deutschland und den USA zu nennen, würde hier zu weit führen; bei Interesse sei auf Spezialliteratur wie GALLE (1985) und VOGEL (1982) verwiesen.

An eine gute Sorte stellen die Züchter und Gärtner andere Ansprüche als der Verbraucher und Pflanzenliebhaber. Beim Gärtner stehen wirtschaftliche Überlegungen im Vordergrund, der Verbraucher will Sorten mit leuchtenden Blütenfarben, vollkommenen Blüten, die aus den Knospen gleichmäßig aufblühen, und vor allem robuste Pflanzen, deren Blüten sich unter den Bedingungen zentralgeheizter Wohnungen lange halten.

Die Vielfalt der Sorten mit ihren unterschiedlichen Eigenschaften, Formen und Farben läßt kaum noch Wünsche offen.

Die ausgefeilte Kulturtechnik der Gärtner bringt blühende Azaleen von September bis Mai auf den Markt. Es ist kurios: Millionen von Exemplaren Indischer Azaleen werden jedes Jahr gehandelt, doch von den Anbietern – vor allem Gärtnern und Floristen – kennen nur sehr wenige die Namen der Azaleensorten, die dem Käufer angeboten werden. Rhododendronfreunde, die von den erworbenen Azaleen den Sortennamen wissen möchten, sollten eine Kennzeichnung der Pflanzen mit dem Sortennamen fordern beziehungsweise in einer Azaleengärtnerei versuchen, „sortenechte" Pflanzen zu erwerben. Im Rhododendron-Park Bremen blühen über 300 – alte und neue – Sorten

Indischer Azaleen jedes Jahr vom 20. März bis 30. April im „Azaleen-Museum" – dem einzigen dieser Art auf der Erde. Hier kann sich der an Azaleen interessierte Pflanzenfreund umfassend über die Sortenvielfalt informieren.

Übersicht über die Blütezeitgruppen der Sorten Indischer Azaleen

Die genannten – und andere – Sorten werden in den betreffenden Monaten blühend vom Handel angeboten.

Topfazaleen stellen keine großen Ansprüche und sind weitgehend ohne Probleme zu halten. In überheizten, lufttrockenen Räumen fühlen sie sich nicht wohl, denn sie lieben mehr mäßige Temperaturen, am besten 12 bis 16 °C, aber nicht über 20 °C. Die einzige „Kunst" besteht in der richtigen Wasserversorgung. Azaleen mögen keine Staunässe, aber ihr Wasserbedarf ist während der Blüte in geheizten Räumen recht hoch, Trockenheit mögen sie gar nicht. Man sollte die Pflanzen jede Woche einmal eine Stunde bis an den Topfrand in Wasser stellen und zwischendurch nach Bedarf gießen. Große Umstände sind nicht erforderlich, und Leitungswasser schadet, selbst bei zu hohem Kalk- oder Salzgehalt während der relativ kurzen Blütezeit nur wenig. Will man die Pflanzen erhalten, muß nach dem Abblühen mit Regenwasser weitergegossen werden.

Abgeblühte Azaleen stehen im Sommer am besten im Freien – im Garten oder auf dem Balkon –, unter lichtem Schatten oder an der Nordseite des Hauses. Nach dem Verblühen sollten alle Blüten ausgebrochen und die Pflanzen leicht zurückgeschnitten werden. Es ist auch ratsam, in einen etwas größeren Topf umzupflanzen.

Mit Aufmerksamkeit, Geschick, Regenwasser und wöchentlicher Düngung mit 1 bis 2 g Alkrisal pro Liter Regenwasser in der Zeit von Mai bis August lassen sie sich leicht wieder zu Knospenansatz bringen. Im Gewächshaus stellen die Indischen Azaleen die gleichen Ansprüche wie Rhododendron auch. Bei Temperaturen über Winter nicht unter 6 °C, aber auch nicht höher als 12 °C – dann muß gelüftet werden – blühen die Azaleen ab Mitte März ohne zusätzliche Wärme. In Töpfen oder Kübeln kultiviert, kann man sie dann ins Zimmer holen.

Immergrüne Laubgehölze

Andromeda glaucophylla Link
Ericaceae
Die aus Nordamerika, Neufundland und Labrador stammende Art hat viel Ähnlichkeit mit unserer heimischen Lavendelheide. Sie wird wie diese etwa 20 cm hoch und blüht von Mai bis Juli weißlichrosa. Die Blätter sind unterseits weißfilzig, während sie bei *Andromeda polifolia* blaugrün gefärbt sind. Auch sie gedeiht am besten auf feuchtem, anmoorigem Boden.

Einige Arten, die früher die Gattungsbezeichnung *Andromeda* trugen, haben einen neuen Namen erhalten:

A. axillaris	= *Leucothoe axillaris*
A. calyculata	= *Chamaedaphne calyculata*
A. catesbaei	= *Leucothoe fontanesiana* (*L. catesbaei*)
A. floribunda	= *Pieris floribunda*
A. japonica	= *Pieris japonica*
A. pulverulenta	= *Zenobia pulverulenta*

Andromeda polifolia L., Lavendelheide
Ericaceae
Das Vorkommen dieser auch Rosmarinheide genannten Art beschränkt sich auf die kühlen nördlichen Gebiete Europas, Amerikas und Asiens bis hinauf zum 75. Grad nördlicher Breite. Meist gedeiht sie auf Mooren neben *Vaccinium*, *Ledum* und Seggen. Dementsprechend ist sie auch im Garten zu verwenden. Der Standort muß feucht sein und sauren Boden aufweisen. Die Lavendelheide wird 15 bis 25 cm hoch, hat schmale, 1 bis 3 cm lange, am Rand eingerollte Blätter. Die in endständigen Dolden stehenden, krugförmigen, nickenden Blüten sind rosaweiß. Die Blütezeit dauert von Mai bis Juli.

Andromeda polifolia **'Nikko'** unterscheidet sich von der Art durch dichtere Belaubung und niedrigeren Wuchs.

Arbutus unedo L., Erdbeerbaum
Ericaceae
Diese immergrüne Art wächst im Mittelmeergebiet und in Irland baumartig. Sie hat lederartige, gezähnte Blätter. Aus den rotgetönten, maiglöckchenähnlichen Blüten entstehen die sehr dekorativen, gelbroten, bewarzten, eßbaren Früchte. Bei uns nur im Kalthaus oder als Kübelpflanze, die im Haus überwintert wird, zu kultivieren.

Arctostaphylos nevadensis A. Gray
Ericaceae
Die nordamerikanische Bärentraube bildet genauso wie unsere heimische Art *A. uva-ursi* lange Ausläufer, die jedoch keine Wurzeln schlagen. Die lanzettlichen Blätter sind mit einer Dornenspitze versehen und etwas steifer. Vollkommen winterhart, wie die nachfolgende *A. uva-ursi* zu behandeln. Im Handel ist die Art nur bei wenigen Baumschulen erhältlich.

Arctostaphylos uva-ursi (L.) Spreng., Bärentraube
Ericaceae
Dieser Bodendecker ist für leichte, sandige Böden gut geeignet. Er verträgt Sonne, gedeiht aber besser im Halbschatten. Seine Triebe, die dem Boden aufliegen, erreichen etwa 1 m Länge und bilden wieder neue Wurzeln. Die lederartigen, frischgrünen Blätter werden 1 bis 3 cm lang. Die krugförmige Blüte ist unscheinbar, die Frucht ist rot und etwa erbsengroß. Die Blätter wurden früher zum Gerben von feinem Leder verwendet; heute noch benutzt man sie zur Herstellung von Blasentee. Zur Gartengestaltung ist die Bärentraube am geeignetsten für Heidegärten und für absonnigen bis halbschattigen Stand in Felspartien. Am richtigen Standort, auf leichtem sandigem Boden, ist sie ganz winterfest. In lehmigem, feuchtem Boden gepflanzt, leidet sie leicht unter Pilzbefall.

Aucuba japonica Thunb., Aukube
Cornaceae
Von dieser in Korea, Japan und auf Formosa beheimateten Art werden meist nur Gartenformen als Kübel- oder Kalthauspflanzen kultiviert. In milden Gegenden können sie auch in halbschattigen Lagen mit entsprechender Winterdecke draußen überwintern. Der Strauch kann etwa 2 m hoch werden. Die beiderseits glänzenden, lederartigen Blätter sind oft grob gezähnt. Die Art ist zweihäusig. Männliche Pflanzen blühen mit aufrechtstehenden Rispen und weißen bis rötlichen Blüten. Bei weiblichen Pflanzen sind die Blütenrispen wesentlich kleiner, und die elliptischen Früchte sind rötlich gefärbt.

Bambusgewächse
Die in unserem Klima verwendbaren Bambusarten sind außerordentlich dankbare Gartenpflanzen und verdienen ein viel häufigere Verwendung als bisher. Die hochwachsenden Arten als Solitärpflanzen und die kleineren Arten als Vorpflanzung können mit ihrem lockeren

Aucuba japonica 'Picturata'

Bambus-Arten bringen tropische Üppigkeit in den Garten.

eleganten Wuchs das Gartenbild auf das beste abrunden. Sie gehören botanisch zu den Gräsern *(Gramineae)* und sind also keine Laubgehölze; ihrem Charakter nach lassen sie sich aber ähnlich verwenden und sollen deshalb hier zusammenfassend beschrieben werden. Von den insgesamt 250 Arten sind nur wenige bei uns winterfest, und gerade die schneearmen, durch extreme Temperaturschwankungen innerhalb weniger Tage geprägten Winter der jüngsten Vergangenheit haben gezeigt, daß nur *Fargesia murielae, F. nitida* und *Sasa kurilensis* wirklich winterfest sind.

In der Heimat wachsen sie oft auf trockenem Geröllboden; dies bietet einen Hinweis für die Wahl des Standortes. Die Pflanzen blühen bei uns nur selten, Samenansatz erfolgt in unserem Klima nur spärlich. Vermehrt wird ausschließlich durch Teilung im Frühjahr vor dem Austrieb. Auch die Pflanzung nimmt man am besten zum gleichen Zeitraum vor. Eine Beigabe von verrottetem Dung ist empfehlenswert und eine flüssige Düngung während des Austriebes angebracht. Während dieser Zeit sollen die Pflanzen mehr feucht als trocken gehalten werden. Stauende Nässe vertragen sie jedoch nicht. In bezug auf die Besonnung sind die Ansprüche der Arten verschieden. Ein geschützter Standort, vor allem gegen austrocknende Winde im Winter, ist aber immer wichtig.

Fargesia murielae (Gamble) Y; (= *Sinarundinaria murielae*) aus Mittelchina wird bis zu 3 m hoch, hat kahle, bewimperte Blattscheiden und in der Jugend gelbe Triebe. Die Blätter werden 8 bis 12 cm lang und etwa 1,5 cm breit. Diese Art ist der härteste Gartenbambus, der sowohl für Solitärstellung als auch zur Windschutzpflanzung für empfindliche Rhododendron und Immergrüne bestens zu empfehlen ist. Verlangt frischen, aber nicht nassen Boden und kann in allen Lagen gepflanzt werden.

Fargesia nitida (Mitf.) P. C. Keng (= *Sinarundinaria nitida*) (auch Chambambus genannt, nach dem Cham-Fluß in China) ist in Mittel- und Westchina beheimatet und ähnelt der vorigen Art sehr. Die Blätter sind jedoch etwas kleiner, etwa 5 bis 9 cm lang und 0,5 bis 1 cm breit. Die Pflanzen rollen bei Frost die Blätter und halten sich dadurch gut, nur in sehr strengen Wintern verlieren sie die Blätter. Die Stammscheiden sind rötlichbraun und fein behaart und die Stämme im Gegensatz zu *S. murielae* dunkelbraun bis schwarz. Nicht ganz so winterhart wie die vorige Art.

Pleioplastus chino var. **viridis** f. **pumilus** (Makino) S. Suzuki (= *Sasa pumila*) aus Japan wird 40 bis 60 cm hoch, hat 8 bis 15 cm lange und 1 bis 2 cm breite, meist feingesägte Blätter. Die oberen Stammscheiden sind rötlich. Diese und die folgende Art sind als Vorpflanzung vor Sträuchern oder Immergrünen besonders geeignet.

Pseudosasa japonica Mak. ex Nakai, der japanische Bambus, ist verhältnismäßig winterhart und wird in Deutschland 2 bis 3 m hoch. Die würfeladrigen Blätter sind 10 bis 30 cm lang und 3 bis 4 cm breit. Die Triebe verzweigen sich im zweiten Jahr. Die Art verlangt frischen Boden.

Sasa kurilensis (Ruprecht) Makino et Shibata ist eine Bambusart aus dem Gebiet der Kurilen, Sachalin, Japan und Korea, die sich seit über 20 Jahren in unseren Gärten als völlig winterhart gezeigt hat. Standort halbschattig, verträgt aber auch volle Sonne. Blätter glänzend dunkelgrün, 20 cm lang und 4 cm breit. Die Pflanzen werden nach etwa 10 Jahren bis 2,50 m hoch und breiten sich über Ausläufer ziemlich stark aus; daher Vorsicht in kleinen Gärten und bei Pflanzung in der Nähe wertvoller Rhododendron.

Sasa palmata (Burbidge) E. G. Camus gehört wie alle *Sasa*-Arten zu den Zwergbambusarten. Die in Japan beheimatete Art wird aber auch bei uns noch 1,50 bis 2 m hoch. Die Blätter sind 10 bis 30 cm lang und 6 bis 8 cm breit. Sie stehen an den Enden der Seitenzweige gehäuft. Die runden, hohlen Stämme sind besonders unter den Knoten wachsartig bereift. Die Art treibt starke Ausläufer. Sie ist winterhart, wenn auch die Blätter nach starkem Frost etwas unansehnlich werden.

Sasaella ramosa (Makino) Makino (= *Sasa pygmaea*) stammt ebenfalls aus Japan. Sie ist die kleinste der in unseren Gärten verwendbaren Bambusarten, wird nur bis zu 30 cm hoch und verlangt einen recht geschützten Standort. Die

Blätter werden 6 bis 12 cm lang und etwa 1 cm breit. Die sehr dünnen Triebe sind verzweigt, etwas rötlich und haben bläulich beringte Knoten. Wuchernd. Zur Zeit nur schwer erhältlich und wird oft mit der vorher beschriebenen Art verwechselt.

Berberis, Sauerdorn, Berberitze
Berberidaceae
Die außerordentlich formenreiche Gattung *Berberis* weist viele sehr gute immergrüne Gartenpflanzen auf, sowohl ganz niedrige für Einfassungen und für Steingärten als auch größere für Abpflanzungen und als Solitäre. Der zum Teil sehr elegante Wuchs, die bizarren, meist stark bedornten Blätter sowie auch die gelben und orangefarbenen Blüten und die meist dunkelblauen Früchte sind eine Zierde jedes Gartens. Bei der Auswahl der Pflanzen achte man auf gut selektierte Pflanzen. Stecklingspflanzen sind besser als Veredlungen, deren Unterlage leicht durchtreibt. In bezug auf den Boden sind die Berberitzen sehr anspruchslos. Je magerer sie stehen, desto besser überstehen sie im allgemeinen den Winter. Einige sind etwas frostempfindlich, und in strengen Wintern muß man für etwas Schutz sorgen; die ostasiatischen Berberitzen sind in der Regel härter als die südamerikanischen. Die hier besprochenen Arten und Sorten sind nicht anfällig für den Getreideschwarzrost. Die Vermehrung erfolgt – wenn nicht durch Aussaat – durch Stecklinge im Juli bis September im kalten Kasten oder von November bis Februar im Gewächshaus.

Berberis buxifolia 'Nana' Carr.
Im Gegensatz zu der aus Chile stammenden Art *B. buxifolia*, die aber sehr selten in Kultur ist und bis zu 3 m hoch werden kann, wird *B. buxifolia* 'Nana' nur 20 bis 30 cm hoch. Da der Wuchs sehr dicht ist und diese Form auch kräftigen Rückschnitt gut verträgt, wird sie viel für Einfassungen verwendet. Sie eignet sich auch sehr gut für Steingärten. Die gelben Blüten erscheinen im Mai bis Juni, allerdings meist recht spärlich. Die Früchte sind schwarzrot. Die Form ist winterhart.

Berberis candidula (Schneid.) Schneid.
Sie gehört auch zu den langsam- und niedrigwachsenden Arten. Ihre Heimat ist Zentralchina. Im allgemeinen wird sie 30 bis 50 cm hoch; an günstigen Standorten kann sie aber bis zu 80 cm hoch und 2 m breit werden. Besonders charakteristisch sind die 1,5 bis 2 cm langen, oben dunkelgrünen und unterseits silbrigweißen Blätter. Die gelben Blüten erscheinen im Mai. Die kleinen, länglichen Früchte sind blauschwarz und weißlich bereift. Gut winterhart.

Berberis darwinii Hook.
Diese aus Chile und Patagonien stammende Art wird bei uns selten höher als 1,50 m. In milden Klimaten, wie in Irland oder an den oberitalienischen Seen, wird sie bis zu 3,50 m hoch. Sie wächst locker, hat 1 bis 1,5 cm lange Blätter mit 2 bis 3 kleinen Dornen an den Seiten. Verlangt einen günstigen Standort. In strengen Wintern kann die Art stark zurückfrieren. Winterschutz!!

Berberis gagnepainii Schneid.
var. **lanceifolia** Ahrendt
Diese Art empfiehlt sich für den größeren Garten; sie wächst schnell, wird etwa 2 m hoch und ist wegen der dünnen, dreiteiligen Stacheln und stark gezähnten (8 bis 20 je Seite), 6 bis 8 cm langen, dicht stehenden lanzettlichen Blätter auch für Abpflanzungen geeignet. Die goldgelben Blüten erscheinen im Mai bis Juni. Die etwa 0,8 cm langen Früchte sind bläulich und bereift. Winterhart.
Berberis gagnepainii, die eigentliche Art, ist nicht in Kultur.

Berberis × hybridogagnepainii Valcken.
Suring.
Eine Kreuzung zwischen *B. gagnepainii* var. *lanceifolia* und *B. verruculosa*. An den Sämlingen sind die Eigenschaften beider Eltern erkennbar. Im Wuchs im allgemeinen kräftig und etwas breit, bis etwa 2 m hoch werdend.

Die Sorte **'Chenault'** 1930 in England aus Sämlingen ausgelesen, ist im Wuchs aufrecht, etwa 1,50 m hoch und bis zu 2 m breit. Die 2 bis 3 cm langen Blätter sind oben glänzend und unten etwas bläulich.

Die Sorte **'Terra Nova'**, in Holland ausgelesen und benannt, wird nur 1 m hoch und wächst dicht buschig. Die 3 bis 5 cm langen lanzettlichen Blätter haben seitlich je 6 bis 12 Dornen.

Im allgemeinen sind Hybriden von *B. gagnepainii* var. *lanceifolia* × *B. verruculosa* winterhart.

Berberis julianae Schneid.
Eine für den Garten wertvolle, großblättrige, immergrüne Berberitzenart. Die in Westchina beheimatete Art wird etwa 2,50 m hoch, hat graugelbe, gefurchte und mit dreiteiligen starken Dornen bewehrte Zweige. Die etwa 10 cm langen, 2,5 cm breiten Blätter haben jederseits 10 bis 20 dornige Zähne. Zuweilen tritt eine gelbrötliche Herbstfärbung auf. Diese Art wird leicht mit *B. sargentiana*, die jedoch kleinere Blätter mit mehr Zähnen hat, verwechselt. *B. julianae* ist verhältnismäßig winterhart, anspruchslos in bezug auf den Boden und gedeiht sowohl in der Sonne als auch im Halbschatten. Winterschutz!

Berberis linearifolia Phil.
Für den Kenner, der einen geschützten Gartenplatz bieten kann, ist diese Art recht interessant. Besonders bemerkenswert und auffallend sind vor allem die 2 cm breiten orangefarbenen Blüten. Da die aus Chile stammende Art etwas frostempfindlich ist, wird sie selten höher als 1 m. Winterschutz!

Es gibt mehrere Gartenformen. Eine davon ist **'Orange King'**, die sich durch etwas größere Blüten und tieferes Orangerot auszeichnet.

Berberis × lologensis Sandw.
Ein am Lologsee in Argentinien vorkommender Bastard zwischen *B. darwinii* und *B. linearifolia*. Er wird ca. 1,20 m hoch und hat sehr variable, 1,5 bis 3,5 cm lange, teils ganzrandige, teils gezähnte Blätter und blüht orangegelb. Eine bekannte, in England ausgelesene Form **'Highdown'** wächst aufrecht. Sie hat fast rein gelbe Blüten und glänzende Blätter. Ein besonderes Merkmal sind die krallenförmig gebogenen Dornen. Windgeschützter Standort ist für gute Entwicklung der Pflanzen notwendig. Winterschutz!

Berberis × stenophylla Lindl.
Eine Kreuzung zwischen *B. darwinii* und *B. empetrifolia*. Die Pflanzen werden 1,50 bis 2 m hoch und haben 1 bis 2 cm lange, schmale, sta-

Berberis julianae, Berberitze

chelspitzige Blätter mit umgerolltem Rand. Besonders bemerkenswert ist der elegante Wuchs mit den langen überhängenden Zweigen. Allerdings sollten nur vegetativ vermehrte Pflanzen für den Garten gewählt werden, da bei Sämlingen viele mehr nach dem einen oder anderen Elter kommende Typen auftreten. Die im Mai erscheinenden Blüten sind goldgelb. In strengen Wintern frieren die Pflanzen leicht zurück, treiben aber willig wieder aus. Winterschutz!

In England gibt es eine ganze Reihe von Züchtungen. Eine davon ist **'Irwinii'**. Sie wird nur 0,50 bis 1 m hoch, hat etwa 1 cm lange stachelspitzige Blätter, die oben am breitesten sind. Die Blütenfarbe ist orange. Verlangt geschützten Standort. Winterschutz!

Berberis verruculosa Hemsl. et Wils.
Eine aus Szetschuan stammende, langsamwachsende und für den Garten sehr wertvolle Art, die sich zu einem bis 1,50 m hohen Strauch entwickeln kann. Der Wuchs ist dicht, mit überhängenden, bewarzten Zweigen. In halbschattiger Lage vielseitig verwendbar und empfehlenswert, in voller Sonne werden die Blätter vom Frost geschädigt. Die 1 bis 2 cm langen, bedornten Blätter stehen meist in dichten Büscheln. Die goldgelben Blüten erscheinen im Mai bis Juni. In normalen Wintern vollkommen winterhart.

Bruckenthalia spiculifolia

Calluna vulgaris 'Peter Sparkes'

Bruckenthalia spiculifolia (Salisb.) Rchb.
Ährenheide
Ericaceae

Als Bodendecker für kleinere Flächen – sei es nun in einer immergrünen Pflanzung oder im Steingarten – ist *Bruckenthalia* bestens geeignet und kann gut mit *Erica* und *Calluna* zusammengepflanzt werden. Der in Südeuropa beheimatete Zwergstrauch ist im Habitus heideartig und wird 10, höchstens 20 cm hoch. Die nadelförmigen Blätter sind teils gegenständig, teils quirlförmig angeordnet. Im Juli und August erscheinen die hellrosafarbenen, an den Triebspitzen in Ährentrauben stehenden Glöckchen. Die 8 mit der Krone verwachsenen Staubfäden sind ein gutes Unterscheidungsmerkmal gegenüber anderen Heidekrautgewächsen. In geschützten Lagen hart, sonst Winterschutz!

Buxus L., Buchsbaum
Buxaceae

Buchsbäume sind ausgezeichnete Gartenpflanzen. Es ist bei dem großen Formenreichtum nicht notwendig, die Pflanzen in strengem Schnitt zu halten. Stark- und schwachwüchsige, locker und dichtwachsende Formen bieten viele Verwendungsmöglichkeiten. Der geschnittene Buchsbaum paßt besser in Barock- und andere historische Gärten. In bezug auf den Standort ist *Buxus* nicht anspruchsvoll. Die Pflanzen vertragen Sonne, lieben aber mehr den Halbschatten und stehen lieber etwas trocken als zu feucht. Der Nahrungsbedarf ist nicht niedrig, deshalb ist gelegentliches Nachdüngen sehr zu empfehlen. Unterernährte Pflanzen sind anfällig für die Miniermotte, Schildläuse und andere Schädlinge. *Buxus* liebt etwas kalkhaltigen Boden. Das Verbreitungsgebiet reicht von Ostasien über das Mittelmeergebiet und Westeuropa nach Mittelamerika. Insgesamt sind 30 Arten bekannt, aber nur *B. microphylla* und *B. sempervirens* und ihre Formen haben für unser Klima Bedeutung.

Buxus microphylla var. japonica (Muell. Arg.) Rehd. et Wils.

Diese Form ist für den größeren Garten geeignet. Der Strauch wird 1 bis 2 m hoch und damit höher als die bei uns nicht in Kultur befindliche Art. Die elliptischen Blätter sind 1 bis 1,5 cm lang. Winterhart.

Buxus microphylla var. sinica Rehd. et Wils.

Lockerer, breiter Wuchs zeichnen diese Varietät als eine sehr beliebte Gartenpflanze aus, die früher *B. harlandii* genannt wurde. Der in China, Japan und auf Formosa heimische Strauch wird etwa 1 m hoch und dabei ziemlich breit. Die meist hellgrünen Blätter werden 1 bis 3,5 cm lang. Winterhart.

Buxus sempervirens L.
Dies ist die Art, heimisch in Südeuropa, Kleinasien und Nordafrika, die im allgemeinen als Buchsbaum bezeichnet wird. Obwohl langsamwachsend, erreicht sie im Kaukasus eine Höhe von 16 m, während bei uns die Pflanzen bis 3 m hoch werden. Die Blätter werden etwa 1,5 bis 2,5 cm lang und sind an den etwas vierkantigen Zweigen dicht gestellt. Am heimischen Standort ist die Art recht variabel. Im Laufe der Zeit sind auch eine ganze Reihe von Gartenformen entstanden bzw. ausgelesen worden. In normalen Wintern sind die Art und ihre Formen vollkommen hart.

'**Bullata**'. Starkwüchsig und eine der schönsten Formen unter diesen Buxusformen. Sie wird etwa 2 m hoch und ist im Wuchs doch ziemlich dicht. Auffallend sind die blasig aufgetriebenen, 2 bis 3 cm langen, dunkelgrünen, eiförmigen Blätter.

'**Elegans**'. Wächst aufrecht, erreicht eine Höhe von 1 m und hat weiß gerandete Blätter.

'**Myrtifolia**'. Ein dicht und buschig wachsender Strauch mit kleinen schmal-eiförmigen, etwa 1,5 cm langen Blättern, die zum Teil weiß- oder gelbrandig sein können.

'**Pendula**'. Wird 1 bis 1,50 m hoch; lockerer Wuchs mit überhängenden Zweigen. Die etwas stumpfen Blätter sind 1,5 bis 2 cm lang.

'**Rotundifolia**'. Wächst stark und erreicht etwa 2 m Höhe. Blätter rundlich breit-eiförmig, etwa 2,5 cm lang. Eine gelbbunte Form von *B. sempervirens* 'Rotundifolia' ist aufgrund des etwas ungesunden Aussehens nur für Sammlungen empfehlenswert.

'**Suffruticosa**'. Dies ist der seit altersher bekannte Einfassungsbuchsbaum. Er kann durch Schnitt sehr kurz gehalten werden; wenn man ihn frei wachsen läßt, wird er etwa 1 m hoch. Der Wuchs ist sehr dicht, die Blätter sind 1 bis 2 cm lang.

'**Suffruticosa Herrenhausen**'. Besonders gute, wüchsige und doch niedrig bleibende Form mit kleinen, eiförmigen Blättern.

Buxus sempervirens var. **arborescens**
Eine starkwachsende Form des gewöhnlichen Buchsbaumes, die in den Baumschulen viel kultiviert wird. Für größere Pflanzungen sehr gut geeignet.

Calluna vulgaris (L.) Hull, Besenheide
Ericaceae (Abb. Seite 207)
Jeder Garten- und Naturfreund kennt die Pracht der blühenden Heide im August bis September. Das Verbreitungsgebiet der Besenheide beschränkt sich im wesentlichen auf Europa, wo in der meist feuchten Luft Nordwestdeutschlands und Englands die Lebensbedingungen als optimal zu bezeichnen sind. Heide braucht einen sonnigen Standort, leichten, sauren (pH 3,5 bis 5,5) Boden und verträgt nur ganz geringe Mengen Düngesalze im Boden und Gießwasser. *Calluna* unterscheidet sich von der Gattung *Erica* durch den viergeteilten Kelch, der länger ist als die vierteilige Blumenkrone. Die Blüten sind hell lilarot gefärbt, in 20 cm langen Trauben stehend. Die 1 bis 3 mm langen Blätter sind kreuz-gegenständig angeordnet. Die Besenheide kann 20 bis 100 cm hoch werden, man sollte sie aber im Garten immer durch Schnitt kurzhalten. Die Sorten werden am besten durch Stecklinge vermehrt. Aussaaten sind nur bei großem Pflanzenbedarf der Art üblich.

Pflanzen der Besenheide werden in den Baumschulen und Gartencentern im Spätsommer häufig blühend als Ballen- und Topfpflanzen angeboten. Diese Pflanzen wachsen gut weiter, wenn man sie sorgfältig einpflanzt.

Es werden nachfolgend nur Sorten genannt, die sich besonders bewährt haben. Weitere Sorten von mehr oder weniger großem Gartenwert sind über die Baumschulkataloge zugänglich.

'**Alba Erecta**'. Straff aufrechtwachsend werden die Pflanzen trotzdem meist nur 30 cm hoch. Die Blüten sind reinweiß und erscheinen im August bis September. Als Schnittblume sehr geeignet.

'**Alba Plena**'. Breit- und aufrechtwachsend wird die Sorte etwa 20 bis 25 cm hoch. An den Trieben stehen die recht großen Einzelblüten dicht zusammen. Einzelblüte weiß, gefüllt und mit herausragenden Staubgefäßen. Blütezeit September bis Oktober. Blüten zeichnen sich durch gute Haltbarkeit aus.

'Allegro'. Kräftig, dicht geschlossen wachsend, bis 40 cm hoch. Blüten tief purpurrot an sehr langen Rispen, jedes Jahr reichblühend. Für Schnitt geeignet. Blütezeit August bis September.

'Alportii'. Wächst ziemlich stark und wird 40 bis 80 cm hoch, jährlicher Rückschnitt ist deshalb zu empfehlen. Das Laub ist graugrün, die rotvioletten Blüten erscheinen im August.

'Alportii Praecox'. Unterscheidet sich von der vorhergehenden Sorte durch die etwa 3 Wochen frühere Blütezeit. Man kann also allein mit diesen beiden Sorten im Garten einen 2 bis 3 Monate dauernden Blütenflor erreichen. Im Wuchs ist diese Sorte etwas gedrungender als die vorgenannte.

'Annemarie'. Wuchs bis 35 cm hoch, gedrungener als 'H. E. Beale'. Blüten gefüllt, kräftig dunkelrosa, im Laufe der langen Blütezeit zu rubinrot hin verfärbend. Sehr lange Blütezeit, September bis November.

'Boskoop'. Breitwachsend bis 35 cm hoch, gelbe, im Herbst und Winter kupfrigorangerot verfärbende Belaubung. Blüten hellrosalila, einfach. Blütezeit Ende August bis September.

'Carmen'. Kräftig und geschlossen bis 40 cm hoch wachsend. Blüten rosaviolett, einfach, Blütezeit August bis September.

'County Wicklow'. Wird bei gedrungenem, dichtem Wuchs 25 bis 30 cm hoch. Die flachliegenden Triebe sind ab Mitte August mit hellrosavioletten Blüten bedeckt. Eine der besten Sorten. Sie ist fast identisch mit der Sorte 'Camla', die wenig verbreitet ist.

'Cuprea'. Kupferfarbenes Laub gibt dieser Sorte einen besonderen Wert. Vor allem in den Wintermonaten wirkt die dann mehr goldgelbe Farbe der Belaubung recht belebend. Wuchs aufrecht, bis 30 cm hoch. Die Wirkung der Blüte ist gering.

'C. W. Nix'. Im Wuchs aufrecht, etwa 60 cm hoch, hat die Sorte Ähnlichkeit mit 'Alportii', jedoch ist die rotviolette Blütenfarbe etwas dunkler. Da die Blütezeit etwas später liegt (September bis Oktober), kann der Blütenflor verlängert werden.

'Darkness'. Diese Sorte wächst dicht aufrecht bis etwa 35 cm hoch. Belaubung hellgrün, im Winter dunkler. Lilarot, reichblühend, im August bis September.

'Elsie Purnell'. Breit und aufrecht wachsend bis 50 cm hoch, gesundes grünes Laub, dazu große, leuchtende gefüllte Blüten, hellrosaviolett mit silbrigem Schimmer, zeichnen diese Sorte aus. Von 'H. E. Beale' abstammende Sorte mit größeren Blüten im September und Oktober.

'Finale'. Aufrecht, dicht und kräftig wachsend werden die Pflanzen 40 bis 50 cm hoch. Belaubung dunkelgrün mit etwas grauem Ton. Blüten zahlreich, an langen Rispen, rosaviolett. Blütezeit Oktober bis November. Mit dieser Sorte endet die Heideblüte. Eine Pflanzung, gemischt *Erica tetralix* 'Helma', *Calluna vulgaris* 'H. E. Beale' und 'Finale' im Verhältnis 1:2:1 hat sich bewährt und bringt Blüten von Juli bis November. Man sollte es probieren!

'Foxii'. Wächst zwergig, polsterartig und wird nur 5 bis 10 cm hoch. Als Bodendecker für kleine Flächen oder für den Steingarten ist diese Sorte gut geeignet. Nur spärlich und unscheinbar blühend.

'Golden Feather'. Eine noch neue „bunte" Sorte, die durch ihre bronzegelbe, im Winter in hellorangebraune Farbtöne wechselnde Belaubung auffällt. Blüte spärlich, Wuchs langtriebig, breit und flach, bis 35 cm hoch. Scheint etwas empfindlich zu sein.

'Gold Haze'. Rein goldgelbe Belaubung das ganze Jahr über, auch bei sonnigem Stand, hat diese schwachwüchsige Sorte. Die wenigen weißen Blüten im August und September fallen kaum auf. Wirkt allein durch die Blattfärbung!

'Goldsworth Crimson'. Diese späteste aller Sorten blüht in den Monaten Oktober und November. Die Blüten sind dunkelviolett gefärbt. Während der Sommermonate ist das graue Laub ein dankbares Gestaltungselement als Gegensatz zu benachbarten blühenden Pflanzen.

'H. E. Beale'. Wird in den Baumschulen viel vermehrt. Hat einen eleganten, lockeren Wuchs, durch den die hellrosavioletten, gefüllten Blüten besonders gut zur Wirkung kommen. Die Sorte wird 60 bis 70 cm hoch, die Blütezeit liegt im September bis Oktober.

'J. H. Hamilton'. Gedrungen wachsend erreicht diese Sorte etwa 30 cm Höhe. Die Belaubung ist dunkelgrün, die dicht gefüllten Blüten sind rosafarben, in einem bei *Calluna* selten vorkommenden Farbton. Blütezeit September bis Oktober.

'Mullion'. Wächst sehr niedrig, wird meist nur 20 cm hoch und ist daher mit ihrem dichten Teppich für kleinere Flächen besonders geeignet. Sie blüht violettrosa in der Zeit von September bis Oktober.

'Peter Sparkes'. Wächst breit und aufrecht bis etwa 40 cm hoch. Belaubung dunkelgrün mit grauem Schimmer. Blüten gefüllt, rosa, in sehr langen, aufrechten, kräftigen, dicht besetzten Blütenrispen. Gut zum Schnitt geeignet. Blütezeit September bis Oktober (Abb. Seite 207).

'Pumila'. Gehört wie 'Foxii' auch zu den Zwergsorten. Im Wuchs ist diese Sorte jedoch breiter und mehr flächig wachsend. Als Bodendecker sehr geeignet, allerdings kaum blühend.

'Schurig's Sensation'. Sehr kräftig, breit und aufrecht, bis 50 cm hoch wächst diese in der Farbe 'H. E. Beale' ähnliche Sorte. Belaubung grün, Blüten gefüllt, etwas grau getönt, hellrosaviolett, im Laufe der Blütezeit zu lilarot nachdunkelnd. Blütezeit September bis Oktober.

'Silver Knight'. Silbergrau ist das Laub dieser dadurch das ganze Jahr über auffallenden Sorte, die dicht und aufrecht wächst und bis 40 cm hoch werden kann. Blüten hell rosalila, meist nur im oberen Bereich der Triebe. Blütezeit August bis September.

'Tenuis'. Diese früheste aller *C. vulgaris*-Sorten begint mit rotvioletten Blüten schon im Juni mit der Blüte. Im Wuchs zwar etwas locker, aber niedrig bleibend, Höhe 15 bis 20 cm.

Camellia japonica L., Kamelie
Theaceae
Aus der in Nordchina, Korea und Japan heimischen Art sind viele Gartenformen entstanden,

Camellia japonica ssp. *rusticana*

die bei uns allerdings nur als immergrüne Kalthauspflanzen kultiviert werden können. In der Schweiz, Italien, Südfrankreich, aber auch in England und Schottland werden sie viel kultiviert und überwintern dort auch im Freien. Der Wuchs ist locker, aufrecht, fast pyramidenartig und in der Belaubung durch glänzend dunkelgrüne, am Rand gesägte, robuste Blätter gekennzeichnet. Die Blütenfarbe variiert von Weiß über Rosa bis Rot, es gibt zahlreiche gefüllt und einfach blühende Sorten. Im vorigen Jahrhundert wurden sie viel in Kamelienhäusern, wie man sie heute noch hier und da in botanischen Gärten sieht, gezogen. Wer ein Kalthaus besitzt, sollte es auf jeden Fall einmal mit einer Pflanze versuchen. Winterschutz!!!

Cassiope tetragona (L.) D. Don
Schuppenheide
Ericaceae
Von den 12 auf der nördlichen Halbkugel vorkommenden Arten ist eigentlich nur *C. tetragona* bei uns bekannt und verwendbar. Sie liebt halbschattige Lage, sauren Boden und ist für das Alpinum, wo sie gelegentlich mattenbildend sein kann, gut geeignet. Sie wird etwa

25 cm hoch, hat fast vierkantige Zweige mit anliegenden, 3 bis 5 mm langen Blättern und blüht mit weißen, oft auch rosa getönten Blüten im Mai. Die Art kommt in Sibirien, Nordskandinavien und Nordamerika vor.

Chamaedaphne calyculata (L.) Moench
Lederblatt, Zwerglorbeer, Torfgränke
Ericaceae
Sowohl in größeren Anlagen als Vorpflanzung als auch im kleinen Garten als Einzelpflanze ist diese Art vorzüglich geeignet.

Im Wuchs etwa 50 cm hoch und mit 2 bis 5 cm langen, eirunden Blättern mit umgerolltem Rand gekennzeichnet. Die weißen, einseitswendigen Blüten erscheinen im April und Mai an den Triebenden in traubigen Blütenständen. Die Art ist in Nordeuropa und -asien beheimatet und wird, da im Wuchs und Aussehen an *Andromeda* erinnernd und früher zu dieser Gattung zugehörig, oft noch so bezeichnet.

Eine Zwergform, nur etwa 20 bis 30 cm hoch und recht dicht wachsend, ist **C. calyculata 'Nana'**.

Cotoneaster Medik., Zwergmispel
Rosaceae
In der Gattung *Cotoneaster* gibt es eine ganze Reihe immergrüner Arten und Formen von hohem Gartenwert. Ganz niedrige bodenbedeckende Pflanzen, aber auch mittelhohe und Großsträucher bieten viele Verwendungsmöglichkeiten.

Heimat der immergrünen Zwergmispeln ist vor allem das Himalajagebiet und China. Die nachfolgend genannten Arten und Formen sind bei uns gut winterhart. In strengen Wintern frieren die Pflanzen allerdings häufig zurück, treiben aber aus der Basis wieder kräftig aus. Gegen Ostwind geschützter Standort ist auch bei ihnen, wie für alle Immergrünen, anzuraten.

Cotoneaster congestus Bak.
Ein bodenbedeckendes, langsamwachsendes Gehölz für den Steingarten, zum Begrünen einer niedrigen Mauer und kleiner Flächen. Die Triebe schmiegen sich den Unebenheiten des Bodens an, sind dicht mit spatelförmigen, stumpf blaugrünen, etwa 1 cm langen Blättern

Cytisus × praecox 'Allgold'

besetzt und bedecken somit den Boden auf kleinen Flächen vollkommen. Auf trockenem Standort sind die Pflanzen, da sie hier im Holz besser ausreifen, vollkommen winterhart. Die Art ist sowohl an sonnigen als auch halbschattigen Standorten verwendbar.

Cotoneaster conspicuus Marq. var. **decorus**
Wächst ziemlich flach und im Gegensatz zur typischen Art *C. conspicuus* mehr breit als hoch. Zahlreiche Blüten zieren diesen Strauch im Frühjahr, gefolgt von bei der Reife leuchtenden, hellroten Früchten. Die Triebe sind dicht mit länglich-elliptischen, 1 bis 2 cm langen Blättern besetzt. Ein guter Bodendecker für kleine Flächen. Heimat: Tibet, Mittelchina.

Cotoneaster dammeri var. **radicans**
Dammer ex Schneid.
Er ist wohl der zur Zeit bei uns am meisten vermehrte und gepflanzte Bodendecker. Die Pflanzen wachsen mit flach am Boden liegenden Trieben, die mit zahlreichen Wurzeln, die an der Unterseite der Triebe erscheinen, sehr bald mit dem Boden fest verbunden sind. Im Wuchs ist die Varietät stärker als die Art

C. dammeri und durch größere, etwa 2 cm lange Blätter ausgezeichnet, so daß sich bald ein dichter, ganz flacher Teppich bildet. Die Heimat ist Westchina, Szetschuan.

In den Baumschulen wird eine Form **C. dammeri** var. **radicans 'Major'** mit besonders großen, glänzend grünen Blätter angeboten.

Cotoneaster dammeri Schneid. **'Skogholm'**
Diese in Schweden ausgelesene Form wird seit etwa 20 Jahren bei uns herangezogen und von den Baumschulen angeboten. Im Wuchs nicht ganz so flach wie die vorgenannten Formen und die Art selbst wachsend, stehen die Triebe etwa 30 cm bogig aufrecht, so daß erst bei größeren bepflanzten Flächen ein einheitliches Bild entsteht. Die Blätter sind 1 bis 1,5 cm lang. Blüten konnten noch nicht festgestellt werden. Die Form ist sehr winterhart.

Cotoneaster dammeri 'Coral Beauty'
Ähnelt 'Skogholm', ist aber niedriger und schwachwüchsiger. Reichfruchtend mit korallenroten Beeren.

Cotoneaster dammeri 'Eichholz'
Wuchs kompakter als bei 'Skogholm'.

Cotoneaster dammeri 'Jürgl'
Dicht verzweigt, Triebe flach gewölbt am Boden liegend, nicht so hoch wie 'Skogholm'.

Nach fünfjähriger Prüfung und Sichtung durch das Bundessortenamt sollen diese drei Sorten besser als die noch immer weit verbreitete Sorte *C. dammeri* 'Skogholm' sein. Seit 1989 sind die gegen Feuerbrand resistenten Sorten **C. dammeri 'Holsteins Resi'** und **'Thiensen'** im Handel – man sollte diese neueren Sorten bei der Auswahl für den Garten beachten!

Cotoneaster salicifolius Franch. var. **floccosus**, Rehd. et Wils.
Von den mittelhoch bis hoch wachsenden Sträuchern verdient dieser aus Westchina, Szetschuan, stammende *Cotoneaster* besonders beachtet zu werden. Lange, elegant über- und herabhängende Zweige schaffen eine gute Gartenwirkung, vor allem bei Einzelstellung. Blätter oberseits dunkelgrün glänzend; unterseits dicht behaart, 4 bis 6 cm lang, schmal-lanzettlich geformt. Im allgemeinen nicht ganz so winterhart, etwas schwächer wachsend als die Varietät und auch an kleineren Blättern erkenntlich sind die zu *C. salicifolius* gehörenden Formen **'Gnom'**, **'Herbstfeuer'**, **'Parkteppich'** und **'Perkeo'**.

Die Art *C. salicifolius* selbst ist für den Hausgarten zu veränderlich, wenn aus Samen herangezogen.

Cotoneaster wardii W. W. Sm.
Wächst bis 3 m hoch und hat im Austrieb dicht weiß-filzige Behaarung an den Zweigen. Die dicken, lederartigen, 3 bis 5 cm langen Blätter sind oberseits dunkelgrün glänzend und unterseits dicht weiß-filzig behaart. Blüte weiß, Frucht orangerot. Dieser sehr schöne Strauch ist in Südost-Tibet beheimatet und in den Gärten noch recht selten. Leider auch im Handel oft nicht echt angeboten. Winterschutz!

Cotoneaster-Watereri-Hybriden
Unter dieser Bezeichnung sind heute eine Reihe von immer bzw. wintergrünen *Cotoneaster*-Formen, entstanden aus Kreuzungen zwischen den Arten *C. frigidus*, *C. henryanus*, *C. salicifolius* und *C. rugosus*, im Handel, die in den Sorten **'Watereri'** und **'Vicaryi'** ziemlich starkwüchsig sind und im kleineren Garten leicht zu große Büsche bilden. Ziemlich groß, etwa 7 bis 12 cm lang, sind die glänzend grünen Blätter, die in unseren Wintern schon bei mittleren Kältegraden erfrieren.

Cytisus L., Geißklee
Leguminosae
Der Geißklee, meist Ginster genannt, gehört nicht zu den eigentlichen Immergrünen, da er im Winter sein Laub verliert. Die mehr oder weniger kantigen Triebe sind jedoch graugrün oder grün, so daß die Wirkung ähnlich ist. Er findet in erster Linie im Steingarten oder im Heidegarten Verwendung und verlangt einen sonnigen, warmen Standort, wo die Triebe gut ausreifen können. Mit Ausnahme von *Cytisus (Sarothamnus) scoparius*, dem Besenginster, der saure Böden bevorzugt, gedeihen alle Arten am besten auf neutralem oder leicht alkalischem Boden. Es gibt im Mittelmeergebiet und

in Mitteleuropa etwa 50 Arten, außerdem sehr viele Züchtungen, besonders in England. Für unsere Gärten können die folgenden Arten und Sorten empfohlen werden.

Cytisus decumbens (Durande) Spach
Zwergginster
Ist in Südeuropa beheimatet. Man gebe ihm deshalb einen warmen, sonnigen Standort, denn wenn das Holz gut ausgereift ist, verlangt er nur in strengen Wintern etwas Schutz. Der Wuchs ist niederliegend, und der Strauch wird selten höher als 20 cm und ist besonders für den Steingarten geeignet. Die grünlichen Zweige sind fünfkantig, Blätter 1 bis 1,5 cm lang. Im Mai und Juni erscheinen die gelben Schmetterlingsblüten. Winterschutz!

Cytisus × kewensis Bean
(*C. ardoinii × C. multiflorus*)
Für den Steingarten oder für die Trockenmauer ist die Hybride recht gut geeignet. Der niederliegende, breitwachsende Strauch wird nur etwa 30 cm hoch und blüht im Mai rahmweiß bis schwefelgelb. In strengen Wintern können die Pflanzen stark zurückfrieren. Winterschutz!!

Cytisus × praecox Bean, Elfenbeinginster
(*C. multiflorus × C. pungens*)   (Abb. Seite 211)
Eleganter Wuchs und die im April bis Mai mit rahmweißen Blüten dicht besetzten, überhängenden Zweige ließen diesen 1,5 m hoch werdenden Strauch zu einem der dankbarsten Gartensträucher und Frühjahrsblüher werden. Er ist sowohl für den Steingarten und die Gehölzrabatte als auch für den Heidegarten geeignet.

Von den Sorten, die zu dieser Gruppe gezählt werden, seien nur genannt:
'Allgold', Blüten goldgelb, hellgelb verblühend. Wuchs wie *C. × praecox* (Abb. Seite 211).
'Hollandia', Blüten purpurfarben mit gelb gesäumtem Kiel, Triebe ausgesprochen grün.
'Zitronenregen', zitronengelb, gedrungener Wuchs.

Cytisus scoparius (L.) Link, Besenginster
Die Art, auch unter *Sarothamnus scoparius* laufend, gedeiht am besten auf warmem, saurem Boden. Der Strauch wird etwa 2 m hoch, wächst straff aufrecht, blüht im Mai und Juni goldgelb und ist typisch für die norddeutsche Heide, aber auch im übrigen Deutschland und den westlichen Nachbarländern weit verbreitet. Die Art ist winterhart, verträgt aber keinen starken Rückschnitt und ist gegen Schatten empfindlich. Zahlreiche Züchtungen sind bekannt, aber es seien nur die wichtigsten genannt:
'Andreanus', gelb mit Purpurbraun.
'Burkwoodii', karmin- und braunrot mit gelbem Rand, gedrungender Wuchs.
'Dragonfly', rotbraun mit gelb, gedrungener Wuchs.
'Firefly', Grundfarbe gelb, leuchtend rot gefleckt, starkwüchsig.
'Goldfinch', innen gelb, außen rosa und rot, mehr breit und niedrig wachsend.
'Red Wings', karminrot mit lila, kräftiger Wuchs.

Daboecia cantabrica (Huds.) K. Koch
Irische Heide
Ericaceae
Für kleine Heidegärten sowie für den Steingarten ist diese atlantische Art sehr gut geeignet. Sie wächst wild in Heidegebieten von Irland bis Nordspanien, verlangt sauren Boden und bei uns im Winter eine leichte Reisigdecke. Im Wuchs heideartig und etwas sparrig, ist ein Rückschnitt im Frühjahr immer zu empfehlen. Höhe etwa 30 cm, selten höher. Blätter etwa 1 cm lang mit etwas eingerolltem Rand. Die krugförmigen, etwas bauchigen purpurfarbenen Blüten mit zurückgerolltem Rand erscheinen im Juli bis September und sitzen in 10 bis 12 cm langen lockeren Trauben. Winterschutz!

Es gibt mehrere Sorten, die aber in deutschen Baumschulen nur schwer erhältlich sind. Genannt seien nur:
'Alba', weiß.
'Bicolor', purpur bis weiß, zum Teil gestreift.

Danae racemosa (L.) Moench
Alexandrinischer Lorbeer
Liliaceae
Die an Mäusedorn erinnernde, locker wachsende, etwa 75 cm hoch werdende Art kommt in Vorderasien von Syrien bis Persien vor. Ihre bogigen Triebe mit den etwa 6 cm langen, an beiden Enden zugespitzten Scheinblättern sind für Dekoration und Schnitt sehr gut zu verwen-

Daphne cneorum

den. Blüte unscheinbar, weiß. Früchte rotgefärbt, erbsengroß. Nur auf leichtem Sandboden zu empfehlen. Winterschutz!!

Daphne cneorum L., Rosmarinseidelbast
Thymelaeaceae
Einer der schönsten Frühjahrsblüher des Steingartens ist wohl der immergrüne Rosmarinseidelbast mit seinen karminrosafarbenen, stark duftenden Blüten. Sie erscheinen im April und Mai, und mitunter kommt es auch zu einer Nachblüte im August bis September. Die in Mittel- und Südeuropa beheimatete Gebirgspflanze wird 20 cm, manchmal auch 30 cm hoch, wächst polsterartig und hat blaugrüne, lanzettliche, an den Triebenden gehäufte, etwa 1 cm lange Blätter. Für gutes Gedeihen ist der richtige Standort wichtig. Am besten wächst der Rosmarinseidelbast auf warmem, kalkhaltigem Schotterboden zusammen mit Blumenzwiebeln und anderen Frühjahrsblühern. Blätter und Früchte sind giftig. Im Handel sind die Formen **'Eximia'**, stärker wachsend als die Art und Knospen dunkler, und **'Major'**, ebenfalls stärker wachsend und Blätter größer als bei *D. cneorum*.

Daphne laureola L., Lorbeerseidelbast
Thymelaeaceae
In Südeuropa und Nordafrika beheimatet, wächst aufrecht, wird bis 1 m hoch und hat 4 bis 8 cm lange, glänzende, lorbeerähnliche Blätter. Im März bis Mai erscheinen die gelblichgrünen nicht besonders auffallenden Blüten, die besonders am Abend duften. Die blauschwarzen Früchte werden von den Vögeln gern gefressen. *D. laureola* ist giftig, nicht ganz winterhart und verlangt einen geschützten, halbschattigen Standort und kalkfreien humosen Boden. An zusagendem Standort eine sehr dekorative Pflanze, die sich manchmal selbst aussät. Es ist am besten, in Töpfen vorkultivierte Pflanzen zu nehmen. In der Kultur kann die Art etwas schwierig sein, daher ist sie in erster Linie etwas für den Liebhaber. Winterschutz!!

Dryas octopetala L., Silberwurz
Rosaceae
Da die derben Blätter im Laufe des Winters meist braun werden, kann diese Art eigentlich nicht als immergrün betrachtet werden. Sie ist aber an sonnigen, offenen Plätzen ein dankbarer und widerstandsfähiger Bodendecker. Die mehrfach verzweigten, mattenbildenden Triebe liegen dicht über dem Boden. Der Flor der einzeln stehenden weißen Blüten währt nur kurz, aber auch die federartigen Samenstände sind sehr reizvoll.

D. × **suendermannii** Sünderm. ist eine kräftig und leicht wachsende Hybride aus *D. octopetala* und *D. drummondii*. Besonders reiche Blüte, danach in Mengen erscheinende, zierende Samenstände empfehlen diese cremegelb blühende Silberwurz besonders.

Elaeagnus × **ebbingei** Boom ex Doorenb.
Ölweide
Elaeagnaceae
Ein in milden Wintern immergrüner Strauch, der etwa 2,5 m hoch wird und etwa 20 cm lange, auf der Unterseite silbriggraue Blätter hat. Im Mai bis Juni erscheinen achselständige weiße Blüten. Diese aus *E. macrophylla* × *E. reflexa* (*E. pungens* var. *reflexa*) entstandene Hybride ist ganz besonders für magere Böden geeignet. Stecklingspflanzen sind besser als Veredlungen, deren Unterlage leicht durchtreibt.

Immergrüne Laubgehölze 215

Empetrum nigrum L.
Krähenbeere, Rauschbeere
Empetraceae
Diese Art ist bei uns heimisch und gedeiht auf anmoorigen leichten, sowohl feuchten als auch etwas trockenen Böden in offener sonniger Lage. Der Wuchs ist niederliegend, etwa 25 cm hoch. Belaubung wie auch der ganze Habitus sind heidekrautartig. Die unscheinbare Blüte ist purpurrosa, Früchte schwarz, eßbar, aber etwas fade im Geschmack. *Empetrum* ist eine ausgezeichnete Art für den Heidegarten.

Enkianthus campanulatus (Miq.) Nichols.
Prachtglocke
Ericaceae
Diese Pflanze ist zwar nur sommergrün, soll aber hier aufgeführt werden, weil sie oft mit Rhododendron und anderen Immergrünen zusammen gepflanzt wird. Die aus Japan stammende Art wächst aufrecht und wird etwa 3 m hoch und begnügt sich auch mit mageren Böden. Blätter elliptisch, 4 bis 6 cm lang, Blüten in hängenden Doldentrauben, gelb bis rosa, glokkig geformt und im Mai sich öffnend.

Erica L., Heide
Ericaceae
Eine Gattung, die mehrere Arten umfaßt, aus denen eine große Anzahl von Sorten entstanden ist. Die Sorten gehören zu den dankbarsten immergrünen Pflanzen für offene, sonnige Lagen. Ihre Reichblütigkeit und die fast über das ganze Jahr ausgedehnte Blüte ließen die Eriken zu einem festen Bestandteil unserer Gärten werden.

Erica carnea (= *E. herbacea*) L., Schneeheide
Die Schneeheide ist in den mittleren und östlichen Alpen, dem Alpenvorland sowie in Norditalien beheimatet. An den Boden ist die Art nicht sehr anspruchsvoll und verträgt sogar etwas Kalk. In den Monaten Januar bis April blüht sie hellpurpur und wird je nach Standort 30 bis 40 cm hoch. Die 0,2 bis 1 cm langen Blätter sind nadelförmig und stehen meist quirlig. Blumenkrone krugförmig geformt und im Gegensatz zu *Calluna* länger als der Kelch. Der Blütenstand ist traubig. Einige der wichtigsten Sorten sind:

Erica vagans 'St. Keverne'

'Alba'. Ähnelt im Wuchs der Art, wird etwa 30 cm hoch und blüht weiß von Januar bis April. Eine gut winterharte Sorte.

'Atrorubra' (= 'Ruby Glow'). Blüht sehr spät, erst im April bis Mai. Blüten karminpurpur, kaum verblassend. Der Wuchs ist etwas gedrungen, Höhe ungefähr 20 cm.

'Cecilia M. Beale'. Ähnelt der Sorte 'Alba', ist jedoch aufrechter, so daß die weißen Blüten weniger unter Regen leiden. Blütezeit: Januar bis März.

'James Backhouse'. Wächst sehr kräftig und wird etwa 40 cm hoch. Diese Sorte ist sehr großblumig und blüht hellila, spät im März bis April.

'Myretoun Ruby'. Aus rötlichbraunen Knospen öffnen sich von Anfang Februar bis April purpurrote Blüten. Wuchs flach ausgebreitet mit dunkelgrüner Belaubung.

'Rubra' (= 'Praecox Rubra'). Blüht früh von Januar bis März, wächst kompakt, etwa 20 bis 30 cm hoch. Blüten lilafarben.

'Snow Queen'. Wird etwa 30 cm hoch, trägt in den Monaten Januar bis April zahlreiche weiße Blüten. Das Laub ist hellgrün, und im Habitus weicht diese Sorte etwas von anderen weißblühenden ab.

'Springwood' (= 'Springwood White'). Hat einen kräftigen, jedoch lockeren Wuchs. Die teils dem Boden aufliegenden, teils aufrechten Triebe sind von Februar bis April dicht mit weißen Blüten besetzt. Eine der besten weißen Sorten.

'Vivellii' (= 'Urville'). Blüht leuchtend lilarot; da es um diese Jahreszeit wenig rote Farben gibt, empfindet man die Farbe als reines Rot, besonders dann, wenn eine weiße Sorte danebensteht. Durch das dunkelgrüne Laub, das im Winter fast bronzefarben wird, erzielt man im Heidegarten kontrastreiche Pflanzungen. Höhe 15 bis 25 cm, Blütezeit Februar bis April.

'Winter Beauty' (= 'King George'). Sie ist als eine der besten Sorten anzusprechen. Blüht von Weihnachten bis April dunkellilarot. Der Wuchs ist gedrungen, etwa 25 cm hoch.

Erica ciliaris L., Englische Heide
Diese Art ist bei uns nur für ganz geschützte Lagen geeignet. Das kräftige Purpurrosa ihrer verhältnismäßig großen, zu je drei in endständigen Ähren stehenden Blüten ist jedoch eine farbliche Bereicherung unserer Heidepflanzung. Blätter und Kelch sind bewimpert. Die Blütezeit liegt im August und September. Heimat: England, Südfrankreich, Westspanien und Norwest-Afrika. In England gibt es eine Reihe von Sorten von *E. ciliaris*, die bei uns aber nicht im Handel sind. Sofern die Möglichkeit vorhanden ist, sollte man diese Art im Kalthaus überwintern. Winterschutz!!!

Erica cinerea, L., Grauheide
Die in Westeuropa beheimatete Art wächst mit flach niederliegenden, an der Spitze aufgerichteten Zweigen und wird 20 bis 30 cm hoch. In den Achseln der zu dritt stehenden dunkelgrünen, nadelartigen Blätter stehen oft kleine Büschel von Kurztrieben, was für diese Art charakteristisch ist. Jungtriebe sind rötlich gefärbt. Blüten lilarosa, Blütezeit von Juni bis August, wodurch sehr gut die Zeit vom frühen bis zum späten Flor der *Erica*- und *Calluna*-Arten überbrückt wird. Die Art selbst und auch die folgenden Sorten sind winterfester als *E. ciliaris*, so daß sie an geschützten Standorten ohne Probleme verwendet werden können. Winterschutz!

'Alba'. Zeichnet sich durch eine sehr lange Blütezeit (Juni bis August) aus. Die Blüten sind grünlichweiß. Winterschutz!

'Atrosanguinea'. Leuchtend rosarot, sehr auffallend. Laub hellgrün. Besonders hübsche und reich blühende Sorte. Winterschutz!

'C. D. Eason'. Das Rot dieser Sorte ist noch etwas kräftiger und leuchtender als das der vorgenannten. Eine der besten *E. cinerea*-Sorten. Winterschutz!

Erica herbacea L. = *E. carnea* L.

Erica × darleyensis Bean
Diese Naturhybride kommt im Mittelmeergebiet vor und ist aus Kreuzung von einer in diesem Gebiet vorkommenden von *E. carnea* (= *E. herbacea*), die höher als die Art wächst, und *E. erigena* (= *E. mediterranea*) entstanden. Sie wächst aufrecht, wird 70 bis 80 cm hoch und blüht von März bis Mai hellrot. Die Art sowie die hierher gehörenden Sorten sind nicht winterhart und können nur unter sehr günstigen Bedingungen kultiviert werden. Winterschutz!!

'George Rendall'. Die Sorte hat einen niedrigen Wuchs, etwa 30 cm hoch, und blüht in der Zeit von November bis März dunkelrosa. Winterschutz!!

'Silberschmelze'. Eine Züchtung von Arends, Ronsdorf, flachwachsend, etwa 30 cm hoch, blüht üppig silbrigweiß in den Monaten März und April. Winterschutz!

Erica tetralix L., Moorheide, Glockenheide
Die Moorheide liebt einen feuchten Standort, wird 30 bis 40 cm hoch, ist graulaubig, behaart und blüht rosafarben in den Monaten Juni bis September. Die Einzelblüten sind nickend und tonnenförmig. Heimat: Mittel- und Nordeuropa.

Die Sorte **'Alba'** gleicht in Wuchs und Aussehen der Art, blüht aber weiß.

'Helma'. Eine reichblühende rosa Sorte mit langer Blütezeit von Juli bis September. Wächst auch auf normalfeuchtem Standort.

Erica vagans L., Cornwallheide
Sie ist im vom Atlantik beeinflußten Gebiet

Westeuropas zu finden. Typisch für diese Art sind walzenförmige, traubige Blüten und nadelförmige Blätter. Die rosa bis roten, zum Teil auch weißen Blüten erscheinen in den Monaten Juli bis September. Die Art selbst wird in deutschen Baumschulen kaum angeboten, doch lohnen die wesentlich schöneren Sorten eine Anpflanzung. Winterschutz!

'Alba'. Wird 20 bis 30 cm hoch und blüht von Juli bis September weiß, teils mit einer helllila Tönung. Diese Sorte ist verhältnismäßig winterhart.

'Lyonesse'. Blüht ebenfalls weiß, jedoch reiner in der Blütenfarbe. Winterschutz!

'Mrs. D. F. Maxwell'. Eine kompakt wachsende Sorte, die etwa 25 cm hoch wird. Das Laub ist dunkelgrün. Leuchtend rote Blüten erscheinen im August, mitunter auch schon im Juli. Je nach Witterung dauert die Blütezeit bis Anfang oder Mitte September. Diese Sorte verlangt einen geschützten Standort und bei Kahlfrost etwas Abdeckung. Sie ist eine der schönsten Eriken überhaupt. Winterschutz!

'St. Keverne'. Im Wuchs etwas gedrungener als 'Mrs. D. F. Maxwell' und in der Blütenfarbe etwas heller mit einer schwachen lachsfarbenen Tönung. Die Blütezeit ist nicht ganz so lange. Wie die vorgenannte eine sehr wertvolle Sorte. Winterschutz! (Abb. Seite 215).

Euonymus fortunei (Turcz.) Hand.-Mazz.
Niedriger Spindelstrauch   (Abb. Seite 218)
Celastraceae
Dieses immergrüne Gewächs ist einer der dankbarsten Bodendecker für große und kleine Flächen. Es ist vollkommen winterhart und erfreut durch sein sattes Grün. Mehrere Meter lange Triebe liegen dem Boden auf und vermögen, da sie mit Haftwurzeln versehen sind, auch an Mauern hochzuklettern. Die länglich-rundlichen Blätter sind in ihrer Form sehr veränderlich und werden 2 bis 4 cm lang. Der Blattrand ist meistens fein gesägt. Neben der typischen, aus China stammenden Art gibt es mehrere Gartenformen, die als Sorten kultiviert werden. Innerhalb der Sorte auftretende Mutationen werden oft weitervermehrt und das Pflanzenmaterial kann daher uneinheitlich sein.

'Coloratus'. Hat im Vergleich zur Art schmalere Blätter, deren Rand stärker gesägt ist. Das glänzende grüne Laub des Sommers wird im Winter etwas rötlich. Für größere Flächen gut geeignet.

'Gracilis'. Umfaßt als Sammelbegriff die Formen mit gelb- und weißbunten Blättern. Weil in der Gesamtwirkung etwas unruhig, sollten buntlaubige Formen nur in kleineren Flächen gepflanzt werden.

'Minimus'. Eine besonders kleinblättrige Sorte, die in erster Linie für den Steingarten geeignet ist. Blätter rundlich, nur etwa 0,5 cm lang. Die dünnen Triebe wachsen meistens nach Norden.

'Reticulatus'. Ähnelt im Wuchs und in der Blattform der Varietät *radicans*, jedoch sind die Blätter deutlich weißnervig.

Euonymus fortunei var. **radicans**
(Sieb. ex Miq.) Rehd.
Diese Varietät wächst etwas gedrungener als die Art. Die Blätter werden 1 bis 3 cm lang. Pflanzt man diese Varietät an eine Wand, so klettert sie leicht daran empor. Zur Ergänzung darf hier gesagt werden, daß dieses „Beranken" von Hauswänden sehr zur Trockenhaltung der Mauern beiträgt und nicht schadet. Allerdings muß man sich auch mit den im Pflanzendickicht lebenden Insekten und Spatzen abfinden.

Euonymus fortunei var. **vegetus**
(Rehd.) Rehd.
Zur Verwendung auf größeren Flächen ist diese Varietät, die auch als Sorte 'Vegetus' angeboten wird, am besten geeignet. Sie wächst kräftig, hat 2,5 bis 4 cm lange, eirundliche, am Rand leicht kerbig gesägte Blätter und rankt auch an Mauern und Wänden empor. Im Herbst zeigen sich die gelblichroten Samenstände. Eine der schönsten Formen.

Gaultheria (L.), Scheinbeere
Ericaceae
Von den 120 in Amerika, Japan und Neuseeland vorkommenden Arten haben sich nur wenige bei uns als winterfest erwiesen. Diese immergrünen Bodendecker erfreuen sich aber besonderer Beliebtheit. Die Wuchshöhe schwankt, je nach Art, zwischen 10 und 60 cm.

Euonymus fortunei

Den Namen Scheinbeere erhielt die Gattung, weil der meist fünfteilige Kelch nach der Blüte größer und fleischig wird, und nachdem er die Frucht umschlossen hat, beerenartig wirkt. *Gaultheria* sollte in Verbindung mit Rhododendron, sei es als Unterpflanzung oder zur Abwechslung, viel mehr gepflanzt werden. Die im folgenden genannten Arten bieten durch unterschiedlichen Wuchs Möglichkeiten der Verwendung an fast jedem Gartenplatz.

Gaultheria itoana Hayata

Dieser Zwergstrauch aus Japan eignet sich als Bodendecker für kleinere Flächen. Er wird 10 bis 15 cm hoch und bildet einen dichten Teppich. Blätter 0,5 bis 1 cm lang, Blüten weißrosa getönt, Früchte weiß gefärbt. Winterschutz!

Gaultheria miqueliana Takeda

Stammt aus Japan, wächst jedoch stärker und wird 20 bis 30 cm hoch. Blätter 1,5 bis 2 cm lang. Die weißen Blüten erscheinen im Mai bis Juni. Besonders auffallend an dieser Art sind die sehr lange haftenden weißen Früchte. Als bodendeckende Pflanze bildet sie nicht so dichte Teppiche wie *G. procumbens*. Eine Art, die wegen der schönen Blüte und der Früchte in erster Linie für den Steingarten oder für eine kleinere immergrüne Pflanzung geeignet ist. Winterschutz!

Gaultheria procumbens L.

Ihre Heimat ist das östliche Nordamerika, wo sie auf sandigen Waldlichtungen vorkommt. Auch bei uns gedeiht die Art am besten auf sandig-humosem Boden in halbschattiger Lage und bildet mit Hilfe ihrer unterirdischen Ausläufer sehr bald einen dichten Teppich von nicht mehr als 10 bis 15 cm Höhe. Die glänzend dunkelgrünen Blätter sind 1 bis 3 cm lang und an den Triebenden gehäuft. Die Blütenfarbe ist ein helles Rosa, die Früchte sind leuchtend rot. Eine bodendeckende Pflanze und für Unterpflanzung von Immergrünen unentbehrliche winterharte Art.

Gaultheria shallon Pursh.

Sie wächst am stärksten von allen immergrünen Gaultherien. In ihrer nordamerikanischen Heimat gilt sie deshalb als Forstunkraut, das keine „Naturverjüngung" der Waldbäume mehr zuläßt. Bei uns wird die Art etwa 60 cm hoch, es empfiehlt sich aber, die Pflanzen alle zwei Jahre etwas zurückzuschneiden, damit ein geschlossenes Aussehen erhalten bleibt. Entsprechend dem kräftigen Wuchs nur für größere Pflanzungen geeignet. Im milden Klima an der Westküste Schottlands wird diese Art sogar bis zu 1,50 m hoch. Die Blätter sind 5 bis 9 cm lang, derb, eiförmig und am Rande gesägt. Die Blütenfarbe ist ein rötlich getöntes Weiß, die Frucht ist blauschwarz. Heimisch in Nordamerika, friert sie bei uns trotzdem in strengen Wintern gelegentlich etwas zurück, treibt aber immer wieder aus. Winterschutz!

Gaultheria trichophylla Reyle

Diese Art ist in Westchina und im Himalajagebiet beheimatet. Im Wuchs und in der Blattgröße ähnelt sie *G. itoana*, jedoch sind die Blätter bei *G. trichophylla* gleichmäßig um den Trieb verteilt, während sie bei *G. itoana* fast in einer Ebene stehen, auch scheint *G. itoana* einen dichteren Teppich zu bilden. Winterschutz!

Genista sagittalis L., Flügelginster
Leguminosae

Der Flügelginster ist ein niederliegender, 10 bis 15 cm hoch werdender Zwergstrauch, der insbesondere auf mageren, sandigen Böden sehr gut wächst, und zwar sowohl in sonniger als auch in

Gaultheria procumbens

Ilex meserva 'Blue Prince'

halbschattiger Lage. Die langen grünen Triebe haben fast keine Blätter, dafür zwei breite Flügelkanten, welche die Blätter ersetzen müssen. Im Mai erscheinen die zahlreichen gelben Blüten. Heimatgebiete sind der Balkan und Italien. Für den Steingarten ist diese Art gut geeignet. Im Spätwinter und Frühjahr ist ein leichter Schutz durch Überdecken mit Reisig günstig.

Hebe Comm. ex Juss., Strauchveronika
Scrophulariaceae
Die meisten der 140 bekannten Strauchveroniken stammen aus Neuseeland. Es sind in der Heimat zum Teil größere Sträucher, während sie bei uns niedrig bleiben und einen sehr geschützten Standort und warme, sonnige Lage verlangen. Eine allgemeine Verbreitung werden die *Hebe*-Arten sicherlich nicht finden, sie können dem erfahrenen Pflanzenkenner aber sehr viel Freude bereiten. Unter einer schützenden Schnee- oder Reisigdecke vertragen die beiden hier besprochenen Arten auch sehr niedrige Temperaturen.

Hebe armstrongii (Johnson ex Armstr.) Cock et Allan
Diese Art wird etwa 30 cm hoch und ist durch die goldgelb gefärbten, schuppenartigen Blätter gekennzeichnet. Die weißen Blüten sind unansehnlich. Winterschutz!

Hebe pinguifolia (Hook. f.) Cock et Allan
Erreicht 20 bis 60 cm Höhe und hat kreuzständige, blaugrüne, etwa 1 cm lange fleischige Blätter. Winterschutz!!

Hedera L., Efeu
Araliaceae
Außer den fünf bekannten Arten gibt es eine weit größere Anzahl von gärtnerischen Formen und Sorten, von denen hier nur jene genannt werden sollen, die für das Freiland von Bedeutung sind. Die jüngeren Blätter sind meist gelappt, die der älteren Pflanzen meist ganzrandig, soweit es sich nicht um bestimmte Sorten handelt. Da Efeu – mit Ausnahme einiger Gartenformen – mittels Luftwurzeln klettert, ist er ebensogut für die Berankung von Mauerflächen wie als Bodendecker zu verwenden. Efeu gedeiht am meisten im Halbschatten, in nahrhaftem, feuchtem Boden aber auch in der Sonne.

Hedera colchica (K. Koch) K. Koch
Kaukasusefeu
Hedera colchica wächst stärker als *H. helix* und eignet sich daher in milden Lagen zum Begrünen von Wänden und als Bodendecke. Blätter 10 bis 20 cm lang und eiförmig-elliptisch geformt. Blüten unscheinbar, die Früchte schwarz. Diese Art ist nicht so hart wie *H. helix* und seine Formen. Eine Altersform **Hedera col-**

chica 'Arborescens' wächst dicht, strauchig und hat kleinere, fast herzförmige Blätter. Winterschutz!

Hedera helix L.
Unser heimischer Efeu klettert bis zu 26 m hoch. Die Blätter der Laubtriebe sind 4- bis 5lappig, die der fruchtenden Triebe ganzrandig und rhombisch geformt. Im Spätsommer erscheinen die grünlichgelben Blüten. Erst im nächsten Jahr reifen die schwarzen kugeligen Früchte. Von den *Hedera helix*-Sorten seien genannt:

'Arborescens'. Klettert nicht und wächst strauchig, wird bis etwa 1,50 m hoch. Es ist eine gärtnerisch, vegetativ vermehrte Altersform mit ungelappten Blätter. Immergrüner Strauch für halbschattige Lagen, blüht und fruchtet regelmäßig.

'Conglomerata'. Eine schwachwüchsige Sorte mit wenig gelappten Blättern, deren Rand gewellt ist. Die recht kräftigen Triebe liegen dem Boden auf, dadurch ist diese Sorte besonders als Bodendecker für kleinere Flächen in halbschattiger Lage geeignet.

'Erecta'. Sie hat ähnliche Triebe wie 'Conglomerata', jedoch sind sie aufrechtwachsend, Höhe 40 bis 50 cm. Blätter fast dreieckig, an der Basis etwas ausgerundet und vom Mittelnerv aus leicht hochgeklappt.

'Sagittaefolia'. Die Sorte ist kleinblättriger und wächst langsamer als die Art. Blätter 3- bis 5lappig, wobei die einzelnen Lappen mehr oder weniger pfeilförmig sind. Eine für den Hausgarten und als Bodendecker für kleinere Flächen besonders gut geeignete Pflanze.

Helianthemum nummularium (L.)
Mill. non Grosser, Sonnenröschen
Cistaceae
Für den Steingarten sowie für den Heidegarten ist dieser 15 bis 30 cm hoch werdende, immergrüne, in Europa und Kleinasien beheimatete Zwergstrauch ein dankbarer Sommerblüher. Im Handel erhält man meistens gärtnerische Formen wie 'Golden Queen' (gelb), 'Lawrenson's Pink' (hellrosa mit heller Mitte), 'Rubin' (dunkelrot). Man sollte sich die Gartensorten zur Blütezeit in einer Staudengärtnerei aussuchen. Die Art selbst blüht gelb in der Zeit von Juni bis August. Rückschnitt nach der Blüte ist empfehlenswert. *Helianthemum* gedeihen am besten in voller Sonne, jedoch in geschützter Lage, auf durchlässigem Boden. Sowohl die Art als auch die Sorten sind nicht ganz winterfest. Vor allem sind sie empfindlich gegen Winternässe. Winterschutz!

Hypericum calycinum L., Johanniskraut
Guttiferae
Bei strengem Kahlfrost frieren die Blätter leicht zurück, nach einem Rückschnitt treiben die Pflanzen aber wieder gut aus. Die Art, beheimatet in Südosteuropa bis Kleinasien, wird etwa 20 cm hoch, hat 5 bis 8 cm lange Blätter und 4 bis 5 cm breite gelbe Blüten. Kräftige unterirdische Ausläufer begünstigen das Entstehen einer dichten Bodendecke. Für größere Flächen in Sonne und Halbschatten. Winterschutz!

Hypericum 'Hidcote'
Die Sorte wurde vor etwa 50 Jahren in England in den Handel gebracht. Ursprung und Herkunft sind nicht mehr feststellbar, wahrscheinlich ist es eine Hybride aus *H. forrestii* × *H. calycinum*. Wintergrüner, aufrecht, bis 1,5 m hoch und breitwachsender Strauch. An den Triebenden goldgelbe, 5 bis 7 cm breite Blüten, ununterbrochen von Juni bis Oktober blühend. Gut winterhart an windgeschütztem Standort.

Man sollte *Hypericum* nicht sehr dicht zusammen mit Rhododendron und anderen Immergrünen pflanzen. Es kommt zu einer Wurzelkonkurrenz, und *Hypericum* als Nachbar von Rhododendron ist fast immer der Grund für deren schlechten Wuchs.

Ilex L., Stechpalme
Aquifoliaceae
Eine der formenreichsten Gattungen der immergrünen Gehölze. Aber von den etwa 300 vornehmlich in den Tropen und Subtropen vorkommenden Arten sind nur wenige bei uns winterhart. Ein großer Teil der im Handel befindlichen *Ilex* sind Sorten in Höhen zwischen 0,50 und 5 m. Gärtnerisch wertvoll sind neben dem Wuchs die meist glänzend grünen Blätter und

die roten Früchte. Man muß jedoch bei der Anpflanzung bedenken, daß die *Ilex* zweihäusig sind. Es gibt also männliche und weibliche Pflanzen, und es muß deshalb, will man auf den Beerenschmuck nicht verzichten, darauf geachtet werden, daß man von jedem etwas bekommt. Manche Formen sind zum Teil auch einhäusig und haben damit männliche und weibliche Blüten auf einer Pflanze. *Ilex* stellen keine besonderen Ansprüche an den Boden, sie gedeihen am besten im Halbschatten. Einige lassen sich sehr gut als Hecke schneiden, was viel zu wenig bekannt ist, und sind dann ein idealer Hintergrund für Rhododendron.

Ilex × altaclarensis (Loud.) Dallim.
Eine Kreuzung von *I. aquifolium × I. perado* mit dünneren, aber größeren Blättern als *I. aquifolium*. Im Handel sind die Sorten:

'**Belgica**'. Wächst kräftig und wird 1,50 m hoch. Die Blätter sind 8 cm lang, der Blattrand ist gleichmäßig gezähnt.

'**Camelliaefolia**'. Starkwüchsig mit bis zu 13 cm langen, meist ganzrandigen Blättern, teilweise jedoch 1 bis 8 Dornen je Seite.-

Ilex aquifolium L.
Unsere heimische, sehr formenreiche Art kommt außer in Westeuropa im Mittelmeergebiet und in Kleinasien vor. Sie wird stellenweise baumartig. Im Garten behalten die Pflanzen jedoch meist ihren immergrünen strauchartigen Charakter. Die Blätter sind 4 bis 8 cm lang, der Blattrand ist meist wellig und mehr oder weniger dornig. Blätter alter Pflanzen sind oft ganzrandig. Eine besondere Zierde sind die roten Beeren. *Ilex aquifolium* ist eine sehr variable Art, und im Laufe der Zeit sind viele Gartenformen, von denen hier die wichtigsten genannt werden, entstanden:

'**Bacciflava**'. Wuchs und Laub wie die Art. Die Früchte sind jedoch gelb. (Früher ging diese Form unter dem Namen *Ilex aquifolium* f. *fructo-luteo* hort.)

'**Ferox**'. Eine Sorte für den Kenner. Die 3 bis 6 cm langen Blätter sind stark auf der Oberfläche bedornt. Blattränder teilweise auffallend nach unten gebogen.

'**J.C. von Tol**'. Die früher als *I. aquifolium* var. *laevigata polycarpa* bezeichnete Form ist breitwüchsig mit fast waagerecht abstehenden Zweigen. Blätter 5 bis 7 cm lang, zwischen den Adern leicht aufgetrieben. Die obere Hälfte der Blätter ist teilweise bedornt. Besonders bemerkenswert ist der reiche und regelmäßige Fruchtansatz.

'**Pyramidalis**'. Wächst straff aufrecht. Blätter ganzrandig oder nur wenig bedornt, an beiden Enden zugespitzt und etwas kahnförmig. eine wegen ihrer Frohwüchsigkeit und des guten Fruchtansatzes sehr beliebte Sorte.

Diese und die vorgenannte Sorte sind von den *Ilex aquifolium*-Formen besonders zu empfehlen und auch gut für Hecken geeignet.

Ilex crenata Thunb.
Beim flüchtigen Betrachten kaum als *Ilex* zu erkennen, ist sie eine der dankbarsten Gartenpflanzen. Die 2,50 m hoch werdende Art stammt aus Japan. Die Blätter sind nur 2 bis 3 cm lang und in der oberen Hälfte kurz gesägt. Man kann die locker wachsende Art sehr gut mit anderen Immergrünen und ganz besonders mit Azaleen zusammenpflanzen. Auch für Dekorationszwecke läßt sie sich gut verwenden und verträgt auch Schnitt. Die schwarzen Früchte sind unscheinbar. Einige Formen sind:

'**Convexa**'. Im Wuchs etwas breiter als die Art, wird nur 1,50 m hoch. Die dichtstehenden Blätter sind nach oben gewölbt.

'**Hetzii**'. Wächst stärker als 'Convexa' und hat breite, eiförmige, gewölbte Blätter. Diese robuste Sorte ist auch in tiefem Schatten von gutem Aussehen, wird etwa 1,50 m hoch und ist, da auch schnittverträglich, für niedrige Hecken geeignet.

'**Microphylla**'. Die schwachwüchsigste Form ist stark verzweigt. Die Blätter sind etwa 1 cm lang.

'**Stokes**'. Mehr breit als hochwachsend und auch nach Jahren nicht höher als 0,5 m ist diese sehr winterharte Sorte ein guter „Bodendecker" zwischen Rhododendron. Auch für niedrige Einfassungen geeignet und dann wie Einfassungsbuchsbaum – *Buxus sempervirens* 'Suffruticosa' – zu verwenden.

Ilex glabra (L.) A. Gray, Tintenbeere
Diese im östlichen Nordamerika vorkommende Art wird etwa 2 m hoch und hat 3 bis 5 cm lange, umgekehrt-lanzettliche Blätter mit wenigen stumpfen Zähnen an der Spitze. Früchte 5 bis 6 mm dick und schwarz. *I. glabra* läßt sich für Ab- und Unterpflanzungen sehr gut verwenden.

Ilex × meservae S. Y. Hu
Aus einer Kreuzung von *I. aquifolium* × *I. rugosa* entstanden. In den USA sehr winterharte Sorten, die freiwachsend, aber besonders als Hecke geschnitten, gut als Schutz- und Randpflanzung für empfindliche Rhododendron geeignet sind.

'Blue Angel'. Eine weibliche Sorte, die Beeren trägt, wenn sie mit nachfolgend genannter männlicher Sorte zusammengepflanzt wird. Austrieb und Blätter blaugrün, im Winter fast schwärzlichgrün, glänzend; zusammen mit den glänzenden, kräftig roten Früchten lassen sie die Pflanzen zu jeder Jahreszeit gut aussehen. Sehr winterhart.

'Blue Prince'. Dunkelgrüne, glänzende Blätter hat diese Sorte. Breit-pyramidal im Wuchs und immer dicht belaubt, bis 3,0 m hoch, auch scharfen Schnitt vertragend, ist es eine zwar teure, aber ganz hervorragende Heckenpflanze der Zukunft (Abb. Seite 219).

Ilex pernyi Franch.
An dieser in Mittel- und Westchina beheimateten Art sind besonders der rhombischen, fast viereckigen, 2 bis 4 cm langen Blätter mit 2 bis 4 Dornen an jeder Seite ein charakteristisches Merkmal. In unserem Klima nur strauchig wachsend. Bei starkem Frost ist etwas Schutz angebracht.

Jasminum nudiflorum Lindl., Winterjasmin
Oleaceae
Der Winterjasmin gehört eigentlich nicht zu den Immergrünen, aber seine Zweige sind so ausgesprochen grün gefärbt, daß die Wirkung im Winter einem immergrünen Gehölz ähnlich ist. Besonders bemerkenswert an diesem Spreizklimmer, mit dem man Mauern bis 3 m hoch beranken kann, sind die mitten im Winter

Kalmia angustifolia

erscheinenden leuchtend gelben, achselständigen Blüten, die am vorjährigen Holz sitzen. Er verlangt einen sonnig-warmen Standort an einer Mauer oder Hauswand. Winterschutz!

Kalmia L., Lorbeerrose
Ericaceae
Die Kalmien gehören zu den schönsten immergrünen Pflanzen und sind eigentlich viel zu wenig bekannt. Besonders reizvoll wirken ihre schalenförmigen Blüten mit den in Vertiefungen der Kronenblätter bis zum Aufspringen liegenden Staubbeuteln. Lorbeerrosen sind vollkommen winterhart und stellen keine besonderen Bodenansprüche, sind jedoch kalkfeindlich, was bei der Pflanzung zu beachten ist.

Kalmia angustifolia L.
Die schmalblättrige Lorbeerrose, im östlichen Nordamerika beheimatet, ist für kleinere Pflanzungen gut geeignet. Sie wird 80 bis 100 cm hoch, wächst straff aufrecht und hat 2 bis 4 cm lange lanzettliche Blätter und blüht purpurrot. Diese Art gedeiht am besten in frischem, sandig-lehmigem Boden, jedoch ohne stauende Nässe und verträgt dann auch Moorboden.

'Rubra' ist eine etwas breiter wachsende Form mit breiteren Blättern und dunklerer Blütenfarbe.

Kalmia latifolia 'Pink Charm'

Kalmia latifolia L., Berglorbeer
Der Berglorbeer ist wohl die schönste, ebenfalls aus dem östlichen Nordamerika stammende Art. Bis etwa 2,50 m hoch wachsend, hat diese Art 6 bis 10 cm lange, elliptisch zugespitzte Blätter und wirkt besonders durch ihre 2 cm breiten, schalenförmigen Blüten, deren Farbe von Weiß bis Rosarot reicht. Die wie feinstes Porzellan aussehenden Knospen sind kurz vor dem Aufbrechen noch dunkelrosa und öffnen sich im Juni gleich nach den Rhododendron. Der Berglorbeer wächst auf sandigem, durchlässigem, frischem Lehmboden. Windgeschützte Lage, am besten vor einer Gehölzgruppe oder am Waldrand, ist für gutes Gedeihen erforderlich. Ein viel zu wenig beachteter, zusammen mit Rhododendron hervorragend wirkender Strauch.

Aus Nordamerika kommen Sorten – leider in den Baumschulen auch noch Raritäten – von großer Schönheit. Genannt seien:
'Bridesmaid', Blüten rot mit weißer Mitte.
'Bullseye', Blüten innen und am Rand weiß, dazwischen ein breiter dunkelvioletttroter Streifen.
'Carousel', Blüten weiß, kräftig bräunlichrosa gebändert und gefleckt.
'Elf', Blüten weiß, Wuchs langsam und gedrungen.
'Freckles', Blüten hellrosa.
'Nancy', Knospen kräftig rosarot, Blüten leuchtend reinrosa, eine Spitzensorte!
'Olympic Fire', Knospen dunkelrot, erblüht kräftig rosa, Blätter etwas gewellt.
'Ostbo Red', Blüten leuchtend rot.
'Pink Charm', Knospen hellrot, Blüten intensiv dunkelrosa, besonders reichblühend.

Kalmia polifolia Wangenh.
Diese Art ist auf Mooren des nördlichen Nordamerika zu Hause. Sie ist schwachwüchsig und wird nur 50 cm hoch. Blätter linealisch, 2 bis 3 cm lang mit eingerollten Rändern. Blüte purpurrosa, im Mai bis Juni.

Lavandula angustifolia Mill., Lavendel
Labiatae
Von dem echten, im Mittelmeergebiet und in Südwesteuropa heimischen Lavendel gibt es mehrere, meist aus England stammende Sorten, die als bedingt winterharte Halbsträucher angesehen werden können. In sonnigen, warmen Lagen sind sie besonders auf kalkhaltigem Boden für Flächenpflanzungen und niedrige Einfassungen sehr gut geeignet. Die Art wird etwa 60 cm hoch, hat 2 bis 4 cm lange, linealische Blätter mit eingerolltem Rand und blaue Blüten in 15–20 cm langen Scheinähren.

Sorten wie z.B. **'Hidcote'**, **'Silver Blue'** und **'Munstead'** werden nur etwa 30 cm hoch und sind schöner als die Art.

Ledum groenlandicum Oed., Porst
Ericaceae
Der aus Sümpfen und Mooren Nordamerikas und Grönlands stammende Porst wächst straff aufrecht und wird 1 m hoch. Die schmal-elliptischen Blätter sind 3 bis 4,5 cm lang und unterseits rostbraun-filzig. Jungtriebe und Blätter duften aromatisch. Im Mai bis Juni erscheinen die kleinen weißen Blüten, die in endständigen Dolden stehen. Eine Art, die besonders für feuchte Lagen geeignet ist und weder Kalk noch Trockenheit verträgt.

Die Form **'Compactum'** wächst gedrungener, auch die Blätter sind etwas breiter.

Ledum palustre L., Sumpfporst
Der heimische Sumpfporst kommt vor allem in Moorgebieten Deutschlands und Skandina-

viens vor. Er wird 0,50 bis 1 m hoch, bildet viele Ausläufer und hat 2 bis 4 cm lange, schmale, unterseits braun-filzige Blätter. Blütezeit im Mai bis Juni, weiß, in einer Fülle von Blüten in dichten endständigen Büscheln. Frischer, mehr feuchter Boden ist für gutes Wachstum notwendig.

Leiophyllum buxifolium (Bergius) Elliott
Sandmyrte
Ericaceae
Ein in Nordamerika beheimateter, etwa 20 cm hoch werdender Zwergstrauch mit 4 bis 8 mm langen, buchsbaumähnlichen Blättern. Die endständigen Blüten sind rosaweiß. In Baumschulkatalogen ist diese Art kaum zu finden, sie ist in der Kultur etwas schwierig. Man pflanzt sie am besten in lehmig-sandigen, kalkfreien Boden; Standort im Garten: sonnig, aber in recht geschützter Lage. Winterschutz!!

Leucothoe D. Don, Traubenheide
Ericaceae
Die in Nordamerika beheimatete Traubenheide ist wegen des überhängenden Wuchses im kleineren Garten für Einzelstellung und in größeren Parkanlagen für Flächenpflanzungen, insbesondere aufgrund der zahlreich erscheinenden Bodentriebe, vor allem an Böschungen, geeignet.

Leucothoe axillaris (Lam.) D. Don
Diese Art wird etwa 1 m hoch, hat 5 bis 10 cm lange, am Rand gezähnte Blätter und weiße, in achselständigen Trauben stehende Blüten, die je nach Standort von März bis Mai erscheinen.

Leucothoe fontanesiania (Stend.) Sleum. = *L. walteri* (Willld.) Melvin (= *L. catesbaei*)
Diese bis vor kurzem als *L. catesbaei*, dann als *L. fontanesiana* danach *L. walteri* laufende Art hat bogig überhängende Zweige und etwas größere Blätter als *L. axillaris*. Die weißen, im Mai bis Juni erscheinenden Blüten sind mehr an den Triebenden gehäuft.

'**Carinella**'. Wächst dicht geschlossen, breit, bis 40 cm hoch. Triebe bogig überhängend. Bei sonnigem Stand Triebspitzen im Herbst rötlichbronzefarben verfärbend. Gut winterhart.

'**Lovita**'. Triebe mehr aufrecht gerichtet und Blätter breiter als bei vorigen Sorten, im Winter kräftig rotbraun verfärbt. Winterhart.

'**Rollissonii**'. Im Wuchs und im Laub kleiner als die Art. Die Triebe sind rötlich, im Winter nimmt auch das Laub diese Färbung an.

'**Scarletta**'. Diese sehr schöne Sorte wächst flach, etwa 30 cm hoch. Blätter schmal lanzettlich, lang zugespitzt und regelmäßig gesägt. Winterfärbung leuchtend braunrot zum Frühjahr hin scharlachrot verfärbend, doch dies nur bei sonnigem Stand. Gut winterhart.

Loiseleuria procumbens (L.) Desv.
Gemsenheide
Ericaceae
Diese, auch unter dem Namen Alpenazalea, Teppichrose oder Felsenröschen bekannte, nicht ganz leicht zu kultivierende alpine Art wächst auf trockenen, humosen Flächen unter Gehölzen. Sie ist in Nordamerika, Nordasien und Mitteleuropa zu Hause. Ihrer Herkunft nach ist die Art nur für den Steingarten zu empfehlen und sollte nicht zu sonnig stehen. Im Winter mit Fichtenreisig als Sonnenschutz abdecken. Sie wird 15 cm hoch, hat dichtstehende, 4 bis 5 mm lange Blätter und blüht im April, Mai weiß bis rosa.

Lonicera L., Heckenkirsche, Geißblatt
Caprifoliaceae
Einige immergrüne Arten der Gattung haben sich als gute Gartenpflanzen bewährt.

Lonicera henryi Hemsl.
Für die Berankung von Mauern, Pergolen usw. besonders geeignet ist diese recht winterharte, immergrüne windende Art. Sie kann 3 bis 4 m hoch klettern, benötigt jedoch Drähte oder sonstigen Halt. Die Blätter sind 5 bis 8 cm lang, deutlich zugespitzt. Die im Juni bis Juli erscheinenden Blüten sind gelbrot, die Früchte schwarz. Heimat: Westchina, Hupeh.

Lonicera nitida Wils.
Die aus Westchina stammende Art ist bei uns nur in sehr geschützten Lagen winterfest. Mehr für den Liebhaber zu empfehlen und auch schöner ist nachfolgende Sorte.

'Elegant'. In den Baumschulen wird sie noch häufig unter der Bezeichnung *Lonicera pileata* f. *yunnanensis* geführt. Die Sorte ist härter als die Art. Sie wird 75 cm hoch und hat zierlich überhängende Zweige mit fast zweizeilig stehenden, etwa 1,5 cm langen Blättern. Blüte und Frucht sind unscheinbar. Bei starken Frösten bis auf den Grund zurückfrierend, treiben die Pflanzen meist kräftig aus der Stammbasis wieder aus.

Lonicera pileata Oliv.
Diese Art wird nur etwa 30 cm hoch, wächst aber sehr breit, so daß sie für Bodenbedeckung besonders im Schatten sehr geeignet ist. Die Blätter sind 1 bis 2 cm lang, die Blüte ist trichterförmig, hellgelb gefärbt und etwas größer als bei *L. nitida*. *L. pileata* ist in Westchina beheimatet und gut winterhart.

Lonicera sempervirens L.
Im Südosten der USA beheimatet, behält diese kräftig hochwindende Art die Blätter bis zum Frühjahr, ist also wintergrün. Lange, röhrenförmige gelborangerote Blüten wirken von Mai bis August sehr zierend. Blätter kurzstielig, zum Teil sitzend, dunkelgrün. Leider nur wenig im Handel. Winterschutz!

Mahonia Nutt., Mahonie
Berberidaceae (Abb. Seite 226)
Mahonien gehören zu den dankbarsten immergrünen Gartenpflanzen sowohl für den Hausgarten als auch für größere Parkanlagen, für Unterpflanzungen, als Hecken, zur Begrünung von Flächen, die als Rasen zu klein sind, und manch anderem mehr. Mahonien vertragen sehr gut Schnitt und werden viel zur Binderei verwendet. Sie erfreuen uns außerdem im April und Mai durch ihre in Trauben oder Rispen stehenden Blüten. Von den etwa 90 in Asien und Amerika beheimateten Arten sind leider nur wenige bei uns winterhart.

Mahonia aquifolium (Pursh) Nutt.
Die wohl bekannteste Art wird etwa 1 m hoch, hat 15 bis 20 cm lange, 5- bis 9zählige gefiederte Blätter. Die einzelnen Fiederblättchen sind 3 bis 7 cm lang und stachelspitzig gezähnt. Im Laufe des Winters färben sich die Blättchen rotbraun. In Kultur ist die aus dem westlichen Nordamerika stammende Art meist nicht typisch und einheitlich im Wuchs, sondern ein Gemisch der verschiedensten Blattformen. Auch die Ausläufer treibende Art *M. repens*, deren Blätter länger grün bleiben, findet sich meist darunter. Einige Sorten bzw. Formen sind zwar nicht allgemein verbreitet, aber durch die Art des Laubes bemerkenswert und als Typen mit unter Sämlingen zu finden.

'Atropurpurea'. Wird aufgrund des im Winter purpurroten Laubes gern für Binderei verwendet.

'Moseri'. Wächst schwächer als die Art, hat im Winter kupfrigrot gefärbtes Laub.

Mahonia bealii (Fort.) Carr.
Diese aus China stammende Mahonie ist sehr dekorativ, aber nur an geschütztem Standort winterfest. Sie wird 1,50 m hoch und hat 40 cm lange 7- bis 14zählige Blätter. Typisch ist die gelbe Zeichnung an der Basis der Blättchen. Winterschutz!!

Mahonia japonica (Thunb. ex Murr.) DC.
Diese in Japan beheimatete Art (in der Natur unbekannt) wird bei uns nur etwa 1 m hoch und ist im Wuchs und in der Belaubung *M. bealii* ähnlich, jedoch fehlt die gelbe Zeichnung auf den Blättchen. Meist ist sie nicht echt, d. h. mit der vorigen Art vermischt in Kultur.

Muehlenbeckia axillaris (Hook f.) Walp.
Polsterknöterich
Polygonaceae
Der in Neuseeland beheimatete Zwergstrauch wird etwa 10 cm hoch, hat 3 bis 7 mm lange, fast kreisrunde, braungrüne Blätter an fadenartig ausgebreiteten Trieben. An geschütztem, halbschattigem Standort bilden die Pflanzen einen dichten Teppich. Geeignet zur Begrünung von kleineren Flächen im Steingarten. Winterschutz!!

Osmanthus burkwoodii (Burkw. et Skipw.) P. s. Green (syn. *Osmarea × burkwoodii*)
Oleaceae
Es handelt sich um eine Kreuzung von *Osmanthus delavayi* und *Phillyrea vilmoriniana*, die in

Mahonia aquifolium

Wuchs und Belaubung zwischen den Eltern steht. Die Pflanzen werden 1,50 m hoch, haben 3 bis 4 cm lange Blätter und weiße, im April bis Mai erscheinende Blüten. Winterhart und wie *Ilex* zu verwenden und zu behandeln.

Osmanthus decorus (Boiss. et Bal.) Kasapl. (= *Phillyrea vilmoriniana*), Steinlinde
Oleaceae
Im Kaukasus, wo die Steinlinde beheimatet ist, wächst sie in 1000 m Höhe auf trockenem, humosem Boden in halbschattiger Lage. Sie ist eine Gebirgspflanze, und dies muß man bei der Verwendung berücksichtigen. Sie wird bei uns etwa 2 m hoch und wächst breit buschig. Die Blätter sind 7 bis 12 cm lang und ganzrandig, im Aussehen fast wie Lorbeer. Die weißen Blüten und die blauschwarzen Früchte fallen nicht sehr auf. Wegen des dekorativen Laubes ist die Steinlinde insbesondere für größere Gärten, wo genügend Schutz vor Wintersonne vorhanden ist, geeignet. Winterschutz!

Osmanthus heterophyllus (G. Don) P. S. Green, Duftblüte
Oleaceae
Sie sieht der *Ilex* sehr ähnlich, unterscheidet sich aber durch die gegenständigen Blätter. Wuchs und Winterhärte sind auch fast gleich, ein etwas mehr geschützter Standort als bei *Ilex* ist jedoch zu empfehlen. Die aus Japan stammende Duftblüte wird 3 m hoch. Die Blätter sind 4 bis 6 cm lang, ilexähnlich, teils dornig gezähnt, teils ganzrandig. Erst im September und Oktober erscheinen die weißen Blüten. Winterschutz!

'Myrtifolius'. Nur 1,50 m hoch, hat gedrungeneren Wuchs und kleinere Blätter.

'Purpureus'. Hat dunkelroten Austrieb und etwas rötlich getöntes Laub. Sonst wie die Art. Beide Formen stellen die gleichen Ansprüche wie die Art. Winterschutz!

Osmarea burkwoodii siehe *Osmanthus burkwoodii*

Pachysandra terminalis Sieb. et Zucc.
Buxaceae
Sie ist eine unserer besten Bodendeckungspflanzen für halbschattige und schattige Lagen. Sogar im tiefsten Schatten unter Buchen gedeiht sie prächtig bis dicht an den Stamm heran. Voraussetzung ist allerdings eine gute Bodenvorbereitung. *Pachysandra* haben lange queckenartige Wurzeln und benötigen einen ganz lockeren Boden, der in den oberen 10 bis 15 cm vornehmlich aus Lauberde mit etwas Torfmull und altem verrottetem Dung bestehen soll. Das Laub der Buchen oder Eichen fällt dazwischen und düngt gleichzeitig die Unterpflanzung und die Bäume. Pflanzt man *Pachysandra* in rohen Gartenboden, womöglich etwas sonnig, dann stehen sie nach fünf Jahren noch genau so wie beim Pflanzen.

P. terminalis stammt aus Japan, sie wird etwa 20 cm hoch. Die Blätter stehen an den Triebenden gehäuft, sind 5 bis 9 cm lang, an der Spitze ist der Rand gezähnt. Nur unscheinbar sind die im April erscheinenden Blüten und für die Wirkung als Gartenpflanze bedeutungslos. Sie ist an halbschattigem Standort vollkommen winterhart.

'Green Carpet'. Diese Sorte, wahrscheinlich eine niedrigbleibende, nur etwa 15 cm hoch werdende Auslese aus der Art, hat frischgrüne Blätter und ist ein sehr dichter, flacher Bodendecker für kleine Flächen mit den gleichen Ansprüchen, wie sie die Art *Pachysandra terminalis* auch stellt.

Pieris 'Debutante'

Pieris 'Red Mill'

'Variegata'. Die Blätter sind weiß-grün gestreift; diese Sorte zeigt die typische Blattfärbung nur in voller Sonne. Man sollte den Standort mit Bedacht wählen.

Paxistima canbyi A. Gray
(= *Pachistima canbyi*)
Dicknarbe
Celastraceae
Für den Steingarten, ferner zur Bodenbegrünung von kleineren Flächen in sonniger Lage ist diese Art ein sehr gut geeigneter Zwergstrauch. In Nordamerika wächst er auf Kalkfelsen, wird höchstens 25 cm hoch, hat niederliegende, wurzelnde Zweige und 1 bis 2 cm lange, schmale, feingesägte Blätter. Im April bis Mai erscheinen die kleinen braunroten, achselständigen Blüten. Die weißlichen Früchte haben einen Durchmesser von 3 bis 4 mm. Für gutes Gedeihen ist durchlässiger, nahrhafter Boden erforderlich.

Paxistima myrsinites (Pursh) Raf.
(= *Pachistima myrsinitis*)
Diese Art stammt ebenfalls aus Nordamerika, ist jedoch in allen Teilen etwas größer als *P. canbyi*. Sie wird etwa 50 cm hoch, die Blätter sind 1 bis 3 cm lang und auch etwas breiter. Im Gegensatz zu *P. canbyi* gedeiht sie am besten im Schatten.

Pernettya mucronata (L. F.)
Gondich ex Spreng., Torfmyrte
Ericaceae
Die im südlichen Südamerika beheimatete Art ist besonders für Vorpflanzungen in geschützten Lagen geeignet. Sie wird bei uns 40 bis 50 cm hoch, treibt auf geeignetem Standort Ausläufer und ist wertvoll wegen der zierenden Früchte.

Nur unscheinbar sind die weißlichen Blüten, dafür sind die weißen, roten oder lilafarbenen Früchte mit etwa 1 cm Durchmesser sehr dekorativ. Da die Art zweihäusig ist, muß man männliche und weibliche Pflanzen nebeneinander setzen, um einen Beerenansatz zu erhalten. Die Blätter sind 1 bis 2 cm lang und etwas gezähnt. Humoser, kalkfreier, frischer Boden und leichter Schatten sind Voraussetzung für gutes Gedeihen. Vor Wintersonne schützen.

'Alba' ist eine weißfrüchtige Form.

'Bell's Seedling' hat karminrote Früchte, die sich durch besonders lange Haltbarkeit am Strauch auszeichnen.

Windschutz und Schutz gegen Besonnung durch Abdeckung mit Reisig ist für die Art und deren Formen auch in Norddeutschland zu empfehlen. Winterschutz!

Phillyrea vilmoriniana siehe *Osmanthus decorus*

Phyollodoce Salisb., Blauheide, Moosheide
Ericaceae
In alpinen Gebieten der nördlichen Halbkugel hat die Blauheide ihre Heimat. Sie ist eine ausgezeichnete Bodendeckungspflanze für geschützte Lagen, ist vollkommen winterfest, benötigt aber bei Kahlfrost eine ganz leichte Reisigdecke. Von den acht bekannten Arten sind meist nur *P. caerulea* und *P. empetriformis* in Kultur.

Phyllodoce caerulea L. Babingt.
Sie wird nur 10 bis 15 cm hoch, die Blattränder sind fein gezähnelt und nicht eingerollt. Sonst ähnelt sie *P. empetriformis*. Sie ist für den Steingarten besonders geeignet. Vorkommen in Nord- und Westeuropa, Nordamerika, Japan und Kamtschatka.

Phyllodoce empetriformis (Sm.) D. Don
Sie wird 15 bis 20 cm hoch. Die nadelförmigen Blätter stehen rund um den Trieb. Die Blüten sind purpurrosafarben, glockenförmig nickend und in endständigen Dolden stehend. Die Art bildet sehr bald einen dichten Teppich. Heimat sind die Rocky Mountains, Nordamerika.

Pieris D. Don
Ericaceae
Die meisten Arten wurden früher unter *Andromeda* geführt. Bei richtiger Wahl des Standortes gehören die *Pieris*-Arten zu den dankbarsten Immergrünen, verlangen jedoch halbschattigen Standort und leichten, humosen, kalkfreien Boden, der mit reichlich Lauberde aufgelockert werden soll. Gegen Dünger – insbesondere Mineraldünger – sind die Arten sehr empfindlich. In Bremen gedeiht *P. floribunda* in leichtem, sandig-lehmigem Boden ohne Düngergaben.

Pieris floribunda (Pursh ex Sims) Benth. et Hook. f.
Die aus Nordamerika stammende Art wird bei uns etwa 2 m hoch, wächst aufrecht und hat 4 bis 8 cm lange, am Rand gesägte Blätter. Bereits im April erscheinen weiße, in aufrechten Rispen stehende Blüten. Die Art ist sowohl als Abpflanzung wie auch als Zwischenpflanzung zusammen mit Rhododendron und Azaleen sehr gut geeignet. Man achte auf die oben erwähnte Bodenvorbereitung.

Pieris formosa var. **forrestii** (Harrow ex W. W. Sm.) Airy Shaw
In Deutschland eine Pflanze allein für den Sammler und nur in sehr geschützten Lagen zu verwenden. Dort aber erfreuen die Pflanzen im Frühjahr durch den leuchtend roten Laubaustrieb. Die Art aus dem Ost-Himalaja wird bei uns ca. 1,20 m hoch und blüht weiß. Winterschutz!!-!!!

Pieris japonica (Thumb. ex Murr.) D. Don ex G. Don
Diese Art wächst stärker als *P. floribunda*. Am geeigneten Standort wird sie 4 m hoch. An den Triebenden sitzen die Blätter gehäuft zusammen, sind 4 bis 8 cm lang und haben einen gesägten Rand. Die weißen Blüten erscheinen schon im März in etwa 20 cm langen hängenden Rispen und blühen bis zum Mai. Wegen der schönen Belaubung, der reichen Blüte und der absoluten Winterhärte kann *P. japonica* im Garten vielseitige Verwendung finden. Da die Blüten sehr lange halten, kann man Einzelzweige auch sehr gut als Schnitt für größere Vasen verwenden. Heimat: Japan.

In den Baumschulen werden vermehrt Sorten mit rosa Austrieb und reinweißen oder rosa Blüten angeboten. Es sind Auslesen der Art *Pieries japonica*. Genannt seien:

'Debutante'. Wuchs kompakt, mehr breit als hoch. Blüten weiß in dichten aufrechten Rispen. Eine Sorte für den Vordergrund und kleine Gärten (Abb. Seite 227).

'Dorothy Wyckhoff'. Wächst gedrungen und hat tiefgrüne, glänzende Blätter, die sich im Winter rötlichgrün verfärben. Blütenknospen im Winter dunkelrot, Blüten reinrosa.

'Little Heath'. Wächst sehr niedrig, gedrungen. Blätter gelbgrün bis weißgrün gezeichnet, klein.

'Little Heath Green'. Diese Sorte wächst ähnlich wie 'Little Heath', hat aber kleine, glänzendgrüne Blätter und ist für Vorpflanzung oder kleine Gärten hervorragend geeignet.

'**Purity**'. Eine gedrungen wachsende und kleine Ausgabe der Art. Auffallend durch überreiche Blüte. Blüten weiß.

'**Pygmaea**'. Eine breitwachsende, aber etwas blühfaule Zwergform.

'**Red Mill**'. Kräftiger Wuchs wie die Art und karminroter Austrieb zeichnen diese Sorte aus. Im Gegensatz zu anderen Sorten mit rotem oder rosa Austrieb gut winterhart! (Abb. Seite 227).

'**Valley Valentine**'. Eine noch recht seltene Sorte – was sich aber sicher bald ändern wird. Kräftiger Wuchs, gesundes tiefgrünes Laub, locker überhängende Rispen und vorallem tiefrote Blüten, deren Wirkung noch durch den grünlichweißen Kelch gesteigert wird, zeichnen diese Sorte aus. Eine Pflanze davon hinter 'Debutante' und zwischen 2 bis 3 'White Cascade' gepflanzt – man sollte es versuchen!

'**White Cascade**'. Reinweiße, bis 15 cm lange Blütenstände hat diese sehr schöne, überreich blühende und winterharte Sorte.

Pieris nana (Maxim.) Mak.
Die in Nordostasien beheimatete Art (früher: *Andromeda nana, Arcterica nana*) wächst kissenförmig und wird nur 5 bis 10 cm hoch. Die am Rand eingerollten Blätter werden etwa 1 cm lang und sind meist zu 2 bis 3 quirlförmig angeordnet. Die krugförmigen Blüten sind weiß, duftend und stehen in endständigen Trauben. Die Blütezeit dauert von April bis Mai. Man pflanzt diese vollkommen winterharte Art am besten in mehreren Exemplaren ziemlich dicht an einem halbschattigen Standort mit gut durchlässigem, saurem Boden.

Polygala chamaebuxus L., Kreuzblume
Polygalaceae
Der etwa 25 cm hoch werdende Zwergstrauch mit den buchsbaumähnlichen, 1 bis 2 cm langen, am Rand etwas eingebogenen Blättern ist wie für den Steingarten geschaffen. In den Gebirgen Mitteleuropas und in Italien wächst er an warmen, rasigen Hängen der Kalkgebirge. Einen ähnlichen Standort muß man ihm auch im Garten geben, dazu noch leichten Halbschatten. Der Boden muß jedoch frisch sein. Bemerkenswert ist die langandauernde Blüte, die im April schon einsetzt und bis in den Herbst hinein mit Einzelblüten dauert. Die Blüten selbst sind gelbweiß und im Verblühen braunrot getönt.

Prunus laurocerasus L.
Lorbeerkirsche, Kirschlorbeer
Rosaceae
Die auf dem Balkan und Kleinasien beheimatete Art ist in der typischen Form wohl kaum im Handel. Dagegen gibt es eine ganze Anzahl von gärtnerischen Formen. Im allgemeinen werden die Pflanzen 1 bis 2 m hoch, haben glänzend grüne Blätter in den Längen von 5 bis 20 cm. Die kleinblättrigen Formen stammen ursprünglich vom Balkan, während die mit großen Blättern im Kaukasus beheimatet sind. Alle verlangen einen schattigen oder halbschattigen Standort und sind als Unterpflanzung in größeren Anlagen gut zu verwenden. Auch geben sie zusammen mit laubabwerfenden Azaleen ein gutes Gartenbild. Da leider nicht unbedingt winterhart, frieren die Pflanzen in einem strengen Winter gelegentlich zurück, treiben aber auch willig wieder aus. Zur Blütezeit im Mai sind sie mit ihren aufrechtstehenden weißen Doldentrauben sehr dekorativ. Früchte 5 bis 7 mm dick, blauschwarz. Winterschutz!
Für den Garten zu empfehlen sind die Formen:

'**Caucasica**'. Wächst aufrecht, wird 1,50 m hoch, hat 15 bis 18 cm lange Blätter und ist recht winterhart.

'**Compacta**'. Wächst gedrungener, die Blätter sind kleiner und dunkler als bei 'Schipkaensis', wird etwa 1,20 m hoch.

'**Otto Luyken**'. Wird 1 bis 1,50 m hoch, hat einen gedrungenen Wuchs und dunkelgrüne, 10 cm lange, nach oben gerichtete Blätter. Empfehlenswerte Form für kleine Gärten.

'**Reynvaanii**'. Wuchs straff und aufrecht, etwa 1,5 m hoch. An den Triebenden sind die 10 bis 12 cm langen, etwas matt-hellgrün gefärbten Blätter dicht gestellt und nach oben gerichtet.

'**Schipkaensis**'. Wird etwa 2 m hoch, wächst locker und kräftig mehr breit als hoch, die 10 bis 12 cm langen, schmalen Blätter sind an den Rändern ganz leicht gesägt. Recht winterhart.

'Schipkaensis Macrophylla'. Wuchs lockerer und in der Belaubung besser als 'Schipkaensis'. Eine sehr winterharte, von der Baumschule G. D. Böhlje, Westerstede, selektierte und heute weit verbreitete Sorte.

'Zabeliana'. Eine besonders schmalblättrige Form mit lockerem, elegantem, breitem Wuchs, gut winterhart.
Alle Formen sollten etwas geschützt, eventuell als Unterholz, gepflanzt werden.

Prunus lusitanica. Die Portugiesische Lorbeerkirsche ist nur in ganz milden Gegenden winterhart. Sie wird bei uns höchstens 1,50 m hoch, während sie in ihrer Heimat (Spanien, Portugal) baumartig wächst. Nur für Liebhaber, die Überwinterungsmöglichkeiten im Gewächshaus oder durch Überbauen haben. Winterschutz!!!

Pseudosasa siehe Baumbusgewächse

Pyracantha coccinea M. J. Roem., Feuerdorn
Rosaceae
Der Feuerdorn wird in der modernen Gartengestaltung sehr viel verwendet und zwar sowohl als Einzelstrauch wie auch als Heckenpflanze und vor allem zur Begrünung von Mauern. Die im Mittelmeergebiet beheimatete Art wird als Strauch etwa 2 m hoch und ist als Mauerbegrünung, schmal geschnitten, doppelt so hoch wachsend. Sie hat 2 bis 4 cm lange, fein gekerbte Blätter, die in geschützten Lagen bis spät in den Winter hinein grün bleiben. Besser als Sämlingspflanzen, die oft etwas empfindlich und blühfaul sein können, sind die gärtnerischen Formen. Im Mai bis Juni erscheinen weißdornähnliche duftende Blüten, und im August bis September fangen die Beeren, die bis in den Winter hinein bleiben, schon an, rot, orange oder gelb zu werden.
Besonders gute Formen sind:

'Bad Zwischenahn'. Wächst dichtgeschlossen, ist gesund und hat orangerote Früchte. In führenden Baumschulen noch immer im Sortiment.

'Golden Charmer'. Eine Sorte, deren leuchtendgelbe Früchte gut vor dunklen Hauswänden wirken. Blüht und fruchtet überreich.

'Kasan'. Benannt nach der Stadt Kasan in der UdSSR, woher diese Form stammt. Sie ist sehr winterfest, selbstfertil und setzt regelmäßig Früchte an. Aufgrund ihrer außerordentlichen Winterhärte wird diese Sorte viel verwendet. Kaum von Schorf befallen.

'Mohave'. Ist sehr starkwüchsig, blüht cremeweiß, und die leuchtend orangeroten kugeligen Früchte mit bis zu 1 cm Durchmesser, die in großer Anzahl den Busch zieren, bleiben bis in den Winter haften. Blätter dunkelgrün glänzend und lederartig. In Baumschulen im Sortiment.

'Orange Charmer'. Die orangefarbenen, relativ kleinen Früchte dieser ausgezeichneten weißblühenden Sorte erscheinen in großen Büscheln. Blätter glänzend dunkelgrün.

'Orange Glow' (syn. *P. crenatoserrata* 'Orange Glow'). Sie hat zwar nicht sehr große Früchte (Durchmesser nur 8 bis 9 mm), doch erscheinen diese so überreich in Büscheln entlang der Zweige zwischen absolut schorffreiem, dunkelgrünem, glänzendem Laub, daß diese Sorte nur empfohlen werden kann. Die Früchte sind lange haltbar und leuchtend organgerot gefärbt.

'Red Column'. Diese dicht geschlossen, breit-aufrecht und langsam wachsende Sorte hat dunkelgrüne Blätter und blüht weiß. Die leuchtendroten Früchte, bis 1 cm dick, haften bis in den Winter hinein am Strauch.

'Soleil d'Or'. Um 1970 in Frankreich durch Mutation entstandene Sorte, die durch Blüte, den bereits an jüngeren Pflanzen überreichen Fruchtbehang und die hellgelben Früchte gegenüber anderen Sorten ausgezeichnet ist. Wuchs bei jungen Pflanzen flach, später mehr aufrecht. Belaubung gesund und glänzend hellgrün.

Quercus × turneri Willd. 'Pseudoturneri'
Immergrüne Eiche
Fagaceae
Diese Form, wahrscheinlich eine Auslese aus einer Kreuzung von *Q. ilex* × *Q. robur*, ist die wertvollste immergrüne, man sollte wohl richtiger sagen, wintergrüne Eiche für den Garten. Sie erreicht bei uns eine Höhe von 4 m (stellen-

Skimmia reevesiana

Vinca major 'Elegantissima'

weise sogar doppelt so viel) und ist im Wuchs breit-pyramidal. Die buchtig gelappten Blätter sind 8 bis 10 cm lang, bleiben bis zum Frühjahr haften und fallen erst kurz vor dem Austrieb ab. Diese Form stellt keine besonderen Bodenansprüche, verlangt jedoch Schutz gegen austrocknende Ostwinde und Wintersonne. Ein Baum für Einzelstellung in größeren Anlagen, aber aufgrund seines langsamen Wuchses auch für den kleineren Garten sehr geeignet. Bei jungen Pflanzen ist Winterschutz in den ersten Jahren nach der Pflanzung erforderlich.

Rosmarinus officinalis L., Rosmarin
Labiatae
Rosmarin ist in Südeuropa zu Hause, wo er auf trockenen, warmen Hängen seinen natürlichen Standort hat. Bei uns ist er nur in ganz milden Gebieten winterhart und sollte am besten nur im Sommer im Garten ausgepflanzt stehen, muß dann aber schon frühzeitig im August eingetopft werden, um gut überwintern zu können. Ab Oktober Überwinterung im Kalthaus. Die Pflanzen werden bei uns etwa 50 cm hoch, haben 2 bis 4 cm lange, linealische, aromatisch duftende Blätter mit umgebogenem Rand. Die weißblaue Blüte erscheint im Mai.

Früher fand man Rosmarin viel in Bauergärten, und der Pflanzenfreund wird ihn gern in seinen Steingarten, aufs Staudenbeet oder in eine kleinere Gehölzpflanzung setzen. Kalkhaltiger, durchlässiger Boden ist notwendig. Winterschutz!!

Rubus henryi Hemsl. et O. Kuntze
Immergrüne Brombeere
Rosaceae
Dieser kräftig wachsende Kletterstrauch ist zur Begrünung von Mauern, Pergolen und dergleichen sehr gut geeignet. Er stammt aus Westchina, rankt 3 bis 5 m hoch und ist an geschützten Standorten auch winterhart. Die 3- bis 5lappigen oder einfachen Blätter sind 8 bis 14 cm lang, oben dunkelgrün und unterseits filzig. Im Juni erscheinen die hellpurpurvioletten Blüten, die Früchte sind tiefschwarz gefärbt. Winterschutz!!

Ruscus aculeatus L., Mäusedorn
Liliaceae
Interessant an dieser vornehmlich im Mittelmeergebiet beheimateten Art sind die 2 bis 3 cm langen, starren, stechenden Scheinblätter, in deren Mitte die kleinen unscheinbaren gelben Blüten sitzen. Die eigentlichen Blätter sind klein und schuppenartig. Im Herbst überraschen die korallenroten, 1 cm dicken Früchte auf den Scheinblättern. *Ruscus* ist in gut ge-

schützten Lagen winterhart. Die Triebe werden für Trockensträuße verwendet. Außerdem bewährt sich diese Art auch als schattenverträgende Zimmerpflanze. Winterschutz!!–!!!

Sarcococca humilis (Rehd. et Wils) Stapf ex Sealy, Schleimbeere
Buxaceae
Der in Westchina beheimatete, etwa 40 cm hoch werdende Strauch mit 4 bis 7 cm langen, lanzettlichen, ganzrandigen Blättern ist vor allem durch die Winterblüte bemerkenswert. Je nach Witterung, mitunter schon im Dezember bis Januar, erscheinen die kleinen weißen Blüten und blühen, stark nach Honig duftend, bis in den März hinein. Die Art verlangt windgeschützten, halbschattigen Standort und humosen, nahrhaften, etwas anmoorigen Boden.

Sasa siehe Bambusgewächse
Sinarundinaria siehe Bambusgewächse

Skimmia Thunb., Skimmie
Rutaceae
Als Vorpflanzung vor größeren Rhododendrongruppen ist die in Ostasien beheimatete Skimmie besonders geeignet. Zu dem satten Grün der Blätter kommen im Frühjahr von Mai bis Juni noch die weißen oder rosafarbenen Blüten und im Herbst die roten Früchte. Skimmien sind zweihäusig, so daß man für einen guten Fruchtansatz männliche und weibliche Exemplare pflanzen muß. Die erbsengroßen Steinfrüchte halten sich sehr lange. Alle Arten verlangen eine geschützte, halbschattige Lage und sind dann gut winterhart. Bei Stand in voller Sonne im Spätwinter leicht Blattschäden.

Skimmia × foremanii Knight
Es handelt sich um eine Kreuzung von *S. japonica × S. reevesiana*, die von beiden Eltern Merkmale übernommen hat. Sie entstand schon 1881 bei FOREMAN in Schottland. Sie wird etwa 50 cm hoch, die Blätter sind schmaler als bei *S. japonica*. An den verschieden geformten Früchten erkennt man die Hybride.

Skimmia japonica Thunb.
Die aus Japan stammende Art wird 0,80 bis 1 m hoch und breit. Die an den Triebenden gehäuft stehenden Blätter sind 6 bis 12 cm lang, länglich elliptisch, derb mit durchscheinenden drüsigen Punkten versehen. Die etwa 8 mm großen Blüten sind gelblichweiß und vierzählig.

'Rubella'. Im Handel wird diese Sorte auch noch unter *S. reevesiana* 'Rubella' geführt. Es ist ein männlicher Klon und daher kein Fruchtansatz zu erwarten. Knospen, Blüten und Blattstiele rötlich gefärbt, Blüten stark duftend. Wuchs im Halbschatten bis 1,0 m hoch.

Skimmia reevesiana Fort. (Abb. Seite 231)
Diese in China beheimatete Art erreicht kaum 50 cm Höhe. Die Blätter sind bei 4 bis 10 cm Länge lang zugespitzt. Die weißen Blüten sind fünfzählig und die Früchte etwas birnenförmig.

Stranvaesia davidiana Decne.
Rosaceae
In geschützten Lagen ist *Stranvaesia* im allgemeinen winterfest, doch sind dafür durchlässiger Boden und genügend Wärme zum Ausreifen des Holzes Vorbedingung. Diese in Westchina beheimatete Art wird bei uns etwa 2,5 m hoch, hat 8 bis 10 cm lange schmale Blätter, von denen im Herbst sich einige rot färben und dann abfallen. Sowohl die kleinen weißen Blüten als auch die roten Beeren sind recht dekorativ. Der Strauch ist zum Auflockern von Rhododendronpflanzungen in größeren Anlagen sehr gut geeignet. Winterschutz!

Ulex europaeus L., Stechginster
Leguminosae
Am Strand, auf trockenen Weiden und in Heidegebieten der atlantischen Küste Europas ist der Stechginster zuhause und prägt das Bild der Landschaft an der Küste Spaniens, Frankreichs, aber vor allem Südenglands. *Ulex* wird ein 1 m, seltener 2 m hoher Strauch. Seine Blätter sind zu 6 bis 10 cm langen Dornen umgewandelt, mit denen die reichverzweigten Äste dicht besetzt sind. *Ulex* gehört also eigentlich nicht zu den immergrünen Laubgehölzen; da die Zweige aber auch grün sind und so der Pflanze ganz das Aussehen eines immergrünen Laubgehölzes geben, soll der Stechginster hier mit genannt werden. Die gelben Blüten erscheinen im Mai bis Juni, und auch im Laufe des Sommers blüht der Strauch meistens etwas nach. Er gedeiht am

besten auf leicht saurem, sandigem oder heideartigem Boden. In strengen Wintern frieren die Pflanzen im Binnenland leicht zurück, treiben aber wieder von unten aus. Winterschutz!

Vaccinium macrocarpon Ait., Moosbeere
Ericaceae
Die großfrüchtige Moosbeere ist ein niederliegender Strauch mit etwa 1 m langen Trieben und immergrünen, 1 bis 2 cm langen Blättern. Im Juni bis Juli erscheinen die hellilafarbenen Blüten. Die 1 bis 2 cm dicken Früchte sind rot gefärbt und im Geschmack sehr sauer. Im östlichen Nordamerika ist die Art beheimatet und wächst am besten auf torfigen, feuchten Böden.

Vaccinium vitis-idaea L., Preiselbeere
Ericaceae
Die Preiselbeere liebt leichten, sandig-humosen Boden, verträgt Halbschatten und auch Sonne. Sie wird 20 bis 30 cm hoch, hat weißrosa Blüten und rote Früchte. Die festen, lederartigen Blätter sind glänzend grün, unterseits etwas heller und dunkel punktiert. Die Art kommt auf der nördlichen Halbkugel vor und ist vollkommen winterhart. An schattigen Plätzen im Heidegarten zeigt sie sich als eine sehr zierende und vorzügliche bodendeckende Pflanzenart.
Besonders zu empfehlen die reichfruchtende Sorte **'Koralle'** und als ganz niedriger Bodendecker die Varietät **V. vitis-idaea** var. **minus**.

Viburnum davidii Franch., Schneeball
Caprifoliaceae
Dieser niedrige, in Westchina beheimatete, immergrüne Schneeball ist vor allem für Vorpflanzungen geeignet. Die Pflanze wird etwa 50 cm hoch, ist dicht bezweigt und wächst breit. Auffällig sind die 8 bis 14 cm langen, an beiden Enden zugespitzten Blätter mit drei kräftigen, auf der Unterseite stark hervortretenden Adern. Im Juni bis Juli erscheinen die weißen Blüten. Die Früchte sind dunkelblau gefärbt. Stecklingspflanzen sind besser als Veredlungen, bei denen die Unterlage leicht durchtreibt. Dies gilt auch für die folgenden Arten. Winterschutz!–!!

Viburnum 'Pragense'
Aus einer Kreuzung der Arten *V. rhytidophyllum* × *V. utile* entstand diese Sorte. Der Strauch ist immergrün und wird etwa 2,5 m hoch, Blätter elliptisch eiförmig, dünn, runzelig, glänzend grün. Blütenstände kleiner, im Wuchs schwächer als *V. rhytidophyllum*. Sehr winterhart.

Viburnum rhytidophyllum Hemsl.
Dieser locker aufrechtwachsende Großstrauch braucht im Garten ziemlich viel Platz und kann etwa 3 m hoch werden. Die Zweige sind behaart, besetzt mit 12 bis 20 cm langen Blättern, die stark runzelig geädert und unterseits behaart sind. Im Mai bis Juni erscheinen die weißen Blüten in großen Doldentrauben. Die Früchte sind erst rot und werden dann allmählich schwarz. Dieser im heutigen Garten sehr viel als Solitär verwendete Strauch stammt – wie auch *V. davidii* – aus Westchina. Er ist recht winterhart und, was viel zu wenig bekannt ist, sowohl als locker wie auch streng geschnittene Hecke von gutem Aussehen.

Viburnum utile Hemsl.
Diese Art bleibt kleiner als *V. rhytidophyllum* und wird höchstens 2 m hoch. Auch im Aufbau ist die Pflanze graziler. Die Äste sind dünner und die 5 bis 7 cm langen Blätter sind oberseits stark glänzend und unterseits filzig. In Westchina soll die Art auf Kalkböden wachsen. Sie verlangt einen recht geschützten Standort. Winterschutz!!

Vinca L., Immergrün, Sinngrün
Apocynaceae (Abb. Seite 231)
Die *Vinca*-Arten sind immergrüne, bodendeckende Halbsträucher mit gegenständigen Blättern. Von den fünf in Europa und Kleinasien vorkommenden Arten ist nur *V. minor* mit seinen Formen gärtnerisch von Bedeutung.

Vinca minor L.
Das „Immergrün" unserer Gärten ist ein dankbarer, etwa 15 cm hoch werdender Bodendecker für halbschattige Lagen. An langen, dem Boden aufliegenden Trieben sitzen 2 bis 4 cm lange, dunkelgrüne, glänzende Blätter. Die hellblauen Blüten erscheinen im Mai bis September. Es gibt eine Reihe von Sorten mit Blütenfarben von Weiß über Rosa bis Violett, die sich sehr leicht durch einfache Teilung vermehren lassen. *V. minor* ist absolut winterhart.

Verwendung der Rhododendron und immergrünen Laubgehölze

Wie lassen sich Rhododendron, Azaleen und immergrüne Laubgehölze im Garten verwenden? Auf diese Frage ist leicht, nur schwer oder überhaupt nie eine befriedigende Antwort zu finden. Es kommt darauf an, wie man die Sache ansieht. Verhältnismäßig einfach ist es, wenn man allein von den Standortansprüchen ausgeht; die Pflanzen sollen im Garten den Platz erhalten, an dem ihre Ansprüche soweit als möglich erfüllt werden. Schwierigkeiten tauchen auf, wenn es um die „Gestaltungsfragen mit Rhododendron" geht, da die Fragen der Harmonie und Ästhetik hier eine Rolle spielen, die immer dem persönlichen Empfinden unterworfen sind. Eigentlich wird ein Garten niemals richtig fertig. Stets gibt es etwas zu verbessern; zumindest in den ersten Jahren nach der Anlage wird man hier und da noch Korrekturen vornehmen. Letzten Endes kommt man immer wieder auf die Ansprüche der Pflanzen zurück, denn eine Gartenanlage mit kümmernden Pflanzen kann nicht schön sein.

Rhododendron und Azaleen können meist ohne besondere Schwierigkeiten mit immergrünen Laubgehölzen zusammengepflanzt werden. Auch bestimmte Gattungen und Arten von Immergrünen, die am natürlichen Standort auf Kalkböden wachsen, gedeihen auf sauren Böden noch recht gut, was man umgekehrt nicht sagen kann. Bei Planung des Gartens und Anordnung der Pflanzen sollte man immer so vorgehen, daß die immergrünen Gehölze – Rhododendron und andere Arten – für sich so angeordnet werden, daß schon ohne die laubabwerfenden Gehölze (Azaleen) ein gutes Gartenbild entsteht. Man vermeidet damit im Winter Disharmonie und nach dem Laubfall den „Offenbarungseid" der selbstverschuldeten Fehler. Stets sollte man bedenken, daß Pflanzen wachsen, an Größe zunehmen, und man sich später von Seltenheiten oft nur schwer trennen kann.

Formen der Anpflanzung

Gruppenpflanzung

Wenn die Bodenverhältnisse umfangreiche Verbesserungen erfordern, dann wird man schon aus diesem Grunde zu Gruppenpflanzungen gezwungen sein. Rhododendron gedeihen in Gruppen gepflanzt viel besser als in Einzelstellung, die erst bei großen Pflanzen und nur unter optimalen Umweltverhältnissen ohne Bedenken zu empfehlen ist. Die kleinste Einheit einer Gruppe bilden immer drei Pflanzen. Es sollten in der Belaubung und Blüte zusammenpassende Arten und Sorten ausgewählt werden. Catawbiense-, Wardii-, Williamsianum-, Yakushimanum-, Repens-Hybriden oder gar Azaleen und immergrüne Rhododendron pflanzt man, wenn es die Raumverhältnisse zulassen, nicht gemischt, sondern in getrennten Gruppen zusammen. In großen Gruppen wird man nach Höhen ordnen und zum Rasen hin abfallen lassen. Manchmal wird es notwendig sein, ein wenig zu experimentieren und so lange umzugruppieren, bis die Pflanzen gut zusammenpassen.

Getrennt und gleichzeitig verbunden werden sollten unterschiedliche Gruppen mit kleinblättrigen Arten, wie z.B. *R. ambiguum, R. concinnum, R. rubiginosum, R. mucronulatum, R.* 'Praecox' oder aber mit immergrünen Laubgehölzen, wie *Pieris japonica, P. floribunda, Ilex*-Arten, *Buxus*, hochwachsenden *Cotoneaster, Prunus laurocerasus*-Formen, *Viburnum rhytidophyllum*, um nur einige zu nennen.

Rhododendron wirken besonders gut vor einem dunklen Hintergrund von Koniferen wie *Pinus, Taxus, Tsuga* und in entsprechendem Abstand auch Fichten und Tannen. Hochwachsende Rhododendron wie z.B. *R. catawbiense* und seine Hybriden 'Catawbiense Album', 'Catawbiense Grandiflorum', 'Roseum Elegans',

'Album Novum', ferner *R. ponticum* sind für niedrige Rhododendrongruppen ein ausgezeichneter Hintergrund und Abschluß. Eindrucksvoll ist die Wirkung einer streng im Schnitt gehaltenen Hecke von *Ilex × meservae* 'Blue Prince', *Taxus baccata, Chamaecyparis lawsoniana* 'Alumii' oder im rauhen Klima auch *Thuja occidentalis* 'Columna' als Hintergrund. In einem Halbrund, nach Süden offen, auf etwa 2 bis 3 m breiter Rabatte vor der Hecke, finden die Pflanzen in lichtem Schatten von Kiefern den ihnen zusagenden Standort, und jede Art kommt mit Blüte, Blatt und Wuchs zur Wirkung. Alle Rhododendron mit aufrechtem Wuchs sind gut als Hintergrund oder Mittelpunkt von Gruppen geeignet, z. B. die Sorten 'A. Bedford', 'Album Novum', 'Inamorata' und 'Pink Pearl'. Sorten und Arten, die von unten her leicht aufkahlen, lassen sich gut mit den gedrungen wachsenden Catawbiense-, Metternichii-, Yakushimanum-, Wardii-, Williamsianum- und Repens-Hybriden unterpflanzen.

Einzelpflanzung

Geschlossen wachsende Rhododendron mit gesundem, dunkelgrünem Laub und Azaleen in großen Exemplaren sind im Einzelstand in der Wirkung kaum zu übertreffen. Vor Gruppen oder Grenzpflanzungen vorgezogen, können oder sollen diese Pflanzen Festpunkte und Blickfang des Gartens darstellen und gegebenenfalls zu den übrigen Partien des Gartens mit anderen Pflanzen überleiten.

Man hüte sich – besonders im Rasen – Rhododendron für Einzelstellung kleiner als 1 m in Höhe und Durchmesser zu wählen, da sich solche Pflanzen auch unter besten Bedingungen nur langsam entwickeln und im Garten lange Zeit wie verloren wirken können. Alte Exemplare von 4, 6 oder mehr Metern Durchmesser in gutem Zustand können das Bild eines Gartens aber auch vollkommen beherrschen. Man sollte bei der Pflanzung stets sorgfältig abwägen, wie das Bild des Gartens sich mit Zunahme der Pflanzengröße ändern wird.

Grenzpflanzungen und Hecken

Hecken und Grenzpflanzungen mit Rhododendron und immergrünen Gehölzen schaffen geschlossene Gartenräume genau so gut oder ei-

Eine farblich gewagte, großzügige Randpflanzung rot und hellila blühender Catawbiense-Hybriden.

'Catawbiense Grandiflorum' – als Solitär- und Heckenpflanze unentbehrlich.

gentlich noch besser, als es Mauern oder Zäune vermögen. Man darf natürlich von den Pflanzen nicht die Sicherheitswirkung eines Drahtzaunes oder einer Mauer verlangen, doch kann von den Pflanzen eine zusätzliche Einfriedung mit Maschendraht vollkommen verdeckt werden. Ganz niedrige Einfassungshecken oder Abpflanzungen lassen sich mit *Berberis buxifolia* 'Nana', *B. candidula, Buxus sempervirens* 'Suffruticosa', *Mahonia aquifolium*, um nur einige gut geeignete Immergrüne zu nennen, schaffen. Auch niedrigwachsende Rhododendron, wie *R. racemosum* und sogar Japanische Azaleen, auf Berührung in Reihe gepflanzt, sind besonders für lockere Hecken brauchbar.

Mittelhohe – etwa bis 2 m – Abgrenzungen kann man mit hochwachsenden *Berberis-, Ilex-, Prunus*-Arten und *Viburnum rhytidophyllum* erzielen, aber auch die lockerwachsenden Rhododendron-Arten, wie *R. ambiguum, R. concinnum* und *R. rubiginosum*, wachsen als Abgrenzungen, allerdings windgeschützt, recht gut. *R. catawbiense, R. ponticum* und die Sorten 'Album Novum', 'Catawbiense Grandiflorum', 'Catawbiense Album', 'Cunningham's White', 'Roseum Elegans' schaffen robuste, dichte Grenzpflanzungen und sind sogar als strenggeschnittene Hecke (bei uns kaum bekannt) recht gut brauchbar. Unvergeßlich bleibt das Bild einer strenggeschnittenen Hecke von *R. ponticum* in einem schottischen Garten, die – absolut dicht geschlossen und mit gesundem Laub etwa 1,50 m hoch und über 100 m lang – wie eine Mauer wirkte. Eine Grenzpflanzung mit Catawbiense-Hybriden bietet in der Blüte einen prächtigen Anblick. Nur wenigen Menschen ist es vergönnt, eine solche mehrere Meter hohe, natürlich gewachsene Begrenzungspflanzung ihr eigen zu nennen. Man muß Zeit haben für eine derartige Pflanzung; entgegen allen Empfehlungen über harmonische Farbzusammenstellungen wirkt eine breite und hohe Grenzpflanzung – Abstand von Pflanze zu Pflanze etwa 2 m, dreireihig und im Verband gepflanzt – mit zunehmender Höhe nicht zu bunt, wenn alle Farben gemischt sind, aber helle Farbtöne – weiß und rosa – überwiegen.

Eine Grenzpflanzung mit den Sorten *R.* 'Catawbiense Grandiflorum', 'Catawbiense Album', 'Roseum Elegans' und 'Album Novum' dürfte in Farbharmonie Lila-Violett-Weiß, robustem, kräftigem Wuchs und Winterhärte kaum zu übertreffen sein und einen geschützten Gartenraum – ausreichend Platz vorausgesetzt – schaffen, der in seiner Schönheit unübertrefflich ist.

Immer wieder erregen Rhododendron und mehr noch Azaleen als Uferbepflanzung Bewunderung. Besonders die hellen, leuchtenden Blüten in Weiß, Rosa und Rot werden noch gesteigert durch die Spiegelung im Wasser. Japanische Azaleen am Ufer kleiner Wasserflächen oder aber auch Azaleensorten der Genter-, Mollis- und Knap-Hill-Gruppen, aber auch die Arten und Sorten der Rhododendron-Hybriden – am Teich und See gepflanzt – werden zur Blütezeit die Blicke aller auf sich ziehen. Im zeitigen Frühjahr *R. dauricum* und ganz besonders die zarten Farbtöne der frühblühenden Azaleenarten *R. canadense, R. pentaphyllum, R. quinquefolium, R. reticulatum, R. schlippenbachii* und *R. vaseyi* sind – am Ufer blühend – von keiner anderen Pflanze zu überbieten.

Schmale Rabatte

Für eine Sammlung von Arten und Sorten ist die Anlage einer schmalen Rabatte entlang einer Hauswand, Gartenmauer, Hecke oder ähnlichem sehr gut geeignet. Bei niedrig- bis mittelhochwachsenden Arten und wenn die Pflanzen noch klein sind, hat eine Rabattenpflanzung den Vorteil, daß man seine Pflanzen, ohne dazwischen laufen zu müssen, vom Wege aus gut beobachten kann. Es ist immer wieder erstaunlich, wieviele Pflanzen – z.B. der Subsektion Lapponica (Lapponicum-Serie), von Repens-, Yakushimanum- und Impeditum-Hybriden oder auch Japanischen Azaleen – sich auf 1,50 bis 2 m breiten und etwa 10 m langen Rabatten unterbringen lassen.

Rhododendron im Steingarten

Eine ganze Reihe niedriger Rhododendron und mit Einschränkung auch Japanische Azaleen sind für den Steingarten gut brauchbar, ja einige scheinen steinigen Untergrund mit Humusauflage direkt zu fordern, vorausgesetzt, es wird für ausreichende Bodenfeuchtigkeit gesorgt und im Winter mit Reisig leicht abgedeckt, um Frostschäden zu vermeiden.

Die heimischen Arten *R. hirsutum*, *R. ferrugineum* und die Hybride von beiden, 'Intermedium', sind im Steingarten brauchbar, werden aber mit der Zeit doch ziemlich große und breite Büsche. *R. camtschaticum* wächst am besten in ganz lichtem Schatten oder in voller Sonne in feuchtem Boden und kann ganze Felspartien mit einem niedrigen Teppich überziehen. Arten der Subsektion Lapponica (Serie Lapponicum) wie *R. chryseum*, *R. edgarianum*, *R. fastigiatum*, *R. hippophaeoides*, *R. impeditum* und seine Hybriden 'Amethyst', 'Blue Tit' und 'Moerheim', ferner *R. intricatum*, *R. russatum* und seine Hybriden 'Azurwolke', 'Gletschernacht', *R. scintillans*, *R. tapetiforme* und noch viele andere niedrige Arten und Sorten gedeihen ganz hervorragend im Steingarten, etwa an einem kleinen Wasserlauf in sehr feuchtem, aber doch gut durchlüftetem Boden und in sonniger Lage. Urgesteinsbrocken, Granitgrus, grober Sand mit Humus gemischt sind das richtige Substrat. Zu tiefer Schatten und Trockenheit im Boden lassen den typischen Wuchs der alpinen Rhododendron nicht zu voller Entwicklung kommen. Ähnlichen Standort, wenn auch nicht ganz so feucht, und mehr lockeren Humus verlangen *R. aureum* (*R. chrysanthum*), *R. calostrotum*, *R. racemosum*, *R. radicans* und die Hybride 'Radistrotum' (*R. radicans* × *R. calostrotum*), um nur einige Beispiele zu nennen. Die niedrigen Williamsianum-Hybriden, wie 'Humming Bird', 'Temple Belle' und *R. williamsianum* selbst, aber auch *R. forrestii* var. *repens* verlangen Stand im lichten Schatten, während die Repens-Hybriden, *R. yakushimanum* und seine Hybriden wiederum auch volle Sonne vertragen.

In Verbindung mit den typischen Steingartenpflanzen und Farnen lassen sich durch niedrige Rhododendron und mit Japanischen Azaleen, vor allem der Sorte 'Multiflorum', den aus Kreuzungen mit dieser entstandenen, flachwachsenden Aronense-Hybriden und den neuen kleinblumigen Sorten, ganz neue, noch ungewohnte Anblicke schaffen.

Harmonie der Blütenfarben

Bei der Zuordnung der Pflanzen nach Blütenfarben wirken lila, rosa und weiße Farbtöne in den einzelnen Farbabstufungen bei Rhododendron recht gut zusammen. In Gruppenpflanzungen sollte weiß eigentlich immer zur Hälfte beteiligt sein, damit die Farben getrennt oder verbunden werden können. Rot-, Karminrosa- und Purpur-Töne sind schwer einzuordnen und wirken nur mit weiß zusammen vollkommen, während mit lila und auch teilweise reinrosa Blütenfarben die Gruppierung sehr schnell disharmonisch werden kann.

Erstaunlich gut passen alle Pastellfarben von rot, orange und gelb zusammen. Pastellgelb hebt rosa und rote Blütenfarben in der Wirkung ganz außerordentlich.

Rot, purpur und besonders violett und lila sind, auch wenn durch immergrüne Laubgehölze voneinander getrennt, in den dunkel-kräftigen Tönen allein nicht gut wirksam und teilweise bedrückend. Erst weiß und zartlila bringt diese Farben zum Leuchten.

Beiläufig hier noch ein Wort zur Blütezeit. Schon im kleinen Garten will man möglichst über einen langen Zeitraum hin Blüten sehen; und doch sollte es vermieden werden, in der Zeit dicht nacheinander blühende Arten zusammenzupflanzen. Vor allem bei mittel- und spätblühenden Sorten der Catawbiense-, Wardii- und Yakushimanum-Hybriden leidet die Wirkung der erblühenden Sorte sehr stark, wenn sie dicht neben einer gerade abblühenden oder verblühenden steht. Unbedenklich kann man dagegen früh- und spätblühende Rhododendron zusammenpflanzen und, wenn die abgeblühten Blütenstände der frühen Sorten sofort ausgebrochen werden, auch bei den spätblühenden immer eine einwandfreie Blüte beobachten.

Begleitpflanzen zu Rhododendron und Azaleen

Bei den Standortansprüchen (s. Seite 23) wurde schon erwähnt, daß Rhododendron sich erst in Gesellschaft und im Schutz von bestimmten Gehölzen – Bäumen und Sträuchern – besonders wohlfühlen, daß aber auch eine Reihe von Gehölzen, vor allem wegen des dichten Laubdaches und flach im Boden streichender Wurzeln, völlig ungeeignet für Vergesellschaftung mit Rhododendron ist.

Große Bäume

Glücklich, wer seine Pflanzen unter dem lockeren Schirm von Kiefern und Eichen pflanzen kann. Bäume sollen möglichst so frei stehen, daß noch offener Himmel dazwischen sichtbar bleibt und die volle Sonne einige Zeit am Tage über die Pflanzen wandern kann.

Von den Koniferen sind neben den *Pinus-*, *Tsuga-*, *Cedrus-*, *Taxus-*Arten in entsprechender Entfernung auch *Abies-*, *Larix-* und *Picea-*Arten geeignet, wobei *Abies*, *Picea* und ganz besonders *Taxus* einen dunklen Hintergrund für die Pflanzen bilden. *Cryptomeria japonica*

'Palestrina', eine weißblühende Japanische Azalee, als Wegbegrenzung und Vorpflanzung – zauberhaft!

und *Chamaecyparis obtusa* sind für japanische und chinesische Rhododendron-Arten ein passender Rahmen. Auch *Metasequoia glyptostroboides* kommt, wenn schnell Schatten angestrebt wird, mit in die engere Wahl.

Von den Laubbäumen sind *Quercus robur* (Stieleiche) und *Quercus petraea* (Trauben- oder Wintereiche) am besten mit Immergrünen verträglich. Vorsichtiger muß man mit *Quercus rubra* (Amerikanische Roteiche) sein, die zwar wesentlich schneller als die erstgenannte wächst, aber Unterpflanzungen leicht unterdrücken kann.

In den USA bestimmen in lichten Wäldern aus Eichen und *Liriodendron tulipifera* zur Blü-

Niedrigwachsende Rhododendron, Japanische Azaleen, Immergrüne und Koniferen – ein Steingarten in England.

tezeit Azaleenarten mit ihren weißen, rosa und orangeroten Farbtönen das Landschaftsbild. Vor allem *R. calendulaceum* mit seinen gelben, orange- bis scharlachroten Blütenfarben wird von den Hybridzüchtungen an Schönheit kaum übertroffen.

Magnolia kobus, die im Laufe von Jahren baumartig wächst, läßt sich, wie auch z.b. *Cercidiphyllum japonicum* (Katsurabaum), gut mit Rhododendron und Immergrünen zusammenpflanzen.

Im Zusammenhang mit Rhododendron, Bäumen und Baumgruppen sei auch an die von den Gemeinden erlassenen unterschiedlichen Baumschutzverordnungen erinnert, die ab einer bestimmten Stammstärke das Auslichten oder Fällen von Bäumen kaum mehr zulassen und sich dadurch für die Besitzer kleiner Grundstücke wenig gartenfreundlich und letztendlich rhododendron- und baumfeindlich auswirken können.

Kleine Bäume und größere Sträucher

Groß ist die Zahl der Gattungen und Arten von kleinen Bäumen und Sträuchern aus der Gruppe der laubabwerfenden Gehölze, die – neben den passenden immergrünen Laubgehölzen mit Rhododendron zusammengepflanzt – ausgesprochen harmonische Gartenbilder ergeben. Es kommen hierfür schwach- bis mittelstarkwachsende Ahorn-Arten sowie eine Reihe anderer Gehölze und deren Formen und Sorten in Frage, zum Beispiel:

Acer davidii
Acer japonicum
Acer palmatum
Acer rufinerve
Acer shirasawanum
Amelanchier-Arten
Cercis siliquastrum
Cornus controversa
Cornus florida
Cornus kousa
Halesia caroliniana
Halesia monticola
Liquidambar styraciflua
Magnolia denudata
Magnolia salicifolia
Oxydendrum arboreum
Zieräpfel und Zierkirschen,

wobei von den letzteren die Arten *Prunus sargentii*, *P. serrulata* und *P. × yedoensis*, ferner die Sorten 'Accolade', 'Kanzan', 'Shimidsu-sakura', 'Shirofugen', 'Tai-Haku', 'Ukon', 'Fukubana' und *P. subhirtella* 'Pendula' besonders schön sind.

Sträucher

Bei der Auswahl von strauchartig wachsenden Gehölzen, die etwa gleiche Höhe wie die immergrünen großblättrigen Rhododendron-Hybriden erreichen, kommen zuerst und ganz besonders die immergrünen Vertreter dieser Gruppe für die Ergänzung von Rhododendron-Pflanzungen in Frage. Bei den laubabwerfenden Gehölzen wird die Auswahl schon schwieriger. *Magnolia denudata*, *M. liliiflora*, *M. × loebneri*, *M. sieboldii*, *Magnolia × soulangiana* mit ihren Gartenformen und die strauchig wachsende *Magnolia kobus* var. *stellata* stehen an erster Stelle.

Hamamelis mollis (Zaubernuß) läßt sich gut zwischen Rhododendron plazieren; ihre Blüten erfreuen vor dunklem Hintergrund als besonders hell leuchtende Frühlingsboten. *Rhus glabra* und *Rhus typhina*, in entsprechendem Abstand vor Rhododendron-Gruppen gepflanzt, lockern durch ihren Habitus die Pflanzungen auf und bringen mit ihrem bunten Herbstlaub noch einmal kurz vor dem Winter Farbe in den Garten. Das gleiche gilt für *Cotinus coggygria*, *Fothergilla monticola*, *Clethra alnifolia* und *Vaccinium corymbosum*.

Die Bambusarten *Fargesia murielae* (syn. *Sinarundinaria murielae*) und *Fargesia nitida* (syn. *Sinarundinaria nitida*), dazu *Hydrangea aspera*, *H. macrophylla* und *H. quercifolia* mit ihren üppigen, großen Blättern sowie rosa und blauen Blüten, die zu einer Zeit erscheinen, da Rhododendron nur noch durch ihr Laub wirken, sieht man leider viel zu selten in Gärten harmonisch miteinander kombiniert.

Blumenzwiebeln, Knollen und Rhizome

Alle Frühlings- und Herbstblüher der bei uns gedeihenden Zwiebelgewächse bieten mit ihren Arten und Sorten eine schier unüberschaubare Fülle und können gar nicht häufig genug im Garten vor, zwischen und unter Rhododendron und immergrünen Laubgehölzen stehen. Als Beispiele seien nur die folgenden Gattungen genannt:

Anemone (Anemone)
Colchicum (Herbstzeitlose)
Crocus (Krokus)
Cyclamen (Alpenveilchen)
Eranthis (Winterling)
Galanthus (Schneeglöckchen)
Muscari (Traubenhyazinthe)
Narcissus (Narzisse)
Scilla (Blaustern)
Tulipa (Tulpe)

Lilien gelten als „klassische" Begleitpflanzen zu Rhododendron, haben aber, wie viele Rhododendronarten auch, ihre Eigenheiten, die oft nicht oder nur schwer mit den Pflanzungen in Einklang zu bringen sind. Die neuen Lilien-Hybriden haben jedoch schon viel dazu beigetragen, daß sich gartenwillige Formen anpflanzen und besser überdauern lassen.

Farne

Wie die immergrünen Gehölze sind Farne gute Nachbarn und natürliche Verbündete von Rhododendron. Farne lieben Halbschatten wie Rhododendron auch. Neben den winter- bzw. immergrünen Arten und deren Formen von *Asplenium trichomanes*, *Blechnum spicant*, *Dryopteris filix-mas*, *Polystichum aculeatum*, *P. setiferum* mit den Sorten 'Dahlem', 'Herrenhausen', 'Plumosum Densum', 'Proliferum', *P. lonchitis* steht noch die große Vielfalt von Gattungen und Arten der nicht wintergrünen Farne zur Vergesellschaftung mit Rhododendron zur Wahl. Es sind Pflanzenarten von wenigen Zentimetern bis 1,50 m Höhe, die in Wuchs und Wirkung eigentlich immer sehr gut zu den Immergrünen passen.

Gräser

Wie die Farne verbinden und füllen Gräser der Gattungen *Carex, Festuca, Luzula* und *Sesleria* die Zwischenräume zwischen den Rhododendron-Gruppen und mildern Übergänge zu Staudenbeeten, zum Rasen oder leiten zu Heidepartien über, um nur drei Beispiele zu nennen. *Cortaderia selloana* (Pampasgras) erregt vor immergrünen Rhododendron-Gruppen mit auf über 2 m hohen Stielen stehenden weißen Blütenfahnen im nicht zu kleinen Garten im Spätsommer jedes Jahr erneut Aufsehen. Diese attraktive Gruppierung ist kaum mehr zu übertreffen. Man sollte allerdings Abstand halten, denn Pampasgras und Rhododendron haben völlig unteschiedliche Standortansprüche und Lebensbereiche.

Stauden

In der Gruppe der Stauden steht dem Gartenfreund für seinen immergrünen Garten eine solche Fülle von Gattungen, Arten und Sorten zur Auswahl, daß der Platz im größten Garten nicht ausreichen wird, um alle Wünsche zu erfüllen. Besonders gut passen zu Rhododendron:

Anemone hupehensis und Sorten
Aruncus dioicus
Astilbe-Arendsii- und Japonica-Hybriden
Astilbe chinensis
Astilboides (Rodgersia) tabularis
Bergenia-Arten und -Hybriden
Cimicifuga
Dicentra eximia
Dicentra spectabilis
Digitalis purpurea
Hemerocallis
Hosta, alle Arten und Sorten. Aber je nach Wuchsstärke Abstand halten. Zwischen niedrige, alpine Rhododendron-Arten und Sorten passen nur die ganz niedrigen, kleinblättrigen *Hosta*!
Ligularia × hessei
Ligularia veitchiana
Ligularia wilsoniana
Meconopsis grandis
Meconopsis betonicifolia
Primula, alle Arten und Sorten
Rodgersia aesculifolia

Anemone hupehensis (A. japonica), vor höher wachsenden Azaleen gepflanzt, wirken während der Blütezeit im Sommer und Frühherbst so schön, daß man sich wundern muß, dieses Motiv so selten zu sehen.

Aruncus diocius und Astilben finden vor und zwischen Immergrünen den ihnen gemäßen Standort. Astilben, vor allem niedrig wachsende Sorten, kann man gar nicht genug in einem Rhododendron-Garten haben. Sie bringen im Sommer durch ihre Blüten Farbe zwischen und vor die dunkelgrünen Rhododendron. *A. chinensis* var. *pumila*, nur etwa 20 cm hoch wachsend ist ganz besonders zu empfehlen.

Es gibt im Garten Farbbilder, auf die man sich jedes Jahr immer wieder freut und die man nicht vergessen kann. In reinem hellen Himmelblau blühende *Meconopsis grandis* und *M. betonicifolia*, vor und zwischen Rhododendron gepflanzt, sind, wenn am Morgen in der Sonne die Blütenfarben sowohl der *Meconopsis* als auch der Rhododendron aufleuchten, bezaubernd schön. Bei uns sieht man dieses Bild leider nur ganz selten, was wohl hauptsächlich daran liegt, daß *Meconopsis* im Winter am ungeschützten Standort leicht erfrieren und allgemein auch wenig bekannt sind. *Meconopsis* sollten in einer Gruppe auf mindestens 1 m^2 Fläche zusammengepflanzt werden, damit sie richtig zur Wirkung kommen.

Bodendecker

Jeder Pflanzenfreund weiß, was mit dieser recht trockenen und prosaischen Bezeichnung gemeint ist. Es entsteht in der Vorstellung das Bild eines dichten grünen Pflanzenteppichs, der in der Natur in unterschiedlicher Höhe und Dichte den Boden bedeckt. Bodendecker werden verwendet, um einzeln stehende Bäume und Sträucher durch eine geschlossene Unterpflanzung miteinander zu verbinden. Weiter sind bodendeckende Pflanzen als Rasenersatz für solche Flächen gedacht, auf denen Rasen nicht oder nur schlecht gedeihen will, z. B. unter Bäumen; und schließlich gewinnt man mit einem schönen, dichten Pflanzenteppich den Vorteil, daß einem Bodenbearbeitung und Unkrautjäten weitgehend erspart bleiben. Die Zahl der geeigneten Pflanzenarten ist groß.

Gehölze

Alle im Kapitel „Immergrüne Laubgehölze" beschriebenen niedrig bleibenden Gehölze sind, wenn dicht und flächig gepflanzt, als Bodendecker verwendbar, doch sind vor allen anderen die nachfolgend genannten besonders geeignet und dankbar.

Calluna-Sorten
Erica-Arten und -Sorten
Euonymus fortunei var. *vegetus*
Gaultheria procumbens
Gaultheria shallon
Hedera helix 'Sagittaefolia'
Pachysandra terminalis
Vinca minor

Calluna- und *Erica*-Sorten sollte man nicht mit großblättrigen immergrünen Rhododendron zusammen anpflanzen. Sie sind ausgesprochene Heidepflanzen, die nicht zu den Waldpflanzen passen. Mit kleinblättrigen und alpinen Rhododendron, ferner mit Azaleen lassen sie sich jedoch recht gut verbinden. Man sollte dabei die unterschiedliche Wuchshöhe der *Erica*- und *Calluna*-Arten und -Sorten sorgfältig auf die Rhododendron abstimmen.

Euonymus fortunei var. *vegetus* wird von allen Varietäten und Formen der Art am schnellsten eine Fläche dicht begrünen. Er bildet an den am Boden aufliegenden Trieben Wurzeln und stellt keine besonderen Ansprüche an den Standort.

Einen ganz niedrigen, mit der Zeit vollkommen dicht werdenden Bewuchs bildet *Gaultheria procumbens*. In Laub- oder Nadelerde oder in mit Torfmull angereichertem Boden treiben die Pflanzen sehr bald Ausläufer, woraus aus anfangs lockerem Bestand rasch ein dichter Teppich entsteht. *Gaultheria procumbens* ist neben niedrigen Rhododendron besonders vorteilhaft, weil kaum Wurzelkonkurrenz zu befürchten ist und daher die Rhododendron nicht im Wuchs gehemmt oder gar unterdrückt werden. Wenn man einen Bodendecker für schwach wachsende Rhododendron ideal nennen kann, dann diesen! *Gaulthiera shallon* wird im Laufe weniger Jahre kniehoch und eignet sich nur für größere Flächen.

Eine anspruchslose, dankbare, vielfach ein wenig verkannte Gartenpflanze ist der Efeu mit seinen verschiedenartig geformten Blättern. Langsamwachsend ist *Hedera helix* 'Sagittaefolia' mit pfeilförmig zugespitzten Blättern.

Für besonders schattige Lagen ist *Pachysandra terminalis* ein Bodendecker par excellence. Kaum eine andere Pflanze ist in ihrer Verwendung für diesen Zweck so dankbar. Sogar im tiefen Schatten von Rotbuchen wächst diese Art bis an den Stamm heran und hält sich dort ausdauernd. Voraussetzung ist allerdings eine sehr gute Bodenvorbereitung.

Vinca minor, das kleinblättrige Immergrün, bedarf als alter, geschlossener Bestand gleichfalls kaum der Pflege, erfreut im Frühjahr mit blauen Blüten und die übrige Zeit des Jahres mit einem Teppich glänzend grüner Triebe.

Neben diesen als Bodendecker zwischen Rhododendron besonders zu empfehlenden Gehölzen dürfen auf keinen Fall die immergrünen *Cotoneaster dammeri* var. *radicans*, *C. dammeri* 'Skogholm' und, wenn auch nicht immergrün, aber ganz vorzüglich in voller Sonne und lichtem Schatten gedeihend, *C. adpressus* 'Little Gem' vergessen werden.

Stauden

Aus der Gruppe der Stauden sind folgende Arten als Bodendecker erprobt und bewährt:

Ajuga reptans
Asarum canadense
Asarum europaeum
Astilbe chinensis var. *pumila*
Buglossoides (Lithospermum) purpureocaeruleum
Cornus canadensis
Epimedium alpinum
Epimedium grandiflorum
Epimedium pinnatum
Fragaria vesca
Galium odoratum (Asperula odorata)
Hepatica nobilis
Iberis sempervirens
Lamiastrum galeobdolon (= Lamium galeobdolon)
Lysimachia nummularia
Mitella caulescens
Mitella pentandra
Myosotis scorpioides
Primula-Arten und -Sorten
Pulmonaria angustifolia
Pulmonaria saccharata
Saxifraga canaliculata
Saxifraga trifurcata
Saxifraga umbrosa
Sedum album
Sedum spurium
Symphytum grandiflorum
Tiarella cordifolia
Viola odorata
Waldsteinia geoides
Waldsteinia ternata

Farne

Als niedrigwachsende Farne, die sich nur langsam ausbreiten, aber nicht zu großflächig gepflanzt werden sollten, sind vor allem zu empfehlen:

Adiantum pedatum
– – 'Imbricatum'
– – 'Japonicum'
Adiantum venustum
Gymnocarpium dryopteris

Adiantum pedatum 'Imbricatum' wird nicht höher als 20 cm und ist daher auch zwischen niedrigen Rhododendron und Azaleen eine niemals störende Art.
Abschließend noch eine Warnung! Begleitpflanzen und Bodendecker, gleich welcher Gruppen, werden sehr oft dicht – zu dicht – an Rhododendron und immergrüne Gehölze herangepflanzt. Besonders Stauden entwickeln sich bereits im Laufe des ersten Jahres nach der Pflanzung so kräftig, daß kleine Rhododendronpflanzen bedrängt oder sogar teilweise überwachsen werden können. Arten und Sorten aus der Untersektion Lapponica (Lapponicum-Serie) zeigen im beengten Stand schon nach einem Sommer kahle Stellen, aber auch durchaus robustere Pflanzen von starkwachsenden Hybriden werden hochgetrieben und kahlen von unten her auf. Deshalb soll von Anfang mit über 10 cm hochwachsenden Begleitpflanzen auf Abstand geachtet und im Sommer mehrfach kontrolliert werden, ob die Rhododendron auch nicht bedrängt und überwachsen werden. Zwischen langsamwachsenden niedrigen Rhododendron läßt man Bodendecker besser gar nicht erst zu Konkurrenten aufwachsen.

Bepflanzungspläne

Auf den folgenden Seiten werden drei Pläne verschieden großer Gartengrundstücke mit Bepflanzungsbeispielen vorgestellt. Dabei stehen Rhododendron und immergrüne Laubgehölze im Mittelpunkt.

Fortsetzung „Rhododendron und immergrüne Laubgehölze in Pflanzkübeln" auf Seite 254

244 Verwendung der Rhododendron und immergrünen Laubgehölze

Zwei Reihenhausgärten – Grundstücksgröße ca. 250 m², mit Rhododendron bepflanzt.

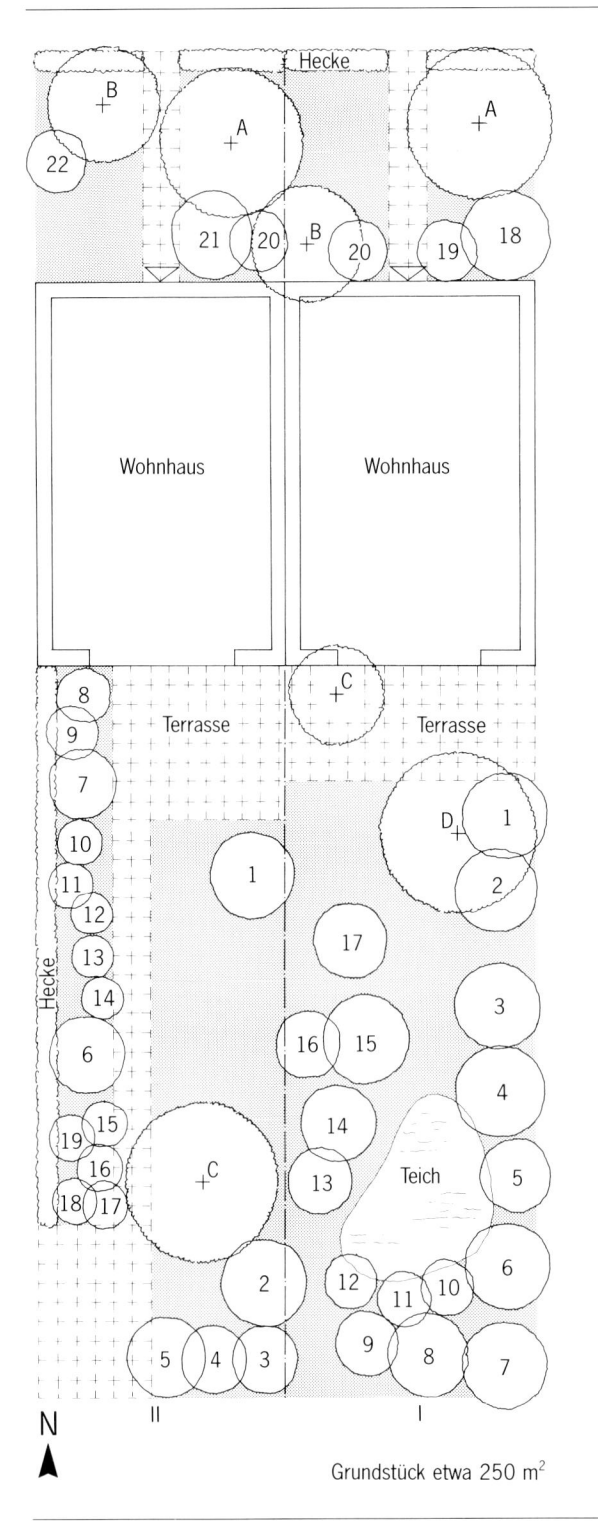

Variante A

Garten I

A = *Acer davidii*
B = *Acer shirasawanum* 'Aureum'
C = *Laburnum watereri* 'Vossii'
D = *Magnolia loebneri* 'Leonard Messel'

1 = *R. concinnum*
2 = *R. ambiguum*
3 = 'Azurwolke'
4 = 'Dora Amateis'
5 = 'Gletschernacht'
6 = 'Palestrina' (A)
7 = 'Old Port'
8 = 'Gudrun'
9 = 'Susan'
10 = 'Blue Danube' (A)
11 = 'Azurika'
12 = 'Schneeglanz' (A)
13 = *R. impeditum*
14 = 'Blue Wonder'
15 = 'Blurettia'
16 = 'Schneekoppe'
17 = *R. yakushimanum* 'Koichiro Wada'
18 = 'Lee's Dark Purple'
19 = 'Flava'
20 = 'Praecox'

Garten II

A = *Cornus kousa*
B = *Acer shirasawanum* 'Aureum'
C = Birne: 'Gute Graue', 'Stuttg. Geißhirtle'

1 = *R. yakushimanum* 'Koichiro Wada'
2 = 'Ehrengold'
3 = 'A. Bedford'
4 = 'Mrs. J. G. Millais'
5 = 'Berliner Liebe'
6 = *Kalmia latifolia*
7 = *Kalmia latifolia* 'Ostbo Red'
8 = *Pyracantha coccinea* 'Orange Glow'
9 = 'Lavendula'
10 = 'Lampion'
11 = 'Schneekoppe'
12 = 'Bad Eilsen'
13 = 'Scarlet Wonder'
14 = 'Dora Amateis'
15 = 'Red Carpet'
16 = 'Schneekrone'
17 = 'Sneezy'
18 = 'Goldkrone'
19 = 'Fantastica'
20 = 'Rothenburg'
21 = 'Jackwill'
22 = 'Vater Böhlje'

Kleinlaubige Arten und Sorten, deren Habitus durch wenige großblättrige Sorten ('Old Port', 'Gudrun', 'Lee's Dark Purple' und 'Flava') besonders hervorgehoben wird, sind vorherrschend. Die Harmonie des Gartens liegt in den Farben: Blau, Lila, Violett und Weiß.

Auf freier Fläche nahe der Terrasse *R. yakushimanum* als Solitär. Begrenzt wird der Blick vom Haus durch eine Gruppe hochwachsender Sorten, die farblich harmonieren. Auf der Rabatte ausgewählte Sorten von Repens-, Williamsianum- und Yakushimanum-Hybriden, die durch *Kalmia* und *Pyracantha* voneinander getrennt werden.

Grundstück etwa 250 m²

(A) = Azalee

Zwei Reihenhausgärten – Grundstücksgröße ca. 250 m², mit Rhododendron bepflanzt.

Variante B

Garten I

A = *Magnolia liliiflora* 'Nigra'
B = *Cornus kousa*
C = Pflaume: 'Hauszwetsche'
D = *Magnolia denudata*

1 = 'Coccinea Speciosa' (A)
2 = 'Coccinea Speciosa' (A)
3 = *Kalmia latifolia*
4 = 'Daviesii' (A)
5 = *Acer palmatum* 'Dissectum'
6 = 'Fanal' (A)
7 = 'Persil' (A)
8 = 'Klondyke' (A)
9 = *Kalmia latifolia* 'Ostbo Red'
10 = 'Kermesina' (A)
11 = 'Kermesina Rosé' (A)
12 = 'Kermesina Alba' (A)
13 = 'Dora Amateis'
14 = 'Lampion'
15 = 'Rosa Perle'
16 = 'Frühlingsanfang'
17 = *R. makinoi*
18 = 'Praecox'
19 = 'Praecox'
20 = 'Fantastica'

Garten II

A = *Acer davidii*
B = *Cornus kousa*
C = *Magnolia denudata*

1 = 'Brigitte'
2 = 'Gloria'
3 = 'Lady Annette de Trafford'
4 = 'Progres'
5 = 'Humboldt'
6 = 'Stockholm'
7 = 'Lavendula'
8 = 'Hinomayo' (A)
9 = 'Hatsugiri' (A)
10 = 'Palestrina' (A)
11 = 'Favorite' (A)
12 = 'Willy' (A)
13 = 'Joseph Haydn' (A)
14 = 'Oester' (A)
15 = 'Kazuko' (A)
16 = 'Noriko' (A)
17 = 'Schneeglanz' (A)
18 = 'Hiroko' (A)
19 = 'Hanako' (A)
20 = 'Gartendirektor Rieger'
21 = 'Praecox'
22 = 'P.J.M'

Variante C

Garten I

A = *Crataegus laevigata* 'Paul's Scarlet'
B = *Acer palmatum* 'Atropurpureum'
C = Pflaume: 'Hauszwetsche'
D = *Koelreuteria paniculata*

1 = *Pyracantha coccinea* 'Orange Glow'
2 = 'Sammetglut'
3 = 'Album Novum'
4 = 'Furnivall's Daughter'
5 = 'Dagmar'
6 = 'Diadem'
7 = 'Gudrun'
8 = 'Nova Zembla'
9 = 'Redwood'
10 = 'Baden Baden'
11 = 'Goldrausch'
12 = 'Scarlet Wonder'
13 = 'Red Carpet'
14 = 'Orangina'
15 = 'Percy Wiseman'
16 = 'Viscy'
17 = 'Jackwill'
18 = 'August Lamken'
19 = 'Frühlingsanfang'
20 = 'Jackwill'

Garten II

A = *Cornus kousa*
B = *Magnolia liliiflora* 'Susan'
C = *P. sargentii* 'Accolade'

1 = 'Berliner Liebe'
2 = 'Susan'
3 = 'Lee's Dark Purple'
4 = 'Sappho'
5 = 'Azurro'
6 = *yakushimanum* 'Koichiro Wada'
7 = *yakushimanum* 'Koichiro Wada'
8 = *concinnum* var. *pseudoyanthinum*
9 = 'Gletschernacht'
10 = 'Diamant lachs' (A)
11 = 'Diamant lachs' (A)
12 = 'Blue Danube' (A)
13 = 'Kermesina' (A)
14 = 'Kermesina Rosé' (A)
15 = 'Diamant rosa' (A)
16 = 'Diamant rosa' (A)
17 = 'Diamant weiß' (A)
18 = 'Diamant rosa' (A)
19 = 'Diamant purpur' (A)
20 = 'Rothenburg'
21 = *Buxus sempervirens* 'Bullata'
22 = *R. makinoi*

Azaleen sind typisch für diesen Garten. 'Coccinea Speciosa' blüht direkt an der Terrasse. An der Grundstücksgrenze steht eine Reihe hochwachsender Azaleen. Am Teich blühen drei Japanische Azaleen, auf der anderen Seite steht eine Gruppe Repens- und Yakushimanum-Sorten.

In diesem Garten bestimmt die Insigne-Sorte 'Brigitte' an der Terrasse das Bild. Im Hintergrund hochwachsende rosa, lila und cremefarben blühende Sorten. Auf der Rabatte verschiedene Japanische Azaleen, dazwischen als Blickpunkt die Williamsianum-Hybride 'Stockholm'.

Diesen Garten bestimmen Rhododendron in den Farben Rosa und Rot, die durch das Weiß der Sorten 'Album Novum' und 'Gudrun' beziehungsweise das Gelb von 'Goldrausch', 'Percy Wiseman' und 'Viscy' hervorgehoben werden. Frühe Blütezeit haben die Repens- und Williamsianum-Sorten.

Die Insigne-Sorte 'Berliner Liebe' steht als Solitär an der Terrasse. Hinter einer *Prunus sargentii* 'Accolade' leuchtet aus einer blau, lila und violett blühenden Rhododendron-Gruppe die weiße Sorte 'Sappho'. Auf der Rabatte bodendeckend niedrige, kleinblütige Japanische Azaleen, dazwischen *R. yakushimanum*.

(A) = Azalee

Einfamilienhaus – Grundstücksgröße ca. 500 m², mit Rhododendron bepflanzt.

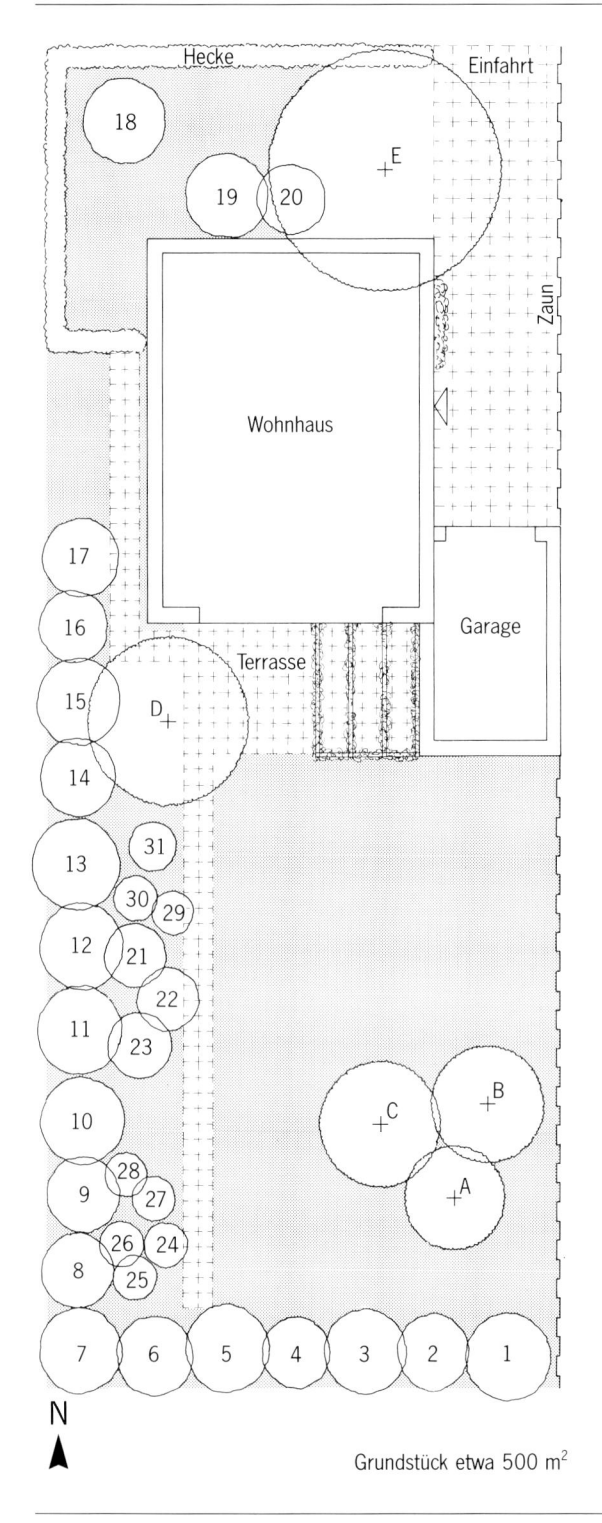

Variante A

A = *Metasequoia glyptostroboides*
B = *Cornus kousa*
C = *Magnolia denuta*
D = *Magnolia* 'Heaven Scent'
E = *Prunus* 'Accolade'

 1 = 'Roseum Elegans'
 2 = 'Catawbiense Grandiflorum'
 3 = 'Album Novum'
 4 = 'Lee's Dark Purple'
 5 = 'Blue Peter'
 6 = 'Gudrun'
 7 = 'Purple Splendour'
 8 = 'Schneebukett'
 9 = 'Holstein'
10 = 'Azurro'
11 = 'A. Bedford'
12 = 'Belle Heller'
13 = 'Diadem'
14 = 'Furnivall's Daughter'
15 = 'Catharine van Tol'
16 = 'Ann Lindsay'
17 = 'Blinklicht'
18 = 'Nova Zembla'
19 = 'Inamorata'
20 = 'Rothenburg'
21 = 'Lachsgold'
22 = 'Fantastica'
23 = 'Goldkrone'
24 = 'Scarlet Wonder'
25 = 'Red Carpet'
26 = 'Baden-Baden'
27 = 'Lampion'
28 = 'Lampion'
29 = 'Schneewolke'
30 = 'Marlis'
31 = 'Bad Eilsen'

Der Garten eines „Sammlers". In der Randpflanzung, die einmal als Hecke zusammenwachsen soll, sind verschiedene Sorten in Farbgruppen zusammengepflanzt. Davor einige Repens-, Wardii- und Yakushimanum-Sorten.

(A) = Azalee

Einfamilienhaus – Grundstücksgröße ca. 500 m², mit Rhododendron bepflanzt.

Variante B

A = *Pinus sylvestris*
B = *Kolkwitzia amabilis*
C = *Magnolia liliiflora* 'Susan'
D = *Prunus subhirtella* 'Autumnalis'
E = *Acer davidii* 'George Forrest'

 1–5 = 'Catawbiense Grandiflorum'
  6 = 'Album Novum'
  7 = 'A. Bedford'
  8 = 'Catawbiense Album'
  9 = 'Lady Annette de Trafford'
10–12 = *R. luteum* (A)
13–17 = 'Roseum Elegans'
 18 = 'Lissabon'
 19 = 'Rothenburg'
 20 = 'Gartendirektor Glocker'
 21 = 'Sylphides' (A)
 22 = 'Golden Sunset' (A)
 23 = 'Royal Command' (A)
 24 = 'Anuschka'
 25 = 'Bashful'
 26 = 'Daniela'
 27 = 'Fantastica'
 28 = 'Polaris'
 29 = 'Blue Danube' (A)
 30 = 'Blue Danube' (A)
 31 = 'Schneeglanz' (A)

Randpflanzung mit 'Catawbiense Grandiflorum' und 'Roseum Elegans', unterbrochen von *R. luteum*, davor eine Gruppe Knap-Hill-Azaleen. Als Vorpflanzung vor den hochwachsenden Sorten in der Ecke eine Gruppe von Yakushimanum-Hybriden.

(A) = Azalee

Variante C

A = *Metasequoia glyptostroboides*
B = *Metasequoia glyptostroboides*
C = *Sinarundinaria murielae* (syn. *Fargesia murielae*)
D = *Koelreuteria paniculata*
E = *Prunus* 'Ukon'

  1 = 'Royal Command' (A)
  2 = 'Royal Command' (A)
  3 = 'Royal Command' (A)
  4 = 'Silver Slipper' (A)
  5 = 'Persil' (A)
 6–8 = 'Feuerwerk' (A)
  9 = 'Golden Sunset' (A)
 10 = 'Golden Sunset' (A)
 11 = 'Klondyke' (A)
 12 = 'Raimunde' (A)
 13 = 'Pompadour' (A)
 14 = 'Cecile' (A)
 15 = 'Sylphides' (A)
 16 = 'Feuerwerk' (A)
 17 = 'Persil' (A)
 18 = 'Diorama' (A)
 19 = 'Soir de Paris' (A)
 20 = 'Coccinea Speciosa' (A)
 21 = *Hydrangea serrata* 'Bluebird'
 22 = *Hydrangea serrata* 'Preciosa'
 23 = *Hydrangea aspera* 'Macrophylla'
 24 = 'Signalglühen' (A)
 25 = 'Palestrina' (A)
 26 = 'Signalglühen' (A)
 27 = 'Diamant weiß' (A)
 28 = 'Diamant weiß' (A)
 29 = 'Schneeglanz' (A)
 30 = 'Hinodegiri' (A)
 31 = 'Hatsugiri' (A)

Ein Azaleen-Garten. *Metasequoia* und Bambus mitten im Rasen sind ein dekorativer Blickfang. Wer den Garten zu „offen" findet, kann einen Sichtschutzzaun oder besser eine Taxushecke als Hintergrund für die Azaleen wählen.

Einfamilienhaus – Grundstücksgröße ca. 1000 m², mit Rhododendron bepflanzt. Variante A

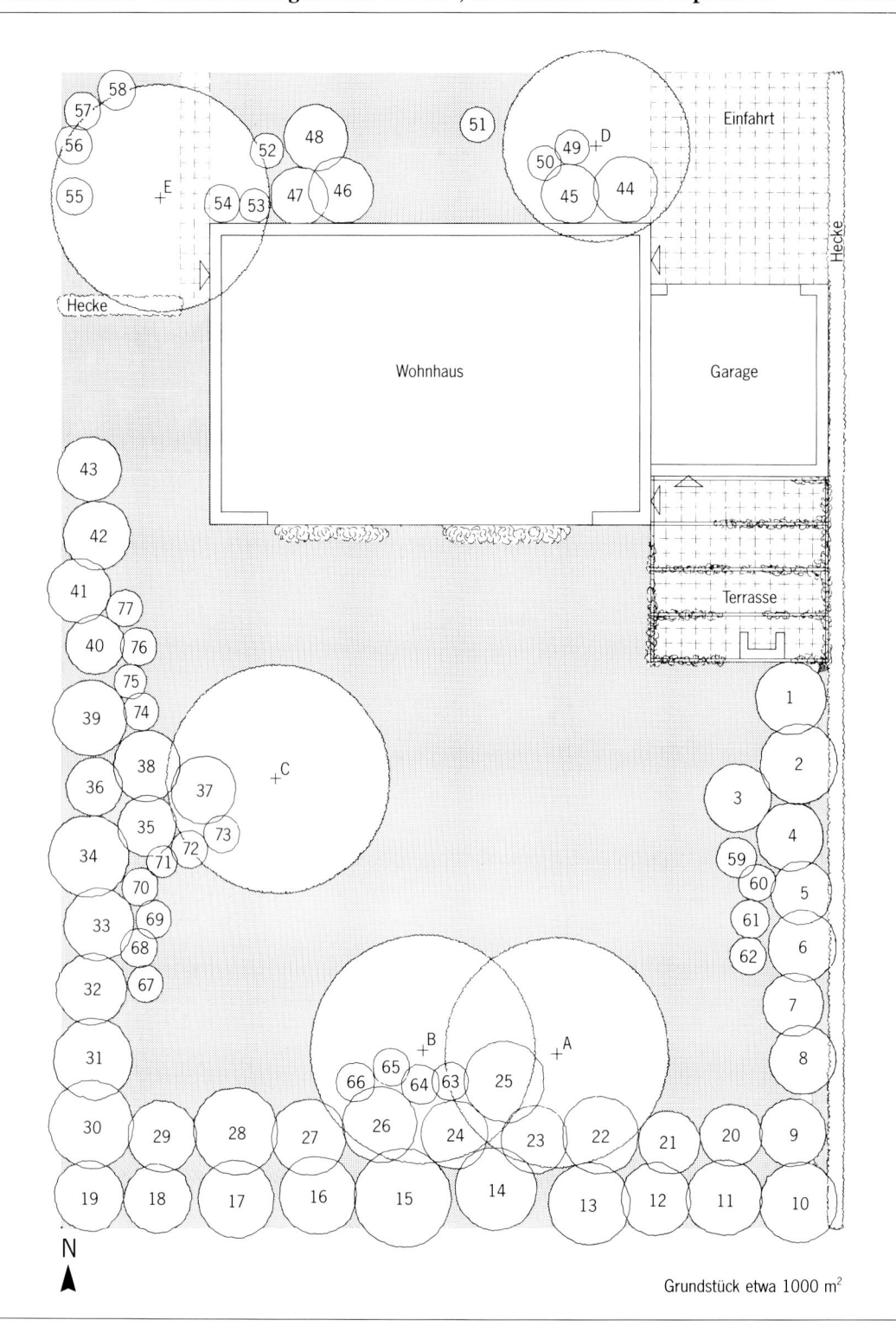

Grundstück etwa 1000 m²

Einfamilienhaus – Grundstücksgröße ca. 1000 m², mit Rhododendron bepflanzt. Variante A

A = *Pinus sylvestris*
B = *Pinus sylvestris*
C = *Prunus avium* 'Büttners Rote Knorpelkirsche'
D = *Magnolia loebneri* 'Merrill'
E = *Crataegus laevigata* 'Paul's Scarlet'

 1 = *Enkianthus campanulatus*
 2 = 'Pompadour' (A)
 3 = 'Wye' (A)
 4 = 'Pompadour' (A)
 5 = 'Raimunde' (A)
 6 = 'Feuerwerk' (A)
 7 = 'Silver Slipper' (A)
 8 = 'Royal Command' (A)
 9 = 'Golden Sunset' (A)
10 = 'Sylphides' (A)
11 = *Ilex aquifolium* 'I. C. van Tol'
12–17 = *R. fortunei*
18 = *Ilex aquifolium* 'Pyramidalis'
19 = *Ilex aquifolium* 'Pyramidalis'
20 = 'Klondyke' (A)
21 = *Pieris japonica*
22 = 'Stadt Westerstede'
23 = 'Old Port'
24 = 'Purple Splendor'
25 = 'Azurro'
26 = 'Dagmar'
27 = 'Blue Peter'
28 = 'Johann C. H. Berg'
29 = *Kalmia latifolia*
30 = *Kalmia latifolia* 'Ostbo Red'
31 = *Kalmia latifolia*
32 = 'Cunningham's White'
33 = 'Album novum'
34 = 'Catharine van Tol'
35 = 'Sammetglut'
36 = 'Directeur E. Hjelm'
37 = 'Diadem'
38 = 'Furnivall's Daughter'
39 = 'Nova Zembla'
40 = 'Mrs. J. G. Millais'
41 = 'Susan'
42 = 'Blue Peter'
43 = *Sinarundinaria murielae* (syn. *Fargesia murielae*)
44 = 'Berliner Liebe'
45 = 'Rothenburg'
46 = 'Görlitz'
47 = 'Lissabon'
48 = 'Osmar'
49 = 'Scarlet Wonder'
50 = 'Scarlet Wonder'
51 = 'Red Carpet'
52 = 'Lampion'
53 = 'Fantastica'
54 = 'Anuschka'
55 = 'Gletschernacht'
56 = 'Azurwolke'
57 = 'Lavendula'
58 = 'Moerheim'
59 = 'Kermesina Alba' (A)
60 = 'Kermesina Rosé' (A)
61 = 'Kermesina Rosé' (A)
62 = 'Kermesina Alba' (A)
63 = 'Dora Amateis'
64 = 'Dora Amateis'
65 = 'Schneekoppe'
66 = 'Schneekoppe'
67 = *Hydrangea serrata* 'Bluebird'
68 = *Leucothoë fontanesiana* 'Scarletta'
69 = *Hydrangea serrata* 'Bluebird'
70 = *Leucothoë fontanesiana* 'Scarletta'
71 = *Hydrangea serrata* 'Bluebird'
72 = 'Palestrina' (A)
73 = 'Palestrina' (A)
74–75 = *Skimmia japonica* 'Rubella'
76–77 = *Sarcococca humilis*

Der Garten zeigt die Vielfalt der Rhododendron, Azaleen und Immergrünen. In der Grenzpflanzung Knap-Hill-Azaleen, *R. fortunei* und hochwachsende Rhododendron verschiedener Sortengruppen. Die Farben werden durch Bambus, *Ilex* und *Kalmia* voneinander getrennt. Durch die Rasenfläche wirkt der Garten größer.

(A) = Azalee

250 Verwendung der Rhododendron und immergrünen Laubgehölze

Einfamilienhaus – Grundstücksgröße ca. 1000 m², mit Rhododendron bepflanzt. Variante B

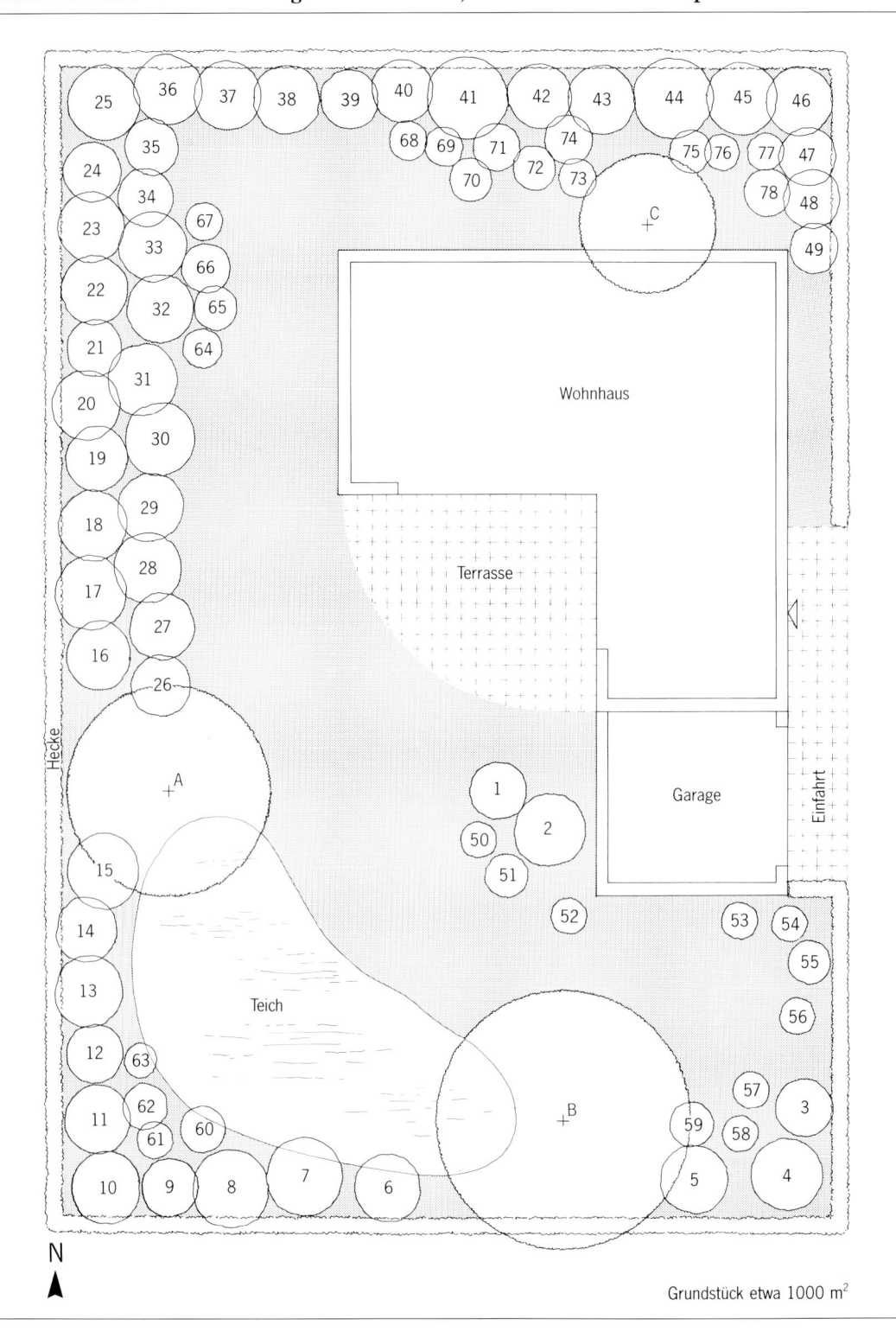

Einfamilienhaus – Grundstücksgröße ca. 1000 m², mit Rhododendron bepflanzt. **Variante B**

A = *Koelreuteria paniculata*
B = *Pinus sylvestris*
C = *Magnolia denudata*

  1 = 'Coccinea Speciosa' (A)
  2 = *Sinarundinaria murielae* (Syn. *Fargesia murielae*)
  3 = 'Gibraltar' (A)
  4 = 'Cecile' (A)
  5 = 'Gibraltar' (A)
  6 = *Sinarundinaria murielae*
  7 = *R. luteum* (A)
  8 = 'Feuerwerk' (A)
  9 = *R. luteum* (A)
10 = *Cornus kousa* (A)
11 = *R. luteum* (A)
12 = 'Fanal' (A)
13 = 'Fanal' (A)
14 = *R. luteum* (A)
15 = *Sinarundinaria murielae*
    16–25 = *R. fortunei* oder *R. smirnowii*, alternativ 'Roseum Elegans', 'Catawbiense Grandiflorum' (als Hecke)
26 = *R. calophytum*
27 = 'Susan'
28 = *R. campanulatum*
29 = 'Susan'
30 = *R. carolinianum*
31 = *R. calophytum*
32 = 'Brigitte'
33 = *R. insigne*
34 = 'Berliner Liebe'
35 = *R. oreodoxa*
36 = *R. fortunei*
37 = *R. oreodoxa*
38 = *R. sutchuenense*
39 = *Kalmia latifolia* 'Bullseye'
40 = *Kalmia latifolia* 'Ostbo Red'
41 = *Kalmia latifolia* 'Freckles'
42 = *R. discolor*
43 = *R. discolor*
44 = 'Inamorata'
45 = 'Junifeuer'
46 = 'Inamorata'
47 = 'Lissabon'
48 = 'Rothenburg'
49 = 'Vater Böhlje'
50 = *Buxus sempervirens*
51 = 'Palestrina' (A)
52 = *Pyracantha coccinea* 'Orange Glow'
53 = *Pyracantha coccinea* 'Red Column' und 'Soleil d'Or'
54–56 = *Enkianthus campanulatus*
57–59 = *Skimmia reevesiana*
60 = 'Diamant rosa' (A)
61 = *Enkianthus campanulatus*
62 = 'Diamant rosa' (A)
63 = 'Diamant rosa' (A)
64 = 'Scarlet Wonder'
65 = 'Baden Baden'
66 = 'Scarlet Wonder'
67 = 'Baden Baden'
68 = 'Goldkrone'
69 = *Skimmia japonica*
70 = *R. yakushimanum* 'Koichiro Wada'
71 = 'Gletschernacht'
72 = 'Gletschernacht'
73 = 'Goldkrone'
74 = 'Gletschernacht'
75–78 = 'Praecox'

Ein „Rhododendron-Garten der langen Blütezeit", die im März mit *R. oreodoxa* beginnt und im Juni mit *R. discolor* endet. Zum Schutz der empfindlichen Rhododendron ist der Garten allseitig von einer Hecke umgeben. Hinter dem Teich spiegeln sich im Wasser Knap-Hill-Hybriden und Japanische Azaleen.

(A) = Azalee

252 Verwendung der Rhododendron und immergrünen Laubgehölze

Einfamilienhaus – Grundstücksgröße ca. 1000 m², mit Rhododendron bepflanzt. Variante C

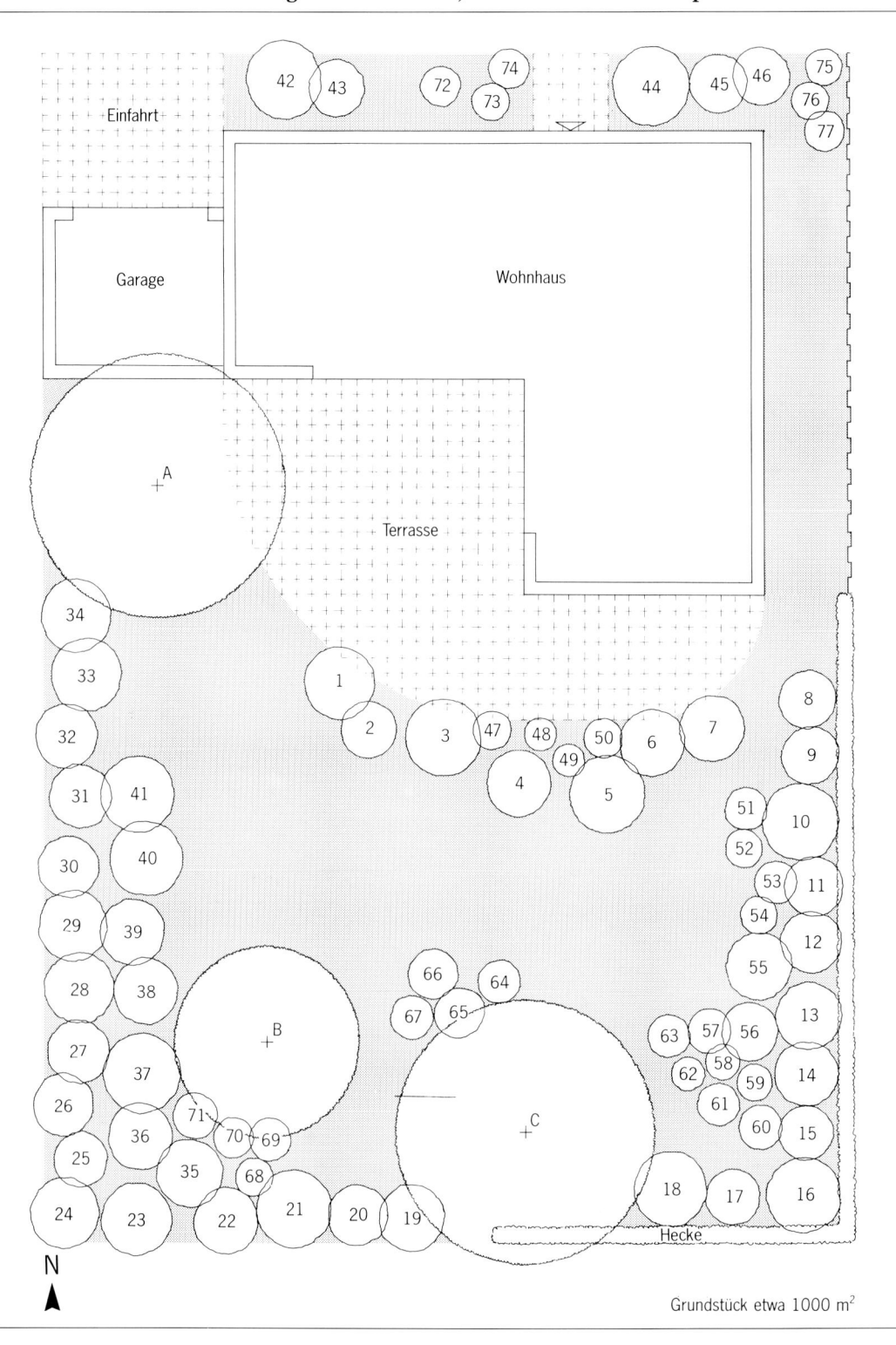

Grundstück etwa 1000 m²

Einfamilienhaus – Grundstücksgröße ca. 1000 m², mit Rhododendron bepflanzt.   **Variante C**

A = Birne 'Gute Graue' oder
    'Stuttgarter Geißhirtle'
B = *Pinus sylvestris*
C = *Pinus sylvestris*

1–3 = *R. yakushimanm* 'Koichiro Wada'
4 = 'Lampion'
5 = 'Fantastica'
6 = *Ilex crenata*
7 = *Sinarundinaria murielae*
    (syn. *Fargesia murielae*)
8 = *Sinarundinaria murielae*
9 = *Ilex crenata*
10–13 = 'Catawbiense Grandiflorum'
14–16 = 'Roseum Elegans'
17 = *Buxus sempervirens* 'Bullata'
18 = *Sinarundinaria murielae*
19 = *Sinarundinaria murielae*
20 = *Ilex crenata*
21 = 'Gudrun'
22 = 'Old Port'
23–25 = *Ilex aquifolium* 'I. C. van Tol'
26–30 = *Pieris japonica*
31–33 = *R. luteum* (A)
34 = *Sinarundinaria murielae*
35 = 'Mrs. J. G. Millais'
36 = 'A. Bedford'
37 = 'Belle Heller'
38 = 'Azurro'
39 = 'Dagmar'
40 = 'Susan'
41 = *Pieris japonica* 'Red Mill'
42 = 'Inamorata'
43 = 'Junifeuer'
44 = *Buxus sempervirens* 'Bullata'
45 = 'Lady Annette de Trafford'
46 = 'Junifeuer'
47–50 = 'Lavendula'
51 = 'Goldkrone'
52–54 = 'Scarlet Wonder'
55 = 'Diadem'
56 = 'Stadt Westerstede'
57 = 'Lampion'
58–60 = 'Baden Baden'
61 = 'Dora Amateis'
62 = 'Lampion'
63 = 'Lampion'
64 = 'Palestrina' (A)
65 = 'Palestrina' (A)
66 = 'Blue Danube' (A)
67 = 'Palestrina' (A)
68–71 = *Hydrangea serrata* 'Bluebird'
72–74 = 'Praecox'
75–77 = *R. dauricum*

Vor einer großen Terrasse wächst *R. yakushimanum* mit einigen Hybriden zusammen mit 'Lavendula'. Immergrüne trennen die Farb- und Sortengruppen der Rhododendron voneinander und schaffen einen sehr abwechslungsreichen und doch großzügigen Garten. Die Gruppe Japanischer Azaleen unter den zwei *Pinus* im Rasen bildet zur Blütezeit einen bübschen Anblick.

(A) = Azalee

Rhododendron und immergrüne Laubgehölze in Pflanzkübeln

Im kleinen Gewächshaus, wo im Sommer die Temperaturen trotz sorgfältiger Wartung und Schattierung auf 30 °C und höher ansteigen können, wird es auch für die bei uns nicht winterharten Rhododendron aus dem subtropischen Klimabereich zu heiß. Sie gedeihen dann besser über Sommer an schattiger Stelle im Freiland und werden vor den ersten Frösten wieder ins Gewächshaus gebracht. Es ist in diesem Fall ratsam, die Pflanzen in entsprechend großen Kübeln aus Plastik oder Terracotta oder in Kisten aus Hartholz zu kultivieren. Derartige Kübel sollten mehr breit als hoch und bei einem Durchmesser von 60 bis 120 cm nicht tiefer als 30 bis 40 cm sein. Die Form, egal ob rund oder rechteckig, ist ohne Bedeutung und nur vom persönlichen Geschmack abhängig.

Rhododendron und Immergrüne werden, auf diese Weise kultiviert, zu Topfpflanzen und stellen dementsprechende Ansprüche. Sie wollen und dürfen niemals in praller Sonne stehen, da der Boden im Behälter sich sonst zu stark erwärmt. Gegossen wird mit weichem Wasser, am besten Regenwasser. Das Substrat muß locker und durchlässig sein. Wässern ist hier während der Blüte und beim Austrieb ganz besonders wichtig. Die Pflanzen dürfen niemals trocken werden oder gar die Blätter hängen lassen. Im Sommer ist bei warmer Witterung kaltes Wasser nachteilig; es sollte abgestanden, d.h. entsprechend der Außentemperatur angewärmt sein. Zurückhaltung ist hingegen im Herbst und im Winter beim Gießen geboten, denn zuviel Nässe in dieser Zeit bringt faule Wurzeln.

Da Kübelpflanzen einen begrenzten Wurzelraum haben, sollte man regelmäßig flüssig während der Vegetationsperiode düngen – während des Austriebes (Mitte Mai bis Ende Juni) wöchentlich Alkrisal 2 g/l Wasser; Juli bis August alle 4 Wochen, also 2- bis 3mal Alkrisal 2 g/l Wasser durchdringend gießen. In Trockenjahren eventuell mehr düngen wegen der Auswaschung! Nach dem Verblühen sind abgeblühte Blüten sofort auszubrechen; man darf keinesfalls Samenentwicklung zulassen.

Die beste Zeit zum Einpflanzen in Töpfe und Kübel ist Mitte September bis Anfang Oktober. Die Pflanzen bilden dann vor Frosteintritt noch ausreichend neue Wurzeln. Pflanzt man im Frühjahr ein, so ist es ratsam, dies bei großen Pflanzen schon Ende März zu tun. Kleine Exemplare wachsen auch noch bis Mitte Mai ohne zu stocken in Kübeln weiter. Man kann in reinen Torfmull mit Kalk und Düngerzusatz pflanzen oder auch eine Mischung grob verrotteter Lauberde von Eichen- oder Buchenlaub, Torfmull und Sand im Verhältnis 2:2:1 Raumteilen, dazu noch 1 Teil alten Kuhdung beigemischt, wählen. Anstelle von Sand ist Granitgrus unterschiedlicher Körnung besonders zu empfehlen. Bei größeren Pflanzen ist weiter ein Zusatz von 1 Teil saurem Lehm günstig, weil damit die Erde etwas bindiger wird und nicht so schnell austrocknet. Besonders kleine Pflanzen wachsen besser, wenn an Stelle von Lauberde grobe Nadelerde genommen wird, die das Substrat noch lockerer und für Wasser durchlässiger macht, freilich auch schneller austrocknen läßt.

Rhododendron und Azaleen gedeihen in ausreichend großen Kübeln – gute Pflege vorausgesetzt – recht gut auch über längere Zeiträume hin. Bei der Überwinterung sollte immer für Windschutz gesorgt und nur beachtet werden, daß die Kübel wie schon im Sommer nicht zu großen Temperaturschwankungen ausgesetzt sind. Dies ist durch Einschütten von Laub bzw. Einfüttern oder mit Hilfe von Strohmatten zu erreichen. Nach eigenen Beobachtungen wachsen und blühen die Sorten 'Cunningham's White', 'Goldsworth Yellow', 'Gomer Waterer', 'Jacksonii', 'Madame de Bruin', 'Professor J. H. Zaayer' selbst über einen längeren Zeitraum jedes Jahr recht gut, und es besteht eigentlich kein Grund, warum andere harte Hybriden nicht ähnlich reagieren sollten.

Frühblühende Arten und Sorten, z. B. *R. carolinianum, R. dauricum, R. mucronulatum*, ferner Repens-Hybriden, *R.* 'Praecox' und ganz besonders Japanische Azaleen, die in Japan in Kübeln schon seit Generationen gezogen werden und dort gut ausdauernd sind, wachsen bestimmt bei uns als Kübelpflanzen. Die sogenannten Azalea-Indica-Sorten werden ja auch schon in Deutschland in großen Exemplaren zum Teil jahrzehntelang als Topf- und Kübelpflanzen kultiviert. Warum sollten andere Arten und Sorten nicht auch gedeihen? Der Versuch lohnt, und viele Plätze auf schattigen Terrassen, an Aufgängen und an der Nordseite von Gebäuden sind noch ungenutzt.

Immergrüne Laubgehölze, z.B. *Aucuba*, Bambus, *Buxus, Camellia, Euonymus, Ilex, Mahonia, Prunus* und *Viburnum*, aber auch alle anderen Arten sind ebenfalls auf diese Weise zu verwenden. In Gartenhöfen, auf großen Balkonen und überall dort, wo sich mit Kübelpflanzen immer eine besondere Wirkung erreichen läßt, kann man es auch einmal mit Immergrünen und Rhododendron versuchen.

Rhododendron im Gewächshaus

Man mag es glauben oder nicht, zwischen 1880 und 1914 wurden mehr Rhododendron in Gewächshäusern kultiviert als heute. Die Gartenliteratur aus dieser Zeit berichtet immer wieder über Neueinführungen von empfindlichen tropischen und subtropischen Rhododendron, über deren erfolgreiche Kultur im Gewächshaus, über die fremdartigen, häufig duftenden Blüten und über die ersten Züchtungserfolge, die uns fast unglaublich erscheinen. In den „Herrschaftsgärtnereien" und auf den Landsitzen waren die Maßstäbe andere als in den heute zur Verfügung stehenden Kleingewächshäusern.

Unsere modernen Kleingewächshäuser bieten an automatischer Regelung bei Heizung, Lüftung, Schattierung und Bewässerung so viele Möglichkeiten, daß die Kultur der Pflanzen fast problemlos erscheint. Der Schein trügt! Wer nichtwinterharte Rhododendron im Gewächshaus kultivieren will, sollte bedenken, daß bei aller Technik viel Aufmerksamkeit – wenn auch nicht in dem Maße wie bei tropischen Orchideen – und noch mehr Liebe zu den Rhododendron notwendig ist.

Rhododendron, die ständig im Haus oder in Kübeln ausgepflanzt wachsen sollen, stellen ganz bestimmte Ansprüche an den Gewächshaustyp, an den Standort und vor allem an das Klima des Hauses.

Ein Gartengewächshaus sollte möglichst nahe am Wohnhaus erstellt werden, einmal um „mit den Pflanzen zu leben" und zum anderen um technische Einrichtungen des Wohnhauses wie Strom, Wasser und Heizung mit nutzen zu können.

Das Gewächshaus für den passionierten Rhododendronfreund sollte möglichst die Länge von 6 m und eine Breite von 3 m nicht wesentlich unterschreiten; in den Maßen nach oben sind der Grundfläche keine Grenzen gesetzt. Zu kleine Häuser sind auch mit ausgeklügelter Regelung nur schwer zu steuern, und die Pflanzenauswahl ist sehr begrenzt.

Das Haus muß hohe Stehwände (etwa 2 m hoch), dicht über dem Erdboden liegende große Luftklappen, besser noch eine durchgehende Seitenlüftung (um kühle Bodenluft von unten seitlich ins Haus zu lenken) und die entsprechende Firstlüftung haben, damit die Warmluft nach oben abgeführt werden kann. Die Innentemperatur sollte auch im Hochsommer nicht wesentlich über die Außentemperatur ansteigen und bei voller Luftklappenöffnung innen nicht höher als 2 °C über der Außentemperatur liegen.

Auch im Gewächshaus ist wie im Freiland ein Wechsel von Licht und Schatten günstig für Rhododendron und förderlich für den Blütenansatz. Optimal ist bei kleinen Häusern eine Außenschattierung. Man sollte überlegen, ob nicht auch der Schattenwurf eines laubabwerfenden Baumes oder Gebäudes mit genutzt werden kann.

Die Heizung sollte so dimensioniert sein, daß das Haus auch bei tiefsten Temperaturen gut frostfrei gehalten werden kann. Bei einer geregelten Temperatur (am Tage mindestens +8 °C, nachts abgesenkt auf +6 °C) blühen einzelne Arten ab Februar, und der Höhepunkt der Rhododendronblüte ist Mitte März. Mit diesen Temperaturen läßt sich der Rhododendron-Frühling gegenüber dem Freiland um mindestens 8 Wochen verlängern. Je kühler aber die Überwinterung, desto später im Frühjahr die Blüte.

Durch Regelautomatik ist bei der Lüftung die Temperatur auf ±2 °C genau steuerbar. Bei Überschreiten der Temperatur ab +12 °C sollte das Haus gelüftet werden, denn Rhododendron sind keine Warmhauspflanzen. Erwähnt sei noch, daß als frostempfindlich bekannte Arten im ungeheizten Gewächshaus erstaunlich niedrige Temperaturen (bis −10 °C) ohne Schäden überstanden haben; das ist teilweise mit dem Wind- und Verdunstungsschutz unter Glas zu erklären.

Den geringsten Pflegeaufwand hat man mit im Grund des Gewächshauses ausgepflanzten Rhododendron. Zum Begehen reichen Trittplatten; man vermeide, zwischen die Pflanzen im Wurzelbereich zu treten.

Der Untergrund muß sehr durchlässig sein. Am besten erzielt man das mit einer eng liegenden Rohrdränung oder einer mindestens 50 cm hohen Schicht von grobem Steinschotter (am besten Granit), Ziegelbrocken (aber ohne Mörtelreste!), Topfscherben oder auch Koks. Auf diese Dränschicht kommt das Substrat mindestens 30 bis 50 cm hoch. Bewährt hat sich folgende Mischung (in Raumteilen):

2 Teile grobbrockiger Weißtorf
(Streutorf, Sodenstücke)
2 Teile Eichen- und Buchenlaub,
Kiefernrinde
1 Teil scharfer, kalkfreier Sand oder
Betonkies, besser Granitgrus
1 Teil alter, halbverrotteter Kuhdung.

Dieser Mischung wird pro Kubikmeter 1,5 kg Magnesium-Mergel hinzugefügt, dann wird gut durchgemischt.

Als Einfassung der Pflanzenbeete, aber auch zur Randbegrenzung auf Tischbeeten, haben sich im Verband gelegte Torfsoden sehr bewährt. Auf diesen etwa 30 cm hohen „Torfmauern" finden sich oft spontan Sämlinge von Rhododendron und auch Farne, ein Zeichen von gutem Klima und Wohlbefinden der Pflanzen.

Für die Pflanzung im Gewächshaus sind die Hinweise im Abschnitt Pflanzung gültig. Die Pflanzabstände wird man im Haus enger wählen; hinzu kommt, daß viele Rhododendron, vor allem aus den Untersektionen Maddenia, Cilliicalyces, Megacalyces, sehr locker, langbeinig und stakig wachsen (ein Greuel für unsere ordentlichen Baumschuler!) und auch nicht durch Schnitt zur „vieltriebigen Ordnung" zu rufen sind. Andere wieder sind durch Schnittmaßnahmen recht gut zu formen und klein zu halten. Sie werden mit zunehmendem Alter immer bizarrer, knorriger und auch reichblütiger.

Auch betreffend Pflege und Düngung sei auf die entsprechenden Abschnitte dieses Buches verwiesen. Im Gewächshaus sollte man nur sehr vorsichtig und mit organischen Düngern düngen. Bewährt haben sich auch schwache Volldüngerlösungen, und zwar in Verbindung mit starken Wassergaben, damit die überschüssigen Salze immer wieder ausgewaschen werden.

Unter Glas sollte man nur mit Regenwasser gießen und immer daran denken, daß die für das Gewächshaus geeigneten Rhododendron in vom Monsun beeinflußten Gebieten wachsen. Die Pflanzen brauchen ab Beginn des Austriebes „ihren Monsumregen". In den Heimatgebieten fallen 3000 mm und noch mehr Regen im Jahr, davon der größte Teil während der Wachstumsperiode von Mai bis Juli, während es im Spätsommer, Herbst und Winter oft recht trocken werden kann.

Alle im Kapitel Rhododendron-Arten mit „Winterschutz!!!" bezeichneten Rhododendron kann man bei uns nur im Kalthaus überwintern oder auf Dauer kultivieren. Zusätzlich zu den dort beschriebenen Arten sind die folgenden für das Gewächshaus gut geeignet.

Geeignete Arten

R. burmanicum Hutch.
Subsectio Ciliicalyces
= Series Maddenii, Subseries Ciliicalyx

(aus Burma)

Eine ziemlich verzweigt und geschlossen wachsende Art, die etwa 2 m hoch werden kann. Die Blätter sind bis 7 cm lang und allseitig dicht beschuppt, was eine ansprechende stumpfgrüne Färbung ergibt. Blüten 5 bis 6 im Stutz, 3 bis 4 cm lang, glockenförmig. Bei guten Typen tiefgelb, duftend. Blütezeit März bis April. Immergrün, Burma, 3000 m

R. dalhousiae Hooker f.
Subsectio Megacalyces
= Series Maddenii, Subseries Megacalyx

(nach Lady Dalhousie, Frau eines General-Gouverneurs in Indien)

Als Strauch langbeinig bis 3 m hoch wachsend. Oft nur 1 bis 3 aufgekahlte Triebe mit wenigen Blättern an der Spitze. Die zu 5 im Stutz erscheinenden Blüten lassen im Mai die misera-

ble Wuchsform vergessen, sie sind über 10 cm lang, lilienförmig, blaß grünlich-gelb und duftend. Blätter bis 15 cm lang und 7 cm breit mit bläulicher, beschuppter Unterseite.
Immergrün, Sikkim, Bhutan, Südost-Tibet, 2000 bis 2500 m.

R. delavayi Franch.
Subsectio Arboreum
= Series und Subseries Arboreum

(nach JEAN M. DELAVAY, französischer Missionar und Sammler in China, 1838–1895)

Das chinesische Baumrhododendron. In der Heimat bis 9 m hoch und daher nicht ganz so starkwüchsig wie *R. arboreum*. Bereits als jüngere Pflanze (ab 1 m Höhe) mit aus 20 Einzelblüten bestehenden kugelförmigen Stutzen über viele Wochen ab März leuchtend blutrot blühend. Blätter schmal lanzettlich, oberseits dunkelgrün glänzend, unterseits mit grauer bis bräunlicher Behaarung. Rinde bereits an jungen Trieben auffallend dick und rissig.
Immergrün, Burma, Yünnan, 2000 bis 3500 m.

R. formosum Wall.
Subsectio Ciliicalyces
= Series Maddenii, Subseries Ciliicalyx

(schön)

Diese schöne Art wächst oft in etwas locker niederliegenden Trieben und wird in der Heimat 3 m hoch. Blätter bis 7 cm lang, beschuppt. Sie blüht April bis Mai. Bei Aussaaten erhält man überwiegend weißblühende, aber auch zartgelb und zartrosa getönte Formen. Blüten zu je 2 bis 3 zusammenstehend, weit trichterförmig, über 6 cm lang, oft mit 5 rötlichen Streifen an der Außenseite. Eine gute Art für Tröge und die erhöhte Rabatte.
Immergrün, Assam, 1600 bis 1800 m.

R. johnstoneanum Watt ex Hutch.
Subsectio Ciliicalyces
= Series Maddenii, Subseries Ciliicalyx

(nach Mrs. JOHNSTONE, 1882, benannt)

Bis 5 m hoch wird diese etwas locker wachsende Art und blüht bereits als jüngere Pflanze. Blätter etwa 10 cm lang, wenn jung, borstig rauh behaart, Oberseite dunkelgrün, Unterseite bläulich- bis bräunlich-olivgrün und dicht beschuppt. Blüten zu 3 bis 4, etwa 5 cm lang und 7 bis 10 cm breit, weiß oder blaßgelb, manchmal rötlich getönt und mit gelbem Fleck. Duftend! Blütezeit April bis Mai. Mehrere gefüllt blühende Formen, von denen die Sorte 'Double Diamond' die beste ist und gelegentlich von englischen Baumschulen angeboten wird.
Immergrün, Assam, Manipur, 1500 bis 3000 m.

R. leucaspis Tagg.
Subsectio Boothia
= Series Boothii, Subseries Megeratum

(weißer Schild)

Die Art wurde nach der einem Rundschild ähnlichen Blüte benannt, die völlig von der sonst bei Rhododendron gewohnten Blütenform abweicht. Meist 2, selten 3 Blüten zusammenstehend, 5 cm im Durchmesser, rund, cremeweiß mit auffallenden dunkel schokoladenbraunen Staubgefäßen. Schön ab Februar über lange Zeit blühend. Ein kleiner Strauch bis 50 cm hoch, dicht verzweigt und mehr breit als hochwachsend. Zweige behaart und beschuppt, ebenso die bis 6 cm langen und 3,5 cm breiten elliptischen, dunkelgrünen, unterseits bläulichen Blätter. Schon als ganz kleine Pflanze blühend und *das* niedrige Rhododendron.
Immergrün, Burma, Tibet, 2000 bis 3000 m.

R. moupinense Franch.
Sectio Moupinensorhodion
= Series Moupinense

(von Moupin, West-China, stammend)

Breitwachsender Strauch im Alter bis 1,20 m hoch. Junge Triebe drüsig behaart. Blätter bis 4,5 cm lang und 2,5 cm breit, elliptisch bis eielliptisch, Oberseite glänzend grün, Unterseite dicht beschuppt mit bewimpertem Mittelnerv. Blüten zu 1 bis 3, trichterförmig, etwa 4 cm lang und 5 cm breit, reinweiß bis dunkelrosa, teils gefleckt. Blütezeit ab Februar. Ein Favorit unter den Gewächshausrhododendron.
Immergrün, Szetschuan, 2000 bis 2800 m.

R. nuttallii Booth
Subsectio Megacalyces
= Series Maddenii, Subseries Megacalyx

(nach THOMAS NUTTALL, Botaniker und Reisender, 1786–1859)

Ein Rhododendron, das nur pflanzen sollte, wer die Nerven hat, ständig mitleidige, herablassende Blicke von Besuchern (Freunden und nicht speziell informierten Fachleuten) ertragen zu können. Durch keinen Schnitt ist diese Art in Form zu bringen, und sie wächst meist eintriebig und stakelig, in der Heimat bis 9 m in die Höhe.

Am oberen Triebende zeigen wenige bis 20 cm lange und 10 cm breite, elliptische, runzlige Blätter an, daß die Pflanze noch lebt. Der Austrieb ist eigentlich unbeschreibbar – ein prächtiges, metallisch blau schimmerndes Purpurrot, später ergrünend. Die Blüten stehen zu 3 bis 9 zusammen, sind über 12 cm lang, meist reingelb, oft am Rande etwas rosa getönt. Voll geöffnet, in Duft und der edlen Trompetenform an Schönheit nicht zu übertreffen, bringen diese größten aller Rhododendronblüten die Kritiker der Pflanze zum Schweigen.

Immergrün, Bhutan, Indien, Burma, Südost-Tibet, 1300 bis 1700 m.

R. sinograndе Balf. f. et W. W. Sm.
Subsectio Falconera, Series Grandia
= Series Grande

(das chinesische *R. grande*)

Das Rhododendron mit den größten Blättern der ganzen Gattung ist keine Pflanze für das kleine Gewächshaus, was übrigens auch für alle anderen Arten der Subsectio Falconera zutrifft. Wegen der bis 90 cm langen und 25 cm breiten Blätter, den größten der Gattung Rhododendron, ist es eine so prachtvolle Blattpflanze – ab 1,5 m Höhe kann man auch auf die ersten Blüten hoffen –, daß der Kenner nicht widerstehen kann, wenn diese Art angeboten wird.

In der Heimat ein bis 9 m hoher Baum. Die Blätter sind auf der Oberseite anfangs silbrig glänzend dunkelgrün mit eingedrückten Blattnerven, Unterseite silbergrau oder bräunlich dicht behaart. Blütenstutz aus 20 und mehr Einzelblüten zusammengesetzt und oft über 30 cm hoch, ein prachtvoller Anblick! Einzelblüte cremeweiß bis hellgelb mit dunklem Basisfleck, 6 bis 9 cm lang, bauchig-glockenförmig, 8- bis 10zipflig.

Immergrün, Yünnan, Burma, Südost-Tibet, 3300 bis 4600 m.

R. valentinianum Forr. ex Hutch
Subsectio Ciliicalyces
= Series Maddenii, Subseries Ciliicalyx

(nach S. P. Valentin, Missionar in China)

Kleiner, bis 1 m hoch wachsender Strauch, dicht verzweigt mit borstig behaarten Jungtrieben. Blätter zu 4 bis 5 am Triebende rosettenartig zusammenstehend, 2,5 cm lang, 2 cm breit, elliptisch, oberseits borstig bewimpert, unterseits dicht beschuppt. Blüten zu 2 bis 6 im Stutz, röhrig-glockenförmig über 3,5 cm lang, leuchtend buttergelb. Eine ganz reizende Art, die man nicht übersehen sollte. Wächst am besten auf Steinbrocken, hohlen Baumstümpfen. Gegen Nässe empfindlich!

Immergrün, Nordwest-Yünnan, 3500 bis 4000 m.

Geeignete Sorten

'Bric-a-Brac' (*R. leucaspis* × *R. moupinense*)
Reinweiß mit schokoladenbraunen Staubgefäßen, Blütezeit ab Februar, Wuchs niedrig gedrungen bis 0,75 m hoch. Von Lord Rothschild, England, gezüchtet, 1934 registriert und 1945 mit einem Wertzeugnis (A. M.) ausgezeichnet.

'Fragrantissimum' (*R. edgeworthii* × *R. formosum*)
Eine sehr alte Sorte, die 1886 ein Wertzeugnis (F. C. C.) erhielt. Weiß, in der Knospe etwas rosa getönt und mit intensivem, betörend fremdartigem Duft. Locker wachsend wird die Pflanze als Busch bis 1,5 m hoch und kann auch als Spalier gezogen werden. Man sollte, falls nur Platz für *eine* Rhododendronpflanze im Gewächshaus ist, diese Sorte wählen.

'Lady Alice Fitzwilliam'
(Herkunft unbekannt)
Reinweiß, köstlich würzig intensiver Duft! Eine alte, 1881 mit einem Wertzeugnis (F. C. C.) ausgezeichnete Sorte, die etwa 2 bis 2,5 m hoch wird.

'Tyermannii' (*R. nuttallii* × *R. formosum*)
Cremefarben bis weiß mit Blüten wie Trompetenlilien und intensivem Duft. Wuchs kräftig, sparrig 2 bis 2,5 m hoch. 1925 erstmalig ausgestellt und mit einem Wertzeugnis (F. C. C.) ausgezeichnet.

Fast alle diese frostempfindlichen Rhododendron wird man nicht in deutschen Baumschulen erwerben können, und auch nur ganz wenige Baumschulen in England und Holland haben sie im Sortiment, doch die Suche nach diesen Arten und Sorten lohnt sich. Wer das nicht will oder kann, findet in den „Indischen Azaleen" die entsprechenden Schönheiten vor der Tür – sie werden in jedem Blumengeschäft und überall auf den Märkten angeboten. Wer weiß noch, wie wunderbar bizarr sie als größere Pflanzen wachsen können und im Kalthaus regelmäßig blühen? Warum nicht damit anfangen und den Appetit anregen?

Treiben von Rhododendron und Azaleen

Jedes Jahr werden von etwa Dezember bis Mai in den Gärtnereien, Blumengeschäften und Supermärkten blühende Azaleen als Topfpflanzen angeboten. Es sind „Indische Azaleen", Sorten von *R. simsii*, die in Millionen Stückzahlen in Spezialgärtnereien herangezogen und getrieben werden, um dann in unseren Wohnungen zu blühen. Von diesen nicht winterharten „Topfazaleen" soll hier nicht die Rede sein. Ihre Kultur wird fast in jedem Buch über Zimmerpflanzen beschrieben; meist scheitert sie aber an den verschiedensten Ursachen.

Bei vielen der hier beschriebenen Rhododendron und Azaleen lassen sich die während des Sommers ausgebildeten Blütenknospen nach einer gewissen Ruhezeit mit Hilfe niedriger Temperaturen und Verkürzung der Tageslänge (wie im Herbst und Winter) schon vor Ende der natürlichen Ruhezeit zum Austrieb bringen. Zum Treiben selbst sind Wärme und Feuchtigkeit im Boden und in der Luft erforderlich. Von Anfang Dezember bis Mitte Februar ist das Treiben nur im Gewächshaus erfolgreich, danach mit Einschränkung auch am Fenster eines nicht zu warmen und lufttrockenen Zimmers. Auf dem Fensterbrett über der Heizung im Wohnzimmer ist es zu warm und zu trocken, doch im Kleingewächshaus oder heizbaren Frühbeetkasten des Rhododendronliebhabers kann die Blüte schon im Januar oder Februar beginnen.

Gut mit Blütenknospen besetzte Pflanzen werden im November mit nicht zu kleinen Ballen – die Pflanzen sollen ja nach der Blüte bzw. im Frühjahr wieder in den Garten gepflanzt werden – herausgegraben und in große Töpfe, Schalen oder Kübel in Torfmull mit Kalkzusatz 1 g/l eingepflanzt. Bis zum Beginn des Treibens verbleiben die Pflanzen im Kalthaus oder Frühbeetkasten bei Temperaturen zwischen 2 und 4 °C, aber auch im Freilandeinschlag, dann allerdings mit dicker Laubdecke, damit man bei Frost die Pflanzen herausnehmen kann.

Ganz unterschiedlich ist der Zeitraum, den die einzelnen Arten und Sorten vom Treibbeginn bis zum Aufblühen benötigen. Die Entwicklungszeit ist abhängig von dem Termin, zu dem man die Pflanzen in Blüte haben will, und von der Temperatur während des Treibens. Bei Treibbeginn Mitte Januar muß man mit 4 bis 6 Wochen bis zur Blüte rechnen.

Nach Einstellen ins Haus erhöht man die Temperatur von anfangs 14 bis 16 °C auf 20 bis 22 °C, übersprüht täglich mit etwa 25 bis 28 °C warmem Wasser. Beginnen die Knospen Farbe zu zeigen, so wird die Temperatur auf etwa 14 bis 18 °C abgesenkt und das Übersprühen eingestellt. Denn jetzt sollen die Blüten und Pflanzen wieder abgehärtet werden, damit die Blüte länger haltbar bleibt. Vom Aufblühen an kann man mit 10 bis 14 Tagen Blütezeit bei Japanischen Azaleen und 3 bis 4 Wochen bei immergrünen, großblumigen Rhododendron-Hybriden rechnen; allerdings nur, wenn die getriebenen Pflanzen in einem kühlen Raum stehen.

Noch vor etwa 40 Jahren kannte man in den Baumschulen ein „Treib-Sortiment" und Rhododendron-Hybriden waren zum Treiben mehr gefragt als heute, wo eigentlich nur noch für Ausstellungen und besondere Dekorationszwecke Rhododendron und Azaleen getrieben werden.

Zum Treiben sind aus dem Sortiment folgende Sorten gut geeignet:

Rhododendron

'Alfred'
'Britannia'
'Catawbiense Grandiflorum'
'Cynthia'
'Everestianum'
'Homer'
'Professor Hugo de Vries'

'Catawbiense Album' 'Madame Carvalho'
'Catawbiense Boursault' 'Madame de Bruin'
  'Pink Pearl'

Die Sorte 'Praecox' verdient ein Sonderlob. Sie läßt sich gut treiben, erblüht sehr schnell (auch an abgeschnittenen Zweigen) und hält sich lange.

Azaleen
Von den Azaleen der Genter-, Mollis- und Knap-Hill-Hybriden sind eigentlich alle Sorten gut zu treiben, doch entwickeln sich davon besonders gut:

Genter-Hybriden
'Coccinea Speciosa' 'Narcissiflora'
'Corneille' 'Pallas'
'Daviesii' 'Pucella'
'Nancy Waterer' 'Sang de Gentbrugge'

Mollis-Hybriden
'Directeur Moerlands' 'Koster's Brilliant Red'
'Dr. M. Oosthoek' 'Koster's Yellow'
'Hortulanus H. Witte' 'Winston Churchill'

Knap-Hill-Hybriden
'Cecile' 'Persil'
'Gibraltar' 'Pink Delight'
'Golden Sunset' 'Royal Command'
'Klondyke' 'Sylphides'

Japanische Azaleen sind an sich ohne Ausnahme sowohl gut zu treiben als auch blühend in nicht zu warmen Räumen lange haltbar.

Man darf bei getriebenen Rhododendron und Azaleen nicht die intensive Blütenfarbe wie im Freiland erwarten. Oftmals sind sie aber gerade deshalb besonders schön, und man erfreut sich, da draußen im Garten noch nichts blüht, an den Vorboten kommender Rhododendronpracht. Nach dem Verblühen lohnt sich die kleine Mühe, die Pflanzen bis zum Auspflanzen Mitte Mai frostfrei und nicht zu feucht zu halten. Man sollte jedes Jahr nicht zu kleine Pflanzen von Japanischen Azaleen kaufen, im Frühjahr antreiben und dann nach der Blüte in den Garten pflanzen. Auch diese reizvolle Art der Verwendung von Rhododendron ist, da das Treiben im Frühjahr wirklich nicht schwierig ist, einen Versuch wert.

Rhododendron, Azaleen und immergrüne Gehölze für den Schnitt

Von den immergrünen Laubgehölzen sind von *Calluna* und *Erica* abgeschnittene blühende Zweige gut haltbar. Das gleiche gilt für *Pieris japonica*, deren Zweige in großen Vasen sehr dekorativ wirken und gut mit Blüten von *Rhododendron* 'Praecox' harmonieren.

Zwar nicht mit den Blüten, aber mit ihren Früchten sind beerentragende Zweige von *Ilex* und *Pyracantha* im Herbst sehr zierend und dekorativ. Damit wären aber auch schon die im allgemeinen für Schnitt und Dekoration geeigneten immergrünen Laubgehölze genannt.

Blühende Rhododendron- und Azaleen-Zweige, ob von getriebenen oder von im Freiland stehenden Pflanzen geschnitten, sind Schnittblumen par excellence. Von ganz wenigen Ausnahmen abgesehen, halten sich Blütenzweige 8 bis 10 Tage, ja sogar 2 Wochen abgeschnitten in der Vase und nehmen es darin mit jeder Rose und vielen anderen Schnittblumen auf. Kenner werden dies bestätigen. Und doch wird man als Rhododendronliebhaber zögern, von den Pflanzen Triebe mit Blüten abzuschneiden. Blütentriebe sollten nur der Lohn sein für Jahre der Sorgfalt und Mühen, die uns die Rhododendron und Azaleen mit so kräftigem Wuchs dankten, daß ein Rückschnitt dringend erforderlich wird. Es können dann über einige Jahre hin, ohne die Form der Pflanze zu schädigen, vorsichtig Blütentriebe geschnitten werden. Von kleinen Pflanzen Blütentriebe abzuschneiden ist Barbarei! Man sollte dann besser jedes Jahr Pflanzen kaufen, eintopfen, antreiben und nach dem Abblühen in den Garten pflanzen.

Bowers (1960) empfiehlt, da bei einigen Sorten die Blüten, wenn voll erblüht, schon nach einem Tag abfallen können (das soll hier nicht verschwiegen werden), in die Mitte von jeder Blüte einen Tropfen dünnes Gummi arabicum zu geben. Die Blumenkrone (Korolle) wird auf diese Weise an den Stempel geklebt, die Wasserversorgung bleibt erhalten und die Blüte wird für lange Zeit am Welken gehindert. In den USA soll diese Manipulation auf Ausstellungen und an getriebenen Pflanzen erprobt sein. Man sollte es auch einmal bei uns versuchen.

Literaturverzeichnis

DRG = Deutsche Rhododendron-Gesellschaft

ALBRECHT, H.-J., und SOMMER, S.: Rhododendron. Deutscher Landwirtschaftsverlag, Berlin 1991.

American Rhododendron Society – Rhododendron Species Foundation Translated by YOUNG, J. and CHONG, L.: Rhododendrons of China. Binford & Mort, Portland, Oregon 1980.

AMMAL, E. K. J., ENOCH, I. C., and BRIDGWATER, M.: Chromosome Numbers in Species of Rhododendron. Rhododendron Year Book 1950, Royal Horticultural Society, London.

ARENDS, G.: Zwergrhododendron. DRG Bremen, Jahrbuch 1952.

BEAN, W. J.: Trees and Shrubs hardy in the British Isles. Vol. III. M. Bean and John Murray Ltd., London 1976.

BERG, J., und KRÜSSMANN G.: Freiland-Rhododendron. Verlag Eugen Ulmer, Stuttgart 1951.

BERG, J., BÖHLJE, G., RUGE, U., und WEIHE, K. v.: Stecklingsbewurzelung bei schwer bewurzelbaren Rhododendron-Hybriden, 1. und 2. Mitteilung. DRG Bremen, Jahrbuch 1956 und 1957.

BERRISFORD, J.: Rhododendrons and Azaleas. Faber and Faber Ltd., London 1964, 1973.

BOWERS, C. G.: Winter Hardy Azaleas and Rhododendrons. The Massachusetts Horticultural Society, Boston 1954.

BOWERS, C. G.: Rhododendron and Azaleas. The Macmillan Company, New York 1960.

BRETSCHNEIDER, E.: History of European Botanical Discoveries in China, I and II, Reprint of the original edition 1898. Zentral-Antiquariat der Deutschen Demokratischen Republik, Leipzig 1962.

CHAMBERLAIN, D. F.: A Revision of Rhododendron, II: Subgenus Hymenanthes. Notes from the Royal Botanic Garden Edinburgh, Vol. 39, 2, 1982.

CLARKE, J. H.: Getting started with Rhododendrons. Doubleday & Comp., Inc., New York 1960; Timber Press, Portland, Oregon 1982.

COATS, A. M.: Garden Shrubs and their Histories. Vista Books, London 1963.

COWAN, J. M.: The Rhododendron Leaf. Oliver and Boyd, Edinburgh 1950.

COWAN, J. M.: The Journeys and Plant Introductions of George Forrest V. M. H. Royal Horticultural Society, London 1952.

COX, E. H. M.: Plant-hunting in China. Collins, London 1945.

COX, P. A.: Rhododendrons. Cassell Ltd., The Royal Horticultural Society, London 1971, 1985.

COX, P. A.: The Larger Species of Rhododendron. B. T. Batsford Ltd., London 1979, 1990.

COX, P. A.: The Smaller Rhododendrons B. T. Batsford Ltd., London 1985.

COX, P. A., and COX, K. N. E.: Encylopedia of Rhododendron Hybrids. B. T. Batsford Ltd., London 1988.

COX, P., and COX, K.: Cox's Guide to Choosing Rhododendrons. B. T. Batsford Ltd., London 1990.

CROIX, J. F. La: Rhododendrons and Azaleas. David and Charles, Newton Abbot 1973.

CULLEN, J.: A Revision of Rhododendron, 1. Subgenus Rhododendron. Sections Rhododendron and Pogonanthum. Notes from the Royal Botanic Garden, Vol. 39, 1, Edinburgh 1980.

CULLEN, J., and CHAMBERLAIN, D. F.: A preliminary Synopsis of the Genus Rhododendron: II. Notes from the Royal Botanic Garden, Vol. 37, No. 2, Edinburgh 1979.

DAVIDIAN, H. H.: The Rhododendron Species, Vol. I, Lepidotes. Timber Press, Portland, Oregon 1982.

DAVIDIAN, H. H.: The Rhododendron Species, Vol. II, Elepidotes, Part 1: Arboreum – Lacteum. Timber Press, Portland, Oregon 1989.

EISELT, M.G.: Die wichtigsten immergrünen Laubgehölze, Neumann Verlag, Radebeul 1957.
EISELT, M.G.: Bodendeckende Pflanzen. Verlag J. Neumann-Neudamm, Melsungen 1966.
FAIRWEATHER, C.: Azaleen. Stedtfeld Verlag, Münster 1989.
FLEISCHMANN, C.: Ein Beitrag zur Herkunft der japanischen Azaleen. Deutsche Baumschule Nr. 5 und 6, 1966.
FLEISCHMANN, C.: Neue zuverlässig winterharte und immergrüne Freiland-Azaleen. Deutsche Baumschule Nr. 11, 1969.
GALLE, Fred C.: Azaleas. Timber Press, Portland, Oregon 1985, 1987.
GOOD, R.: The Geography of the Flowering Plants. Longmans, Green and Co., London 1953.
GROOTENDORST, H.J.: Rhododendrons en Azaleas. Vereniging voor Boskoopse Culturen, 1954.
GUOMEI, F.: Rhododendrons in Yunnan. Nippon Hoso Shuppan Kyokai, Zhongguo Yunnan Renmin Chubanshe 1981.
GUOMEI, F. (editor): Rhododendrons of China, Vol. I. Science Press, Beijing, China 1988.
HARMS, H.: Rhododendron und Kalkböden. DRG Bremen, Jahrbuch 1952.
HEDEGAARD, J.: Neue Möglichkeiten der Rhododendronvermehrung für den Pflanzenliebhaber. DRG Bremen, Jahrbuch 1966.
HEDEGAARD, J.: Beiträge zur Kenntnis der Morphologie von Rhododendron-Samen. DRG Bremen, Jahrbuch 1968.
HEDEGAARD, J.: Morphological Studies in the Genus Rhododendron Dealing with Fruits Seeds and Seedlings and their Assosciated Hairs. Vol. I and II, G.E.C. Gads Publishing House, Copenhagen 1980.
HEURSEL, J.: Japanse Azalea's – oorsprong, soorten en cultivars, teelt en verzorging. Kluwer, Deurne/Ede 1987.
HICKMANN, H.: Züchterische Grundlagen und Zuchtziele innerhalb der Gattung Rhododendron. DRG Bremen, Jahrbücher 1953 und 1955.
HIEKE, K.: Bemerkungen zum Habitus großblumiger immergrüner Kultivare der Gattung Rhododendron L. Acta Pruhoniciana 48, 1984.
HIEKE, K.: Bewertung der ersten Etappe des Sortiments von immergrünen großblumigen Sorten der Gattung Rhododendron L. Acta Pruhoniciana 49, 1984.
HIEKE, K.: Bemerkungen zu den Blütenmerkmalen immergrüner, großblumiger Rhododendron-Züchtungen. Acta Pruhoniciana 52, 1985.
HIRSCH, H., MÜHLHAUS, W., und KETTNER, H.: Richtige Anwendung und zweckmäßige Gestaltung von Schattenhallen in Baumschulen. Berichte über Landtechnik 92, Kuratorium für Technik in der Landwirtschaft, 1965.
HOFF, A. v.: Zur Behaarung und Systematik der Gattung Rhododendron. DRG Bremen, Jahrbuch 1953.
HUTCHINSON, J.: Evolution and Classifications of Rhododendrons. Rhododendron Year Book 1946, Royal Horticultural Society, London.
International Rhododendron Conference New York Botanical Garden, Proceedings 1980.
JAYNES, R.A.: Kalmia – The Laurel Book II. Timber Press. Portland, Oregon 1988.
KESSELL, M.: Rhododendrons and Azaleas. Blandford Press, Poole, Dorset 1981.
KINGDON-WARD, F.: Rhododendrons. Latimer House Ltd., London 1949.
KINGDON-WARD, F.: Pilgrimage for Plants. G.G. Harrap & Co. Ltd., London 1960.
KOHSTALL, H.: So schmückt man Gärten mit immergrünen Laubgehölzen, Rhododendron und Heide. Verlag Paul Parey, Berlin und Hamburg 1987.
KRÜSSMANN, G.: Handbuch der Laubgehölze. Bd. I–III. Verlag Paul Parey, Berlin und Hamburg 1976/78.
KRÜSSMANN, G.: Die Baumschule. Verlag Paul Parey, Berlin und Hamburg 1964.
KRÜSSMANN, G.: Rhododendron, andere immergrüne Laubgehölze und Koniferen. Verlag Paul Parey, Hamburg und Berlin 1968.
LEACH, D.G.: Rhododendrons of the World. George Allen and Unwin Ltd., London 1962.
LEACH, G.: The two thousand year curse of the rhododendron. Rhododendron Information, American Rhododendron Society, 1967.
LEE, F.P.: The Azalea Book. D. van Nostrand Comp., Inc., Princeton, New Jersey 1965, 2. Aufl.

LIVINGSTON, Philip A., and WEST, E. H.: Hybrids and Hybridizers – Rhododendrons and Azaleas for Eastern North America. Harrowood Books, Newton Square, Pennsylvania 1978.

MARTIN, V. v.: Die Technik des Kreuzens bei Rhododendron und Azaleen. DRG Bremen, Jahrbuch 1958.

MATTFELD, J.: Die Rhododendron in ihrer Heimat. Gartenflora, 86. Jg., 1937. DRG Bremen, erste Veröffentlichung.

MEYER, K. H.: Gestaltungsfragen zum Garten der Immergrünen. DRG Bremen, Jahrbuch 1956.

MILLAIS, J. G.: Rhododendrons, Bd. I und II. Longmans, Green and Co., London 1924.

NITZELIUS, T.: Notes on some Japanese Species of the Genus Rhododendron. Acta Horti Gotoburgensis, Göteborg 1961.

PAPE, H., und TOMASZEWSKI, W.: Krankheiten und Beschädigungen an Azaleen und Rhododendron. Flugblatt 99/100 der BRA, Berlin 1938, 2. Aufl.

PHILLIPS, C. E. L., and BARBER, P. N.: The Rothschild Rhododendrons. Cassell & Comp. Ltd., London 1967.

Proceedings of the Second International Rhododendron Conference 1982. Notes from the Royal Botanic Garden, Vol. 43, 1, Edinburgh 1985.

PUI-CHEUNG, T.: A Survey of the Genus Rhododendron in South China. World-wide Publications, Hong Kong 1983.

REHDER, A.: Manual of cultivated trees and shrubs hardy in North America. 12. Aufl. Mac-Millan Comp., New York 1974.

Rhododendron-Handbook, Part 2, Rhododendron-Hybrids – Rhododendron Group –. Royal Horticultural Society, London 1964.

Rhododendron Handbook, Part 1, Rhododendron Species in General Cultivation – Rhododendron Group –. Royal Horticultural Society, London 1967, 1980.

Rhododendron Information, American Rhododendron Society, Sherwood, Oregon 1967.

Royal Horticultural Society: An Alphabetical Checklist of Rhododendron Species. The Royal Horticultural Society, London 1981.

SALLEY, E., and GREER, H. E.: Rhododendron Hybrids – A Guide to their Origins. Batsford Books, B. T. Batsford Ltd., London 1986.

SCHACHT, W.: Rhododendron im Steingarten. DRG Bremen, Jahrbuch 1958.

SCHMALSCHEIDT, W.: Rhododendron-Züchtung in Deutschland, Selbstverlag, Druck: Cramer Druck, Westerstede 1980.

SCHMALSCHEIDT, W.: Rhododendron- und Azaleenzüchtung in Deutschland, Teil II (1930–1988). Selbstverlag, Druck: Gartenbild Heinz Hansmann, Rinteln 1989, 1991.

SCHNEIDER, F.: Rhododendron-Züchtung in Boskoop. Baumschul-Beratungsring Weser-Ems e. V., Oldenburg (Oldb.), Jahrbuch 1966.

SCHULZ, O.: Rhododendron-Kreuzungen. Möller's deutsche Gärtnerzeitung, Nr. 23, 1904.

SEIDEL, T. J. H.: Probleme bei der Züchtung neuer Rhododendren. DRG Bremen, Jahrbuch 1938.

SEITHE-V. HOFF, A.: Bestimmungsschlüssel für die gärtnerisch wichtigen Rhododendronarten. DRG Bremen, Jahrbuch 1956.

SEITHE, A.: Systematik und Nomenklatur bei Rhododendron. Rhododendron u. immergrüne Laubgehölze. DRG Bremen, Jahrbuch 1987.

SELEGER, R.: Rhododendron und Moorbeetpflanzen. Verband deutschschweizerischer Gartenbauvereine, 1980.

SLEUMER, H.: Ein System der Gattung Rhododendron L. Bot. Jahrbuch 74, 511-553, 1949.

SLEUMER, H.: An account of Rhododendron in Malesia. Partly a reprint from Flora Malesiana, ser. I, vol. 6, part. 4. P. Noordhoff N. V., Groningen 1966.

SPETHMANN, W.: Infragenerische Gliederung der Gattung Rhododendron unter Berücksichtigung der flavonoiden und carotinoiden Blüteninhaltsstoffe und der Entstehung der Blütenfarben. Diss., Univ. Hamburg, 1980.

SPETHMANN, W.: A new infrageneric classification and phylogenetic trends in the genus Rhododendron (Ericaceae). Plant Systematics and Evolution, 1987.

STEVENSON, J. B.: The Species of Rhododendron. Rhododendron Society, 1947, 2. Aufl.

STREET, F.: Rhododendrons. Collins, London 1954 and Cassell & Company, London 1965.

STREET, J.: Rhododendren. Stedtfeld Verlag, Münster 1989.

The International Rhododendron Register. The Royal Horticultural Society, London 1958.

URQUHARDT, B. L.: The Rhododendron. The Leslie Urquhart Press. Sharpthorne (England) 1958.

VEEN, T. van: Rhododendrons in America. Sweeney, Krist and Dimm, Inc., Portland, Oregon 1969.

VOGEL, H.: Azaleen, Eriken, Kamelien. Verlag Paul Parey, Berlin und Hamburg 1965, 1982.

WENPEI, F.: Sichuan Rhododendrons of China. Science Press, Beijing, China 1986.

ZANDER, R., ENCKE, F., und BUCHHEIM, G.: Handwörterbuch der Pflanzennamen. Verlag Eugen Ulmer, Stuttgart 1984, 13. Aufl.

ZÖTTL: Die Vegetationsentwicklung auf Felsschutt in der alpinen und subalpinen Stufe des Wettersteingebirges. Jahrb. d. Vereins zum Schutze der Alpenpflanzen und -tiere 16, 1951.

Periodische Veröffentlichungen und Jahrbücher der Rhododendron-Gesellschaften

American Rhododendron Society, Aurora, Oregon (USA)
The Quarterly Bulletin of the American Rhododendron Society 1951–1981.
Journal American Rhododendron Society 1982–1990.

Deutsche Rhododendron-Gesellschaft, Bremen.
Rhododendron und immergrüne Laubgehölze, Jahrbücher 1937–1942, 1952–1990.

The Royal Horticultural Society, London,
The Rhododendron and Camellia Year Book, 1946–1971 (ausgen. 1954/55).
Rhododendrons with Camellias and Magnolias, 1972–1990.

Verzeichnis der Rhododendron-Gesellschaften

In Klammern sind die Zeitschriften angegeben, die von den verschiedenen Rhododendron-Gesellschaften herausgegeben werden.

Amerika (USA)
The American Rhododendron Society
P. O. Box 1380, Gloucester, VA 23 061, USA
(Journal American Rhododendron Society)
The Rhododendron Species Foundation
RSF, P. O. Box 3798, Federal Way, WA 98 063

Kanada
The Rhododendron Society of Canada
5200 Timothy Crescent, Niagara Falls, Ont. L2E 5G3, Canada
(The Bulletin of The Rhododendron Society of Canada)

Australien
Australian Rhododendron Society,
The Secretary, P. O. Box 21, Olinda Victoria, 3788, Australia
(The Rhododendron, Quarterly Journal)

Neuseeland
New Zealand Rhododendron Association,
P. O. Box 28, Palmerston North, New Zealand

Großbritannien
The Rhododendron and Camellia Group, c/o The Royal Horticultural Society, P. O. Box 313, Vincent Square, London SW1P 2PE, Great Britain
(Rhododendrons with Camellias and Magnolias)

Deutschland
Deutsche Rhododendron-Gesellschaft
Marcusallee 60, Rhododendron-Park, 2800 Bremen 33 (Jahrbuch: Rhododendron und immergrüne Laubgehölze; Immergrüne Blätter)

Schweden
The Swedish Rhododendron Society, Botaniska Trädgården, Carl Scottsberg Gata 22, S-413 19 Göteborg, Sweden
(Rhododendron-bladet)

Sachregister

Sternchen * verweisen auf Abbildungen

'A. Bedford' 94, 160, 235
A.G.M. siehe Award of Garden Merit
A.M. siehe Award of Merit
AAterra 75
Abies 238
Absenken 29, 50, 57
Acer campestre 24, 25
– *davidii* 240
– *japonicum* 240
– *palmatum* 240
– *pseudoplatanus* 24
– *rufinerve* 240
– *shirasawanum* 240
Acetylandromedol 16
'Addy Wery' 192
Adiantum pedatum 243
– *venustrum* 243
'Admiral Vanessa' 162
'Adonia' 201
'Adonis' 192
'Adriaan Koster' 185
Adventivwurzeln 50
Aesculus hippocastanum 24
'Agger' 192
Ajuga reptans 242
'Aksel Olsen' 180
'Aladdin' 192
'Albert' 160
'Albert Schweizer' 151
Albicans-Hybriden 187
Albisal 63, 69, 76
'Album Glass' 88
'Album Novum' 116, 148, 235, 236
'Alena' 162
Aleurodidae 74
Alexandrinischer Lorbeer siehe Lorbeer, Alexandrinischer
'Alfred' 160, 260
'Alice' 192
Alkrisal 44, 45, 56, 64, 72, 200, 254
'Allah' 159
'Allotria' 194*
Alnus glutinosa 24
– *viridis* 104
Alpenrosenrost 72
Alpenveilchen 240
'Amaretto' 162
'Ambrosiana' 201
Amelanchier 24, 240
'America' 156, 158
Amerika 106
Amerikanische Rhododendron-Gesellschaft 94
Amerikanische Roteiche siehe Roteiche, Amerikanische
'Amethyst' 177, 237
'Ammerland' 162
Ammoniak, schwefelsaurer 42, 44, 45
'Amoena' 197
Amoena-Hybriden 191
'Amoenum' 92, 197
Andromeda axillaris 202
– *calyculata* 202
– *catesbai* 202
– *floribunda* 202
– *glaucophylla* 107, 202
– *japonica* 202
– *polifolia* 105, 202
– *polifolia* 'Nikko' 202
– *pulverulenta* 202
Andromedotoxin 16
Anemone 240
Anemone hupehensis 241
'Ann Lindsay' 150*, 152
'Anna Baldsiefen' 170
'Anna Rose Whitney' 162
'Anne Frank' 195

'Annuschka' 170
Anplatten, seitliches 68
'Antilope' 191
'Antje' 180
'Antoon van Welie' 152
Anzucht 55
Apiosporium-Arten 72
'April Glow' 170
'April Shower' 170
Arboreum-Hybriden 86
'Arbutifolium' 174
Arbutus unedo 105, 202
Arctostaphylos nevadensis 107, 202
– *uva-ursi* 105, 202
Arendsii-Hybriden 93, 192
Armillaria mellea 75
Arnold-Arboretum 100
Aronense-Hybriden 93, 192, 197, 237
'Arpege' 191
Aruncus dioicus 241
Arundinaria distichus var. *glabra* forma *tsubor* 203*
Asarum canadense 242
– *europaeum* 242
Asperula odorata siehe *Galium odoratum*
Asplenium trichomanes 240
Astilbe chinensis 241
Astilbe-Arendsii-Hybriden 241
Astilbe-Japonica-Hybriden 241
Astilboides tabularis 241
'Astrid' 180
Astrocalyx-Hybriden 90
Aucuba 255
– *japonica* 203
– *japonica* 'Pictorata' 203*
'Augfast' 180
'August Lamken' 170
Augustinii-Hybride 177
Aukube 203
Auspflanzen 56
Aussaat 53
Aussaatdichte 54
Aussaattechnik 53
Aussaattermine 53
Auxin 62
Award of Garden Merit (A.G.M.) 94
Award of Merit (A.M.) 94
Azalea 9
– *indica* 93
– *kaempferi* 192
– *ledifolia* 130
– *lutea* siehe *Rhododendron calendulaceum*
– *mollis* siehe *Rhododendron japonicum*
– *pontica* siehe *Rhododendron luteum*
– *rustica flore pleno* 186
– *sinensis* 184
– *viscosa* siehe *Rhododendron viscosum*
Azalea-Indica-Sorten 102, 254
Azalea-Pontica-Hybriden 183
Azaleastrum 13
Azaleen-Hybriden 183
Azaleen, Indische 199, 259
– Japanische 10, 23, 38, 58, 61, 73, 89, 92, 132, 183, 191, 236, 254, 260
– Hybridengruppen 92
Azaleen-Museum 200
'Azurika' 89, 177
'Azurro' 160
'Azurwolke' 177, 178*, 237

'Bad Eilsen' 91, 172, 175
'Bad Sassendorf' 180
'Bad Zwischenahn' 91, 170
'Baden-Baden' 175
'Bakkarat' 189
'Balalaika' 180

Balfoursches System 11
'Balzac' 188
'Bambola' 91, 172
Bambus 255
Bambusgewächse 203
Bärentraube 202
'Barmstedt' 180
'Bashful' 91, 171
Bäume 238
Baumrinde 42
'Beethoven' 193
Begleitpflanzen 237
Belaubung 78
Belgian Evergreen Hybrids 199
Belgian Hybrids 199
Belichtung, zusätzliche 55
'Belkanto' 163
'Belle Heller' 148, 162
'Bengal' 180
Bepflanzungspläne 244, 245, 246, 247, 248, 249, 250, 251, 252, 253
Berberis buxifolia 236
– *buxifolia* 'Nana' 205
– *candidula* 205, 236
– *darwinii* 107, 205, 206
– *gagnepainii* 205
– – var. *lanceifolia* 205
– x *hybridogagnepainii* 205
– *julianae* 101, 206*
– *linearifolia* 107, 206
– x *lologensis* 107, 206
– *sargentiana* 206
– x *stenophylla* 206
– *verruculosa* 101, 205, 206
Berberitze 205
Bergenia 241
'Berliner Liebe' 89, 156
'Berlin' 171
'Bernstein' 149
'Berry Rose' 188
Besenheide 208
Bestäubung 82
Betonringe 36
'Betty' 94, 193
'Betty Wormald' 94, 152
'Bever' 193
Bewässerung 45
'Bibber' 116, 156
Bicarbonathärte 22
'Bigge' 197
'Bismarck' 148
Bittersalz 34, 44, 45
'Blaauw's Pink' 193
'Blanice' 197
Blattfleckenkrankheit 72
Blattläuse 69
'Blaue Donau' 193
Blauheide 228
Blaustern 240
Blechnum spicant 240
'Blinklicht' 156
'Blue Danube' 94, 193
'Blue Diamond' 94, 177
'Blue Ensign' 160, 162
'Blueshine Girl' 163
'Blue Peter' 94, 160, 162
'Blue Tit' 89, 112, 116, 124, 178, 237
'Blue Wonder' 178
Blühwilligkeit 77
Blumenkrone 82
'Blurettia' 177, 179*
Blüte, Bau 81
Blütenbiologie 79
Blütenduft 82
Blütenfarbe 78
– Harmonie 237
Blütenform 78

Sachregister

Blütenstände, Ausbrechen 46
Blütenstaub 81
Blütenstutz 15, 78, 83
Blütezeit 77
– Angaben 148, 183
Blutmehl 44
'Blutopia' 163
Böden 18
– leichte 19, 32
– mittelschwere 32
– schwere 32
Bodendecker 241
Bodenheizung 60, 66
Bodenpflege 41
Bodenverbesserung 31
Botrytis-Arten 75
'Boubin' 198
'Bouquet de Flore' 184
'Bow Bells' 171
'Brasilia' 163
'Bremen' 122, 175, 176
'Bric-a-Brac' 258
'Brickdust' 180
'Brigitte' 89, 148, 150*
'Britannia' 65, 90, 91, 155*, 156, 260
Brombeere, Immergrüne 231
'Broughtonii' 89
'Brown Eyes' 163
Bruckenthalia spiculifolia 105, 207*
Brunnenringe 36
Buchenlaub 254, 256
Buchsbaum 207
Buglossoides purpureocaeruleum 242
'Burgemeester Aarts' 89, 156
'Buttercup' 188
Buxus 234, 255
– *harlandii* 207
– *microphylla* var. *japonica* 207
– – var. *sinica* 101, 207
– *sempervirens* 105, 208, 236
– – var. *arborescens* 208
– – 'Suffruticosa' 208, 221

Calluna 242, 260
– *vulgaris* 18, 105, 208
– – 'Cramond' 207*
Camellia 255
– *japonica* 104, 210
– *rusticana* 'Honda' 210*
'Campfire' 193
Campylocarpum-Hybriden 87
'Canary' 88
Candidastrum 14
'Canzonetta' 193
'Caractacus' 94, 158, 159
Carex 241
'Caroline Allbrook' 180
Carpinus betulus 24, 25
Cassiope tetragona 105, 210
'Catalgla' 88, 116
'Catawbiense Album' 116, 148, 234, 236, 260
'Catawbiense Boursault' 160, 260
'Catawbiense Grandiflorum' 58, 160, 234, 236, 260
Catawbiense-Hybriden 23, 58, 74, 77, 86, 87, 88, 89, 116, 160, 234, 235
'Catharine van Tol' 65, 152
Caucasicum-Hybriden 88, 168
'Cecile' 94, 188, 190*
Cedrus 238
Cercidiphyllum japonicum 239
Cercis siliquastrum 240
Cercospora 72
Chamaecistus 9
Chamaecyparis 24, 235
– *obtusa* 238
Chamaedaphne calyculata 211
'Chanel' 191
'Charly' 201
'Chevalier de Reali' 185
'China' 94, 149
'China Boy' 175, 176
China, Küstengebiet 101
Chloride 23

Chloridgehalt 54
Chlorose 70, 72
Choniastrum 13
'Christopher Wren' 185, 187*
Chromosomen 79
Chrysomyxa rhododendri 73
Cimicifuga 241
Cinnabarinum-Hybriden 78
Cistus 9
'Claudine' 163
Clethra alnifolia 240
'Coccinea Speciosa' 94, 184, 260
'Coelestine' 201
Colchicum 240
'Concinna' 200
'Consul Pecher' 185
'Corneille' 184, 260
Cornus canadensis 242
– *controversa* 240
– *florida* 24, 240
– *kousa* 240
Cornwallheide 216
Cortaderia selloana 241
Cotinus coggygria 240
Cotoneaster 234
– *adpressus* 242
– *congestus* 211
– *conspicus* 211
– *dammeri* 212, 242
– – var. *radicans* 211, 242
– – var. *floccosus* 212
Crataegus 24
Crocus 240
Cryptomeria japonica 238
'Cunningham's White' 20, 58, 65, 67, 88, 89, 148, 150*, 236, 254
Cupravit (Ob 21) 72, 73
Cyclamen 65, 240
'Cynthia' 65, 151*, 152, 260
Cytisus decumbens 213
– x *kewensis* 213
– x *praecox* 213
– x *praecox* 'Allgold' 211*

Daboecia cantabrica 105, 213
'Dagmar' 152
Danae racemosa 105, 213
'Daniela' 171
Daphne cneorum 105, 214*
– *laureola* 105, 214
'Daphnoides' 174
'Daviesii' 143, 184, 186*, 260
'De Waele's Favorite' 201
Depotdünger 44, 53
Deutsche Rhododendron-Gesellschaft 27, 28, 86, 95
'Diadem' 151*, 152
'Diamant' 91, 174, 175, 195
Diamant-Azaleen 93, 192, 197
'Diana' 163
Dicentra eximia 241
– *spectabilis* 241
Dickmaulrüßler, Gefurchter 74, 75
'Dicky' 201
'Diemel' 193
'Dietrich' 90, 152
Digitalis purpurea 241
Dilleniaceae 10
'Dinie Metselaar' 185
'Diorama' 191
'Directeur Moerlands' 185, 260
'Direktör E. Hjelm' 88, 121, 152
Discolor-Hybriden 77, 88, 147
Dithane Ultra 73
'Doberlug' 201
'Doctor Tjebbes' 156
Doldentraube 78
Dolomit 20
'Doloroso' 189
'Doncaster' 156
Doppelglas 58, 59, 60
'Dora Amateis' 94, 168
'Double Diamond' 257
'Dr. Arnold' 201
'Dr. M. Oosthoek' 94, 185, 260

'Dr.H.C.Dresselhuys' 156
'Dr.P.Köster' 201
'Dr.V.H.Rutgers' 65, 156
Dränage 32, 72
Dryas drummondii 214
– *octopetala* 105, 214
– x *suendermannii* 214
Dryopteris filix-mas 240
Duftblüte 226
'Duke of York' 121, 163
Düngung 43, 55
– mineralische 44
Durchtreiben 185

E 605–Staub 74
Edelreiser 50
'Eder' 193
'Edward S.Rand' 157
'Effner' 161
'Ehrengold' 90, 149, 150*
Eibe 25
Eiche 238
Eichenlaub 254, 256
'Eidam' 89, 148
Einpflanzen 36, 254
Einschlag 30
Einzelpflanzung 235
Eisenchelate 20, 72
Eisensulfat 31, 34
Eisenvitriol 34, 36
Eleagnus x *ebbingei* 214
– *macrophylla* 214
– *reflexa* 214
Elefant-Sommeröl 74
'Elfenfee' 163
'Elfe' 148
'Elisabeth Hobbie' 175, 176
'Elsie Straver' 150
'Emanuela' 180
Empetrum nigrum 105, 215
Endosulfan-Emulsion 74
Enkianthus campanulatum 104, 215
Entdeckungsgeschichte 9
Epimedium alpinum 242
– *grandiflorum* 242
– *pinnatum* 242
'Eranthis' 240
'Erato' 163
Erdbeerbaum 202
Erica 242, 260
– *carnea* 18, 105, 215
– *ciliaris* 105
– *cinerea* 105, 216
– x *darleyensis* 216
– *herbacea* siehe *Erica carnea*
– *tetralix* 18, 209, 216
– *vagans* 105, 216
– – 'St. Keverne' 215*
Ericaceae 10
Erle 24
'Essex Scarlet' 90
'Estrella' 197
Etridiazol-Präparat 75
Euonymus 255
– *fortunei* 101, 217, 218*, 242
– – var. *radicans* 217
– – var. *vegetus* 217
'Euratom' 201
Europa 104
'Everestianum' 159, 260
'Exbury White' 188
Exbury-Azaleen 187
Exobasidium japonicum 73
'Exquisita' 94, 186

F.C.C. siehe First Class Certificate
Fagus sylvatica 24, 25
'Falkenstein' 198
'Fanal' 188
'Fanny' 184
'Fantastica' 91, 171, 181
Fargesia murielae 204, 240
– *nitida* 204, 240
Farne 240, 243
'Fasching' 188

Sachregister

'Fastuosum Flore Pleno' 94, 161
'Favorite' 193
'Fedora' 94, 193, 194*
Feldahorn siehe *Acer campestre*
'Felicitas' 163
Felsenbirne siehe *Amelanchier*
Festuca 241
Fetrilon 34, 72
Feuchtigkeit 63
Feuerdorn 230
'Firecracker' 188
First Class Certificate (F.C.C.) 94
'Flamenco' 201
'Flava' 169*
Fliege, Weiße 74
'Florence Sarah Smith' 152
'Florida' 94, 193
'Florodora' 185
Flügelginster 218
Fonganil 76
Forstunkraut 9
Fortunei-Hybriden 23, 86, 88
Fothergilla monticolla 240
'Fragrantissimum' 258
Fraxinus excelsior 24
– *pennsylvanica* 24
'Freya' 186
'Fridoline' 195
'Friedhelm Scherrer' 201
'Friedjof Nansen' 189
'Friedrich Deus' 181
'Friedrich Wöhler' 189
Frosthärte 77
Frostschaden 71
Frostschutz 24
Fruchtstände 84
Frühbeetkasten 59
'Frühlingsanfang' 171
'Frühlingsleuchten' 181
'Frühlingszauber' 175
Fuchsia magellanica 26
'Furnivall's Daughter' 94, 152, 154*, 162

Gable-Hybriden 192
'Gabriele' 195
Galanthus 240
Galium odoratum 242
'Ganda' 201
'Gartendirektor Glocker' 171
'Gartendirektor Rieger' 168, 169*
Gaultheria itoana 104, 218
– *miqueliana* 104, 107, 218
– *procumbens* 104, 219*, 242
– *shallon* 107, 218, 242
– *trichophylla* 218
Gefürchter Dickmaulrüßler 74, 75
Gehölze 242
Geisha-Azaleen 93, 192
Geißklee 213
'Gemini' 189
Gemsenheide 224
'General Eisenhower' 157
Genetik 79
Genista sagittalis 105, 218
'Genoveva' 148
Genter-Hybriden 10, 23, 25, 38, 58, 61, 106, 113, 128, 183, 184, 186, 236, 260
'Georg Struppek' 201
'George Hardy' 89
'Germania' 164
'Gertrud Schäle' 175
Gesamthärte 22
Gesamtsalzgehalt 22
Gewächshaus 255
– Heizung 255
Gewebekulturen 50
'Gi–Gi' 164
'Giant Fireglow' 189
'Gibraltar' 188, 190*
Gießen 54
Gießrand 36, 66
'Gina Lollobrigida' 161
Gips 31
'Glass White' 116
'Gletschernacht' 178, 237

Glockenheide 216
Gloeosporium 72
'Gloria' 150
'Gnom' 122, 176*
'Goldbukett' 90, 169
'Golden Sunset' 188
'Golden Torch' 181
'Goldflamme' 189
'Goldflimmer' 164
'Goldfort' 150
'Goldjuwel' 164
'Goldkrone' 78, 90, 169*
'Goldlack' 184, 186*
'Goldpracht' 188
'Goldrausch' 170
'Goldsworth Yellow' 87, 88, 150, 254
'Goldtopas' 188
'Gomer Waterer' 65, 89, 148, 254
'Görlitz' 171
'Grace Seabrook' 164
'Graf Anton Günter' 91, 171
'Graf Lennart' 164
'Gräfin Kirchbach' 176
'Granada' 198
Granitgrus 254, 256
Graphocephala coccinea 71
– *fennah* 71
Gräser 241
Grauheide 216
Grenzpflanzungen 235
'Gretchen' 193
Grex-Sorten 29, 85, 91
Griffithianum-Hybriden 23, 58, 86, 88
'Gristede' 181
'Grugaperle' 181
Grünerle 104
Gruppen-Sorten 85
Gruppenpflanzung 234, 235
'Gudrun' 148, 162
'Gustav Hacker' 201
Gütebestimmungen 28
Gymnocarpium dryopteris 243

'Hachmann's Charmant' 164
'Hachmann's Diadem' 152
'Hachmann's Feuerschein' 157
'Hachmann's Ornament' 153
'Hachmann's Polaris' 173
'Hachmann's Porzellan' 168
'Hachmann's Rokoko' 196
'Hachmann's Rosalind' 196
'Hachmann's Rosarka' 158
'Hachmann's Violetta' 179
Haematodes-Hybriden 122, 176
Hainbuche siehe *Carpinus betulus*
Halesia caroliniana 240
– *monticola* 240
Hallimasch 75
Hamamelis mollis 240
'Hamlet' 185
'Hanako' 195
Handelsgrößen 28
'Hans-Andre Schultz' 161
'Harlekin' 189
Härtegruppen 26
'Harvest Moon' 188
'Hatsugiri' 92, 94, 125, 196
Hauptanbaugebiete 27
Hebe armstrongii 219
– *pinguifolia* 219
Hecken 235
Hedera colchica 105, 219
– *helix* 105, 219, 220, 242
Heide 215
– Irische 213
Heidelbeere siehe *Vaccinium myrtillus*
Heimatgebiete 96
'Heinz Lund' 201
Helianthemum nummularium 105, 220
'Hellmut Vogel' 201
Hemerocallis 241
Hepatica nobilis 242
'Herbert' 193
Herbstzeitlose 240
'Herzas' 164

'Hexe' 93
Hill-Hybriden 113
Himalaja 216
'Hino-crimson' 196
'Hinodegiri' 92, 94, 196
'Hinomayo' 92, 94, 125, 196
'Hiroko' 196
'Holbein' 153
'Holger' 159
'Holstein' 161, 162
'Homebush' 94, 188, 190*
'Homer' 153, 154*, 260
'Hoppy' 171
Hornoska 44, 49
Hornspäne 44
'Hortulanus H. Witte' 185, 260
hose-in-hose 193
Hosta 241
'Hotspur Red' 188
'Hugh Koster' 157
'Hugo de Vries' 122
'Hugo Hardijzer' 185
Hühnerdung 31, 44
'Hultschin' 164, 181
'Humboldt' 159*, 161, 162, 181
'Humming Bird' 91, 172, 237
Humusböden 19, 31
Humusdünger 31, 43
Hydrangea aspera 240
– *macrophylla* 240
– *quercifolia* 240
Hymenanthes 14
'Hymen' 161
Hypericum calycinum 105, 220
'Hyperion' 164

Iberis sempervirens 242
'Ignea Nova' 184
'Il Tasso' 186
Ilam-Azaleen 187
Ilex 234, 255, 260
– x *altaclarensis* 221
– *aquifolium* 105, 221
– x *meserveae* 222, 235
– *crenata* 26, 38, 221
– *glabra* 107, 222
– *meservae* 'Blue Prince' 219*
– *pernyi* 101, 222
'Imbricatum' 177
Immergrün, Kleines 233
Immergrüne Brombeere siehe Brombeere, Immergrüne
Immergrüne Laubgehölze siehe Laubgehölze, Immergrüne
Impeditum–Hybriden 89, 178, 236
In-vitro-Technik 29, 50
'Inamorata' 78, 88, 120, 148, 235
Indian Hybrids 199
'Indica Alba' 93
Indikatorlösung 18
Indikatorpapier 18
Indische Azaleen siehe Azaleen, Indische
'Inga' 201
Innenluft 54
Insigne-Hybriden 23, 89
'Intermedium' 172
Internationales Rhododendron Register 146, 147
Internationales Sortenregister 85
'Irene Koster' 187
Irische Heide siehe Heide, Irische
'Irmelies' 181

'J.C. van Tol' 92
'Jacksonii' 88, 116, 153, 254
'Jackwill' 172
'James Burchett' 164
'James Marshall Brooks' 157
'Janet Blair' 165
Japan 102
Japanische Azaleen siehe Azaleen, Japanische
Jasminum nudiflorum 102, 222
Jauche 44
'Johann Bruns' 153

'Johann C. Berg' 161
Johanniskraut 220
'John Cairns' 94, 193
'Joseph Baumann' 184
'Joseph Haydn' 193
'Juanita' 189
'Junifeuer' 165
Jutegewebe 41

Kaempferi (Malvatica)-Hybriden 92
Kaempferi-Hybriden 191, 192
Kalimagnesia 44, 45
'Kalinka' 172
Kalk 18, 254
– kohlensaurer 53, 66
Kalkböden 19, 32, 33
Kalkspat 18
Kalkstein 18, 19
Kallus 63, 67, 68
Kalmia angustifolia 107, 222*
– *latifolia* 107, 207, 223
– – 'Pink Charm' 223*
– *polifolia* 107, 223
Kalziumbikarbonat 18
Kalziumchlorid 83
Kalziumkarbonat 18, 31
Kalziumphosphat 31
Kalziumsulfat 31
Kambium 67, 68
Kamelie 210
'Karin' 172
'Katherine Dalton' 165
'Kathleen' 94, 193
Katsurabaum 239
'Kazuko' 196
Keimtemperatur 54
Keimung 53
Kelthane MF 74
'Kermesina' 196
'Kermesina Alba' 196
'Kermesina Rose' 196
Kiefer 238
Kiefernrinde 256
Kirschlorbeer 229
Klima 23
Klon 85
'Klondyke' 188
'Kluis Sensation' 156
'Kluis Triumph' 94, 157
'Knap Hill' 113
Knap-Hill-Hybriden 23, 38, 58, 61, 183, 187, 189, 236
Knap-Hill-Nurseries 187
Knap-Hybriden 113, 128
Knospen, Ausbrechen 37, 47
'Knut Erwin' 201
Kohlensäure 18
'Koichiro Wada' 91
'Kokardia' 153, 154*, 162
Komposterde 44
'Königin Emma' 185
'Königstein' 198
Korolle 82
Kosterianum-Sämlinge 184, 185
'Koster's Brilliant Red' 185, 191, 260
'Koster's Yellow' 185, 260
Krähenbeere 215
Krankheiten 70
Krankheitsresistenz 79
Kreide 18
Kreuzblume 229
Kreuzungstechnik 81
Krokus 240
Kuhdung 31, 34, 43, 44, 256
Kunstdünger 43
Kurume-Azaleen 103, 132, 191, 192
Kurume-Hybriden 191

'Labe' 198
'Lachsgold' 90, 151
'Lackblatt' 169
'Lady Alice Fitzwilliam' 258
'Lady Annette de Trafford' 89, 153, 162
'Lady Bird' 165
'Laetevirens' 177

Lamiastrum galeobdolon 242
Lamium galeobdolon siehe *Lamiastrum galeobdolon*
'Lampion' 91, 172
Larix 238
– *decidua* 24
– *leptolepis* 24
Latschen siehe *Pinus mugo*
Laub 34
Laubabfall 43
Lauberde 254
Laubgehölze, Immergrüne 202
Laubmulch 41
Lavandula angustifolia 105, 223
Lavendel 223
'Lavender Girl' 94, 153
'Lavendula' 173
Lebensbaum siehe *Thuja occidentalis*
'Ledifolia Alba' 93
'Ledikanense' 197
Ledum 9
– *groenlandicum* 107, 223
– *palustre* 105, 223
'Lee's Dark Purple' 161
Lehmböden 19, 32
Leiophyllum buxifolium 107, 224
'Leopardii' 86, 162, 148
'Leopold' 116, 161
'Leopold-Astrid' 201
Leuchtstoffröhren 55
Leucothoe axillaris 224
– *fontanesiana* 26, 107, 224
– *walteri* 107
– – 'Rollissonii' 107
Licht 63
Ligularia x *hessei* 241
– *veitchiana* 241
– *wilsoniana* 241
'Lilienstein' 198
'Lilofee' 164
'Lily Marleen' 196
'Linda' 173
'Linearifolium' 129
'Linsweger Gold' 165
Liquidambar styraciflua 240
Liriodendron tulipifera 238
'Lissabon' 176
'Lister' 193
Loderi-Hybriden 78
Loiseleuria procumbens 105, 224
Lonicera henryi 101, 224
– *nitida* 101, 224
– *pileata* 101, 225
– *sempervirens* 225
Lorbeer, Alexandrinischer 213
Lorbeerkirsche 229
Lorbeerrose 222
'Louis Pasteur' 153
'Luci' 201
Lüften 54
Luftfeuchtigkeit 25
'Lugano' 181
'Luzi' 197
Luzula 197
Lysimachia nummularia 242

'Madame Albert van Hecke' 193
'Madame Carvalho' 116, 149, 260
'Madame de Bruin' 90, 157, 254, 260
'Madame de Waele' 201
'Madame Jules Porges' 165
'Madame Masson' 89, 149
Maddenodendron 12
Magnesium 34
Magnesium-Mergel 256
Magnesiumsulfat 34, 42, 44, 45
'Magnifica' 187
Magnolia denudata 240
– *kobus* 239
– *kobus* var. *stellata* 240
– *liliiflora* 240
– x *loebneri* 240
– *salicifolia* 240
– *sieboldii* 240
– x *soulangiana* 240

Magnoliaceae 10
'Mahler' 94, 196
Mahonia 255
– *aquifolium* 107, 225, 226*, 236
– *bealii* 101, 225
– *japonica* 104
Mahonie 225
Malaiischer Archipel 104
'Malvatica' 92
Malvatica x Kaempferi-Hybriden 191
Malvatica-Hybriden 191, 192
'Mancando' 170
Maneb-Mittel 72
'Mannheim' 176
'Marchioness of Lansdowne' 153
'Marconi' 185
'Margret' 165
'Marianne von Weizsäcker' 165
'Marietta' 170
'Mariko' 132
'Marina' 90, 151
'Marion Merriman' 188
'Marlene Vuyk' 196
'Marlis' 168, 181
Marmor 18
'Maruschka' 198
Mäusedorn 231
'Maximum Roseum' 154
Maximum-Hybriden 89
'Maxwellii' 92, 93
'Meadowbrook' 165
Meconopsis betonicifolia 241
– *grandis* 241
Mehrnährstoffdünger 44
'Melpomene' 116
'Memoria Karl Glaser' 201
Metarhizium anisopliae 75
Metasequoia glyptostroboides 238
Metiram-Mittel 72
Metternichii-Hybriden 89, 235
'Mevr. J. Heursel' 201
'Mevrouw Roger de Loose' 201
Mikroklima 26
Mikrovermehrung 85
Mitella caulescens 242
– *pentandra* 242
'Moerheim' 178, 237
Mollis x Sinensis-Hybriden 184
Mollis-Hybriden 23, 25, 38, 58, 61, 128, 183, 184, 185, 186, 191, 236, 260
'Monika' 153
Monsun 17
Moorheide 216
Moorheide siehe *Erica tetralix*
Moosbeere 233
Moosheide 228
'Morelianum' 87
'Morgenrot' 172*, 173
'Mount Seven Star' 132
'Möwe' 189
'Mrs. Butler' 91
'Mrs. Furnivall' 152
'Mrs. J.G.Millais' 149
'Mrs. P. den Ouden' 157
'Mrs. R.S.Holford' 157
'Mucronata' 93
Mucronatum-Hybriden 93, 192
Muehlenbeckia axillaris 225
Mulch 41, 42, 45
Mulchmaterial 42
'Multiflorum' 93, 192, 195, 196, 237
Mumeazalea 13
Muscari 240
'Muttertag' 94, 193
Mykorrhiza 15, 54
Myosotis scorpioides 242
'Mystik' 198

'Nabucco' 189, 190*
Nadelerde 54, 254
'Nancy Waterer' 184, 280
'Narcissiflora' 94, 184, 260
Narcissus 240
Narzisse 240
'Nazarena' 201

Sachregister

Nearing Frame 60
Nematoden 74, 75
'Nicolaas Beets' 185
'Nicoletta' 181
'Nicolette Keesen' 201
Niederschläge 17, 20
Nitrophoska perfekt 44, 45, 49
– permanent 44
'Nobleanum' 88
'Nofretete' 157
'Noordtiana' 93, 193
'Nordlicht' 197
Nordostasien 102
'Norfolk Candy' 78, 151, 170
'Noriko' 196
'Norma' 186
'Nova Zembla' 155*, 157
'Nymphenburg' 149

'Oberbürgermeister Jansen' 158
Occidentale-Hybriden 183, 186
'Oester' 193
Ohrläppchenkrankheit 73
'Old Port' 160
'Oldenburg' 173
'Oldewig' 158
Ölweide 214
'Omega' 158
'Opal' 173
Optimalbereich 19
'Orange Beauty' 94, 196
'Orangina' 78, 170
Oreodoxa-Hybriden 25, 77, 89, 133
'Ornament' 153
'Oslava' 198
Osmanthus burkwoodii 225
– decorus 105, 226
– heterophyllus 104, 226
Osmarea x burkwoodii siehe Osmanthus burkwoodii
'Osmar' 181
Osmocote 44
Osram-L-„Fluora" 55
'Ostarix' 201
'Otava' 198
Otiorrhynchus sulcatus 74, 75
'Otto Hahn' 189
Ovulinia azaleae 71
Ovulinia-Blütenfäule 71
Oxalsäure 22
Oxydendrum arboreum 240
'Oxydol' 188

'P.J.M.' 182
'P.J.Mezitt' 182
Pachistima canbyi siehe Paxistima canbyi
– myrsinitis siehe Paxistima myrsinitis
Pachysandra terminalis 104, 226, 242
'Palestrina' 94, 194
'Pallas' 184, 260
'Paloma' 201
'Panda' 198
'Parkfeuer' 189
'Parson's Gloriosum' 161
Parvifolium-Gruppe 133
Patentkali 44, 45
'Patricia Barmhold' 198
'Paul Schäme' 201
Paxistima canbyi 227
– myrsinites 107, 227
Pentanthera 13
'Percy Wiseman' 182
Pernettya mucronata 107, 227
'Persil' 188
Pestalotia 72
Pferdedung 31, 44
Pflanzabstände 37
Pflanzenkauf 28
Pflanzenschutz 56
Pflanzkübel 254
Pflanzung 17, 27
Pflege 17
pH-Meter 18
pH-Wert 18, 20, 22, 30, 31, 32, 34, 63, 72, 105, 123

'Phebe' 186
'Phidias' 186
Phillyrea vilmoriniana siehe Osmanthus decorus
Phosphorsäure 22, 31
Phyllodoce caerulea 105, 228
– empetriformis 107, 228
Phyllosticta 72
Phytophthora 70, 72, 79
– cinnamomi 75
Phytophthora-Welke 72, 75
Picea 238
'Picturatum' 153
Pieris 'Debutante' 227*
– floribunda 26, 107, 228, 234
– formosa var. forrestii 228
– japonica 26, 104, 228, 234, 260
– nana 229
– 'Red Mill' 227*
Pikieren 56
'Pink Cherub' 182
'Pink Delight' 188
'Pink Drift' 177
'Pink Pearl' 65, 78, 88, 89, 94, 122, 154, 235, 260
'Pink Triflorum' 118
Pinus 234, 238
– mugo 105
– strobus 54
– sylvestris 24
Plantosan 31, 44
Plantosan 4 D 53, 56, 64, 66
Plastikfolie 36, 40, 54, 58, 59, 63, 66, 69
Pleioplastus chino var. viridis f. pumilus 104, 204
'Polaris' 173
'Polarnacht' 166
Pollen 79, 81, 82, 83
Pollenlagerung 83
'Polly Claessens' 185
Polsterknöterich
Polygala chamaebuxus 105, 229
Polyploidie 79
Polyram Combi 73, 76
Polystichum aculeatum 240
– lonchitis 240
– setiferum 240
'Pompadour' 188, 191
'Ponticum Roseum' 153
Ponticum-Hybriden 10, 23, 58, 74, 89
'Porzellan' 91, 168
'Prachtglocke' 215
'Praecox' 28, 94, 116, 118, 174, 179, 234, 254, 260
Preiselbeere siehe Vaccinium vitis-idaea
Primula 241, 242
'Prinses Marijke' 154
'Priska' 166
'Prof. Hugo de Vries' 78
'Professor F. Bettex' 158
'Professor Hugo de Vries' 154, 260
'Professor J.H. Zaayer' 158, 254
'Progres' 154
'Prometheus' 90
Propoxur-Präparate 74
'Prostigiatum' 178
Prunus 255
– laurocerasus 26, 105, 229, 234
– lusitanica 230
– sargentii 240
– serrulata 240
– x yedoensis 240
Pseudosasa japonica 104, 204
'Pucella' 184, 260
Pulmonaria saccharata 242
'Puncta' 174
'Purple Splendour' 89, 160
'Purple Triumph' 194
'Purpureum Elegans' 159
Pycnostysanus azaleae 71
Pyracantha 260
– coccinea 105, 230
Pythium-Arten 75

'Queen Emma' 185
'Queen Mary' 94, 155
Quercus ilex 230
– petraea 238
– robur 24, 230, 238
– x turneri 'Pseudoturneri' 230

Rabatte 236
'Radistrotum' 177
'Raimunde' 189, 190*
'Ramapo' 178
'Raphael' 158
Rasenschnitt 42, 43
'Rasputin' 166
Rauschbeere 215
'Rauschenstein' 198
'Red Carpet' 176
'Redwood' 155
Regenwasser 23, 54, 254, 256
'Reinhold Ambrosius' 201
Reisigabdeckung 40, 42, 236
'Rendevous' 173*, 174
'Renoir' 91, 174
Repens–Hybriden 23, 25, 34, 71, 77, 78, 89, 91, 121, 147, 168, 172, 175, 179, 235, 236, 237, 254
Rhizoctonia-Arten 75
Rhizopon AA 62

Rhododendron-Arten 108
Rhododendron aberconwayi 110
– adamsii 102
– adenogynum 100, 110
– adenophorum 110
– aechmophyllum 145
– aganniphum var. flavorufum 100, 110
– alabamense 106
– albiflorum 106, 107
– albrechtii 103, 110
– ambiguum 79, 89, 100, 110, 234, 236
– annae 110
– arborescens 78, 106, 111, 187
– arboreum 10, 15, 86, 87, 88, 89, 99, 111, 257
– – var. album 86
– argyrophyllum 111, 114*
– arizelum siehe Rhododendron rex ssp. arizelum
– artosquameum 99
– astrocalyx siehe Rhododendron wardii
– atlanticum 78, 106, 112
– aucklandii 10
– augustinii 89, 94, 112, 177, 179
– – x impeditum 112
– aureum 100, 102, 112, 237
– austrinum 106
– barbatum 99, 112
– boothii 99
– brachyanthum 112
– – ssp. hypolepidotum 112
– brachycarpum 103, 112, 142
– burmanicum 256
– calendulaceum 9, 10, 79, 106, 112, 183, 187, 239
– californicum siehe Rhododendron macrophyllum
– callimorphum 113
– calophytum 99, 100, 109, 113, 237
– calostrotum ssp. keleticum 100, 113, 114*, 125, 136
– campanulatum 91, 99, 113, 144
– – ssp. aeruginosum 108, 113
– – ar. aeruginosum 127
– campylocarpum 10, 87, 99, 113
– campylogynum 100, 114
– camtschaticum 45, 102, 106, 114, 237
– canadense 79, 106, 115, 236
– – f. albiflorum 115
– cantabile siehe Rhododendron russatum
– carolinianum 9, 91, 106, 115, 116, 130, 178, 254
– – f. album 116
– catawbiense 10, 15, 25, 50, 65, 80, 86, 87, 88, 89, 91, 106, 115*, 116, 123, 128, 160, 161, 234, 236

- *caucasicum* 10, 87, 88, 102, 105, 116, 160
- *chameunum* 135
- *charianthum* siehe *Rhododendron davidsonianum*
- *chartophyllum* siehe *Rhododendron yunnanense*
- *chasmanthum* 99
- *chrysanthum* 15, 102, 116, 237
- *chryseum* 100
- *ciliatum* 10, 91, 99, 116, 118
- *cinnabarinum* 10, 99, 117, 118*
- – ssp. *xanthocodon* siehe *Rhododendron xanthocodon*
- – var. *blandfordiiflorum* 117
- *cinnabarinum* var. *roylei* 117
- *clementinae* 100, 117
- *concatenans* 99, 117, 119*
- *concinnum* 117, 140, 234, 236
- – var. *pseudoyanthinum* 117
- *croceum* siehe *Rhododendron wardii*
- *cuneatum* 117
- *dalhousiae* 256
- *dauricum* 73, 102, 116, 117, 118, 131, 179, 183, 254
- *davidsonianum* 118
- *decorum* 91, 100, 101, 118
- *degronianum* 103, 119
- *delavayi* 100, 257
- *desquamatum* 99, 101, 119
- *dichroanthum* 119
- – ssp. *apodectum* 119
- – ssp. *scyphocalyx* 99, 119
- *didymum* siehe *Rhododendron sanguineum* ssp. *didymum*
- *discolor* 119, 120
- *edgarianum* 120, 237
- *edgeworthii* 120
- *ericoides* 104
- *euchaites* siehe *Rhododendron neriflorum* ssp. *euchaites*
- *exquisitum* siehe *Rhododendron oreotrephes*
- *falconeri* 10, 99, 120
- *fargesii* 100, 120
- *fastigiatum* 120, 179, 237
- *faurei* 103
- *ferrugineum* 9, 73, 91, 104, 105, 120, 122*, 123, 168, 179, 237
- *fictolacteum* siehe *Rhododendron rex* ssp. *fictolacteum*
- *flavorufum* siehe *Rhododendron aganniphum* var. *flavorufum*
- *flavum* siehe *Rhododendron luteum*
- *formosum* 257
- *forrestii* 101, 121
- – ssp. *forrestii* 121
- – var. *repens* 89, 90, 121, 168, 237
- *fortunei* 10, 25, 65, 77, 78, 88, 101, 103, 109, 121, 124, 155
- – ssp. *discolor* 77, 78, 88, 91, 100, 120, 121, 124
- *fulgens* 121
- x *geraldii* 141
- *giganteum* 15
- *glandulosum* 106
- *glaucophyllum* 121
- *glaucum* 99
- *grande* 258
- *griersonianum* 101, 121, 122
- *haemaleum* 99
- *haematodes* 91, 101, 122, 168
- *hanceanum* 101
- *heliolepis* 101, 122
- *henryi* 101
- *hippophaeoides* 89, 91, 94, 99, 101, 173, 179
- *hirsutum* 9, 73, 92, 104, 105, 122*, 123, 179, 237
- *hirtipes* 123
- *hongkongense* 101
- *hookeri* 99
- *hormophorum* 123
- *houlstonii* 124
- *hypolepidotum* siehe *Rhododendron brachyanthum* ssp. *hypolepidotum*

- *impeditum* 89, 116, 123*, 124, 127, 177, 178, 179, 237
- *indicum* 124, 199
- – f. *balsaminaeflorum* 124
- *insigne* 89, 101, 123*, 124, 156
- *intricatum* 101, 109, 124, 237
- *japonicum* 10, 25, 65, 92, 93, 103, 125, 184, 185
- *johnstoneanum* 257
- *kaempferi* 92, 93, 103, 125, 138, 192
- – var. *sataense* 138
- – x *Rhododendron kiusianum* 132
- *keiskei* 125
- *keleticum* 99, 125
- *kiusianum* 10, 92, 103, 125, 126*, 138, 192, 195, 199
- – 'Albiflorum' 198
- – Hybriden 192
- *kotschyi* 105, 126
- *lacteum* 100, 101, 126, 141
- *lapponicum* 102, 105, 106, 108, 126, 133
- *ledebourii* 102
- *lepidostylum* 126
- *leucaspis* 257
- *leucogigas* 104
- *linearifolium* var. *macrosephalum* 93
- *litangense* 127
- *litiense* 144
- *longesquamatum* 128
- *lutecens* 128
- *luteum* 9, 10, 15, 16, 25, 65, 78, 94, 105, 106, 127*, 128, 183
- *macabeanum* 128
- *macgregoriae* 104
- *macrophyllum* 106, 128
- – var. *album* 128
- *macrosepalum* 103, 129
- *maddenii* 99, 129
- *makinoi* 91, 103, 109, 129, 175
- *maximum* 9, 10, 86, 87, 89, 106, 115, 129
- *micranthum* 129, 130*
- *minus* 130
- – var. *minus* siehe *Rhododendron carolinianum*
- *molle* x *Rhododendron viscosum* 143
- *moupinense* 257
- *mucronatum* 93, 103, 130, 199
- – 'Noordtiana' 131
- *mucronulatum* 102, 118, 183, 234
- *myrtifolium* siehe *Rhododendron kotschyi*
- *myrtilloides* 99
- *nakaharae* 129*, 131
- *neriiflorum* 101,132
- – ssp. *euchaites* 132
- *nudiflorum* siehe *Rhododendron periclymenoides*
- *nuttallii* 99, 257
- *oblongifolium* 106
- *obtusum* 92, 132, 192
- – var. *kaempferi* 103
- x *obtusum* 92, 102, 103, 132, 199
- *occidentale* 78, 106, 132, 186, 187
- *orbiculare* 92, 100, 109, 131*, 132
- – x *Rhododendron williamsianum* 90
- *oreodoxa* 45, 89, 100, 120, 133
- *oreotrephes* 100, 133
- *orthocladum* 100, 133
- *ovatum* 101, 102
- *parvifolium* 102, 106, 133
- *pentaphyllum* 133, 135, 236
- *periclymenoides* 106, 134, 135*
- *polycladum* siehe *Rhododendron scintillans*
- *ponticum* 9, 10, 25, 50, 65, 86, 87, 89, 105, 134*, 154, 160, 235, 236
- – var. *album* 88
- – var. *baeticum* 9
- *poukhanense* 92, 134, 192
- *primuliflorum* 102
- *prinophyllum* 106
- *prostratum* 135
- *prunifolium* 106
- *przewalskii* 102, 135
- *pseudoyanthinum* siehe *Rhododendron concinnum* var. *pseudoyanthinum*
- *pulchrum* 92, 93
- *punctatum* 174
- *puralbum* 135
- *quinquefolium* 103, 133, 135, 236
- *racemosum* 94, 100, 136, 179, 236, 237
- *radicans* 99, 136, 237
- *redowskianum* 102
- *repens* siehe *Rhododendron forrestii* var. *repens*
- *reticulatum* 25, 103, 136, 138*, 236
- *rex* 136
- – ssp. *arizelum* 136
- – ssp. *fictolacteum* 136
- *rigidum* 100, 137
- *ripense* 93
- *roseum* 106
- *roxieanum* 100, 137, 138*
- *rubicola* var. *chryseum* siehe *Rhododendron chryseum*
- *rubiginosum* 89, 100, 119, 137, 234, 236
- *russatum* 100, 120, 137, 237
- *saluenense* 100, 135, 137
- *saluenense* ssp. *chameunum* siehe *Rhododendron prostratum*
- *sanguineum* 138
- – ssp. *didymum* 138
- – var. *haemaleum* 138
- *sataense* 92, 132, 138
- *scabrum* 138, 199
- *schlippenbachii* 15, 25, 102, 139, 236
- *scintillans* 101, 139, 237
- *scyphocalyx* siehe *Rhododendron dichroanthum* ssp. *scyphocalyx*
- *searsiae* 101, 140
- *semibarbatum* 103, 140
- *serrulatum* 106
- *simsii* 93, 101, 102, 259
- – Hybriden 93, 199
- *sinogrande* 109, 258
- *smirnowii* 50, 88, 90, 105, 139*, 140
- *souliei* 100, 140, 142*
- *speciosum* 106
- *suberosum* 145
- *sutchuenense* 100, 101, 140
- *taliense* 101, 141
- *tamurae* 199
- *tapetiforme* 141, 237
- *thomsonii* 10, 94, 99, 141, 142*
- *timeteum Rhododendron oreotrephes*
- *traillianum* 101, 141
- *triflorum* 79, 99, 101, 141, 142
- *tschonoskii* 103, 142
- *ungernii* 105, 142
- *valentinianum* 258
- *vaseyi* 25, 94, 106, 142*, 143, 236
- *vernicosum* 78, 143
- x *viscosepalum* 143
- *viscosum* 9, 10, 78, 94, 106, 143, 183, 184, 191
- *wallichii* 99, 144
- *wardii* 78, 87, 88, 90, 99, 101, 109, 120, 144, 149, 170
- *weyrichii* 102
- *wightii* 99, 144
- *williamsianum* 90, 91, 101, 109, 144, 168, 237
- *xanthocodon* 144
- *yakushimanum* 15, 89, 90, 91, 103, 109, 143*, 168
- – 'Koichiro Wada' 94
- *yanthinum* siehe *Rhododendron concinnum*
- *yedoense* 134, 143*
- – var. *poukhanense* 134
- *yunnanense* 94, 101, 124, 145
- *zolleri* 104

Rhododendron, elepidote 11
- Hautwanze 73, 79
- Hybriden 86, 146
- „kalktolerante" 19, 20
- Knospensterben 71
- lepidote 11
- Park Bremen 200

Sachregister

Rhododendronwanze 23
Rhus glabra 240
– *thyphina* 240
'Rijneveld' 166
Rindenhumus 31, 34, 42
Rindenrisse 74
Rinderdung 44
Rodgersia aesculifolia 241
Rohhumus 19
'Rokoko' 196
'Roland Cooper' 113
'Ronsdorfer Frühblühende' 89, 133, 155
'Rosa Perle' 174, 201
'Rosa Regen' 149, 166
'Rosa Traum' 166
'Rosa Wolke' 174
'Rosabella' 166
'Rosafolia' 201
'Rosalie' 201
'Rosalind' 196
'Rosarka' 158
'Rosata' 191
'Rosebud' 94
'Roseum Elegans' 58, 159, 234, 236
'Rose' 92
Rosmarin 231
Rosmarinseidelbast 214
Rosmarinus officinalis 105, 231
Roßkastanie siehe *Aesculus hippocastanum*
Rotbuche siehe *Fagus sylvatica*
Rote Spinne 74
Roteiche, Amerikanische 238
'Rothenburg' 151
'Rotstein' 198
'Royal Command' 189
Royal Horticultural Society 10. 86, 94, 96, 159, 160, 161, 177
'Rubinetta' 194*, 196
'Rubinstein' 198
Rubus henryi 101, 231
'Ruby Bowman' 166
Rückschnitt 47
Ruscus aculeatus 105, 231
Rußtau 72
Rustica-Flore-Pleno-Hybriden 186
Rustica-Hybriden 183, 186

Saatgutgewinnung 52
'Sacko' 182
Sägemehl 34, 42 '
'Saint Breward' 178
'Saint Merryn' 178
'Saint Trudy' 178
'Salmon Queen' 185
'Salute' 176
Samen 52
Samenkapsel 52', 84
Sämlingspflanzen 28, 29
'Sammetglut' 158
Sand 254, 256
Sandmyrte 224
'Sang de Gentbrugge' 184, 260
'Sappho' 149
'Sapporo' 166
Sarcococca humilis 101, 232
'Sarina' 189
Sasa kurilensis 204
– *palmata* 104, 204
– *pumila* siehe *Pleioplastus chino*
– *pygmaea* siehe *Sasaella ramosa*
Sasaella ramosa 104, 204
'Satan' 189
'Satin' 174
'Satomi' 189
Sauerdorn 205
Saxifraga canaliculata 242
– *trifurcata* 242
– *umbrosa* 242
'Scarlet Wonder' 176
Schädlinge 70
'Scharnhorst' 158
Schatten 23, 24, 25
Schatten- und Schutzeinrichtungen 25
Schattenbäume 24

Schattenleinen 40
Schattieren 54
Schleimbeere 232
'Schneeauge' 167
'Schneebukett' 149
'Schneeglanz' 196
Schneeglöckchen 240
'Schneegold' 189, 190*
Schneeheide siehe *Erica carnea*
'Schneekoppe' 168
'Schneekrone' 182
'Schneespiegel' 91, 168
'Schneewittchen' 166, 199
'Schneewolke' 168
Schnitt 260
'Schrammstein' 199
'Schubert' 194
Schuppenheide 210
'Schwanensee' 182
Schwefelblume 31, 34, 36
Schwefelsäure 22, 31
Schweinedung 31, 44
Scilla 240
'Scintillation' 155
Sedum album 242
– *spurium* 242
'Seestadt Bremerhaven' 166
Sequestrene 72
Sesleria 241
'Seven Stars' 182
'Seville' 189
'Signalglühen' 194*
'Silberwolke' 168, 169*
Silberwurz 214
'Silver Slipper' 94, 189
'Silvester' 196
'Silvia' 166
'Simona' 167
Sinarundinaria x *foremannii* 232
– *murielae* siehe *Fargesia murielae*
– *nitida* siehe *Fargesia nitida*
Skimmia japonica 104, 232
– *reevesiana* 231*, 232
– x *foremanii* 232
Skimmie 232
Smirnowii-Hybriden 65, 90
'Sneezy' 174
'Soir de Paris' 191
Sonne 23
Sonnenbrand 71
Sonnenröschen 220
'Sophie Scholl' 199
'Sorpe' 194
Sortenbewertung 94
Sortenzüchtung 83
Sortierung 28
'Souvenir de Dr. S. Endtz' 94, 155
Spätfröste 27
'Spätlese' 167
Spethmannsches System 12
Sphagnummoos 53
Spindelstrauch, Niedriger 217
Spinne, Rote 74
'Spring Glory' 156
'St. Valentin' 201
'Stadt Essen' 182
'Stadt Westerstede' 151
Standort 17
Standortbedingungen 17
Standortverhältnisse 70
Staubgefäße 81
Stauden 241, 242
Stechginster 232
Stechpalme 220
Stecklinge 50, 57, 58
Stecklingsvermehrung 58, 61
Steingarten 236
Steinlinde 226
Stenting 67
Stephanitis-Arten 74
Sterilität 79, 80
'Stewartsoniana' 194
'Stewartstonian' 194
'Stewartstownian' 194
Stickstoffmangel 72

Stieleiche 238
'Stockholm' 174
'Stopplicht' 199
Stranvaesia davidiana 101
Sträucher 239, 240
Strauchveronika 219
Stroh 42
Stutz 78, 82
Sumpfporst 223
'Sun Chariot' 94, 189
Super Manural 31, 44
Superphosphat 44, 45
'Susan' 78, 94, 160, 161
'Sylphides' 189
Sylvania„-Gro-Lux" 55
Symphytum grandiflorum 242
Systematik 9

'Tamarindos' 167
'Tarantella' 167
Tarsonemus-Arten 74
'Tatjana' 182
'Taurus' 167
Taxus 234, 238
– *baccata* 235
Temperatur 63
Temperaturgrenzwerte 26
'Temple Belle' 91, 174, 237
Tetranychus-Arten 74
Theaceae 10
Therorhodion 14
Thiodan 35, 74
Thomasmehl 45
Thuja occidentalis 25
Thuja-Arten 24
Tiarella cordifolia 242
Tonböden 19, 32
Topfazaleen 199, 200
'Toreador' 196
Torfmull 19, 22, 30, 31, 42, 53, 63, 254, 259
Torfmyrte 67
Traubeneiche 238
Traubenheide 224
Traubenhyazinthe 240
Treiben 259
Trockenheit 70
Trockenperioden 21
Trockenschaden 71
'Trude Webster' 167
Tsuga 234, 238
– *canadensis* 24
– *heterophylla* 24
Tulipa 240
Tulpe 240
'Tunis' 189
'Tyermannii' 258

Ulex europaeus 105, 232
Umpflanzen 37
Umwälzen 54
Umweltverhältnisse 70
Unden flüssig 74
'Unique' 184
Unterlagen 50, 65, 66
Unverträglichkeit 65

Vaccinium corymbosum 240
– *macrocarpon* 107, 233
– *myrtillus* 18
– *vitis-idaea* 18, 105, 232
'Van der Hoop' 158
'Van Weerden Poelman' 158
'Vater Böhlje' 173*, 174
'Velasques' 186
Verbreitungsgebiete 97
Veredelungen 29, 50, 64
Veredlungsarten 67
Veredlungstermine 64
Verjüngungsschnitt 47, 48
Vermehrung 50, 57
Vermehrungsbeet 58
Vermehrungseinrichtungen 58
Vermehrungskasten 55, 60, 65
Vermehrungspilze 54, 75
Vermehrungssubstrat 63

Vermehrungstermine 61
'Vernus' 156
Verwendung 234
Verwunden 62
Viburnum 255
– *davidii* 101, 233
– 'Pragense' 233
– *rhytidophyllum* 101, 233, 234, 235
– *utile* 101, 233
Vinca major 233
– – 'Elegantissima' 231*
– *minor* 105, 242
Viola odorata 242
'Violacea' 200, 201
'Violetta' 89, 161, 179
Vireya 13
Viscosa-Hybriden 191
'Viscy' 151
'Vltava' 199
'Volker' 90, 169
Volldünger 31, 42, 44
'Von Oheim Woislowitz' 159
'Vorwerk Abendsonne' 180
Vuykiana-Hybriden 92, 93, 192
'Vuyk's Rosyred' 93, 194
'Vuyk's Scarlet' 93, 94, 194

Waldböden 19, 31
Waldsteinia geoides 242
– *ternata* 242
Wardii-Hybriden 65, 90, 147, 168, 234, 235

Wasser 18
Wasserbedarf 20, 21
Wassermangel 21
Wässern 54
Wasserqualität 22
'Weesenstein' 199
Weichhautmilben 74
Weißbuche siehe *Carpinus betulus*
Weißdorn siehe *Crataegus*
Weiße Fliege 23, 69, 74
'Weiße Schäme' 201
Weißtorf 256
'Wellesleyanum' 87
'Werner Muckel' 201
Wertzeugnisse 94
Westchina 96
'Westerstede' 90
Weymouth-Kiefer siehe *Pinus strobus*
'White Lady' 201
'White Swan' 191
'Whitethroat' 191
'Wildenstein' 199
Wildtriebe 29, 69, 185
'Wilgen's Ruby' 94, 158
'Wilhelm Keim' 201
'Wilhelm Röntgen' 189
'Wilhelm Schacht' 167
'Willem III.' 184
'William Austin' 65, 158, 159
Williamsianum-Hybriden 23, 25, 71, 77, 78, 90, 91, 147, 168, 171, 172, 173, 175, 179, 234, 235

'Willy' 194
Wind 25
'Windbeam' 182
Windschutz 25, 38
'Winston Churchill' 185, 260
Winterhärte 27
Winterjasmin 222
Winterling 240
Winterschutz 39, 40, 109, 110
'Winterstein' 199
Wuchsstoffe 62
Wuchsstoffpaste 62
Wuchsstoffpuder 62
Wurzelballen 30
Wuxal-normal-Flüssigdünger 55, 56
'Wye' 191
Yakushimanum-Hybriden 23, 65, 86, 90, 91, 147, 168, 173, 174, 179, 234, 235, 236
'Yodogawa' 135

Zentralchina 96
Zieräpfel 240
Zierkirschen 240
Zineb-Mittel 72
Züchtung 77
Zuchtziele 77
Zwergmispel 211

Anmerkung: Bei allen im Register aufgeführten Sortennamen handelt es sich um Rhododendron-Sorten.
Die Sorten der übrigen immergrünen Laubgehölze wurden nicht in das Register aufgenommen.

Bildquellen

A. Bärtels, Waake: Seite 91, 126, 127, 138 oben links, 143 oben, 150 Mitte links, 151 oben rechts, 154 Mitte, 187, 194 oben links, unten links, 195, 203 oben rechts, 207 links, 211, 214, 231 links, 235 oben rechts, unten.
B. Burkart, Stuttgart: Seite 142 oben links.
H. Hachmann, Barmstedt: Seite 35, 73 (3), 80, 138 unten rechts, 142 links, 150 oben rechts und links, unten links, 151 oben links, 154 unten, 169 unten links und rechts, 172, 173 unten, 178, 179, 190 oben rechts, Mitte rechts, unten rechts, 194 rechts, 223, 227 (2), 238, 239.
L. Heft, Bremen: Seite 114 oben links, 115, 118 oben links, 123 rechts, 130 unten rechts, 169 oben links und rechts, 173 oben, 176, 186 oben links.

I. Lehmann, Kippenheim: Seite 51 unten, 59, 154 oben, 155 rechts, 186 unten rechts, 203.
E. Morell, Dreieich: Seite 90 (2), 118 oben rechts, unten, 159, 190 oben links, Mitte links, unten links, 206, 218, 219 (2), 231 rechts, 235 unten links.
W. Preil, Ahrensburg: Seite 51 oben (2), Mitte (2).
H. Reinhard, Heiligkreuzsteinach: Seite 46, 210.
S. Seidl, München: Seite 87, 114 oben rechts, 119, 122 (2), 123 links, 134 oben links, 139, 142 oben rechts, 143 unten, 207 rechts, 215, 222, 226.
D. Smit, Haarlem/NL: Seite 39, 63, 114 unten rechts, 130 oben links, 131, 134 oben rechts, 155 links.